URBAN LAWYERS
THE NEW SOCIAL STRUCTURE OF THE BAR
John P. Heinz, Robert L. Nelson, Rebecca L. Sandefur, Edward O. Laumann

アメリカの大都市弁護士
——その社会構造

ジョン・P・ハインツ、ロバート・L・ネルソン
レベッカ・L・サンデファー、エドワード・O・ラウマン=著
宮澤節生=監訳

現代人文社

◎監訳者まえがき

　アメリカの大都市弁護士に関して、我が国では長い間、スマイゲルの『ウォール街の弁護士』（原書1964年、邦訳1969年）が参照されてきた。しかし、それは、ニューヨークでも弁護士50人以上を擁する事務所が20ほどしかなかったという1950年代末の状況に関するもので、その分析は今日では妥当しない。それに対して本書は、アメリカ経済の急成長に伴って企業法務ニーズが劇的に増大しつつあった1975年に、シカゴの弁護士のランダム・サンプルに対して回答率82％という驚異的な調査を行った調査チームが、1995年に再びシカゴの弁護士のランダム・サンプルに対して行った、やはり回答率82％という緻密な調査の報告であって、弁護士研究のランドマークと評価される現代的古典である。

　調査目的は、弁護士界の「社会構造」を解明することにあった。「社会構造」とは、社会経済的・民族宗教的背景が進学できるロースクールを規定し、ロースクールの地位が業務環境と顧客類型を規定し、業務環境と顧客類型が弁護士界における威信を規定するといった形で、弁護士の属性の多くの側面がシステマティックに関連しあっている状況を意味する。1975年には、シカゴの弁護士界は、企業顧客に対応する北半球と個人顧客に対応する南半球に分かれていて、北半球の威信のほうが高く、北半球に進出できるのは社会経済的・民族宗教的背景と出身ロースクールの地位が高いWASP男性にほとんど限られていた。それに対して1995年には、20年の間に弁護士ニーズが全般的に拡大しただけではなく、それをはるかに超えるペースで企業法務ニーズが拡大して、より専門性の高いサービスに高額な報酬を支払う大企業が急増した結果、北半球で法律事務所の巨大化と専門分化が進行する一方、大規模事務所がより多くの人材を必要としたために、社会経済的・民族宗教的背景や出身ロースクールによる差異が減少しつつあった。その半面で、ジェンダー間の差異がまだ残っており、専門分化の進行と弁護士界内部での視点の多様化は、弁護士プロフェッションが一致団結することを困難にしており、顧客である大企業の影響力が弁護士の自律性を低下させており、外部では巨大会計事務所との競争が激化していた。現在のアメリカ大都市では、1995年当時の状況が引き続き進行しており、ジェンダー格差は次第に減少している

としても、弁護士の団結と自律性への制約や、非弁護士との競争という課題はおそらく強まっていると考えてよい。

*

このような本書は、アメリカの大都市弁護士に関する必読書であるが、日本の弁護士界の将来についても、検討すべき課題を提起している。日本では、アメリカ固有の歴史的背景に基づく社会経済的・民族宗教的差別に相当するものはほとんど存在しないと思われるし、実務分野の威信評価も多元的で、個人顧客に対する業務もその社会的意義を高く評価されていると思われる。その反面、ジェンダー格差の解消は、アメリカ以上に深刻な課題であるかもしれないし、企業法務に対するニーズは、アメリカにおけるような問題を感じさせるほどのレベルには程遠く、むしろ一層の開拓が不可欠であろう。また、アメリカの多くの州と異なって、弁護士会が強制加入制である日本では、弁護士の団結への制度的枠組がまだ存在しているが、弁護士業務の多様化が視点の多様化を不可避的に引き起こすとすれば、弁護士業務の拡大を推進しながら組織の空洞化を防止するという困難な課題に取り組まざるをえないであろう。

本書が、アメリカと日本の弁護士について考えるすべての人々と、弁護士研究を志すすべての研究者に広く読まれることを、心から期待している。

2018年12月

監訳者　宮澤節生

◎翻訳分担一覧

はしがき………………………宮澤節生（みやざわ・せつお／神戸大学名誉教授）

第Ⅰ部　弁護士というプロフェッション

第1章　『シカゴの弁護士』再訪

　　　　………………………長谷川貴陽史（はせがわ・きよし／首都大学東京教授）

第2章　弁護士業務の性格変容

　　　　…………………… 大塚　浩（おおつか・ひろし／奈良女子大学准教授）

第3章　統合と分裂…… 上石圭一（あげいし・けいいち／追手門学院大学教授）

第Ⅱ部　弁護士界の階層性

第4章　威信…………………… 畑浩人（はた・ひろと／広島大学専任講師）

第5章　組織…………………… 大坂恵里（おおさか・えり／東洋大学教授）

第6章　キャリア……………… 飯考行（いい・たかゆき／専修大学教授）

第7章　所得と所得格差……… 米田憲市（よねだ・けんいち／鹿児島大学教授）

第Ⅲ部　弁護士の生活

第8章　分裂する価値観…………… 菅富美枝（すが・ふみえ／法政大学教授）

第9章　コミュニティにおける役割

　　　　…………………菅野昌史（かんの・まさし／いわき明星大学教授）

第10章　弁護士界内部での人的なつながり

　　　　…………………… 藤田政博（ふじた・まさひろ／関西大学教授）

第11章　満足できるプロフェッションか

　　　　…………………佐藤憲一（さとう・けんいち／千葉工業大学教授）

第Ⅳ部　変容

第12章　変化のプロセス

　　　　…… 久保山力也（くぼやま・りきや／大分工業高等専門学校専任講師）

参考文献　邦訳文献調査

　　　　…………………… 中村良隆（なかむら・よしたか／名古屋大学特任講師）

　　　　菅野昌史

索引………………………………………………………………宮澤節生

表・図……………………………………………………………宮澤節生

『アメリカの大都市弁護士──その社会構造』
URBAN LAWYERS : THE NEW SOCIAL STRUCTURE OF THE BAR

目次

監訳者まえがき…………ⅱ
翻訳分担一覧…………ⅳ
監訳者凡例…………x

はじめに…………2

第I部 弁護士というプロフェッション

第1章『シカゴの弁護士』再訪…………8
　1. 先行研究…………16
　2. データ…………28
　3. 本書の課題…………38

第2章 弁護士業務の性格変容 (イーサン・ミケルソンとの共著) …………42
　1. 1975年の「2半球」仮説:方法論上の諸問題…………43
　2. 1995年の重複パターン…………49
　3. 業務分野による専門化…………52
　4. 業務分野による依頼者の分化…………54
　5. 1975年と1995年の時間配分…………57
　6. 結論…………61

第3章 統合と分裂…………66
　1. 統合のメカニズム…………70
　2. 弁護士会…………74
　3. ロースクールの階層化…………77
　4. 民族宗教的な差異…………82
　5. 人種、ジェンダー、および家庭的背景…………86
　6. 業務環境…………94

7.構造と機会…………97

第Ⅱ部 弁護士界の階層性

第4章 威信…………102
1.名誉に関する３つの理論…………104
2.威信…………107
3.威信の決定因子…………113
4.中核にある経済的価値観か、それとも、プロフェッショナルな純粋性か…117
5.威信の高い業務への参加…………124
6.結論…………128

第5章 組織…………130
1.大規模法律事務所の経済的優位性…………131
2.組織に関連した有利さ…………137
3.法律事務所の類型論…………139
4.民主制と参加…………143
5.プロフェッションの自律性…………148
6.給与の決定要因…………156
7.変化する管理方針…………160
8.組織原理…………166
9.労働時間…………168
10.課業構造…………170
11.変化と継続性…………178

第6章 キャリア（キャスリーン・E・ハルとの共著）…………182
1.職歴とキャリア…………183
2.キャリアの安定性…………188
3.黄金時代とその衰退…………191
4.プロフッションにおける卓越した地位への道筋…………197
5.実務に就いていない弁護士…………203

vii

6. 結論…………204

第7章 所得額と所得格差…………206
1. 不平等の構造的源泉…………209
2. 実務に就いていない弁護士…………217
3. 所得と相関する個人レベルの要因…………218
4. 平等な正義…………224

第Ⅲ部 弁護士の生活

第8章 分裂する価値観 (モニク・R・ペインとの共著)…………228
1. シカゴにおけるデータ…………230
2. 弁護士の類型間における相違…………238
3. クライアントの価値観への適合？…………242
4. 社会的価値観…………247
5. 結論…………250

第9章 コミュニティにおける役割…………258
1. シカゴのデータ…………262
2. 参加の全体的状況…………265
3. 全体的参加状況に関連する変数…………267
4. 誰がどこに参加するのか？…………271
5. 組織類型別の参加に関連する変数…………274
6. リーダーたち…………277
7. 結論…………282
8. 付録：時代、年齢、コーホートの効果…………286

第10章 弁護士界内部での人的なつながり…………288
1. 1975年のネットワーク…………289
2. 1995年のネットワーク…………293
3. ネットワークの構造…………296
4. 民族宗教的および政治的な分化…………306

5. 結論…………309

第11章 満足できるプロフェッションか
（キャスリーン・E・ハルとエヴァ・A・ハーターとの共著）…………314
1. 職業満足についての研究…………315
2. シカゴ調査の知見…………319
3. 弁護士界のハッピーアワーか…………334

第Ⅳ部 変容

第12章 変化のプロセス…………340
1. 自律性と影響力…………341
2. プロフェッショナル支配の後退…………343
3. 需要…………347
4. 成長の理由…………350
5. ローファームの構造とマネジメントにおける変化…………354
6. 弁護士・クライアント関係…………364
7. 組織の境界…………369
8. ビジネス・メソッド…………375
9. 結論…………391

参考文献…………398
事項索引…………421
人名索引…………433

監訳者あとがき──本訳書出版の経緯と日本の弁護士研究への「シカゴ調査」
の示唆…………436
原著者・監訳者プロフィール…………450

ix

◎監訳者凡例

1．訳語

(1) the barとthe organized barについて、前者は弁護士全体を意味するものとして「弁護士界」と表記し、後者は「弁護士会」と表記した。

(2) professionは、基本的に「プロフェッション」と表記した。

(3) law firmは、法律事務所を一般的に意味すると考えられる場合は「法律事務所」あるいは「事務所」と表記し、企業法務専門の比較的大規模な事務所を意味すると考えられる場合は「ローファーム」と表記した。

(4) clientは、文脈によって「顧客」「クライアント」「依頼者」などと表記した。

(5) percentは、基本的に「％」と表記した。

(6) The American Bar Association (ABA)とThe American Bar Foundation (ABF)：前者は実務弁護士が会員の大多数を占める任意加入全国組織なので、アメリカ弁護士協会と表記するのが実態に近いと思われるが、「アメリカ法曹協会」という訳語が一般化しているので、本書でもそれに従った。後者は、ABAとは間接的な関係はあるものの独立の研究機関であるが、原語の名称が同じ言葉を使っているので「アメリカ法曹財団」と表記した。

(7) 法律用語・法学用語は、基本的に田中英夫編著『英米法辞典』（東京大学出版会、1991年）にしたがった。そのため、civil rightsは「公民権」ではなく「市民的権利」と表記するなど、一般的な表記と異なる場合がある。

(8) 人名のカタカナ表記は、基本的に大塚高信・寿岳文章・菊野六夫共編『固有名詞英語発音辞典』（三省堂、1969年）を参照し、同書に記載されている人名は同書の発音に近いカタカナ表記を工夫した。そのため、訳書がある研究者で訳書の著者名表記と異なる場合がある。

(9) 人名についても組織についても、固有名詞については、基本的に各章で初出の場所で原語を付記するようにした。

(10) 英語を日本語に置き換えることが困難なためにカタカナ表記にした場合に、英語の発音とは異なるカタカナ表記が一般的な場合は、それにしたがった。たとえば、hierarchyは「ハイラーキー」ではなく「ヒエラルキー」と表記した。

2．注

(1) 原書では巻末注になっているが、本書では参照しやすくするために脚注にした。

(2) 原注と訳注を含めた通し番号で表記した。

3．索引

(1) 原書では人名と事項が一括されているが、本書では人名索引と事項索引に分けた。

(2) 人名索引は現代人文社編集部に作成していただいた。人名のカタカナ表記は監訳者による。

(3) 事項索引の項目は、原書の索引のメインエントリーにしたがって作成したが、該当頁はよりこまかく記載した。必要と思われる場合には原語を付記した。

アメリカの 大都市弁護士
——その社会構造

ジョン・P・ハインツ、ロバート・L・ネルソン
レベッカ・L・サンデファー、エドワード・O・ラウマン=著
宮澤節生=監訳

◎ はじめに

　狭量な同僚たちの意見は違うかもしれないが、本書に明らかに類似しているのは、『ハロウィン：第8部』（*Halloween: Part 8*）ではなく、デュマの『三銃士』（*Three Musketeers*）の続編である『二十年後』（*Twenty Years After*）である。1990年代の中頃、本書の共著者のうちの3人は、ワシントンのロビイストに関する大規模な研究を出版したばかりで、次の冒険を探していた。3人は、20年前にシカゴの弁護士界を激怒させたことがあり、その話をしながら生きてきたので、もう一度危険を冒してもいいのではないかと考えた。しかし、銃士と同じように、彼らは年齢を重ねていたので（ある者は他の者より年長だった）、賢明にも、より若い、より頑健な研究者の助けを借りる必要があることを知っていた。もちろん、フレッシュな考えというのは、信用してはならない。しかし、ときどき意見を言わせても害はないであろう。こういうわけで、第4の銃士が加わった。

　本書の共著者のうちで、よりエキセントリックな者の一人は、『弁護士界の解明』（The Raveling of the Bar）という標題を望んだ。しかし、まともな頭のほうが打ち勝った（ちなみに、「raveling」と「unraveling」がまったく同じことを意味するというのは、英語における小さな謎のひとつである。両方の形態が生き残ったのは、ありそうもないことのように思われるし、節約の原理からすれば短い言葉のほうが好まれることが予測されるにもかかわらず、日常の使用ではunのほうが優勢であるように思われる。これは、否定が好まれることに帰することができる。そして、否定が好まれるということは、弁護士界へと我々を連れ戻すのである）。

＊1　（訳注）1978年に第1作が製作された連作ホラー映画『ハロウィン』の第8作で、2002年に製作された。

＊2　（訳注）アレクサンドル・デュマが1844年から1851年にかけて発表した『ダルタニャン物語』の第1部が『三銃士』（1844年）で、第2部が『二十年後』（1845年）である。

＊3　（訳注）このパラグラフで年長の3人というのは、Heinz、Nelson、Laumannで、第4の銃士はSandefurである。ただし、Nelsonは1975年のシカゴ調査に基づく2冊の出版では共著書になっていない。年長の3人によるロビイストに関する出版というのは、John P. Heinz, O. Laumann, Robert L. Nelson, and Robert H. Salisbury, *The Hollow Core: Private Interests in National Policy Making,* Harvard University Press, 1993を指すと思われる。

＊4　（訳注）ravelingには「解体」の意味も含まれる。

2　はじめに

弁護士は、もちろん、ほとんどあらゆるものを否定しうる自己の能力に誇りを持っている。弁護士という言葉自体、矛盾を含んでいる。それは、驚くべき範囲の社会的役割を指すために使われており、それらの役割の多くは対立している。それらの役割には高く上げられているものもあるが、他の役割は一般に貶められている。ある者は資本家に奉仕し、他の者は労働者に奉仕している。ある者は国家に雇われ、他の者はあらゆる機会に国家を阻止しようと求めている。ある者はかなりの富で報われているが、他の者は最低の給与を稼いでいるにすぎない。ある者は公共の場でレトリックの能力を誇示しているが、他の者（少なくとも同程度に有能な者）は、密かに囁いている。さらに他の者は、ジェイムズ・ジョイス（James Joyce）[*5]ですら簡潔と思われるような文書を作成している。弁護士は、有益ではないにしてもある程度正確に、特定のライセンスを持った者として定義することができる。しかし、ライセンスを得ている者の多くが法律実務を行っていない一方、ライセンスを得ていない者の中に、かなり明白に法律実務を行っている者がある。このラベルは、したがって、大して記述的であるとは言えない。しかし、本書は、過去四半世紀の間にアメリカの主要都市のひとつで法律のライセンスを持っていた者のすべての範囲と種類を検討しようと努める。

　本書の第１部の表題、「弁護士界というプロフェッション」は、おそらく、弁護士倫理やプロフェッショナリズムに関する論文に取っておくべきものであった。そのような論文では、その表題は、少々辛辣な、明らかに二重の意味を含んだものとなろう。良かれ悪しかれ、我々は、弁護士界の公式声明やイデオロギーに関して、大して提供しうるものを持っていない。しかし、我々は、弁護士界で支配的な規範について、その実際的帰結に関するデータを持っている。プロフェッションに入ることを認められた者をそうではない者から区別する属性、弁護士のキャリアパスの性質、プロフェッション内に

＊5　（訳注）アイルランド出身の小説家・詩人（1882年～1941年）。『若き芸術家の肖像』（1916年）、『ユリシーズ』（1922年）、『フィネガンズ・ウェイク』（1939年）などで知られる。

おける所得その他の報酬の分配といった帰結である。我々は、また、弁護士が支持する政治的価値観や、どのような種類の弁護士がどのような価値観を抱いているかということに関して、ある程度の情報を有している。しかし、我々の研究が明らかにするのは、彼らが語る内容よりも、彼らの行動である。

法律プロフェッションの内部における変化の速度は、研究者に、大して考える余裕を与えてはくれない。研究者が研究を終えたときには、プロフェッションは先へ進んでしまっている。それにもかかわらず、我々は時間を要した。真実を言えば、この点に関して我々には、ほとんど選択の余地がなかった。それが、我々が研究を組み立て、この研究がなされたやり方である。データを篩にかけ、それを疑うということに注意を払わなければ、混乱に陥ったであろう。すなわち、ミスリーディングで、不正確な混乱である。数字の中には、その秘密をゆっくりと現すものがあるのだ。

この研究は、多くの友人、研究者、弁護士、学生、データ分析者、秘書、編集者、出版社、資金提供者などの支援がなければ、決して完成しえなかったであろう。その多くの者は疑いなく匿名性を望んでいるが、いまや彼らを数え上げるべきときである。

アメリカ法曹財団(American Bar Foundation)は、じつに驚くべき機関である。良い天候は除いて、それは、研究者が望みうるすべてを提供してくれる。知的で気の合う同僚、エキスパートの支援、知的刺激、暖房の効いた部屋、痛烈な批判、そして豊富な資金提供である。我々は、そこで働くことができて幸運であった。

アメリカ法曹基金(American Bar Endowment)からの補助金は、このプロジェクトを経済的に支える主要な源であった。豊富な資金は、ノースウェスタン大学政策研究所、国立科学財団（SBR-9411515）、ノースウェスタン大学ロースクールの夏季教員研究プログラム、1962年卒業生同窓会の寄附基金、ロースクール入学選考委員会（Law School Admission Council）、シカゴ法曹財団(Chicago Bar Foundation）からも提供された。

我々は、この研究に参加することに同意してくれた何百人ものシカゴの弁護士に、心から感謝している。彼らの貴重な時間とエネルギーを長時間かつ

4　はじめに

要求の多いインタビューに割いてくれたことは、真の犠牲であった。疑いなく、彼らの多くは、自己の貢献が自己のプロフェッションに奉仕するものとなることを意図していた。我々は、この研究がそのようなものであることを希望している。

ポール・シュノー（Paul Schnorr）は、1994年から1995年の調査の設計、実施、データ・コーディング、および分析の初期段階において、我々のパートナーであった。彼は、第9章の共著者である。彼は、1996年にプロジェクトを離れ、最初は都会の仕事につき、その後、より緑豊かな牧場へと移った。我々は、彼に多くのものを負っている。

キャスリーン・ハル（Kathleen Hull）は、データ分析のほとんどの期間にわたって、我々のプロジェクト・マネージャーであった。彼女は、すべてのコードとリコードを緻密に追跡し、我々を破滅から救い、彼女の鋭い知性を知見の解釈にもたらしてくれた。彼女は、第6章と第11章の共著者である。キャシーが自分のキャリアを求めてプロジェクトを離れたとき、彼女の任務は、モニーク・ペイン（Monique Payne）によって、きわめて有能に引き継がれた。彼女は、分析に多くの貢献を行い、第8章の共著者である。イーサン・ミケルソン（Ethan Michelson）は、中国の法律プロフェッションに関する彼の独創的な研究に取り組む前に、このプロジェクトの研究助手であり、重要な分析上の問題に関する独創的解決を工夫してくれた。彼は第2章の共著者である。

エヴァ・ハーター（Ava Harter）は、ノースウェスタン大学のロースクール学生であったとき、弁護士の職務上の満足感（あるいは不満感）に関する卒業研究論文を書いた。彼女の研究の一部は第11章に貢献しており、彼女は同章の共著者である。[*6]

きわめて多くの有能かつ寛大な人々によって費やされた努力を合計すると、

＊6　（訳注）多数の学生、インタビューアー、データ分析担当者、コメントしてくれた研究者・実務家、草稿タイピスト・校閲者、図書館員、シカゴ大学出版の編集者などに対する謝辞を省略。

はじめに　**5**

気が遠くなる。最終的な産物が、我々に利用可能であったものの豊かさを十分に生かすことができない可能性が相当あることを、我々すべてが強く認識している。資源——データと専門的知識——を組織化することは、それ自体、恐るべき課題である。不可避的に、我々は、選択を行った。我々は、ある途は追求しながら、他の途は退けた。我々は、別な研究者ならば別な選択を行ったであろうことを承知している。しかし、長期間費やした後の我々の判断が、ここにあるのだ。[7]

（訳：宮澤節生／みやざわ・せつお）

＊7　家族への謝辞、本書の既発表部分に関する記載、本研究のデータを利用した他の論文などに関する記載を省略。

第Ⅰ部

弁護士という
プロフェッション

■第1章 ‖‖

『シカゴの弁護士』再訪

　大昔には、弁護士界といっても、単独開業弁護士の、あまり分化していない集合体にすぎない時代があった。弁護士は、村落に住んでいても都会に住んでいても、[ローファームではなく] 小さな「ローオフィス」で働いていた。1人、2人のパートナー弁護士と共同していることもあったが、単独開業弁護士の方が一般的であった。ある説明によれば、1872年には6人の弁護士を抱えるアメリカの法律事務所は1カ所だけで、5人の弁護士を抱える事務所も3カ所だけであった（Hobson, in Gewalt 1984, 7）。

　しかし、19世紀後半の数十年間に、ビジネス組織が法人組織に集中した結果、それに対応して、弁護士も相対的に「企業法」事務に特化した法律事務所に集中することになった。1933年までには、都会の弁護士の「最優秀層」が「法廷事務や、家庭医の仕事のような一般業務から、大企業に奉仕する高給の専門職へと大量に移行した」とカール・ルウェリンが指摘するほどになっていた（Llewellyn 1933, 177）。その四半世紀後には、50人以上の弁護士を抱えるニューヨークの法律事務所は、20カ所となった（Smigel 1969, 358）。

　しかし、その当時でも、アメリカの弁護士の大半は、なお単独開業弁護士であった。1948年でも、約61％の弁護士が単独開業であった（Sikes 1972, 10-12）。1967年になっても、アメリカの143,000カ所の法律事務所のうち、122,000カ所が単独開業であった（Abel 1989, 304に引用された1970年調査）。

　一般に「ソロ」と呼ばれる単独開業弁護士と、大規模法律事務所で働く企業弁護士は、法律プロフェッションの両極である。両者は、弁護士を異なった社会的・専門的役割に分類する階層構造の、両極を表している。しかし、この両極の中間には、実にさまざまな弁護士が存在する——地方・州・連邦の政府に雇用された弁護士。銀行やソフトウェア会社、不動産会社で働く弁護士。労働組合に雇用された弁護士。個人被害（personal injury）や離婚、刑事法に特化した小規模法律事務所で働く弁護士。知的財産権、破産、海事事

件に特化した、かなり異なった中小の法律事務所で働く弁護士。刑事訴追された貧困者を代理する公設弁護人。多様な法律問題について貧困者を代理する、近隣法務サービス弁護士。全米中絶権行動連盟（National Abortion Rights Action League）や［中絶に反対する］全米胎児生命権委員会（National Right to Life Committee）を代理する「コーズ・ローヤー」（cause lawyers）。重要なものとして、法律実務以外の職業についている弁護士。

　しかし、弁護士の役割がこのように多様である一方で、20世紀の大半において、アメリカの弁護士を１つに結びつけ、彼らにプロフェッションとしての共通のアイデンティティを付与することに寄与してきた要因がいくつか存在した。その１つは、彼らが共有する社会的地位と社会的出自である。弁護士に関するジョーク（Galanter 1998）や「三百代言」（shysters）「事件漁り屋」（ambulance chasers）に対する反感はあったが、弁護士は総じて、伝統的な「学識を要するプロフェッション」（learned professions）の１つとして職業的威信[*1]を享受してきた。通常は相当に名声のある教育機関で数年間教育を受けていることが、弁護士に権威と地位とを与えてきた。弁護士は「司法試験」という資格試験に合格することが必要であった。これは時期と場所によっては厳しいものであったが（Abel 1989）、一般的には不適格者を排除するための仕組みであった。弁護士はまた、全般的に、アメリカの社会階層の最上位近辺の、比較的わずかな階層の出身であった。弁護士の両親も通常はプロフェッショナル層か経営者層に属していたし（Heinz and Laumann 1982, table 6.3, 190）、弁護士自身も、各々の所得には常にかなりの格差があったものの、概して相対的に裕福であった。このように、アメリカの弁護士は、恵まれた社会的・経済的地位を持つことによって、プロフェッショナル・エリートの一員として際立った存在となるとともに、共通のアイデンティティを保持してきた。

　こうした社会経済的独占性は、人種的・民族的・宗教的・性的排他性によって、いっそう強められた。20世紀の大半にわたって、アメリカの弁護士は白人、男性、プロテスタント、北欧系の人々に過度に偏っていた（*Yale Law Journal* 1964, Auerbach 1976）。彼らは同じ地域で育ち、同じ学校に通い、同じ教会で礼拝した。こうした背景があれば、彼らが相対的に同質な社会的

＊1　（訳注）prestigeは、一般的用語としては基本的に威信と翻訳するが、後出のロースクールのカテゴリー分けでは、プレスティージ・ロースクールと表記する。

ネットワークに属していったとしても、驚くには値しない。彼らの友人やプロフェッションとしての同僚も、彼らとそっくりになりがちであった（Heinz and Laumann 1982, chap. 7）。法律プロフェッションの就職口は、きまって「学閥」を通じて埋められていった。弁護士が——たとえば女性やユダヤ人であるために——こうした標準的プロフィールに合致しない場合には、異なったキャリア・パスを歩み、彼らと同じ特徴を共有する人々ばかりが集まっている環境や専門領域に引き寄せられる傾向があった（Carlin 1962; Ladinsky 1963a、1963b）。20世紀半ばまでに、ユダヤ人は、相当数が弁護士界に参入することに成功したが、最上位の法律事務所や最も高く評価されている専門領域には入り込めないことが多かった。女性は、20世紀後半の四半世紀まで、あまり法律プロフェッションに参入しなかった。女性が弁護士界の諸制度に統合された程度は、本書が扱うテーマの1つである。

　アメリカの弁護士は、家庭環境や教育、人生経験を共有していたため、社会的・政治的問題についても共通した見解を持つ傾向があった。弁護士は、しばしば正反対の利害を抱えたさまざまな依頼者を代理するにもかかわらず、現代の諸問題について驚くほど一致した見解を示してきた。たとえば、シカゴの弁護士の1975年調査によれば、「全国民は各人の担税力を問わず、質の高い医療を等しく受けられるべきである」という主張には、無作為抽出によって選ばれた弁護士の87%が賛成したし、「政府の最も重要な役割の1つは、貧困者、恵まれない人々、失業者のように、自活できない人々を支援することである」という見解については、78%の弁護士がこれを支持した（Heinz and Laumann 1982, 139, table 5.1）。弁護士は、同程度の社会経済的地位にある他の職種の人々と比べて、よりリベラルな傾向があり（Laumann, Marsden & Galaskiewicz 1997）、「デュープロセス」や市民的自由に特に関心を持つことは、弁護士を一般大衆から区別する点であった。

　弁護士を統合する、こうした社会的諸要因に加えて、プロフェッションとしての一連の明確な関心が、弁護士に共通の利害をもたらした。また、弁護士の組織的活動が次第に拡大したことが、彼らに相互に接触し、自らの目標を追求する機会を与えた。1878年にアメリカ法曹協会（The American Bar Association, ABA）が創設されたが、これは、20世紀には巨大で強力な組織に成長した（Rutherford 1937; Melone 1977）。プロフェッションとしての利害に関わる数多くの（ほとんど常に行われていた）議論を後押しした、州や地域の弁護士会も、急速に成長した（Halliday 1987; Powell 1988）。弁護士の（少なくとも、

その多数の）共通した利害関心の１つは、他の職種が弁護士の職域の市場を侵害することを防ぐこと——つまり「非弁活動」（unauthorized practice of law）を防止すること——であった。弁護士は長年にわたって、不動産業者や権原保険会社（title insurance companies）が不動産販売に必要な書類を作成することを禁じようと試みてきた。より最近では、法律事務所は、会計事務所が「法律事務」を行うことを懸念してきた（第12章参照）。このように、法律職と他の競合するおそれのある職業との境界を維持することは、多くの弁護士が共有する利害関心であった（Abbott 1988）。

　弁護士の多くはまた、総合職的弁護士から専門職的弁護士への、あるいは特定分野の弁護士から他分野の弁護士への、事件照会のためのネットワークを構築する関心を持っていた。したがって、接触の幅の広さは、総合職的弁護士と専門職的弁護士との双方の要求を満たすものであった。この結束は、弁護士間のコミュニケーションを生み出したし、弁護士の一体性を強化する傾向があった。

　しかし、かつて弁護士間の結束を作り出していた要因の多くは、いまやその力を失っていると考えるべき理由がある。本書は、弁護士界が——その社会的性格においても、政治的価値においても、プロフェッションとしての利害関心においても——かつてのようには統合されていないことを示す証拠を検討する。それどころか、その証拠は、法律プロフェッションが、いまや複数の異なった職域に分化していることを示唆するかもしれない。しかし、弁護士界の崩壊ということは、何度も時期尚早に予言されてきたため、我々は慎重にならざるをえない。弁護士の特徴の変化の内容と程度——たとえば、弁護士がプロフェッショナルではなくなってきたか、より官僚的になってきたか——に関する判断が相対的な評価にすぎないことは、本書冒頭に掲げたブライス卿の著作からの引用のように、19世紀から20世紀初頭の論評を検討しさえすれば、直ちに明らかとなる（Gordon 1988; Solomon 1992をも参照）。

　ここで我々は、シカゴの弁護士界の20年間にわたる変化の内容と程度について検討する。そのことを示す証拠のほとんどは、２つの弁護士調査、すなわち1975年に実施された第１回調査と、1994−95年に実施された第２回調査とから引き出されている。両調査では、あらゆる種類の法実務家から無作為に抽出された約800人の弁護士に対して、個人面接が実施された。両調査の標本は、相互に独立したサンプルになっている。つまり、同一の弁護士が２回面接されることはなかった。したがって、これは「パネル」スタディでは

第1章　『シカゴの弁護士』再訪　**11**

ない。いずれのサンプルも、単独開業弁護士、共同事務所に所属する弁護士、企業内弁護士、政府内弁護士、公設弁護人、裁判官、ロースクール教授、引退した弁護士、雇用されていない弁護士、法律家以外の職業についている弁護士などを含んでいる。

　本書は主として、この２回のシカゴ調査のデータの比較に依拠しているが、我々は［シカゴの弁護士に関する］より幅広い概観を提示するために、同調査以外の弁護士に関する学術研究や新聞報道をも引用する。1975年から95年という期間は、歴史的な対象枠として長くはないから、この時期に興味深く重要なあらゆる変化が起こったと推測するわけにはいかない。むしろ、最も重要な変化の潮流の端緒が1975年以前にあり、それが1995年以後にも引き続き展開していることは確かである。そこで、我々は［シカゴの弁護士の変化という］ストーリーの完成に資する場合には、こうした潮流にも注意を払いたい。

　1975年調査から得られた知見は、前述の書物（Heinz and Laumann 1982）の中で報告され、解釈されている。同書は、シカゴの弁護士界の内部分化の大半が、大規模組織を代理する弁護士と、個人や個人所有の小企業を代理する弁護士との分化として理解できる、と述べている。「この２種類の法実務は、法律プロフェッションの２つの半球なのである。多くの弁護士は、これらの半球の一方だけに属し、半球の境界線を跨ぐことは、あったとしても稀である」（319頁）。同書は、より慎重な表現をしている箇所では、「依頼者のタイプによるこの区別は、あまりに大まかかつ単純で、法律プロフェッションの社会構造の十分な複雑性を説明でき」ず、「いくつかの点では、この２つの半球間の違いよりも、それぞれの半球内部の違いの方が大きい」と認めてもいる（321頁）。しかし、この「２つの半球」の比喩は同書の読者の関心を惹きつけ、このイメージは学術論文でも頻繁に言及されることになった。

　したがって、1995年調査は、この「２つの半球」仮説の妥当性（または1975年以来の妥当性）を評価するデータを提供している。前述の通り、法律プロフェッションは、1970年代よりも1990年代の方が、その統合力を失っていたと考えるべき理由がある。しかし、都会の弁護士が、さらに小さな集団に分裂したと思われるのに対して、２つの依頼者階層——一方の大規模組織と、他方の個人・小企業——の区別は、そのまま変わっていない。この依頼者階層の区別は、経済的な豊かさとは違って、［組織か個人かの］二者択一だと考えられることに注意してほしい。もちろん、組織の規模は程度の問題であ

12　第Ⅰ部　弁護士というプロフェッション

るが、組織か個人かという区別は、形式の問題であるばかりか、実質の問題でもある。なるほど小企業は、たとえ株式公開をしていても、大企業よりは組合に近いという人もいるかもしれない。しかし、形式が違うということは、法的な内実が異なるということであり、形式の違いによって、弁護士の職務の性格や、弁護士と依頼者との間の関係も変わってくる。企業の所有者が経営者とは異なっている場合、弁護士の経営者との関係は、弁護士の所有経営者との関係よりも厄介で、倫理的にも複雑である。企業は有価証券を発行し、連邦・州・地方の政府に対してさまざまな報告義務を課されている。さらに、企業は法人税を負担し、法人税の規則と手続とは、個人の税金に適用される規則や手続とは異なる。その他の大規模組織（政府機関、労働組合、事業者団体、プロフェッショナルな団体）も、特別な規則や報告義務を課されており、弁護士とそうした依頼者との関係は、弁護士と個人依頼者との関係よりも、弁護士と企業との関係にしばしば似通ってくる。

　もちろん、大規模法律事務所に雇用された弁護士は、企業向け法律事務とともに、個人（しばしば依頼者である会社の役員）向け法律事務をも扱っている。大規模法律事務所の中には、遺言検認部門を設けているところもある。多くの法律事務所は、関係の深い依頼者企業のために個人の所得税問題を処理している。若干の法律事務所は、依頼者の離婚問題さえ扱うだろう。こうしたことが起こる程度には、弁護士界の企業向け部門と個人向け部門とは、接近しているのである。しかし、こうした法律事務所の内部では分業があり、企業の法律事務を担当する弁護士は、個人の法律問題を扱う弁護士とは同一ではないかもしれない。もし、弁護士業務が次第に専門分化してきたならば——もし、有価証券業務を担当する弁護士が、いまや遺言や商法を扱わなくなっているとすれば——、これは、弁護士界の諸部門を分化させてゆくことになろう。部門間の境界を横断する弁護士は、これからもっと少なくなるだろう。

　もちろん、弁護士は他の方法でも分類できる。たとえば、事実審弁護士（trial lawyers）や「訴訟専門弁護士」（litigators）を、事務所内で勤務する弁護士から区別する人がいるかもしれない。あるいは、「雇用された」弁護士（すなわち、企業内弁護士や政府内弁護士）を、ローファームや単独開業事務所で働く独立した弁護士から区別する人もいるかもしれない。キャロル・セロンは、大都市ニューヨークの単独開業弁護士と小規模事務所弁護士の研究（Seron 1996）の中で、調査サンプルを、主としてその業務内容の性質に基づいて、「企

第1章　『シカゴの弁護士』再訪　**13**

業家」「実験家」「伝統主義者」に分類した。ジョン・ヘイガンとフィオーナ・ケイによるトロントとオンタリオ州の弁護士に関する調査（Hagan and Kay 1995）は、弁護士が「自律性」や社会的権力を持つ程度によって弁護士を分類するという類型論を用いた（35-40頁）。これらの区別はいずれも、分析目的次第では有用かもしれない。

　弁護士のサービスに対する需要の増大（Sander and Williams 1989）のためもあって（だが決してそれだけが理由ではない）、弁護士は20世紀後半の数十年間で大幅に増加した。アメリカの弁護士数は、1970年には約355,200人であり、人口572人に1人の割合であった（Sikes, Carson and Gorai 1972, 6, table 2）が、2001年には約1,066,000人となり、人口264人に1人となった（Carson 2004）。〔シカゴを含む〕クック・カウンティ（Cook County）では、カウンティの全人口はやや減少しているのに、[*2] 弁護士である住民は、1976年には19,072人であった（Attorney Registration and Disciplinary Commission 1977, 1）のが、1994年には35,704人となり（Attorney Registration and Disciplinary Commission 1995, 5）、87%も増加した。アメリカにおける法務サービスに対する財政支出は、1972年から1992年までの間に、全体として309%増加した。[*3] この増加率は、同時期のGNPの増加率の2倍であり、健康福祉サービスに対する支出の増加率を上回ってさえいた（Litan and Salop 1992, 2 and fig. 1）。

　弁護士の規模の増加——組織単位の規模と全体の規模との双方の増加——はまた、弁護士全体の結束を弱めることにもなる。つまり、弁護士の数が増えるにつれて、弁護士が1対1または集団で偶然に交流を持つ可能性は減少する。個々の弁護士の交際範囲は、弁護士数の増加と同じ程度に拡大しそうにはないから、同僚と結びつきを持たない弁護士の数は増加することになろう。その結果、コミュニケーションは、全弁護士の中のより狭い範囲に限定されやすくなる。だからこそ、弁護士はより多様になり、かつ、その統合力は弱まってきたのである。

　大規模法律事務所の急速な成長は、弁護士の従来の業務慣行を動揺させ、

＊2　クック・カウンティの人口は、1975年に5,369,000人であったが、1995年には5,137,000人に減少した（U.S. Bureau of the Census 1977, 927; 1996b, 940-41）。クック・カウンティはシカゴを中心とするイリノイ州のカウンティで、強力な民主党組織で知られる。

＊3　恒常ドル（1992年）でいえば、統計データによると、アメリカの法務サービスに関する支出は、1972年には320億ドルであったが、1993年には1,010億ドルとなった（U.S. Bureau of the Census 1976, table 4-36, 1996a, 4-443, 4-446, table 49）。

その限りで事務所経営に新たな選択肢を提示した。法律事務所の中には、積極的に拡大し、国内外に複合型オフィスを開設または買収し、プロフェッショナル・マネージャーの経営体制や形式的手続の細部を「合理化」し、組織化している事務所もある。他方で、成長するとしてもゆっくりと成長し、地方や地域に基盤を置いたまま、よりインフォーマルで、より個人的な経営方式を維持している法律事務所もある。こうした各法律事務所の組織としての戦略は、その事務所が獲得しようとしている特定の市場・依頼者や、その事務所の専門領域に規定されていることが多かった（第5章を参照）。たとえば、訴訟に特化した法律事務所は、通常、税務に特化した事務所よりも、下級弁護士の割合が高く、上級弁護士にパラリーガルがつく割合が高いであろう（Kordana 1995）。複雑な訴訟の準備にあたっては、資料の山を入念に調べて選別しなければならないことが多く、それは比較的経験の乏しい弁護士でも効率的にこなしうる仕事である。他方で、税務に関する助言を求める依頼者は、自らに見合った専門知識や判断を購入しているのである。さらに、組織は拡大するにつれて、明確な分業体制を導入する傾向がある。組織は、支配的な上級弁護士の周囲に築かれるのではなく、実質的な専門知識や技能タイプ——たとえば、税務、訴訟、不動産、M&A——によって特定される部局を生み出すのである。

　弁護士業務の専門化は、法律プロフェッション内部のコミュニケーション回路を変化させる。切断される回路もあれば、再構築される回路もある。弁護士各人が幅広い種類の法律を扱うならば、ある問題を処理するためにどういう弁護士を集めるかは、弁護士の集めやすさや依頼者との相性の良さで決められる可能性が高く、その結果、弁護士団は事件ごとに変わることになる。しかし、もし弁護士業務が、法的主題や技能タイプによって特定される部局によって組織化されるならば、弁護士は同じ部局の弁護士との議論に多くの時間を費やすことになろう。「企業法務」が有価証券、独占禁止法、法人税、知的所有権へと発展している場合、この発展によって、従来は統合されてきた法の諸領域（そして弁護士集団）は、分断される。

　1975年には、法律プロフェッションは相対的に安定していた。急速な変化（女性の進入、爆発的な成長）に至る一歩手前の時期ではあったが、変化の大半はまだ生じていなかった。19世紀半ば以来進行してきた法律プロフェッション内部の社会的ヒエラルキーは、なお存在しており（だが、後に見るように確固たるものではなかった）、1975年の弁護士界の横断的調査は、この構造につ

いて相当に明確な実像を描き出していた。しかし、1995年までには、法律プロフェッションは変容してきており、しかもなお安定していなかった。1995年のシカゴ調査は、流動的な状況からデータを引き出していた。それでもなお、その変化のパターンの中に、一定の秩序を識別できる。つまり、変化のプロセスは無秩序には見えないのである。しかし、弁護士界の構造が最終的に再び安定状態に落ち着くであろうと決めてかかるのは、誤りかもしれない。

1. 先行研究

　本書全体を通じて、我々は、弁護士の社会組織に関する大量かつ多様な文献に言及する。弁護士に関する詳細な議論の幅の広さは、法律プロフェッションに対する社会科学的関心の増大を反映している。そうした文献の射程の広さや、扱われる問題の多様さは、単純な要約を不可能にする。しかし、1975年調査と1995年調査とを、そうした先行業績の中に位置づけることは、有益である。弁護士研究は、プロフェッション論の重点の変化のみならず、弁護士全体の社会構造の主要な変化をも、追いかけてきている。20世紀後半の四半世紀の間、研究者たちは、1970年代に始まった構造的変化——大規模法律事務所の持続的拡大、女性やマイノリティの法律プロフェッションへの大量の参入、弁護士の「プロフェッショナリズム」に対する不安の高まり、広範な弁護士の不満の報告、グローバリゼーションとアメリカン・スタイルの法律実務の輸出、コーズ・ローヤリングの新たな形式の創造——の原因と帰結とを、説明しようと努めてきた。

　1950年代末から1960年代初頭まで、プロフェッションに関する社会学は、エリオット・フライドソン (Freidson 1970) とエヴァレット・ヒューズ (Hughes 1958) によって主張された「プロフェッション支配」論と、とりわけタルコット・パーソンズ （Parsons 1968; Ben-David 1963-64, Goode 1957をも参照） によって明確に示された、プロフェッションの「機能主義的」概念との間の、継続的な論争をめぐって展開された。機能主義者は、プロフェッションの地位と社会組織とを、社会におけるプロフェッションの役割の重要性や、プロフェッションが支配する知の固有の様式に由来するものとして、説明しようとした。他方で、支配理論家は、プロフェッションの地位が、政府・学界・市場におけるプロフェッション集団の政治的・経済的権力に基づいていると主張した。

　法律プロフェッションの研究も、この論争を反映していた。シカゴの単独

開業弁護士に関するジェローム・カーリンの古典的研究『ひとりきりで働く弁護士』(*Lawyers on Their Own*〔Carlin 1962〕)には、単独開業弁護士の過酷な現実——ユダヤ人、最近の移民、低ランクのロースクール卒業生などの割合が過大であること、業務獲得が難しいこと、倫理規則が惹き起こした問題、多くの単独開業弁護士が開業時に味わう欲求不満——が描かれていた。ニューヨーク市の弁護士に関するカーリンの調査『弁護士倫理』(*Lawyers' Ethics*〔Carlin 1966〕)は、業務の性質や業務報酬、業務環境をめぐる倫理的問題に関する多様性を、より広いスケールで実証した。同書は、弁護士界における倫理規則とその強制が法律プロフェッションの合意に基づいているという考え方がまやかしあることを暴き出し、実はそうではなくて、倫理規則とその強制のメカニズムは、エリート弁護士によってコントロールされており、経済的圧力のためにいかがわしい業務に手を染めていた、低層のマージナルな弁護士に集中的に発動されていることを指摘した。デトロイトの地域調査に基づいたジャック・ラディンスキーの一連の論文もまた、弁護士界内部の民族的・階層的分化を立証している (Ladinsky 1963a, 1963b, 1964)。

　カーリンやラディンスキーの論文は、普遍的原理によって支配された単一のプロフェッションという機能主義モデルに疑問を投げかけたが、他方で、弁護士は紛争を調停し、依頼者の不合理で不公正な傾向を抑制するために重要な役割をはたしている、と指摘する研究もあった。おそらく最も特筆に価するのは、ニューヨークのエリート弁護士に関するアーウィン・スマイゲルの画期的な研究『ウォール街の弁護士』(*The Wall Street Lawyer*〔Smigel 1964〕)であった。スマイゲルは、ニューヨーク市の法律事務所における反ユダヤ主義と社会的エリート主義について論じたが、彼は、プロフェッションの自律性に関するパーソンズの見解を採用した。つまり、ウォール街の法律事務所は、依頼者層という点でいえば多様であり、それが彼らの専門知識と結びついて、依頼者企業からの実質的な独立性や、企業への実質的な影響力をもたらしている、というのである。チャールズ・ホースキー (Horsky 1952) も、ワシントンの弁護士について同様の見解を提示した。

　1970年代の研究は、弁護士の社会的役割を研究する新たな手法を開発し続けた。ディートリッヒ・リュシュマイヤーによるドイツとアメリカの弁護士の比較 (Rueschemeyer 1973) は、アメリカの法律プロフェッションの顕著な特徴を明らかにした。すなわち、アメリカの法律家は、裁判官として働いたり、企業組織で働いたりするよりも、民間事務所で働く割合の方がはるかに

大きいということである。したがって、アメリカの法律プロフェッションは
〔ドイツと比較すると〕企業や政府から、より自律的であり、法務サービス
の私的市場の趨勢に、より左右されやすかった。ダグラス・ローゼンタール
は、個人被害専門弁護士とその依頼者との関係を検討することにより、画期
的な業績を残した（Rosenthal 1974）。彼は、個人被害専門弁護士は一般に依
頼者をコントロールしているが、より強硬で熱心な依頼者は、受動的な依頼
者よりも多くの利益を追求し、また獲得していることを、指摘した。ジェロ
ルド・アウアバックによる、アメリカの法律プロフェッションに関する批判
的な歴史書である『不平等な正義』（Unequal Justice〔Auerbach 1976〕）は、弁
護士全体の歴史的変化について一貫した概観を提示した。同書は、法律プロ
フェッション（特に弁護士会）が数世代にわたり、より公正な法システムを
求めて活動してこなかった、と指摘した。アウアバックの説明は、適切な法
律教育組織（法律教育組織は、個人依頼者向けと企業依頼者向けとに分けられるべ
きか）、法律プロフェッションへの参入制限、1950年代のマッカーシズム時
代における政治的志向、貧困層向けの法務サービスに対する支援などについ
て、法律プロフェッション内部の根深い対立を明らかにするものであった。
　シカゴの弁護士の1975年調査は、どの弁護士集団が最も影響力を持ってい
るか、エリート弁護士が法律プロフェッション内部で権力ブローカーの役割
をはたしているか、シカゴ弁護士会（the Chicago Bar Association）とデイリー
市長（Richard J., 1955-76）の民主党組織とが法律プロフェッションにおいて重
要な政治的役割をはたしているか、を判断することを目指した。特に重要で
あったのは、1960年代末から1970年代初めにかけての政治的混乱——これは
地方政治を混乱させ、「反・弁護士会」組織であるシカゴ弁護士協議会（the
Chicago Council of Lawyers）の結成をもたらした（Powell 1979）——が、弁護士
界全体の結束にどれほど影響を与えたか、ということであった。ハインツ
（Heinz）とラウマン（Laumann）は、エリート弁護士が弁護士界内部において
は互いに異なる領域に位置を占めており、一致団結して活動することはめっ
たにないことを発見した。さらに根本的なことに、ハインツとラウマンは、
市民的権利（civil rights）に関する運動後の1970年代半ばにおいても、弁護士
全体が依頼者のタイプや業務領域、当該弁護士の民族的・宗教的性格によっ
て、極度に階層化されていると指摘した。上述した「2つの半球」論は、単
一のプロフェッションという観念と矛盾するものであり、弁護士の自律性に
深刻な疑念を提示した。同書は、より名声があり高収入の弁護士——企業を

顧客とする弁護士——こそが、依頼者から最も自律できていないと主張した。

1980年代になると、いくつかの領域で、新世代の学術研究が開始された。

(1) 弁護士の増大

研究者は弁護士数が急増した理由について議論した。リチャード・サンダーとダグラス・ウィリアムズ（Sander and Williams 1989）は、需要と供給の要素に着目し、おそらくは最も包括的な経済学的説明を提示した。彼らは、1970年代から1980年代にかけて、弁護士需要の増大を反映して弁護士の実質賃金が急増したことを指摘したが、同時に、法律プロフェッションの収入は部門によって著しく異なっていることをも示した。法律プロフェッションへの志望者は、弁護士全体のごくわずかな人々しか得られないような高収入を自分も得られると誤って思いこんだおそれがあるため、ロースクールは「あまりに多くの」弁護士を養成し始めた、というのである。

(2) 法律事務所の組織変化

企業専門法律事務所の劇的な成長と経営改革とは、大規模法律事務所や企業法部門に関する新たな研究に拍車をかけた。ロバート・ネルソンは『権力をもつパートナー』（*Partners with Power*〔Nelson 1988〕）の中で、企業法務の市場が、法律事務所と企業との一般的なサービス関係から、特定化された取引業務へと変化していることを描き出した。ネルソンはまた——ウォール街の法律事務所に関するスマイゲルの見解とは反対に——企業専門弁護士は依頼者と論争することはめったにないことと、法律事務所の自律性は、依頼者企業と最も強いコネクションを持つパートナー弁護士によって制限されていることを指摘した。マーク・ギャランターとトーマス・パレーは、法律事務所の拡大とその「黄金時代」（安定した提携関係、パートナー弁護士の終身雇用、新規事業に対する競争の抑制）からの変化は、『弁護士のトーナメント』（*Tournament of Lawyers*〔Galanter and Palay 1991〕）の産物であると主張した。このトーナメントによって、各法律事務所では、パートナー弁護士が増員されるたびに新たなアソシエイト弁護士を雇用するという、ビルトインされた増員が作り出された。法律事務所の変化に関するギャランターとパレーの記述は着想に優れ、十分な資料の裏づけを持っていた。しかし、数人の研究者は、法律事務所の変化に対するギャランターらの理論的説明に異論を唱えた（たとえば、Kordana 1995；Nelson 1992）。

さらに、弁護士のパートナーシップの経営には、強固な組織的継続性があることを示唆する研究がある。エマニュエル・ラジガは、1988年から91年にかけて、アメリカ北東部の企業専門法律事務所を綿密に調査し、複数のメンバーが同一の権限をもつ共同事務所には、非公式のメカニズムを通じて効率的な協調関係を達成する能力があることを示した（Lazega 2001）。特定のパートナー弁護士は、弁護士ネットワークの中での位置づけを前提として、同輩の弁護士を横からコントロールすることができた。このようにして、潜在的には利害の対立するパートナー弁護士が、自らの利益を追求しながらも、共通の資源を維持するために協働していたのである。ラジガは、弁護士のみならず多くの知識集約型産業において、共同経営がなお重要であることを指摘した。しかし、彼は、自らの知見の一般化可能性を論ずる際に、法律事務所がもっと官僚化された場合、共同経営がいかに変化するかはなお不確実である、と述べている。

企業に雇用された弁護士（社内弁護士）の力が増大していることは、彼らに対する新たな注目を促した。ジェフリー・スロヴァク（Slovak 1979, 1980）やイーヴ・スパングラー（Spangler 1986）は、社内弁護士は社外弁護士と同等の地位や独立性を持っていないと指摘していたが、1980年代半ばまでには、この主張は疑わしいものになっていた。ロバート・ローゼンは、企業内弁護士は、企業の意思決定において相当な影響力を行使しうるし、実際に行使してもいると主張した（Rosen 1989, 1999）。ネルソンとローラ・ベス・ニールセンは、1990年代初頭に『フォーチュン』誌に掲載された1,000社の弁護士を調査し、社内弁護士は弁護士としてのアイデンティティを保持してはいるが、その大半は自らが勤務する企業の世界観を受け容れていることを見出した（Nelson and Nielsen 2000）。もし弁護士が自己の企業の中で「警察官」の役割を選ぶならば、彼らは企業の意思決定から排除されるおそれがあった。

(3) 女性とマイノリティ

1970年半ばに女性が法律プロフェッションに急速に進出したため、その最終的帰結に関する調査が量産された。シンシア・フックス・エプスタイン（Epstein 1981）は、女性に対して歴史的に築き上げられてきた障壁を指摘した。［カナダの］オンタリオ弁護士界に関するヘイガンとケイの調査は、女性はパートナー弁護士になることが少なく、法律プロフェッションを途中で辞める予定でいることが多いこと、実際にパートナー弁護士になる女性は、多く

の男性のパートナー弁護士より優れた学業証明書を持ち、より多くの依頼者を集めていること、などを発見した（Hagan and Kay 1995, Kay 1997, Kay and Hagan 1998, 1999）。女性のパートナー弁護士の割合が女性のアソシエイト弁護士の割合よりはるかに少ないアメリカの法律事務所でも、同様のパターンがみられる（たとえば、Schaafsma 1998; Dixon and Seron 1995; Chambliss 1997を参照）。キャリー・メンケル＝メドウは、その挑発的な一連の論文の中で、法律プロフェッションに関するデータにフェミニズム理論を適用した。彼女は、国際比較データを用いて、女性が低い位置づけの法律業務に——そうした業務の性質は社会によって多様であるとしても——追いやられる傾向があることを示唆した（Menkel-Meadow 1989）。メンケル＝メドウはまた、女性弁護士の増加が法律業務［一般］のありかたに与える潜在的影響について理論化した（Menkel-Meadow 1986）。訴訟弁護士とパラリーガルに関するジェニファー・ピアスの研究によれば、女性弁護士は、たしかに男性弁護士とは異なった態様で法律業務を行っていたが、協調的なスタイルを採用する男性弁護士もいれば、闘争的なスタイルを採用する女性弁護士もいた（Pierce 1995）。

　法律プロフェッションにおいてマイノリティが受ける経験に関しては、女性弁護士についてよりも研究が少ない。デイヴィッド・ウィルキンズとG・ミトゥ・グラーティは、企業向け法律事務所にはなぜアフリカ系アメリカ人の弁護士が非常に少ないのかを説明しようとした（Wilkins and Gulati 1998）。彼らによれば、大規模法律事務所のマイノリティ弁護士は、あまりに多くの職務を引き受けることと、あまりに慎重で、過度に専門化された業務に自らの活動を限定することとの間で、板挟みになっていた。どちらのアプローチも、マイノリティがキャリアを発展させる基盤とはならなかった。ウィルキンズらは、マイノリティのアソシエイト弁護士が急速に減少している原因を、パートナーシップに関する構造——すなわち、主として紙の上での資格証明に基づいて雇用され、あとは［自由競争による］アソシエイト弁護士の浮沈に任される構造——に求めた。マイノリティのアソシエイト弁護士は、緊張に直面するため、しばしば、浮かぶのではなく沈む（少なくとも事務所を辞職する）だけであることが多かった（Reeves 2001をも参照）。

(4) 法律プロフェッション団体

　事態の趨勢（たとえば、最高裁判決が弁護士会の最低報酬表や弁護士広告の禁止を無効としたこと）と法律プロフェッション研究との双方が、弁護士会の力が

弱体化していることを示していた。マイケル・パウエルは、新参の反抗的・対抗的な弁護士会が古い弁護士会の権威に挑戦していること（Powell 1979）、弁護士会が弁護士規律に関するコントロール権限を裁判所に譲り渡していること（Powell 1986）、弁護士会の既存のリーダーたちが、法律プロフェッション内部でこれまで自らの利害を表出できなかった構成員から、参加のチャンスとリーダーシップを握るチャンスとを与えよという圧力を受けていること（Powell 1985, 1988）、などを指摘した。セオドア・シュナイヤーは、州弁護士会には、入会を強制し、会費を徴収する力が衰えていること（Schneyer 1983）や、法曹倫理の問題について弁護士会内部で対立があること（Schneyer 1989）を分析した。しかし、弁護士会の力が弱体化しているという見解に、すべての研究者が同意しているわけではない。テレンス・ハリデイは『独占を超えて』（*Beyond Monopoly*）（Halliday 1987）の中で、弁護士会は、上述したような変化があるにせよ、テクニカルな専門知識や道徳的権威をまとめあげることによって、法の方向性に対して相当な影響力を行使できていると主張した。

(5) 法律業務のコンテクストの多様性

　多様なコンテクストにおける弁護士実務に関する一連の研究は、同じ法分野で働いている弁護士の間でさえ、その法律プロフェッションとしての業務に多様性があることを強調した。ミズーリ州の小都市や田舎の弁護士に関するドナルド・ランドンの調査（Landon 1990）や、ニューヨーク市郊外の弁護士に対するセロンの面接調査（Seron 1996）は、個人依頼者を扱う領域では、ビジネスと法律業務との境界線が曖昧になることを示している。すなわち、小都市の弁護士は、法律業務を、他の企業を所有することとしばしば結びつけていた。また、郊外の小規模事務所の弁護士は、しばしば非常にビジネスライクな条件で法律業務を行っていた。オースティン・サラットとウィリアム・フェルスティナーは、カリフォルニア州とマサチューセッツ州における離婚弁護士とその依頼者との相互関係に関して、とりわけ綿密に調査した（Sarat and Felstiner 1995）。彼らは、弁護士が事件や依頼者をコントロールするために用いる戦略を明らかにした。弁護士は、しばしば、法システムを恣意的で非合理でもありうるものだと思わせることによって、コントロールしていたのである。リン・メイザー、クレイグ・マキューアン、リチャード・マイマン（Mather, McEwen, and Maiman 2001）は、メイン州とニューハンプ

シャー州の離婚弁護士の中にも、ジェネラリストから、大量処理・低コスト
のスペシャリスト、さらには少量処理・高コストの弁護士まで、さまざまな
異なったタイプの離婚弁護士が存在することを確認した。彼らは、弁護士の
間にいくつかの決定的相違があることを発見した。離婚弁護業務への新規参
入者——女性依頼者を代理する女性弁護士であることが多い——は時折、交
渉による和解や裁判所手続に関する、既成弁護士（古参）の規範を遵守しな
いことがあった。それどころか、彼らは、非公式の合意が依頼者にとって十
分な力にならないと判断したときには、より当事者対立主義的な業務スタイ
ルを採用した。それでもなお、メイザーらは、離婚弁護士たちが一種のプロ
フェッション共同体として活動しており、その共同体が、弁護士と依頼者と
を一定の許容可能な行動範囲内に引き留めている、と結論づけた。

⑹　グローバリゼーションと弁護士

　グローバリゼーションの政治経済学は、国内外の法律プロフェッションと、
それに関心を抱いた研究者とに対して、圧倒的な影響を与えた。法律プロ
フェッションに関する重要な比較研究の波は、リチャード・エイベルとフィ
リップ・ルイスが編集した3巻本の出版から始まった。同書は、大陸法諸国
とコモンロー諸国における弁護士に関する論文を集めたものであり、新しい
解釈枠組を提示した（Abel and Lewis 1988-89）。ニューヨークやロンドンの法
律事務所をはじめとする大規模な企業向け法律事務所は、主要な商業中心地
に支店を開設することにより、グローバルな拡大を開始した（Silver 2000）。
ヨーロッパでは、大規模な税務事務所とコンサルティング事務所が、企業法
務に対する需要の高まりを満たすにあたって、主導的な役割を果たした（Abel
1994; Trubek et al. 1994を参照）。

　アメリカの法律事務所とヨーロッパの法律事務所との間の新たなせめぎあ
いの力学は、イヴ・ドゥザレとブライアント・ガースによる国際商事仲裁の
分析（Dezalay and Garth 1996）の中で、よく捉えられている。ドゥザレとガー
スは、パリ国際商業会議所（the Paris International Chamber of Commerce）の「長
老たち」を中心とする仲裁と、アメリカの訴訟弁護士が好む新しいスタイル
の仲裁との闘争を描いている。同書は、主題面でも理論面でも新たな領域を
開拓した。つまり、同書は、比較法実務から国境を越えた法実務へと研究の
焦点を移すとともに、ブルデュー（Bourdieu）の「場」の理論を法律プロフェッ
ション研究に導入した。後者は、多様な弁護士集団の戦略の変化や、それら

の戦略と弁護士が埋め込まれた社会的ヒエラルキーとの関係に新たな光を投じた、画期的業績であった。

(7) コーズ・ローヤリング

法律プロフェッション研究は、長い間、公益弁護士活動（Carlin 1962; Handler, Hollingsworth, and Erlanger 1978; Menkel-Meadow and Meadow 1983; Katz 1982）、とりわけ、社会において恵まれない集団を代理することへと弁護士をリクルートしうる条件について、関心を払ってきた。1990年代には、特定の社会運動や公益的団体を代理する弁護士活動——コーズ・ローヤリング（*cause lawyering*）と呼ばれる活動——を調査する新しい研究団体が創設された。オースティン・サラットとステュアート・シャインゴールドが編集した2冊の本(Sarat and Scheingold 1998, 2001)の中で、著者たちは、国内外におけるコーズ・ローヤリングの活発化とその帰結について記し、そのスタイルや影響力の広がりを描き出しているが、同時に、その活動が制度化されてしまっていることをも指摘している。この研究はまた、コーズ・ローヤリングがリベラルの運動に限られず、実際には保守的な弁護士の大規模で活発なネットワークが、さまざまなタイプの問題に影響を与えていることを示した（Heinz, Paik and Southworth 2003）。

(8) プロフェッショナリズムと弁護士の不満

1980年代末に、弁護士会は、弁護士広告の開始と企業向け法律事務所の成長とが、弁護士のプロフェッショナリズム——とりわけ、弁護士界の公的サービス志向——を蝕んでいるという懸念を表明した。ABAは、この問題を調査する委員会を設立した（American Bar Association Commission on Professionalism 1986）。その後、この動きに促されて、研究者も、プロフェッショナリズムに関する懸念が古いレトリックの再利用にすぎないのか、何らかの新しい動きに対する反応なのかを検討した（Nelson, Trubek, and Solomon 1992所収の論文を参照）。プロフェッショナリズムに関するキャンペーンは見かけ倒しで見当違いだと指摘する論者もいたが、他方でフライドソンのように、現代のプロフェッションは、政府による官僚的浸食（たとえば、高齢者医療保険制度を通じた医療）や、市場（たとえば、健康維持機構（HMO）を通じた医療）に対して、自らの自律性を失いかねない重大な瞬間に直面している、と指摘した論者もいた（Freidson 1992）。ABAに関係委員会が設立されたことは、伝統

24 第Ⅰ部　弁護士というプロフェッション

的なプロフェッションの価値観と、新たな法律業務形態——たとえば、複数のプロフェッションが結合したパートナーシップや、自らが設立や株式公開を手助けした企業に投資する法律事務所など——に向かう傾向との対立について、法律プロフェッション内部で討議すべき時代が始まったことを示していた。

法律プロフェッション内部の変化に関する不満の1つとして、多数の弁護士が不幸である——つまり、弁護士は長時間労働するように圧力をかけられ、職場で丁重に扱われない犠牲者となっている——という指摘があった（たとえば、Schiltz 1999を参照）。こうした主張は、根拠が疑わしいものではあるが（Hull 1999aを参照）、非常に頻繁かつ執拗に繰り返されてきたため、異論のない事実であるかのような様相を呈してきた。

(9) 理論的展開

これらの相異なる研究の方向性を、何らかの単一の包括的なプロフェッション理論によって簡単に整理することはできない。とはいえ、多くの研究は、4つの主要な理論枠組によって特徴づけられた。すなわち、ラーソン（Larson）の市場閉鎖理論、アボット（Abbott）の「プロフェッションの管轄権」という理論、「新階級」理論、そして、フライドソン（Freidson）の「プロフェッションの権力」という理論である。

1977年に、プロフェッションに関する社会学理論は、マガーリ・サーファーティ・ラーソン（Magali Sarfatti Larson）の著書『プロフェッショナリズムの勃興』（*The Rise of Professionalism*）の刊行によって、その方向性が変化した。同書は、アメリカの事例を重視しつつ、現代社会におけるプロフェッション権力の成長について、大胆な歴史モデルを提示した。ラーソンの分析の核となる概念は、彼女がプロフェッションの集団的動員プロジェクトと呼ぶものであった。この「プロジェクト」にとって必要なのは、プロフェッションのサービスに対する需要を創出するとともに、プロフェッションの教育、資格証明と免許付与、プロフェッションの実務条件に関する規制について基準を設定し、サービスの供給をもコントロールすることである。

医療は、法と比べると、「分断され階層化された市場の中で、相当な経済的恩恵を普及させることができたために、内的な対立を緩和する」ことに、より成功したのであるが、ラーソンは、医療と法とは本質的な特徴を共有していると論じた。

第1章 『シカゴの弁護士』再訪　**25**

医療でも法でも、平均的な独立した専門職「起業家」は、マージナルな位置に追いやられてしまう。というのも、社会一般の場合と同様に、これらのプロフェッションにおいても、その権力や影響力の源泉は、政府、企業、そして全国的な大学にあるからである。［医師と弁護士という］これら２つの強力なプロフェッションは、「職業的独立」という消えゆくブルジョワ・イデオロギーを頑なに信奉する人々にとっては、最も魅力的な職種の１つである。彼らがこの支配的イデオロギーに付加し得る寄与の１つは、現実には奨励することがそれほどないのに、起業家の夢という、かすかに瞬く炎を、灯し続けることにあるのかもしれない。（Larson 1977, 177）

　ラーソンの見解では、弁護士界の社会構造は長い間、その建前の理念とは矛盾してきており、弁護士が法的業務の市場をコントロールする政治的権力を保持するかぎり、その不安定な緊張は今後も続くことが予想された。
　アンドリュー・アボットの著書『プロフェッションのシステム』（*The System of the Professions*〔Abbott 1988〕）は、もう１つの、影響力のある理論的貢献であった。アボットは、プロフェッションに関する歴史社会学的分析の参照枠組を、［ラーソンの］動員プロジェクトの強調から、特定の種類の業務をコントロールする職種間の競争へと変化させた。すなわち、アボットの見方によれば、プロフェッションは抽象的知識に基づいて［自らの］「管轄権」を主張しているのである。プロフェッションが成功するか失敗するか（いいかえれば、広い管轄権を獲得できるか、特定のニッチしか得られないか）は、その知的基盤次第である──つまり、問題を診断し、個別事例から一般的理論へと推測を進め、効果的な措置を開発する、プロフェッションとしての能力にかかっている。アボットの見方では、プロフェッション集団間の競争においては、物質的資源、政治的権力、教養のアピールも一定の役割を果たすが、それらは一般的には、プロフェッションの知識が持つ影響力ほど重要ではない。アボットは、イギリスとアメリカの弁護士を比較し、19世紀末から20世紀初頭にかけて、大企業や行政国家の誕生が生み出した、法律業務に対する潜在的需要の劇的な拡大に対して、両者がどのように対応したかを論じた。アボットによれば、イギリスのソリシタは、（新規に大量のソリシタ資格を付与したくはなかったために）この需要に迅速に対応できず、主として会計士とい

う競争相手に活躍の舞台を与えてしまった。反対に、アメリカの法律プロフェッションは、はるかに大量の弁護士を教育し、大規模法律事務所を設立することで対応したが、このことは、量的にも質的にも、法律業務を生み出す能力を改善したのである。アボットは、プロフェッション間の競争が、一時的なものでも、最近のものでも、例外的なものでもなく、根本的かつ継続的なものであることを示した。1つのプロフェッション内部の異なった部分領域の中で、主導権をめぐって抗争が起こると同時に、［異なるプロフェッションの間でも］管轄権の競争があることを考えるならば、弁護士全体の社会構造の変化を予測することは難しい。もし弁護士が、もっと効率的に依頼者の抱える問題を突き止め、解決できなければ、自らの管轄権の重要な部分を失ってしまうかもしれない。

　1980年代に、プロフェッションの階級志向的理論は、2つの異なる焦点を持っていた。「新階級」理論——イヴァン・セレニーとビル・マーティン（Szelényi and Martin 1989）が発展させたような理論——は、［プロフェッションの］外部に向かう志向性を持っていた。この理論は、階級関係の従来の分類が、プロフェッションや知的労働者の増大を適切に考慮していないと力説した。伝統的なプロフェッションの集団の中には、資本家と提携すると予想できる集団もあったが、社会的サービスの提供に従事するプロフェッショナル——教員、ソーシャル・ワーカー、精神分析医、公衆衛生のプロフェッショナル、法務サービスを提供する弁護士——は、福祉国家的な政策を支持すると予想できた。そこで、新階級理論は、プロフェッショナル集団がどのように政治構造と提携するかに、主として関心を寄せている。これとは反対に、階級を重視する第2の理論系は、プロフェッションの内部組織や労働条件に関心を寄せた。ダーバー（Derber 1982）とその同僚たちは、プロフェッショナルにコントロールされていない組織に雇用されるプロフェッションが増加するにつれて、その業務の熟練度が次第に低下し、非プロフェッショナル化が進行してきている、と主張した。この見方によれば、プロフェッションは職業的地位の低下に直面している。つまり、プロフェッションは、自らが従事する業務のプロセスに対してのみならず、自らが追求する目的に対しても、次第にコントロールを失っている。プロフェッショナルは、自らの技術を自由に行使する条件が損なわれているため、生計を立てるべく資本家や国家官僚に依存するようになり、企業にとっての利益の源泉として、または削減すべきコストの1つとして、次第に遇されるようになっている。非弁護

士組織に雇用された弁護士に関するスパングラーの研究（Spangler 1997）や、フランチャイズ式法律事務所に関するジェリー・ヴァン・ホーイの研究（Hoy 1997）は、こうした見方に依拠している。

　フライドソンは近著で、プロフェッションが力を失ってきたという議論に取り組んでいる。皮肉なことに、彼は、かつて自分が非常に熱心にその虚偽性を暴露したプロフェッショナリズムのイデオロギーを、称賛し始めた。フライドソンは著書『プロフェッションの権力』（*Professional Powers*）（Freidson 1986）の中で、プロフェッションが——現代の制度化された形態においては——社会生活の多くの分野で、なお甚大な権力を有していると主張した。彼は、プロフェッションの技術が低下し、脱プロフェッション化が進んできたという見解に極めて批判的であった。彼は、雇用されたプロフェッション全体の割合や、プロフェッションによる専門化の全体的な程度は、プロフェッションの権力が失われたことの指標にはならないと述べた。むしろフライドソンは、大規模な私的・公的組織のゲートキーピング機能を検討するならば、プロフェッションが重要な決定を下していることがわかる、と主張した。彼は論文集『プロフェッショナリズムの再生』（*Professionalism Reborn*〔Freidson 1994〕）において、プロフェッションを称賛する方向へと転換した。医療業務の劇的な変化に明確に反応した、ある論文の中では、業務を組織化しサービスを提供するプロフェッショナル・モデルは、サービスの提供を行う市場や官僚システムから保護することが可能であり、そうすべきでもあると主張した。フライドソンは、プロフェッショナル・モデルこそが、専門的判断の自律的な行使を最もよく維持するものであり、さらにはプロフェッション制度の目的を発展させるものだと述べた。この規範的な立場の中に少なくとも暗示されているのは、プロフェッションが、市場の圧力や政府の規制政策の変化に直面しても、自らの組織の特徴的な様式を維持できるであろう、という彼の信念である。

2．データ

　上述したシカゴ弁護士界の2回の調査——第1回は1975年、第2回は1994-95年——は、いずれもアメリカ法曹財団（American Bar Foundation）の助成を受けていた。無作為抽出されたサンプルは、退職した有資格者、雇用されていない弁護士、別の職業に従事している弁護士のみならず、あらゆる業

28　第Ⅰ部　弁護士というプロフェッション

務に従事している法律家から抽出された。[*4]調査の地理的範囲はシカゴ市内
（郊外は含まない）に限られていたが、もちろん、弁護士は［事務所は市内に
あるにせよ］市外のどこかに居住していることもあれば、市外にさらに別の
事務所を持っていることもありえた。一対一の面接調査は、回答者全員に対
して実施されており（1975年に777人、1994年末と1995年初頭に787人）、ほとんど
常に面接対象者の事務所で行われた。いずれの調査においても、面接時間は
平均して1時間以上であり、回答率はいずれの調査も82％であった。[*5]1995
年調査では、回答者のうち75人（9.6％）は、1週間のうち法律業務に費やす
時間は10時間未満であると答えた。法律と関係のない職種で働いている回答
者、裁判官やロークラークである回答者、引退した弁護士や雇用されていな
い弁護士である回答者は、ここでは弁護士業務を行っている者としては取り
扱っていない。[*6]1995年調査のサンプルでは、法律業務を行っている弁護士
は674人である。1975年調査のサンプルでは、その数は699人であった。した
がって、2つのサンプルの間で、法律業務を行っていない弁護士の割合は、
1975年調査の10％から、1995年調査の14％に増加している。

　我々は、両調査における無回答者の属性については、限られた情報しか取
得できなかった。1975年調査では、単独開業弁護士や、シカゴ弁護士会の会
員でない弁護士は、面接されていない可能性が高かった（Heinz and Laumann

---

*4　1975年調査では、弁護士名は『サリヴァン・イリノイ州弁護士名鑑1974年版』（*Sullivan's Law Directory for the State of Illinois, 1974-1975*）と『マーティンデイル＝ハブル弁護士名鑑1974年版』（*Martindale-Hubbell Law Directory, 1974*）からとられた（Heinz and Laumann 1982, 9を参照）。1995年については、弁護士名は州の登録弁護士の公式の名簿からとられた。イリノイ州で活動するすべての弁護士は、イリノイ州最高裁の監督下にある組織である弁護士登録・懲戒委員会（the Attorney Registration and Disciplinary Commission, ARDC）に登録を行い、年会費を納めなければならない。ARDCに登録されていない弁護士は、資格を有しない。ARDCは、登録名簿から弁護士の氏名と住所とを無作為抽出することを許可し、我々の調査方法と企画に理解を示してくれた。我々は、このプロジェクトに協力してくれたイリノイ州ARDCとそのスタッフに感謝している。

*5　1994-95年調査では、1975年調査のサンプル対象者の8％が死亡していたか、80歳（調査対象者資格者の限界）を超えていたか、シカゴから転出していたか、弁護士名鑑の全数調査後の所在が確認できなかった（したがって、他の地域に転出したと推測された）。このため、これらの人々は、調査対象者から除外された。1975年には、サンプル対象者のうち8.4％の弁護士が、面接調査への協力を明確に拒絶した。残りの9.5％にあたる非回答者は、時間的制約や調査対象者の病気等の理由により、調査スケジュールが組めなかった。

*6　**図1.1**が示す通り、「弁護士以外」の業務形態で雇用された弁護士の割合は、「活動していない」弁護士の割合より小さい。なぜなら、後者のカテゴリーには、引退した弁護士や、雇用されていない弁護士が含まれるからである。1975年調査のサンプルには21人の、1995年調査のサンプルには22人の、裁判官とロークラークがいた。

第1章　『シカゴの弁護士』再訪　**29**

1982, 9-10)。1995年調査でも、単独開業弁護士は、小規模事務所の弁護士と同様に、面接されていない割合がいくらか高かった。1995年調査の無回答者はまた、無作為抽出したサンプルの平均年齢よりも統計上有意に高齢であり、二流以下のロースクールの卒業生である傾向があり、弁護士会に所属していないことが多かった。全体的に、1975年調査でも1995年調査でも、面接を拒否したり接触が取れなかったりする弁護士は、法律プロフェッションとしては、いくらかマージナルな位置にある傾向があるように思われる——彼らは低い地位にあり、弁護士会との結びつきが少ない——が、調査対象外の弁護士は比較的少数であるから、我々は大半の目的については、調査サンプルがシカゴの弁護士を代表しているものとして取り扱うことができる。しかし、我々は、両調査が、法律プロフェッションの中心に位置する弁護士を含む傾向が若干高いことを、忘れるべきではない。

　我々はまた、1975年調査と1995年調査の両サンプルの比較可能性についても、ある程度分析を行った。具体的には、1975年調査サンプルの回答者の属性を、1975年に弁護士活動を行っていた1995年調査の回答者の属性と比較した。こうすれば、1975年調査のサンプルと、1995年調査のサンプルに含まれる1975年以前からの集団とが、同じ母集団から抽出されたように見えるかどうかを判断できる。我々は、出生地、高校時代の居住地の規模、宗教的傾向について、両集団の間に統計的に有意な差はないと判断した。たとえば、両集団の信仰する宗教をみると、カトリックは30％対25％、ユダヤ教は33％対34％、プロテスタントは25％対25％であった（ここでいう1995年の割合は、1975年以前に法律業務を行っていたサンプル弁護士のそれに過ぎず、したがって**図1.1**の割合とは一致しないことに注意してほしい）。しかし、ロースクールのタイプの違いについていえば、1995年調査においては、シカゴにある４つの「ローカル」ロースクール卒業生は相当に減少している（46％対34％）[*7]。平均的にみて、ローカル・ロースクールの卒業生は、他のロースクール・カテゴリーを卒業した回答者と同程度のチャンスを法律プロフェッション内部で享受できないので（Heinz and Laumann 1982, 70, table 3-2）、1975年以前の集団内のローカル・ロースクール卒業生のうち、欲求不満や挫折のために弁護士を離職した割合はもっと多いかもしれない、と考えるのがもっともである。つまり、ローカル・ロースクールの卒業生については、法律プロフェッションからの

　＊7　（訳注）著者らのロースクール分類は、すぐ後に出てくる。

【図1.1 シカゴ弁護士の特徴 1975年と1995年(%)】

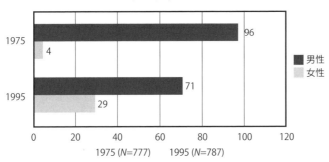

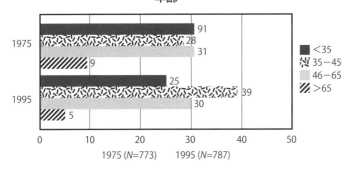

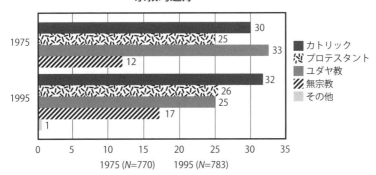

離職率はもっと高いかもしれないと考えるのが、適切であると思われる。
　1975年調査と1995年調査のサンプルを比較すると（**図1.1**）、女性の弁護士

第1章　『シカゴの弁護士』再訪　31

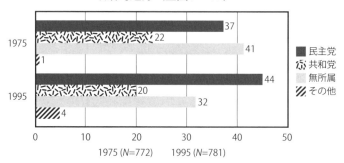

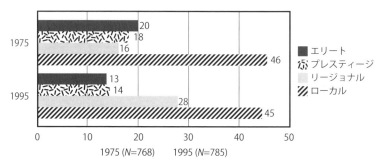

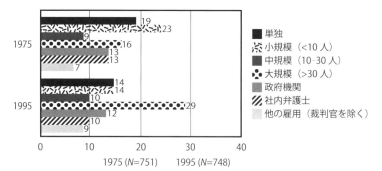

の割合が、1975年のわずか3.9％から1995年の29％へと、非常に顕著に増加したことがわかる。これが、法律プロフェッションの性格の変化のうち、最大の変化の1つであることは、明らかである。

歴史的に言えば、アメリカの弁護士には——医師をはじめとする他のエリート・プロフェッションと同様に——女性が少なかった（Abel 1989, 90-92, 285）。女性は、1970年代初頭には相当な人数がロースクールに入学するようになっていたが、その多くは、1975年までにはまだ開業していなかった。ところが、1995年までに、事態はまったく変わっていた。イリノイ州の弁護士数の公式統計は市とカウンティにおける性別のリストを掲載していないが、女性弁護士は1995年には州の弁護士全体の26％に上っている（Attorney Registration and Disciplinary Commission 1996, 4）。全国的にみると、1970年には全米の弁護士のわずか2.8％が女性であるにすぎず、この割合は1950年代半ば以来、ずっと安定してきた（Sikes, Carson, and Gorai 1972, 5, table 1）。1991年までに、女性弁護士の割合は20％にまで上昇した（Curran and Carson 1994, 4, table 2）が、ロースクール卒業生に占める女性の割合が40％を超えることに比較すれば（American Bar Association 1992, 66）、なおはるかに少なかった。

　1975年調査では、22人の回答者のみがマイノリティ・グループの構成員であり、21人がアフリカ系アメリカ人であり（サンプルの2.7％）、1人がアジア系アメリカ人であった（0.1％）（Heinz and Laumann 1982, 10）。1975年調査のサンプルには、ヒスパニックはいなかった。しかし、1995年調査までに、アフリカ系アメリカ人をはじめとするマイノリティがより多く弁護士界に参入した。1995年調査の無作為抽出サンプルには、39人（5％）の黒人、8人（1％）のアジア人、10人（1.3％）のヒスパニック、3人（0.4％）のその他のマイノリティの弁護士が含まれていた。したがって、我々の推定では、1975年調査から1995年調査までの間に、シカゴ弁護士界の白人は97％から92％へと変化した。年齢の分布も興味深い（**図1.1**を参照）。65歳以上の回答者の割合は相当に低下していることに注意してほしい——1975年には9.1％であったのが、1995年には5％になっている——が、同時に、これが全弁護士の規模がほぼ倍増した状況の中で起こっていることを想い起こしてほしい。つまり、65歳以上のシカゴ弁護士の実数は、1975年よりも1995年の方が若干増加していたのである。また、弁護士界の規模の急増にもかかわらず、割合の増加を示している年齢層は、最若年層集団（35歳未満）ではなく、35歳以上45歳以下の集団であることにも注意してほしい。1995年調査の回答者がロースクールを卒業した年を調べると、1970年代半ばに卒業した層が毎年約20人、サンプルに反映していることがわかる。卒業生数は1979年卒業者が25人、1981年が30人、1982年が40人であり、その後は1983年の1年を除けば、1993年までずっ

と30人を下回ることはなかった。つまり、ロースクールの卒業生（少なくとも、シカゴの弁護士市場に参入する弁護士数として反映された数）は、1980年代の初めに頂点に達し、その後はほぼ一定であったと思われる。したがって、年齢分布の違いは、若干の勤労経験を経た後に初めてロースクールに入学する傾向が増加していることによって、説明できるだろう（第12章参照）。

　2回の調査のサンプルにおける宗教的傾向の分布の最大の違いは、ユダヤ系弁護士の割合が、1975年調査では全体の約3分の1であったのに、1995年調査では全体の約4分の1へと減少したことである。しかし、ここで弁護士数が倍増したことを、もう一度思い出してほしい。つまり、シカゴのユダヤ系弁護士の実数は、1975年より1995年の方が多かったのである。割合が減少したのは、この20年間の弁護士総数の急増を反映しているのだ。十分な情報をもとに推定するならば、20世紀最後の四半世紀において、シカゴ大都市部のユダヤ教徒の人口は、3-4％であった（Freidman and Phillips 1994; Beverly 1954をも参照）。シカゴの全弁護士の大多数は大都市部から雇用されるから、弁護士総数が急増しているときに、ユダヤ系の割合が多過ぎるこれまでの状態がそのまま維持されることは、まずありそうもない。ここで報告されたユダヤ系の割合に含まれているのは、次の2つの質問のいずれかに対して、自分はユダヤ系であると回答した弁護士である。第1の質問は、「あなたの宗教は何ですか。つまり、プロテスタントですか、ローマ・カトリックですか、ユダヤ教ですか、それ以外ですか」であり、第2の質問は、「あなたはご自身がいかなる国籍面でのバックグラウンド——つまり、アメリカ人であるという以外に——を持っているとお考えですか」であった。後者の質問に対しては、相当数の回答者が「ロシア系ユダヤ人」「ドイツ系ユダヤ人」などと答えている。いずれかの質問に対して、自分をユダヤ系であると回答した弁護士が、ここで報告された割合に含まれている。

　政党支持に関してみると、自らを「民主党支持者」であるとする弁護士が1975年の37％から1995年の44％へと増加した一方で、自らを「無党派層」であるとした弁護士は、1975年の41％から1995年の32％へと減少していることがわかる。この変化の原因はおそらく、1975年調査の時点では［民主党の］

＊8　1995年調査のサンプルでは、回答者の58％がシカゴ市の大都市部（metropolitan area）の出身であり、3分の2がイリノイ州の出身であった。

デイリー（Daley）シカゴ市長[9]がまだ存命中であり、リベラル層の多くは「デイリー派」を敬遠し、その結果として自らを「無党派層」と規定したことに求められよう（Heinz and Laumann 1982, 11-14）。このため、1975年調査は「全国レベルの政党支持」と「シカゴ市における政党支持」とを区別した上で、後者に関する回答選択肢として「無党派の民主党支持者」というカテゴリーを提示した（これが最大多数のカテゴリーとなり、回答者の40%がこれを選択した。Heinz and Laumann 1982, 13）。ただし、1995年調査では、この全国レベルと地方レベルという区別は用いられなかった。1975年調査における共和党支持者の割合（22%）は、やや少ないように思われるが、これは、ウォーターゲート事件のために、共和党支持者であるという回答者数が一時的に減少したのだと考えられる。しかし、1995年調査では、共和党支持者の割合はさらに低下した（20%）ことに注意してほしい。1995年調査が実施されたのは、[民主党の] クリントン政権の医療保険制度改革が失敗して間もなくのことであり、クリントン政権の人気が下落した一時期であったにもかかわらず、そうなのである。

　ロースクールのデータは、4つのカテゴリーにまとめられる。エリート・カテゴリーに含まれるのは、6校だけである。すなわち、（アルファベット順に）シカゴ、コロンビア、ハーヴァード、ミシガン、スタンフォード、イェールである。1970年代初めのロースクールの評判に関する研究では、これらの6校がトップ5にランキングされることは、他校と比較してはるかに頻繁であり（Blau and Margulies 1975-75）、いまでもこうした多くの格付けの最上位近辺に位置している（たとえば、*U.S. News and World Report*）[10]。次に、プレスティージ・カテゴリーに入るロースクールは、バークレー、コーネル、デューク、ジョージタウン、ニューヨーク、ノースウェスタン、その他4校であり、こ

---

*9　Richard J. Daley。1955年から1976年までシカゴ市長を務めた。息子のRichard M. Daleyも、1989年から2011年までシカゴ市長を務めた。

*10　ロースクールのランキングは時代とともに変化しており、この2つの調査サンプルは、約70年間（1920年代初頭から1990年代初頭まで）の卒業生を含んでいる。したがって、この全期間について、完全に相互に比較可能なカテゴリーを立てることは難しい（おそらく不可能であろう）。多くの場合、我々はこれらのカテゴリーを一定に維持してきた。もし我々が時期に応じて異なったカテゴリーを用いたならば、比較は困難であっただろう。もちろん、1995年調査のサンプルは、1975年以前に卒業した多くの弁護士を含んでいる。1995年調査において、1975年調査とは異なったカテゴリーに属するように思われる唯一のロースクールは、ウィスコンシンである。同校は、1975年調査のデータではプレスティージ・カテゴリーであったが、1995年のデータではリージョナル・カテゴリーに属している。

れらのロースクールの卒業生である回答者は、各大学3人以下である。リージョナル・カテゴリーでは、イリノイ大学の卒業生が優勢である。このグループには、インディアナ、アイオワ、オハイオ州立、ノートルダム、ウィスコンシン、その他数校も含まれるが、調査サンプルにこれらの卒業生はわずかしかいない。ローカル・カテゴリーはわずか4校であり、すべてシカゴ市内にある。すなわち、シカゴ＝ケント、デポール、ジョン・マーシャル、ロヨラである。1975年調査のサンプルでは、これら4校がシカゴの全弁護士のほぼ半数を送り出していたが、1995年調査においても、その割合はほとんど変わっていなかった。しかし、リージョナル校の卒業生の割合が、より上位ランクのロースクール卒業生が減少したために、（16％から28％へと）増大していることに注意してほしい。[11] このことは、弁護士界の規模はこの20年間で増大したものの、エリート・ロースクールへの入学者数は一定のままか、わずかしか増加しなかったことを反映している。[12]

　シカゴの弁護士のさまざまな業務環境の中で、最も明瞭に変化した分布は、30人以上の弁護士を抱える法律事務所の割合が（16％から29％へと）約2倍になったことである。大規模法律事務所の成長が、20世紀最後の四半世紀にお

＊11　この変化の原因のほんの一部は、ウィスコンシンが1975年にはプレスティージ・カテゴリーにあったのに、1995年にはリージョナル・カテゴリーへと移されたことにある。もしウィスコンシンがプレスティージ・カテゴリーにとどまったならば、1995年の割合は、プレスティージ＝16％、リージョナル＝26％となっただろう。

＊12　シカゴとハーヴァードの卒業生は、1975年・1995年調査の両サンプルにおいて、エリート・カテゴリー中最多であるが、両校ともその人数は減少しており、シカゴの卒業生は67人から45人に、ハーヴァードの卒業生は49人から21人に減っている。ミシガンの卒業生数は、21人から26人へと若干増加している。プレスティージ・カテゴリーでは、1975年調査のサンプルではノースウェスタンの卒業生は108人いたが、1995年では61人しかいない。シカゴ・ハーヴァード・ノースウェスタンの卒業生数の減少は、おそらく、この時期に弁護士の規模が倍増しているにもかかわらず、これらのロースクールへの入学者数がほとんど増えていないという事実を反映しているのであろう。プレスティージ・カテゴリーには、1975年には12人、1995年には20人いたジョージタウン卒業生が含まれる。リージョナル・カテゴリーには、1975年に48人、1995年に52人いたイリノイの卒業生が含まれている。他方で、インディアナの卒業生数は、1975年には5人であったのが1995年には16人に増加しており、ノートルダムの卒業生数は、12人から6人に減少している。リージョナル・カテゴリーはまた、1995年のデータでは、20人のウィスコンシン卒業生を含んでいる。ローカル・カテゴリーでは、1975年でも1995年でも、デポール卒業生が最多であるが、その数は155人から103人へと減少している。その他の3校のローカル・カテゴリーの卒業生数はすべて増加している。すなわち、ケントは68人から83人に、ロヨラは54人から80人に、マーシャルは76人から87人に増加した。したがって、1995年調査のサンプルにおいては、これら4校の卒業生数は、シカゴやノースウェスタンの卒業生数を大幅に上回っている。

ける法律プロフェッションの最も重要な発展の1つであることは明らかであり、我々はその原因と結果とを検討する。[*13] 反対に、単独開業弁護士の割合は19%から14%へと減少しており、これは、法律プロフェッションに関する組織的データが利用可能であるかぎりずっと継続して見出されてきた傾向であり、10人未満の弁護士しかいない法律事務所も、急速に減少した。1960年には、全米の弁護士のうち64%が単独開業弁護士であったが、1991年までには、単独開業弁護士は45%しかいなくなっていた（Curran and Carson 1994, 7）。大都市では、その割合はさらに小さかった。中規模の法律事務所（弁護士10-30人）、政府内法律事務所、法律業務を行っていない回答者には基本的に変化がなかったが、社内弁護士の割合がいくらか減少していることに注意してほしい（これは、いくつかの研究論文の見解とは相容れない。たとえば、R. Rosen 1989, 488）。法律プロフェッション以外の職（たとえば、会計士、銀行員、保険代理業者、株式仲買人、企業役員）を持つ回答者の数は、1975年調査では47人（サンプルの6%）であったが、1995年調査では57人（サンプルの7%）であった。彼らは、**図1.1**では「法律業務以外」のカテゴリーに含まれる。[*14] 1975年調査では、退職した弁護士や雇用されていない弁護士は含まれていなかったが、1995年調査の無作為抽出には18人含まれている。さらに、裁判官とローク ラークは、1975年調査のサンプルには21人、1995年調査のサンプルには22人、含まれていた。**図1.1**には、裁判官や退職者、雇用されていない弁護士は含まれていない。

　1994-95年の面接調査データのコーディングとクリーニングは、1995年秋に開始され、クリーニングはプロジェクトの期間中続けられた。データ分析は、数年間にわたって行われた。データ処理が続く間はクリーニングも継続したので、用いられたカテゴリーや、そうしたカテゴリー上のケースの分布は、各章でわずかに異なっている。だが、我々は、こうしたコーディングの

---

*13　30人という人数は、最大のカテゴリーとしてはいくぶん少なめに思えるかもしれないが、100人以上の弁護士を抱える法律事務所に勤務する弁護士は、1975年のサンプルの回答者のうち、わずか7%しかいなかった。後の数章で、我々は、100人以上、300人以上の法律事務所について分析する。

*14　1975年調査でも1995年調査でも、このカテゴリーには、さまざまな種類の法学教員が10人、回答者として含まれている。1995年調査では、我々は引退したか雇用されていない18人の弁護士を除外した。したがって、このカテゴリーは「雇用されているが弁護士活動をしていない状態」を意味することになる。裁判官とローククラーク（本文参照）は、ここには含まれていない。

第1章　『シカゴの弁護士』再訪　**37**

違いは、本書の結論に著しい影響を与えていないと確信している。最も難しかったコーディングの判断は、弁護士業務に全時間従事しているわけではない弁護士——とりわけパート・タイム弁護士や、様々な種類のビジネス活動で法律業務を補っている弁護士、あるいは、実際には不完全雇用の弁護士——に関してである。こうした例のいくつかを分類することは、問題含みになるのはやむをえない。もっとも、幸運なことに、こうした弁護士は比較的少数である。

3．本書の課題

　我々の調査は、３つの相互に関連する理論的関心に動機づけられていた。簡便のために、これらを「プロフェッションの自律性」、「プロフェッションの統合」、「社会成層」と呼ぶが、こうした短い呼称は、問題の複雑さや機微をうまく捉えていない。

　「自律性」というテーマはさらに、「弁護士が法律業務の内容と条件とをどの程度コントロールできるか」という問題と、「弁護士が個人または集団として、政治や、より広く社会の中で、依頼者の権力から独立した影響力をどの程度持つか（すなわち、この問題は、弁護士が代理人としてではなく弁護士として持つ力に関わる）」という問題とに分けられる。エヴァレット・ヒューズは、単独開業弁護士が「依頼者の雑用係」になっていると指摘した（Hughes 1958）。この指摘は——単独開業弁護士またはその他の弁護士の性格づけとして——正確だろうか。実際、弁護士は持ち込まれた事件や依頼者を、どの程度拒絶する自由を持つだろうか。弁護士は、自らが追求する戦略や、そうした戦略を遂行するために用いる方法を、どの程度選択できるだろうか。もしその選択に制約があるならば、その制約は依頼者によるのか、それとも自分の事務所の上司によるのか。自律性に対する制約は、弁護士の職業上の不満の重大な要因となっているのだろうか。それとも、弁護士は、自律性以外の価値——おそらく金銭や地位や政治的権力——をより重視しているのか。弁護士会は弁護士全体の利益を効果的に促進しているか。どのくらい多くの弁護士が、またどのようなタイプの弁護士が、弁護士会の仕事に積極的に参加しているのか。弁護士は実際のところ、そうした団体活動によって促進されうる利益を共有しているのか。この最後の問いは、次のテーマである「プロフェッションの統合」に直接に結びついている。

法律プロフェッションは、統一の目的とプロフェッションとしての一貫性
の意識とを持った単一の実体として、どの程度行動できるのか。法律プロ
フェッションの業務は、異なる部門に分割されているのか。もしそうであれ
ば、それらの部門間でどのくらい接触があるのか。そうした接触は、どうい
う場合に起こるのか。諸部門が分断されるのは、用いられる法原理の内容に
よるのか、依頼者のタイプによるのか、弁護士が職務を行う体制によるのか、
弁護士の社会的または教育的背景によるのか、その他の特徴によるのか。こ
うした様々な弁護士の分類は相互に重なり合うのか、もしそうであれば、そ
うした重なり合いはどこで起こるのか。弁護士全体の社会的統合の源泉は何
か。法律プロフェッションのエリート——おそらくは各分野で一流の弁護士
か、弁護士界の政治的リーダー——は、弁護士の統合に寄与しているか。こ
うしたエリートどうしは、どこでどの程度接触するのか。意見が一致しない
原因は何か。弁護士間の社会的格差やプロフェッションにおける地位の格差
は、弁護士を解体する傾向を持つか。我々はここで、次のテーマに導かれる。
すなわち「社会成層」である。

　系統的に異なった社会的属性——人種、民族、ジェンダー、社会経済的出
自——を持つ弁護士は、弁護士業務において、どの程度まで異なった役割を
果たすのか。とりわけ、彼らが異なった社会成層を出自とする依頼者のため
に、どの程度働いているか。この問題が、他の２つのテーマにも影響を及ぼ
すことに注意してほしい。もし弁護士の業務選択が、自らの社会的属性や社
会的出自によって制限されているならば、社会成層は法律プロフェッション
の自律性に影響を与える。たとえば、自分の近隣で、近隣の依頼者や近隣間
の問題にしか関係がない業務を扱う外には選択肢がない弁護士は、どのくら
いいるか。そうした制約に直面する可能性が最も高いのは、どういう種類の
弁護士か。もし弁護士内部の職務分担が、プロフェッション間の固有の規範
や価値観ではなく、社会的基準（すなわち、広範な社会の側の選好や先入観）に
よって規定されているならば、法律プロフェッションの集団としての独立性
も制約されているといえるかもしれない。社会の側の先入観は、法律プロ
フェッションの価値観と衝突しているのか、それとも、法律プロフェッショ
ンの価値体系にまで入り込んでいるのか。もし、異なる社会的属性を持つ弁
護士——とりわけマイノリティや女性——が、他とは異なった業務役割を割
り当てられているとすれば、社会成層はプロフェッションの統合にも影響を
与えているかもしれない。より広い社会の社会成層は、弁護士の業務の種類

第１章　『シカゴの弁護士』再訪　**39**

や職務の場を規定する重要な決定因子であり、したがって法律プロフェッションの統合を妨げているのか。社会成層は、弁護士界内部に存在する以上、正義の配分に影響しているか。貧しい依頼者は、教育程度の低い、無能な弁護士しか雇えないのか。

　これらの問に対する我々の回答は、必然的に、不完全で不満足なものとならざるをえない。利用可能なデータは限られているからだ。我々は様々な情報源に依拠するが、オリジナルなデータとしては、たった1つの市の2つの時点におけるデータしか手にしていない。さらに、我々の面接調査時間は比較的長く（1995年の無作為抽出調査では、787人の回答者に平均して70分である）、回答者の忍耐や寛容さにかなりの負担を課したことは確かであるが、面接調査では、すべての問題について決定的な解答を提示できるほど詳細に扱うことはできなかった。それどころか、面接調査は、いくつかの問題を扱うには、最も満足のゆく手法でも、最も信頼の置ける手法でもなかったことは確かである。

　シカゴは［調査対象として］どれくらい代表性があるだろうか。1975年と1995年と［いう調査時期］には、どれほど代表性があるだろうか。特定の事件が、その時点、その場所から得られた知見を歪曲していたのではないか。これらの問いに簡単に答えるならば、よくわからない、ということになる。時間や場所が異なっていたらどうなっていたかをすべて同定するのは、原理的に不可能である。しかし、我々はシカゴの状況を、実際に相当程度に知っている。我々は、シカゴがオマハよりは大きいが、ニューヨークよりは小さいことを知っている。シカゴが人種的・民族的に多様な人々を抱えていることを知っている。シカゴの経済的基盤が、シリコンバレーやデトロイトの経済的基盤よりは多様であることを知っている。サービス業の統計によれば、シカゴの法律プロフェッションの成長率は、アメリカの主要都市の中でほぼ真ん中であった。シカゴ市の法務サービスへの支出は、恒常ドル（constant dollars）で、1977年から1997年にかけて327％成長した（U.S. Bureau of the Census 1977, 1997）。同じ時期に、ニューヨークでは405％、ロサンジェルスでは459％、フェニックスでは528％成長したが、クリーヴランドではわずか160％、デトロイトでは30％成長したにすぎない（前掲書）。サンベルト地帯の諸都市の人口は、概してラストベルト（Rust Belt）地帯の人口より急速に増大したが、シカゴの法務サービスの増加率は、マイアミ（327％）と同じであり、ピッツバーグ（346％）に近かった（前掲書）。しかし、こうした成長率

の多様性を別とすれば、20世紀最後の四半世紀の間、シカゴの弁護士界が、様々な市民と経済とを抱えるアメリカの他の主要都市の弁護士界と、重大な点において異なっていたと考えるべき理由は何もない。

(訳：長谷川貴陽史／はせがわ・きよし)

■第2章 |||||||||||||||||||||||||||||||||||||||||||||||||||||||||||||||||||||||||||||||||||

弁護士業務の性格変容
（イーサン・ミケルソンとの共著）

　1975年の研究の知見を報告した『シカゴの弁護士』は、弁護士界は2つの異なったセクターに分かれていると主張した。

　　法律プロフェッション内部の分化の多くは、ひとつの根本的な区分に対する副次的なものである。すなわち、[その根本的区分とは]大組織（企業、労働組合、政府機関）を代理する弁護士と個人を代理する弁護士という区分である（Heinz and Laumann 1982, 319）。

　2つのセクターの法律プロフェッションは、かくして、異なった弁護士を含むものとなっている。つまり、彼らは、異なった社会的な出自をもち、異なったロースクールで教育を受け、異なった種類の依頼者に業務を提供し、異なった事務所環境で実務にあたり、訴訟に携わる可能性が異なっており、（訴訟をする際、また、もし訴訟をするとすれば）異なる法廷で訴訟を行い、いくらか異なった価値観をもち、異なった知人とのつながりをもち、プロフェッショナリズムに関する自己の主張を異なる種類の社会的権力に依拠させるのである。……つまり、最も形式的な意味においてのみ、2つのタイプの弁護士は単一のプロフェッションを形成しているのである（Heinz and Laumann 1982, 384）。

　本書において一貫してこの書物に言及することになるので、これ以降同書に言及する場合、『シカゴの弁護士』によって示すことにする。

　しかし、第1章で述べたように、1975年以後の法律プロフェッションには重要な変化があった。女性が多数弁護士界に参加し、プロフェッション全体の規模が倍になり、法実務が行われる組織はそれ以上の速度で拡大し、それらの組織の経営実務はより形式的で介入的なものになった（Abel 1989, 199-202）。そして、特定のタイプの法的サービスの需要に相当の変化があった。

42　第Ⅰ部　弁護士というプロフェッション

これらの変化のうちあるものは、弁護士業務の組織に影響を与え、そして、弁護士界の各セクター間の分離のあり方を変化させている。

しかし、依頼者のタイプによる分離が「２半球」仮説の唯一の根拠というわけではないことに、注意してほしい。むしろ、この仮説は、かなりの部分、２組の実務家集団の間の社会的分離に依拠している。つまり、彼らの社会経済的・民族宗教的背景、学歴、実務に従事する環境、政治的価値観、知人のつながりやプロフェッション団体における分離である。これらのトピックは、以降の各章で取り扱われる（特に、第３章、第６章、第８章、第10章を参照）。

1. 1975年の「２半球」仮説：方法論上の諸問題

シカゴ調査は、回答者に業務分野のリストを示し、前年に各分野に費やした業務時間のパーセンテージを示すよう求めた[*1]。しかし、1975年のインタビュー調査で用いた分野のリストは、実務が依頼者に基礎を持つ半球に分離していることを評価するには、不適切なものだった。第１の欠点は、「税務」、「訴訟」、「不動産」[*2]という３つの分野が、依頼者のタイプによって区別されていないことである。回答者は、「企業の税務」か、「個人の所得税」なのかなどではなく、「税務」に時間を費やしたことを示しただけである。ハインツ（Heinz）とラウマン（Laumann）が1975年のインタビューをデザインした際、彼らは、依頼者のタイプが分析に果たす決定的な役割を予期していなかったのである。２半球仮説の発展は、まだ数年後のことだったのである。1975年のデータが分析されると、しかし、依頼者のタイプという変数が相当の重要性を持ち、業務分野のカテゴリーが、特にこれら３つの例では、興味深い分化を捉えるには荒っぽすぎるということが明らかとなった。

したがって、ハインツとラウマンは、「税務」、「訴訟」、「不動産」業務を行う回答者を、これらの３つの広範なカテゴリー内でさらに２つの階級に分ける努力をした。つまり、主として企業にサービスを提供する弁護士を、個人や小規模企業にサービスを提供する弁護士から区別するということである。プロフェッショナルとしての収入の80％かそれ以上を、企業依頼者から受け

---

*1　回答者は、彼らがそれぞれの分野に費やす時間が100％か、50-99％か、25-49％か、5-24％か、あるいはまったく割いていないのかを示すよう求められた。

*2　（訳注）本章では図2.1の各業務分野が入り乱れて言及されるので、識別しやすいように、分野名を「　」で囲んで表記する。

取っていると回答した者は、「企業関係税務」、「企業関係訴訟」、「企業関係不動産」分野に割り振られ、残りの回答者は、「一般的あるいは個人の税務」、「一般的あるいは個人の訴訟」、「一般的あるいは個人の不動産」とされた（Heinz and Laumann 1982, 32, n. 6）。多様な分野での実務家の社会的性格の分析の際、ほとんどの目的にとっては、この割り振りの手続は相対的に問題の少ないやり方である。しかしながら、専門化の構造の分析において、この手続は問題を生じさせる。3つの業務分野それぞれの、企業サイドと個人サイドに回答者を割り振るやり方は、相互に排他的である。かくして、両サイドには重複がありえないことになる。実際、3つのカテゴリーの企業依頼者の側は、同じ3つのカテゴリーのいずれの個人依頼者とも重複し得なかった。なぜなら、［上記のとおり］同じ80％という収入基準が、それぞれに用いられたからである。

　インタビューで用いられたオリジナルの分野リストが適切ではなかったために、ハインツとラウマンは、この［方法論的］問題の程度を評価するのに必要なデータを欠くことになった。彼らは、ある回答者が、x パーセントの時間を「税務」に費やし、y パーセントの収入を企業依頼者（そして、いくらかの割合で、個人、政府機関その他の組織）から受け取っているということはわかっていたが、その回答者が「企業の税務」と、「個人の所得税あるいは相続税」の業務を行うかどうかは、知らなかった。かくして、彼らは、これらの業務分野における重複の程度を評価できなかったのである。

　1995年のインタビューにおいて、この欠点は修正された。「税務」は4つのカテゴリーに分けられた。「相続税および贈与税」、「連邦所得税（個人）」、「連邦所得税（企業）」、「州税および地方税（財産税、宿泊税、売上税などを含む）」である。「不動産」もまた、4つのカテゴリーに分けられた。「不動産融資・開発」、「貸主／借主関係」、「住宅譲渡」、「地域地区規制・公用収用」である。「民事訴訟」は、「個人依頼者の訴訟」と「企業依頼者の訴訟」に分けられた。1995年インタビューのデータが手に入り、我々は、これらの下位分野の実務における重複を識別できるようになった。

　新しいカテゴリーにおける回答者数の少なさのゆえに、それらのカテゴリーのいくつかは、以下の分析において結合されている。「企業の所得税」と「州税および地方税」は、「企業関係税務」のカテゴリーに結合され、これらは、「個人の所得税や相続税・贈与税」（個人に対する税）とは、分けられている。「不動産融資・開発」、「貸主／借主関係」、「地域地区規制・公用

収用」（企業関係不動産）は、「居住用不動産譲渡」（個人関係不動産）から区別されている。[*3] このようにして、我々は、主として個人の利害にかかわる問題をビジネス上の問題から切り分けるカテゴリーをひきだした。

　これらの定義を用いながら、我々は1995年調査においては、「企業の訴訟」か「個人の訴訟」に5％以上の時間を費やした268人の回答者のうち、26％（70人）が双方を行ったということを見出した。「企業関連の不動産業務」と「個人の不動産業務」を行う152人の回答者のうち24％（37人）が双方を行っており、「税務」の実務家89人における［企業と個人の］重複は22％（20人）に上る。5％時間基準は、もちろん、かなり低い水準で重複があるかどうかを語るものである。そうではなく、もし、我々が25％時間基準を用いたとすれば、重複は「訴訟」においては13％（174人のうち22人）に減少し、「不動産」では15％（74人のうち11人）、「税務」においては12％（50人のうち6人）に減少する。要約すると、これらの3つの領域それぞれの実務家のうちおおよそ4分の3は、5％の基準で見ても依頼者タイプの境界を超えず、7分の1だけが双方のタイプに相当の時間を費やしているのである。

　しかし、1995年のデータはこれらの分野のある程度の重複を示しているので、我々は、相互に排他的な割り当て手続が実務の重複の構造に対する分析にどの程度作用するかを測るため、再度の分析を行った。しかし、そうすることで必然的に、我々は、ある方法による人為的結果を他の人為的結果と交換するという立場にたつことになる。当初の未分化の分野カテゴリーが不適切であったことを前提とすると、我々には、依頼者タイプで業務分野を分割して、実務構造における依頼者の分離がより大きな外観を作り出すか、「税務」、「訴訟」、「不動産」という当初のカテゴリーを選んで、その結果として通常依頼者タイプによって分割される業務を結合し、実際に存在しているよりも重複が大きい外観を生み出すか、という選択があるのである。『シカゴの弁護士』は最初の戦略を採用した。我々は今回、後者を選んだのである。

　図2.1は、最初の本で提示した各分野の階層的クラスタリング（hierarchical clustering）を示している。**図2.2**は、同様に1975年のデータを用いているが、

＊3　「貸主／借主関係」は単一の分野と定義されているので、貸主のためになされた仕事を借主のためになされた仕事から切り分けることができない。貸主は典型的には借主よりも経済力があるので、弁護士に持ち込まれる仕事は、貸主からのほうがより頻繁である。1995年のデータによると、25％かそれ以上の時間を「貸主／借主関係」業務に費やすとした回答者のうち、企業に費やす時間の比率の中央値は87％である。

第2章　弁護士業務の性格変容　**45**

「税務」、「訴訟」、「不動産」は、当初の未分化の形に再結合されている。両図における分野間の近接性は、2つの分野の業務を同時に行う条件付き確率の平均値（average conditional probabilities of co-practice of the pairs of fields）を利用することで推定される（Heinz and Laumann 1982, 50, 56-58）[4]。たとえば、回答者が「一般的企業関連業務」を手がけているという条件下で「銀行」分野の業務を行っている可能性が10%であり、「銀行」分野の業務を行っている者が「一般的企業関連業務」を行っている可能性が40%だったとすれば、2分野の条件付き重複確率平均は25%となる。予期されるように、**図2.2**の構造は、依頼者のタイプによって明確に分離されてはいない。なぜなら、2つの階層の依頼者のための業務が3つの分野の中で結合されてしまっているからである。それにもかかわらず、この**図2.2**の下方のクラスターは、主に個人に提供される業務の多くを含んでいる。「刑事弁護」、「離婚」、「個人被害（原告）」、「一般的家族法業務」などである。「労働法」分野の経営・労働の両サイドは、このクラスターとほとんど結びつかない。この図で、政治あるいは政府関係の小さいクラスターは、「地方政府」と「刑事訴追」からなり、その上方のより広い範囲にわたるクラスターは、「訴訟」、「個人被害（被告）」、「市民的権利」、「公益企業／行政法」を含んでいる[5]。リストの上部には、大きなクラスターがあり、ビジネス関連法分野のほとんどを含んでいる。これは、さらに、「商法」、「銀行」、「証券」からなる金融クラスターと、より一般的な、「税務」、「一般的企業法」、「遺言検認」、「不動産」を含むクラスターに分かれる。「特許」、「商標」、「反トラスト」の原告・被告双方を含む、競争に関する実務あるいは競争規制のクラスターは、他のビジネス分野との重複がほぼゼロに近い。このように、「税務」、「訴訟」、「不動産」などで両サイドが結合されている場合でさえ、**図2.2**にみられるように、両半球の分離は明白である。

---

[4]　（訳注）この手法の日本語による解説として、宮澤節生・武士俣敦・石田京子・上石圭一「日本における弁護士の専門分化－2008年全国弁護士調査第2報－」青山法務研究論集第4号（2011年）202頁〔武士俣執筆部分〕（http://www.agulin.aoyama.ac.jp/metadb/up/upload/00012494.pdf）を参照。

[5]　これらはクラスターを形成する。なぜなら、天然ガスや電線の敷設は時折個人被害を引き起こし、また、「個人被害事件（被告）」の業務に従事する弁護士は、時折労働者への補償事件で行政審判に関与するからである。「市民的権利」関連もまた、しばしば行政庁の聴聞官によって取り扱われる。

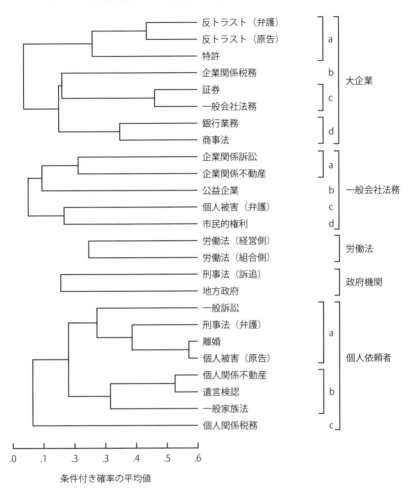

【図2.1　業務重複による業務分野の階層クラスタリング　1975年】

　ここでの分析は、『シカゴの弁護士』でと同様、ある分野に5％以上の時間を費やした実務家すべてを含めている。もし2つの分野で5％の重複があれば、それらは「重複」と扱われる。この尺度によると、重複しているか否かはイエスかノーかである。2つの分野が重複しているか、それともいないか、ということになるのである。重複の程度ということで、たとえば、各分野に割く時間の量などの比重が特に考慮されることはない。仮に回答者が50％の時間を「証券」、45％を「税務」、5％を「一般的企業関連業務」に費やしてい

第2章　弁護士業務の性格変容　**47**

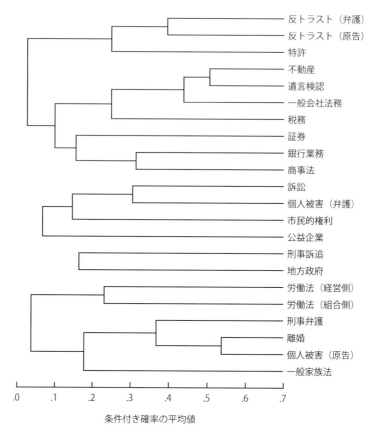

【図2.2 業務重複による業務分野の階層クラスタリング
1975年 訴訟・不動産・税務を再結合】

たとすると、「証券」は「税務」と同じ程度で「一般的企業関連業務」と重複しているということになる。そこで、この分析は、同系列に属する分野に割かれている時間の集中の程度については述べていないという意味で、2つの分野の重複の程度について過小評価しているという可能性がある。この可能性を評価するため、我々は、さらに、各分野に費やした時間を用いて、重複の程度に関する間隔尺度（interval measure）による分析を行った。[*6] 1975年

---

*6 用いられている近接性の尺度は、累計クロス積行列（an accumulating cross-product matrix）であった。

のデータでは、結論として得られた階層クラスターは、**図2.2**に示されているものに極めて似ている。関心を払うに値する唯一の相異は、「民事訴訟」と「個人被害（被告）」は、「市民的権利」や「公益企業」ではなく、（「刑事弁護」、「離婚」、「個人被害（原告）」といった）個人訴訟分野とクラスターを形成することである。このように、時間が考慮に入れられると、主要な訴訟分野はすべて同じクラスターを形成する。つまり、機能あるいはスキルとしての訴訟は、弁護士業務の実質の支配的部分を占めることになるのである。しかし、これらのデータでは、「民事訴訟」は依頼者のタイプによって区別されているのではないことを、思い出していただきたい。

2．1995年の重複パターン

図2.3では、**図2.1**、**図2.2**と同様に、分野ごとの重複は5％水準（業務時間の5％）で測られており、重複は、あるかないかの二者択一として取り扱われている。しかし、この1995年のデータでは、業務の組織は、より細かく高度に専門分化したクラスターに再分割されており、それらのクラスターは、企業依頼者と個人依頼者という区分で明瞭に分離しているわけではない。1995年では、各分野および各クラスターが、1975年のようには密接に結びつかないことに留意する必要がある。たとえば、**図2.2**によると、1975年では、「離婚」は「個人被害（原告）」と0.57で結合し、これらの2分野は「刑事弁護」と0.39で結合するのである。1995年で同じクラスターを見ると、「離婚」は「個人被害（原告）」と0.31で結合するが、「刑事弁護」はこれら2つと0.22でしか結合しない。1995年の分析では、「刑事訴追」は孤立しており、他の分野と結合しない。「特許」、「移民」、「保険」もまたほぼ孤立しており、0.05以下でしか他と結合しない。この数値は、多くの重複を必要とはしない。「移民」と「特許・商標」の0.05というつながりは、5-24％の水準で双方の分野に時間を費やす1人の回答者によるものにすぎない。この回答者は大規模事務所所属で、主に企業依頼者のために民事訴訟を担当している。しかし、政治的に活動的であり、自分が「人権」関連と性格付けるグループのためにプロボノ業務をある程度行っている。

　1995年では、したがって、［弁護士が］諸分野の重複業務をオーガナイズする際、依頼者タイプに応じた専門分化はより小さい役割しかはたさず、法分野あるいはスキルのタイプに応じた専門分化が、1975年よりも大きな役割

【図2.3 業務重複による業務分野の階層クラスタリング 1995年】

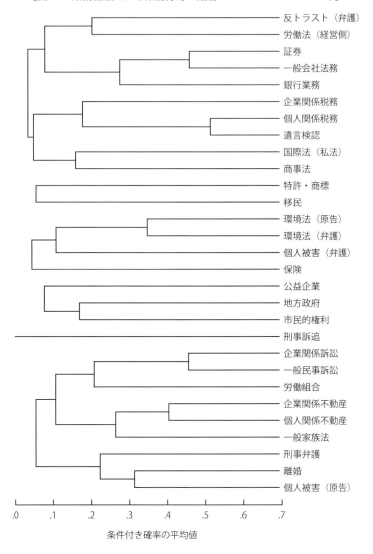

をはたしている。たとえば、「環境（被告）」は第1に「環境（原告）」と結びつき、「一般民事訴訟」は第1に「企業関連訴訟」と結びつき、「不動産（個人）」は「不動産（企業）」と結びつく、ということに注意していただきたい。ただし、「労働」関連の両当事者は、1975年のような結びつきをみせてい

ない。「税務（個人）」は、「税務（企業）」とゼロにかなり近いレベルで結
びつく前に、「遺言検認」と結合している。「刑事弁護」、「離婚」、「個人被
害（原告）」といった、個人の苦境に関わる分野のクラスターは、より広く、
より拡散的なグループの分野と、0.05の水準でつながっている。そのグルー
プは、ビジネス関係および一般の「民事訴訟」、「労働組合」関連業務、「不
動産」の両当事者の業務、「一般家族法」関連の業務などを含む。この大
きなグループは、さらに２つの、0.10の水準でのみ結びつくクラスターに
再分割される。「反トラスト（被告）」から「商法」までを含む、別の大き
なクラスターは、事業関連の分野をほとんど包含する。しかし、「遺言検認」
と「個人税務」はここで、企業分野の中心に位置していることに留意しな
ければならない。

　各分野に費やす時間の間隔尺度を利用した1995年データの分析では、階層
的なクラスターは**図2.3**に似たものになることが、再度見出される。２つの
尺度の主要な相異は、企業と個人の両当事者の「税務」および「訴訟」が、
図2.3では一緒にクラスターを形成するが、時間を考慮する場合には、それ
らは離れてしまうということである。このように、弁護士の業務時間の集中
度に注意を向ける場合、「税務」と「訴訟」の依頼者タイプに応じた分離は、
より顕著になるのである。

　そのようなわけで、半球の分離は依然として1995年データでも見られるが、
1975年と1995年には重要な相異がある。1995年には分野間の重複がより少な

---

*7　1975年では、労働関係を規制する政府機関に雇用されている回答者のうち何人かは、当
　事者双方側で業務を行ったとしている（たとえば、「自分たちは中間である」との言明）。こ
　のことは、この調査での２つの分野の重複を説明してくれる。1975年のインタビューは、「労
　働法（組合）」と「労働法（経営）」というラベルを用いているが、1995年のインタビュー
　は「雇用関係法（組合と被用者）」と「雇用関係法（経営）」を用いている。この相異は、知
　見の違いにも作用しているのかもしれない。
*8　我々は、1975年のデータの分析に際してある分野に割く時間を考慮に入れた場合（注６
　部分の本文を参照）、同系統の分野における時間の集中は、主要な訴訟分野のクラスター形
　成を帰結するということを発見した。しかし、オリジナルの1975年のデータ（この分析に
　用いられている）においては、「民事訴訟」は依頼者タイプによって分化していない、と
　いうことを思い起こす必要がある。「離婚」、「刑事弁護」、「個人被害（原告）」といった仕事
　とクラスターを形成する「民事訴訟」というカテゴリーは、個人の訴訟とも企業の訴訟とも
　結びついていたのである。したがって、1975年のカテゴリーは２半球仮説の評価にとって
　うまくデザインされていたとはいえないのだが、1995年の、より細分化した尺度は、もし
　時間が考慮に入れられるならば企業サイドの訴訟と個人サイドの訴訟は分離している、とい
　うことを明らかにしたのである。

くなっているのである。[*9] 各分野が相互にますます孤立しているので、我々は次に、専門分化の分析へと向かう。

3．業務分野による専門化

　1975年は、687人の実務弁護士回答者中、23％のみが単独分野で実務を行っていた。1995年は、調査票の分野リストがより長く、また詳細になった（1975年に30だった分野カテゴリーが、1995年には42になった）にもかかわらず、弁護士675人のうち33％が、単独分野のみで業務を行っていた。この20年間に専門分化が相当に進行したのは、明らかなように思われる。我々は、2つの研究で採用された分野カテゴリーの数をコントロールしつつ、1995年と1975年の分野ごとの専門化の程度の比較を可能とするための専門化指標を算出した。[*10] 図2.4は、1975年における専門分化の程度の順に配列された、27分野の両年のデータを示している。専門化指標は0から1の間を変動し、1なら完全な分化（すなわち、1分野でのみ実務に従事）を示している。全体（全分野）に関していうと、専門化の指標は、20年で0.488から0.571に上昇している。指標が低下したのは、27分野のうち、「労働組合」、「公益企業／行政法」、「環境（原告）」の3分野にすぎないことに、注意してほしい。「遺言検認」にお

---

*9　［弁護士が］業務を編成するやり方にかかわる1995年のデータは、1975年の場合と比較して、いくらか整然さに欠ける。これは、1995年は専門分化の程度がより高いということに帰せられるだろう。分野間の重複はより少ないので、クラスター分析はより小さい分散に対してなされており、これは、不安定性を引き起こす。つまり、本質的に、偶然の出来事が結果に対してより大きなインパクトを与えるのである。

*10　専門化指標は、キャペルによって開発された手続を用いて算出されている（Cappell 1979）。まず、エントロピー尺度（entropy measure）が算出される。

$$\hat{H}_j = \sum_{i=1} P_i \log 1/P_i$$

　ここでP_iは、回答者 j によって業務カテゴリーC_iに割り当てられた時間の比率によって推定される。それは、C_iという法分野において業務を行う回答者を観測する「不確定性」（uncertainty）の尺度である。それは、分野横断的なエフォートの「多様性」の尺度として考えることもできる。この尺度は、分野の総数に依存する。それゆえ、カテゴリーの数が同じではない2つの母集団（あるいはサンプル）を比較するために、我々は以下のような専門化指標（SI）を用いて標準化を行っている。

$$SI_j = 1 - \hat{H}_j/H_{\max}$$

　この専門化指標は、0から1の間で変動する。1は完全な専門化（1つの分野で全時間を費やす）であり、0は専門化がないということである（時間が全分野に均一に配分される）。

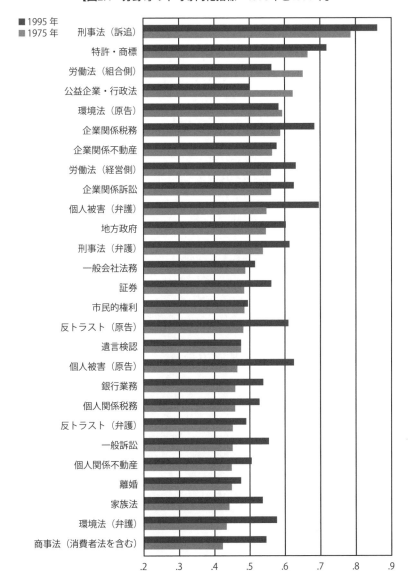

【図2.4　分野毎の平均専門化指標　1975年と1995年】

いては専門化の程度は同等であり、「市民的権利」、「不動産（企業）」は、ごくわずかの上昇である。もちろん、これらの分野は、専門化のランキングでは順位を下げている。もっとも顕著に上昇した分野は、「個人被害（原告）」

の18位から7位、「環境（被告）」の26位から13位と、「商法」の最下位から17位である。要約すると、専門分化は、20年間に、かなりの程度、そして極めて広範に、進行している。同時に、企業分野が必然的に最も専門分化を進行させているというわけではないことに、留意してほしい。たとえば、「銀行」と「反トラスト（被告）」は、両年の研究とも専門分化の程度は相対的に低く、「一般的企業関連業務」は、1975年の13位から1995年の21位へ下落している。しかし、個人クライアント分野である「家族」と「離婚」も、一貫して最下位近くである。

　ここで用いられた専門化指標は分野カテゴリーの数を統計的な意味で修正し、1975年と1995年の指標の値の比較を可能にしているが、両年で異なった質問項目を用いた帰結として、ありうるバイアスの効果を排除することはできない。すでに述べたように、1995年調査では、より細分化された42のカテゴリーからなるリストを回答者に示している。より詳細な選択肢があれば、回答者は業務時間を分割して回答する傾向があるだろうといえる[11]。しかし、1995年調査ではより高度の専門化が見られるので、そのようなバイアスの作用は（もしあったとしても）保守的なものだろう。すなわち、それは、専門化の程度を過小評価したり、低下させたりする傾向があるであろう。

4．業務分野による依頼者の分化

　我々は、諸分野で弁護士のサービスを受ける依頼者のタイプに関するデータをもっているので、特定の分野カテゴリーと依頼者タイプの関連を、より直接的に評価することができる。最初に、1995年に各分野で25％以上の時間を費やしたと回答した者の依頼者層を検討しよう。この基準を用いると、企業である依頼者（依頼者の他のカテゴリーは、人——個人あるいは家族——、組合、政府、NPO）の比率は、「刑事（訴追側）」の分野の弁護士の平均5％や、「刑事

＊11　しかし、実際、1995年では、回答者はより多くの分野の選択肢を与えられたにもかかわらず、彼らはより少数の分野しか選択しなかった。非常に少ない回答者によってしか選ばれなかったカテゴリーを他のものと結びつけた後（たとえば、「企業の破産」は「商法」と結合）、1975年のデータについては22の分野カテゴリー（「税務」、「訴訟」、「不動産」は、オリジナルの未分化のまま）、1995年は34となった。回答者が5％かそれ以上の時間を費やす分野の平均数は、1975年では2.84で、1995年では2.62であった。中央値は、それぞれ3と2である。平均値の差は、$p < 0.02$で有意である。

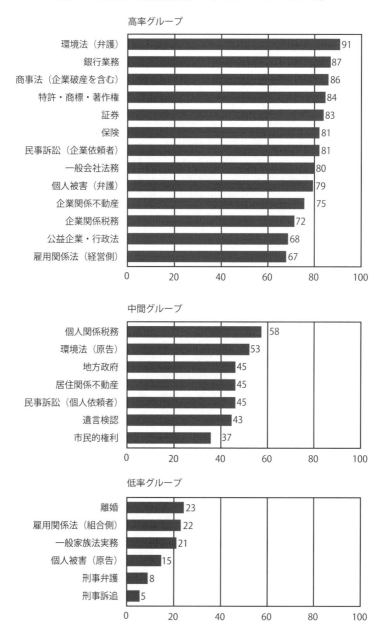

【図2.5 分野毎の企業依頼者のパーセンテージ 1995年】

注：時間の 25% 以上を費やしている弁護士が 10 人以上いる分野。

弁護」の8％から、「環境（被告）」の91％にまでおよぶ。[*12]

　25％時間基準によるので、回答者の業務分野は、他に３分野まで可能である。同じ回答者が複数の分野でカウントされ、したがって分野間の分散を減少させるので、分野間の依頼者の分化の程度は、はきわめて顕著になる。**図2.5**は、企業である依頼者の分野ごとの、平均のパーセンテージを示している。期待される通り、個人の問題を扱う分野は典型的な個人依頼者分野である傾向があることに、留意してほしい。特に、「刑事弁護」や「個人被害（原告）」業務のように、弁護士が貧困者や普通の所得水準の人々を代理する場合には、特にこのことがあてはまる。依頼者が――たとえば「遺言検認」や「居住用不動産」関連の場合のように――何らかの資金をもっている可能性が高い場合には、弁護士は企業にも同様にサービスを提供している可能性が高い。この分布の他方の極には、「環境（被告）」、「銀行」、「特許・商標」のような、最大規模の企業にサービスを提供する分野がある。

　しかし、業務分野のいくつかはより多様な依頼者層をもつことにも注意する必要がある。たとえば、概して「地方政府」関連業務を行う弁護士のサービスを受ける依頼者の45％は企業なのだが、同じ弁護士たちが相当量のサービスを地方政府に提供しているわけである。また、「税務（個人）」の弁護士の依頼者の58％が企業で、また、「税務（企業）」を行う弁護士の依頼者の72％が企業である。企業の納税申告をスメドレー社のために行う弁護士は、スメドレー夫妻の私的な納税申告も同様に行うかもしれないのである。[*13] **図2.5**に示されているように、２半球という考え方にもかかわらず、我々は、業務分野の３つの広範なクラスターをみることができる。６分野は、ほとんど企業にサービスを提供していない弁護士によってとり扱われているが、より大きな分野グループ（26のうち半数）の回答者は、３分の２かそれ以上の依頼者が企業であるとしている。また、残りの分野は、より混合的な状態で

---

*12　企業は、もちろん刑事事件で被告となることもある。「刑事の訴追」はフルタイムの仕事と想定されるが（たとえば、検察官は、夜間別の仕事をすることを認められていない）、我々の問は、回答者に、どれだけの比率の時間を「過去12カ月のうちに」企業のために費やしたかを尋ねている。このように、回答者が検察官事務所から単独開業、あるいは（あまり一般的ではないが）他の方向へ仕事内容を変化させてきたとすれば、「刑事訴追」の業務を行っていた弁護士が企業の依頼者を獲得することは可能である。1995年のデータでは、検察官のうち2名が、実際その年のうちに他の仕事を始めている。分野間のこの移動は、分野間の分化の程度について、ある意味で過小評価する源になるであろう。

*13　しかし、すでに示されたように、５％水準の場合でさえも、「税務」の実務家のうち22％のみが企業と個人の税務を両方行っているにすぎないことを、想起すべきである。

ある。中間グループは両極を架橋しているように思われる。1975年データの類似の分析では、依頼者タイプによる２つのクラスターへの分野の分離の傾向は、より大きかった。[*14]

5．1975年と1995年の時間配分

表2.1において、我々は、弁護士の各法分野における時間あるいはエフォートの推定値を比較する。[*15]　チャールズ・キャペル（Charles Cappell）の開発した手続（Heinz and Laumann 1982, 42, n. 8）によって、我々は、各分野に費やした時間に関する回答からこれらの推定値を導いた。この表の数値は、弁護士のトータルの業務時間の比率なので、歴史的な比較はいくぶんトリッキーである。1975年のシカゴの弁護士数は、1995年のおよそ半数であった。

---

*14　しかし、1975年で用いられた尺度は、1995年のものとまったく同じというわけではない。1975年の質問項目は、時間よりむしろ収入の比率についてたずねている。つまり、「過去12カ月の間の収入は個人関連の事件（「離婚」、「遺言」、「居住用不動産」のような）からどのくらいの比率で得られたか、また、どのくらいの比率で企業の依頼者から得られたか」という具合である。1995年では、回答者は「過去12カ月にどの程度の比率で、時間を企業や他の組織に費やし、また、離婚、遺言、居住用不動産など個人関連の仕事に費やしたのか」と尋ねられた。

　　もちろん、これらの２つの尺度は体系的に異なった知見を生み出しうるといえる。もし、企業のための業務が、一般的に個人関連の業務より儲かるというのなら、業務内容の区分は同じであるとしても、1995年の企業に費やす時間の比率より、1975年の質問項目からわかる企業からの収入の比率のほうが、より高いものとなろう。1975年の尺度を用いて、我々は、企業からの収入の比率による分野の分布が、実際に、この尺度の最も高い位置での分野のグループ化を示すことを発見している。すなわち、26分野のうち７分野が、93％から97％の範囲で企業から収入を得ているのである。

　　1975年のデータは、**図2.5**に現れているよりもいくらか顕著に、依頼者タイプによる分野間の分離を示している。1975年の分野の分布においては、26のうち３つだけが、49％から71％の間の22ポイントの間に入っている。これらの３つの分野は、「公益企業／行政法」、「労働組合」、「地方政府」関連法である。これらの３つの分野の仕事の多くは、魚でも鳥でもない、すなわち個人でも企業でもない依頼者を代理することである。1975年のデータは、したがって、分野別のグループを、個人依頼者と企業のバランスの取れた混合体として示してはいない。

*15　**表2.1**においては、『シカゴの弁護士』でと同様、1975年の「税務」、「訴訟」、「不動産」は、再度「企業／ビジネス」と「個人／一般」に区別されている。依頼者タイプが従属変数ではない場合、すなわち、我々がこの構造が依頼者の境界に沿って分割されるのかどうかということを決しようと試みない場合、分化したカテゴリーを用いることにほとんど異議はない。ここで我々が知りたいと考えているのは、どのように弁護士は時間を割り振っているのか、ということであって、たとえば、企業の訴訟と個人依頼者の訴訟の間の区別が関心事となろう。

それゆえ、このリストの最初の分野である「反トラスト（被告）」について考察すると、1975年の弁護士のエフォートの2％をこの分野は獲得し、1995年については1％となる[*16]というのが、我々の推定である。しかし、1995年にはシカゴの弁護士は倍増したので、「反トラスト（被告）」に費やされるエフォート（あるいは時間）のトータルは、両年で同等である。「訴訟（企業）」に費やす弁護士の時間の総量は、パーセンテージでは3倍から4倍になっているが、トータルのエフォート量では7倍の上昇になっている。同様に、「刑事弁護」の時間は、比率は5％から3％に低下したものの、総量は減少せず、いくらか上昇している。実際、1975年には、刑事弁護士は検察官を上回っていたが、刑事事件の両当事者側は、1995年までに（少なくとも時間上は）同等になった。

　弁護士数が倍増して、エフォートの総量はほとんどの分野で、程度の差はあれ増加した。エフォートの総量が絶対値で減少したのは、「遺言検認」と「公益企業」だけであり、これらは、専門分化の序列でも顕著な下降をみせている。もっとも大きな上昇をみせたのは「訴訟」分野である。とりわけ大きく上昇したのは「訴訟（企業）」だが、「訴訟（一般）」もかなり上昇している。パーセンテージでみると、「一般的企業関連業務」が11％から6％へ、「離婚」が6％から3％へ、それぞれ低下している。企業関連業務の専門化が明らかに進行したので、一般的な、未分化のカテゴリーへの割り当てが低下し、「環境」のような特定の専門へより多く割り当てられるようになった。「離婚」の比率の低下は、おそらく、シカゴの人口増加率をビジネス活動の増大の率がはるかに上回っていることを反映している。しかし、これらの比率の低下については、倍の大きさのベースの上で起きているということを、再度留意しておきたい。

　全体として、企業依頼者の分野は個人依頼者の分野より成長が急であり、半球のサイズはますます異なるものになっている。1975年データでは、53％の時間が企業分野（組合、政府のような企業以外の組織を含む）、40％が個人依頼者分野、7％が分類不能か多様な小分野に散らばっていた、と推定される。1995年までに、2つのセクターの乖離はかなり進行した。**表 2.1** によると、

---

　*16　我々は、1975年データの概算の再計算を行った。ほとんどの分野で我々の結果は『シカゴの弁護士』（Heinz and Laumann 1982, 40）の表2.1に提示されたものと正確に一致した。いくつかの分野では、しかしながら、小さい相異があった。我々はまた、1975年はわずかの時間しか費やされていなかったために初期の表に含めなかった環境法の両当事者を加えた。

【表2.1　法律業務エフォートの配分に関する推定　1975年と1995年】

分野	1975年		1995年	
	各分野の 実務家数	全エフォート の推定%	各分野の 実務家数	全エフォート の推定%
企業依頼者セクター	543	53	562	64
大企業				
反トラスト（弁護）	47	2	20	1
企業関係訴訟	91	4	215	14
企業関係不動産	74	4	105	6
企業関係税務	51	3	57	4
労働法（経営側）	39	2	71	5
証券	53	2	56	3
クラスター合計	256	18	404	32
規制関係				
労働法（組合側）	18	1	31	2
特許	45	4	44	3
公益企業・行政法	52	3	20	3
環境法（原告）	5	—[a]	17	1
環境法（被告）	18	—[a]	39	2
クラスター合計	123	9	137	9
一般会社法務				
反トラスト（原告）	24	1	9	—[a]
銀行業務	60	3	49	2
商事法（消費者法を含む）	102	3	63	3
一般会社法	262	11	142	6
個人被害（被告）	73	4	80	7
クラスター合計	396	22	282	18
政府関係				
刑事法（訴追）	20	2	25	3
地方政府	30	1	25	2
クラスター合計	46	3	48	5
個人／小企業依頼者セクター	424	40	330	29
個人ビジネス				
一般訴訟	90	3	123	5
個人関係不動産	152	6	84	3
個人関係税務	57	2	52	2
遺言検認	195	8	79	3
クラスター合計	296	19	230	13
個人の苦境				
民事訴訟	41	2	45	2
刑事法（弁護）	91	5	41	3
離婚	153	6	52	3
家族法	84	3	62	3
個人被害（原告）	120	6	87	6
クラスター全体	296	21	208	16
他の分野および配分外の時間	162	7	170	7
総計	699	100	675	100

注：実務家の数は、自己の仕事の少なくとも5%を当該分野に投じている全回答者と定義されている。推定手続について、Heinz and Laumann 1982を参照。
　　[a] 0.5%未満。

1995年では、企業セクターは、個人および小企業セクターの倍以上（64％対29％）、シカゴの弁護士の時間を消費している。1995年の企業依頼者、個人依頼者それぞれに費やされた時間の比率の推定値は、シカゴ都市圏統計区域（the Chicago Metropolitan Statistical Area）の弁護士がそれらの依頼者層から得た収入の総量に関する、1992年の人口動態調査報告に、極めてと近い。人口動態調査では、シカゴの弁護士の収入の27.9％が個人から、60.1％が企業から、4.5％が政府から（残りは3つの小カテゴリーから；U.S. Bureau of the Census 1996a, 4-446, table 49）となっている。2つのまったく異なったデータソースからの推定値の極めて高い一致は印象的であるが、注意する必要もある。もし、時間と収入とは等価であるのなら、このことは、2つのセクターで時間当たりの報酬が同一だということを示しているのだろうか。それは疑わしい（第7章参照）。ここでは、いくつもの他の要因が異なっている。たとえば、都市圏全体では、都市中心部よりも個人依頼者の業務が多いのかもしれない。

　大企業分野のクラスターは、**表2.1**で18％から32％へと最も上昇したが、個人事業者と個人の苦境にかかわる分野のクラスターは、両方とも減少した。1975年から1995年の間の個人依頼者の業務から企業業務へのシフトは、中流階層人口が都市から郊外へ移動したことに帰することができると推測する者もあろう。この考えでは、「白人の郊外脱出」を前提として、弁護士たちは依頼者層を追って移動する可能性が高いということになる。このことは、たとえば、「信託・遺産」業務が都市で減少していることを説明するだろう。しかし、人口動態調査のデータは、個人依頼者（個人）からの弁護士収入のパーセンテージが全国的に減少している一方、企業からの収入のパーセンテージがかなり上昇していることを示している。個人依頼者からの収入は、アメリカの弁護士全体で1972年の52.2％から1992年の39.6％に減少した一方、企業からの収入は42.0％から50.9％に増加した（政府機関からの収入は、2.9％から3.8％に上昇）（U.S. Bureau of the Census 1976 and 1996a）。シカゴの弁護士の収入の配分は、すべてというわけではないが、他の主要都市と類似している。サクラメントでは、個人からの収入は、1982年の50.4％から1992年の46.3％へと緩やかに減少したが、企業からの収入は、38.8％から45.2％に上昇した。ロサンジェルスでは、変化は急激であった。個人依頼者からの収入が1982年の46.2％から1992年31.0％に急落したが、企業依頼者からの収入は49.5％から56.6％に上昇した。しかし、フィラデルフィアでは、この2種類の依頼者層からの収入の比率は、ほとんど変化していない（45％から47％に変化しただ

けである)。フェニックスでも変化は穏やかだった（個人は43.3%から38.3%に減少したが、企業は51.7%から53.7%に微増しただけである。U.S. Bureau of the Census 1986 and 1996a)。これらのうち最大規模の都市のロサンジェルスが、シカゴと最も類似したパターンを示している。

　そのうえ、利用可能なデータは、都市から郊外への弁護士層の大規模な移動を表していないように思われる。イリノイの弁護士について利用可能な最初の公式統計は、1976年の弁護士登録・懲戒委員会（ARDC）のものだった。その統計によれば、シカゴの位置するクック・カウンティの弁護士は、1976年の19,072人から1995年の36,158人に増加し、シカゴ都市圏のシカゴを取り巻く5つのカウンティでは、弁護士人口は2,156から7,008に増加した（Attorney Registration and Disciplinary Commission 1977, 1996)。シカゴを取り巻くカウンティでは、パーセンテージでは大きく上昇したが、絶対数ではそれほどでなく、5,000人以下の増加にすぎない。それに対してクック・カウンティでは、17,000人以上増加した。[*17]

6．結論

　機能的なカテゴリー分類によるアメリカの弁護士の分化には、長い歴史がある。カーネギー財団（the Carnegie Foundation）がスポンサーとなって20世紀初頭に発表されたレポートでは、複雑な事業にかかわる取引を扱う「中枢弁護士層」を創り出し、より小さなケースや個人の問題を扱う「一般実務家

---

*17 クック・カウンティは、シカゴ市だけではなく、いくつかの郊外地域を抱えている。ARDCのデータは、残念ながらカウンティのレベル以下に分解することはできないので、シカゴ市について別個にカウントすることができない。シカゴとクック・カウンティの郊外部分の分離を検討するために、我々は、『マーティンデイル＝ハブル弁護士名鑑』（*Martindale-Hubbell Lawyers Directory*）を用いた。それは、ARDCの記録ほど包含的ではないのである。『マーティンデイル＝ハブル』によれば、1995年の内訳は、市部に24,021人、クック・カウンティの郊外部分に5,065人だった（Martindale-Hubbell 1995-96)。それ以前の『マーティンデイル＝ハブル』はコンピューターによるソーティングが可能な形式ではないので、他のソースをみることになる。『弁護士統計報告』（*The Lawyer Statistical Report*）は、1980年にはシカゴに19,476人の弁護士がいたと推定している（Curran et al. 1985, 320)。この数値を1980年にARDCに登録されているクック・カウンティの22,310人と比較してみると、1980年にはクック・カウンティの郊外部分に2,834人の弁護士がいたという推定が得られる。3つのソースからの推定を結合してしまうのは危険だが、郊外では（相対的に小さい母数のうえで）より高いパーセンテージで増加しているのに対して、市部では弁護士の絶対数でみるとはるかに大きく増加していたことは、明らかなように思われる。

第2章　弁護士業務の性格変容　**61**

層」と区別することが提唱された（Reed 1921, 237-39）。2種の弁護士は、異なった学校で、異なったカリキュラムのもとで教育されるものとされた。このレポートは、弁護士界からは好意的に受け取られなかった（Auerbach 1976, 111-12）。しかし、事実上は、そのような実務の分化が進行してきた。弁護士業務の種類、業務スタイル、開業場所は、著しく分化している。近隣の依頼者層の離婚や自動車事故を扱う弁護士は、遺言の起草や家の売買をとりまとめることはするが、大企業の合併や大規模不動産デベロパーの税務などは取り扱わないだろう。

　実務の専門分化は、弁護士間のプロフェッショナルとしての関係に境界を生み出す傾向があるが、同僚のネットワークや業務上形成されたグループの結合の強さの程度は、法律プロフェッションのある部分では増大し、別の部分では減少するということがありうる。もしある法分野を扱う実務家の大部分がその分野の仕事を時折しかしておらず、その結果、登場人物は常時変化しているという状態であるならば、弁護士間の安定的な関係は形成されないだろう。対照的に、より多くの弁護士がその分野に主としてエフォートを投入する場合、他のリピート・プレイヤーとより頻繁なコンタクトをもつことになり、彼らにとって、他の弁護士と継続的な業務上の関係を確立するのに必要な時間とエフォートを投資するのは、効率的だということになる。個人依頼者のセクターでは、分野ごとの専門分化は、より強くより安定的な一連の関係の発展を導くことになるだろう。リン・メイザーらは、メインとニューハンプシャーの離婚弁護士の間で、経常的なコミュニケーション・ラインとコミュニティ感覚が形成されることを観察した（Mather, McEwen, and Maiman 2001）。サラ・パリクは、シカゴの個人被害事件の原告側弁護士の間では、明確で確立した紹介・相談ネットワークが存在していて、そこでは各人が、ネットワークのどの序列にいるか認識しているということを、発見した（Parikh 2001）。我々のデータでは、専門化指標（**図2.4**）において、「個人被害（原告）」（0.460から0.622で、18位から7位に上昇）、「個人被害（被告）」（0.546から0.694で、10位から3位）、「刑事弁護」（0.536から0.612で、12位から8位に）などについて、特に顕著な上昇がみられる。それゆえ、個人依頼者セクターにおける専門分化が顕著であり、それらにおいて専門家間のコミュニケーションに対するインセンティブが上昇しているのではないかと想定できる。しかし、同時に、分野横断的なコミュニケーションは減少しているかもしれない。「離婚」「刑事弁護」「個人被害」の各専門家は、依頼者紹介のため以外では、

ほとんど、分野をまたがってのプロフェッショナルとしての交流をもたないだろう。

　企業依頼者セクターでは、「労働組合」関連業務、「公益企業／行政法」、「環境（原告）」を除いて、やはり、分野ごとの専門化の進行を観察することができる。しかし、このような変化が企業関連業務における業務グループの安定性と結合度にどのように影響してきたかについては、完全に明らかというわけではない。企業専門ローファームの組織が、専門化によって、少数の有力なシニア・パートナーを中心に構築される主として階層的な構造から、専門的法分野および／または技術のタイプに応じた部門からなる公式の官僚的組織に移行したのであれば（第5章を参照）、このことは、特定の依頼者のニーズに応じて組織され、ニーズごとに有力なパートナーによって提供される業務上のグループという、古いモデルから、特定の取引または事業の局面に応じて構成されるグループへの、変化を示唆しているだろう。後者の、より新しいモデルでは、ケースごとに形成されたチームは、関連の部門から集められ、多様なコンビネーションをみせることになるだろう。これが正しいのなら、業務上形成されたグループはより不安定なもので、取引ごとに変動することになるだろう[18]。もし大ローファームの部門化が、専門家を他の分野の弁護士たちから引き離すことになるならば、異なるグループの実務家間の結びつきは、一般的なものではなくなっていくだろう。この2つの展開──業務上のグループの不安定化と部門化──は、企業セクター内部の分野相互間の結びつきが、かなり弱いのだということを示唆している。この現象が発生するかどうかは、専門分野間の機能的な相互依存性の程度に依存することになろう。

　弁護士は、（分野の専門化の程度に応じて）常に専門家仲間と非常に多くの時間を過ごす傾向にあるかもしれないが、業務上形成されるグループが依頼者ベースから取引ベースへと変化するにつれて、自分自身の分野外の実務家との接触は、より多様性を増し、かつ短期間になっているかもしれない。これが真実なら、分野横断的な結びつきは、より広範囲にはなったが、強度は低下した、ということなのかもしれない（すなわち、「弱い紐帯」がより多く存在

＊18　「業務上形成されたグループ」（work groups）は、企業関連業務において、ある弁護士のチームが特定のケースあるいは取引のために働くという場合、適切な用語かもしれない。しかし、離婚あるいは個人被害関連の業務においては、「同僚のネットワーク」（colleague networks）が、より正確にその関係を描写できる用語だろう。

するようになろう：Granovetter 1973)。業務上形成されたグループが特定の取引のために形成される場合は（継続的な依頼者のために継続的なグループが作られる場合と対比して）、特定の同じ弁護士たちが一緒に働くことになる場合もあるかもしれないし、そうはならないかもしれない。チームの組み立ては、他の弁護士のアシストをもとめて競争関係にあるローファーム内のパートナーのもつ力や、特定の依頼者の及ぼしうる影響力の程度によることだろう（第5章と第12章を参照）。

　企業や大規模組織の法サービスへの需要は、個人や小規模ビジネスの需要よりもはるかに急激に拡大してきたのだが、市場への参入は、後者のタイプの業務においてより容易なのである。どんな弁護士でも、看板を掲げて自動車事故や冷蔵庫の取戻しをめぐる紛争の依頼者を見つけることはできるが、企業関連の法サービスを提供できるような地位へのアクセスを獲得するのは困難である。個人依頼者分野の弁護士は、企業関連業務へ移るというオプションをほとんどもたないのである。他方、企業分野の実務家のなかには、個人依頼者を代理することができる者が存在するし、現に代理している者も存在する。最大規模のローファームでさえ、個人依頼者関連のいくつかの領域で業務を行っているのだが、その依頼者はしばしば、顧客企業の役員である。これらのローファームのいくつかは遺言検認部門を有しており、多くのローファームは重要な顧客のために所得税関連の業務を扱っているし、依頼者の離婚を扱うローファームもある。このような現象が現れる限りにおいて、弁護士界内部の企業セクターと個人セクターは、お互いをより近くに引き寄せあっていることになる。しかし、ローファーム内部での労働の分化というものが存在する。ローファーム内で企業関連業務を行う弁護士は、個人案件を扱う弁護士と同じ者ではないかもしれないのである。弁護士業務がますます専門分化してきたのであれば、このことは、弁護士界の各セクターを分離させる傾向を招くであろう。境界をまたぐ弁護士は減少していくだろう。

　法律プロフェッションは、依然として半球に分かれているだろうか。半というのは、上下が半々の大きさであることを意味するが、現在、少なくともシカゴでは（おそらく他の大都市でも）、２つの半球がおおよそ同等の規模をもつと主張するのは、困難になっている。我々の推定によると、企業分野ないし他の大規模組織に提供される業務分野に割かれるシカゴの弁護士の時間の総量は、個人依頼者分野に割かれる時間の２倍以上である。しかし、各セクターの相対的なサイズは、おそらく、［半球という］考えの重要部分で

はない。いずれにせよ、相対的なサイズは、区域の規模や性格によって異なるだろう。そして、我々は、まだ、社会経済的要因、民族・宗教上の要因、教育上の要因、政治的要因による分離の程度という問題を、評価していないのである。我々は、次に、これらの社会的特性について検討する。

(訳：**大塚　浩／おおつか・ひろし**)

■第3章

統合と分裂

　弁護士が単一のプロフェッションに属していると考えるべき十分な理由が、たしかに存在する。弁護士は、何といっても、基本的な法知識の体系や特有の専門的な言語、共通の免許をもっている。わずかな例外はあるものの、弁護士は、法律——刑事法や会社法ではなく法律一般——の実務を行う免許が与えられている。弁護士は、少なくとも形の上では、共通の倫理規程を戴いている。彼らはまた、関係性のネットワークで結ばれており、それゆえに、ケースを適切な専門知識を持つ弁護士に円滑に紹介できる。彼らは、共通の利害を増進する弁護士会に所属している。彼らの教育の面でのバックグラウンドには共通の要素があり、ロースクールで教育を受けた経験は非常に強力であるとか、その後に大きな影響を与えていると評価される。ロースクールによっては、他のロースクールより遙かに大きなリソースを持っているところもあるが、ほとんどの講義は、同一のテキストにもとづいている。つまり、開講される授業は、上訴ケースに関する同じ編集本をもとにしている。そして1年目のカリキュラムでは、英米のコモンローに関する基本的な分野（契約法、不法行為法、刑事法、財産法）が強調され、通常はこれに、憲法や民事手続法が加えられている。

　だが、弁護士がいくつかの階級に分裂していることには、長い歴史がある。バリスターとソリシターというよく知られたイングランドの弁護士の区分には、おおよそ4世紀の歴史がある（もっともこの区分は、今ではイングランドでは、新たな実務に関する新たなルールによって緩められている。Gibb 2003, Rufford 1998）。アメリカの弁護士もまた、長い間分裂してきた。ハーマン・メルヴィル（Herman Melville）の小説『代書人バートルビー：ウォール・ストリートの物語』（*Bartleby, the Scrivener: A Story of Wall Street*）では、語り手は「高望みをし[*1]

　＊1　（訳注）『バートルビー』は、代書人バートルビーの雇い主の弁護士が、バートルビーにつ

ない部類に属し、だから陪審員の前で演説をぶつことなど決してしないし、いかなる意味でも世間さまの拍手喝采を浴びるようなことはまずない。ただひたすら人目につかぬ安穏な場所で平静を保ち、金持ちたちの契約書や抵当証券、それに不動産権利証書などを取り扱いながら、ぬくぬくと商売に励むのみだ」(Melville, 1996, 14) と、自分のことを描いている。これが最初に出版されたのは1853年のことだった。

　もし弁護士の業務が、別個のタイプの依頼者（第2章参照）からの求めに応じて組織化されていたり、依頼者間の社会的な差異——たとえば大企業と小企業と失業中の労働者と裕福な郊外居住者——が顕著であったりすれば、こうした異なる階級の依頼者のために働く弁護士は、異なる社会的世界に棲んでいそうである。裕福な団体を代理する弁護士が、財産のない者のために働く弁護士と交渉する機会を持とうとすることは、滅多にないであろう。貧しい者のために働いている弁護士の社会的地位は、ほとんど常に依頼者の地位より遙かに高いだろうが、ビルの最上階の豪華な部屋に住んでいそうにはない。依頼者の社会的な差異は、どの程度かは別にして、弁護士の性格にも通常は反映しているのである。

　だが、そうだとしたら、弁護士の間の社会的な違いは、どのような帰結をもたらすのであろうか。この問いに対する我々の答えは、必然的にかなり推測によらざるをえない。しかしながら、かなりの程度はっきりしているものもある。そうしたものは、少なくとも2種類ある。依頼者が受けるサービスの量と質という点で依頼者に関するものと、法律プロフェッション自身に関するものとである。

　裕福な依頼者は裕福な弁護士に近づく傾向があり、弁護士の仕事がかなりの程度の知的挑戦を行うものだと位置づけることも容認するかもしれない。新奇な法的問題に取り組むには時間がかかる。実際、そのような問題だと位置づけるには、時間がかかる。依頼者に資力がなければ、そうした問題は決まりきった問題として位置づけらやすい。少しでも早く問題に決着を付けるように、インセンティブが働くであろう。しかしながら、裕福な者は、念入りに作り上げられた独創的な解決に金銭を支払うことができる（し、そう望みさえする）。それゆえ、裕福な者のために働く弁護士は、多様な利益を手に

いて語るというスタイルをとる小説のため、ここで言う「語り手」はバートルビーの雇い主である弁護士を指している。引用部分では、この弁護士が自分について語っている。

する。彼らは、自分の懐を膨らませるだけでなく、独創的な仕事を行うという満足も手にしている。弁護士が金銭と知的満足とに重きを置くならば、高度な業務にたずさわれる者が、それを手にすることになろう（第7章、第11章を参照）。そのような業務にたずさわることのできない者は、それ以外の業務をするか、プロフェッションを辞すことになる。しかし、おそらく弁護士は、公的サービスや正義、あるいは情緒的な満足も好んでいるのだろう。弁護士がみな富を最大化しようとしているかどうかは明らかではない。いずれにせよ弁護士には、極端に高度な業務と低度な業務以外にも、業務をめぐる選択肢がいろいろある。多くの弁護士は、必然的であれ偶然であれ、検察官や不動産プランナーや税務アドバイザー、地方の民間企業や労働組合の組織内弁護士として、弁護士界の北極と南極の間で業務を行っている。

　就業の機会を決定するにあたっては、経歴が重要になる。収入が良く知的にもやり甲斐のある業務を行う組織や機関で職を得るには、威信の高いロースクールを優秀な成績で修了するか、業務で成功を収めた記録がなければ難しい。二流のロースクールで二流の成績を修めた新採用レベルの応募者は、お呼びではない。（アメリカであれ他の国であれ）教育の機会とはそういうものなのだが、威信の高いロースクールの学位を持つ者の方が社会的にも有利になりがちだ。彼らは、社会経済的に恵まれた背景を持っていて、上流あるいは中流の上の家庭に生まれ、有益な社会的コネクションを持っている傾向が強い。出自があまり高くなくコネクションもない弁護士の卵は、最良のロースクールに入学する途はあまりなく、階層ピラミッドの両極にいる弁護士職の求職者は、これから見てゆくように、実際にもプロフェッションの両極の地位に振り分けられる傾向にある。こうして、裕福な依頼者は、より高度の訓練を受け、より影響力を持つ弁護士を見つける傾向がある。一方、貧しい者は、どんな弁護士であれ見つかれば幸い、という状態にある。

　プロフェッションにとってのこうした社会成層化の結果、別々の社会的世界に棲息していて、プロフェッショナルとしての業務のなかで互いに付き合うことがほとんどない弁護士同士が、公共政策の問題をめぐって共通のアジェンダを追求することは、たとえそれが弁護士に深く関わる問題であっても、困難なように思われる。弁護士はアメリカの政府や財界で重要な地位を占めているが、彼らが一体となって集合行為（collective action）を起こすことができなければ、潜在的な影響力をフルに引き出すことはできないであろう。一般に、政策論議をめぐって対立している利益集団は、それぞれ自分たちの

仲間あるいは代理人として活動する弁護士の集団を持っている。このことから、そのような問題に活動的な弁護士は、依頼者への忠誠によって確実に分断されることになろう（Heinz, Paik, and Southworth 2003）。

たとえば、いわゆる「訴訟爆発」（litigation explosion）[*2]をめぐる争いでは、この問題のいずれの側にも弁護士が見つかる（たとえば、Haltom and McCann 2004を参照）。保険会社に雇われていたり、もっと一般的に企業経営者層や共和党にシンパシーを持つ弁護士のなかには、アメリカ人は些細なことで裁判所に駆け込んでおり、暴走した陪審員はマクドナルドのコーヒーが熱すぎると主張する原告に法外な金額を認めており、不法行為で訴えられる恐れのために公園の区域から遊具が撤去されたり、医者が分娩業務を行わなくなっているといった議論を支持する者もいる。別の弁護士は、個人被害のケースで原告のために行う業務の成功報酬で、立派な生活をしている。そして、市民が法廷で法的な賠償を求める権利や、懲罰的損害賠償の裁定によって悪人を処罰するという陪審に課された役割を弁護する傾向がある。アスベスト製品やダルコンシールド避妊リング（Dalkon Shield IUD）、シリコン製豊胸剤、ファイアーストン・タイヤなどの製造企業に対するクラス・アクション訴訟に制限を設けるべきかどうかという問題をめぐっても、弁護士の間に同様の分裂が見られる（Glater 2003b）。

別の例としては、法律プロフェッションと会計プロフェッションとの間で、両者が行っている業務（たとえば税務アドバイス）の支配や、業務を行う組織の所有をめぐって、絶え間なく繰り広げられる争いがある（第12章参照）。会計士や、その他のコンサルタントと、現実にあるいは潜在的に競合関係にある弁護士は多い。そのような弁護士は、資格制限や「非弁活動」を禁止する制定法を持ち出して、競争を排除しようとしてきた。だが、会計士と協力しようとしてきた弁護士もいた。彼らは、会計事務所との統合（「多業種」パー

---

*2　1990年代初期のアメリカで、自己利益を追求する事実審専門弁護士が主導して提起した製造物責任訴訟、医療過誤訴訟などの不法行為訴訟が急増したことによって、裁判所が過剰負担に陥り、特に陪審裁判による損害賠償額が高騰したことによって企業活動が不当に阻害されているという主張が、「訴訟爆発」という言葉で提起され、対策として不法行為訴訟の制限を目指す「不法行為改革」（tort reform）が提唱された。それに対して、批判されるような不法行為訴訟の急増はなく、「訴訟爆発」や「不法行為改革」はビジネス界の利益のために提唱された政治的主張であるという反論がなされた。Walker K. Olson, *The Litigation Explosion: What Happened When American Unleashed the Lawsuit,* Truman Talley Books 1991とRandy M. Mastro. "The Myth of the Litigation Explosion," *Fordham Law Review,* Vol. 60, Issue 1, 1991を参照。

トナーシップ（"multidisciplinary" partnership）を作り上げること）が、新たな依頼者を獲得したり、自分たちの業務範囲を拡大したりする方法だと考えたのだった。（ほとんどの企業がそうしているように）外部の法律事務所から法律サービスを購入している企業で社内弁護士として働いている弁護士は、法律事務所の競争相手を煽ろうとしてきた。マクドナルド社のジェネラル・カウンセルは、会計事務所が法律アドバイス市場に参入する動きについて論評して、こう言った。「法律サービスをめぐる競争が激しくなることは何であれ、私の立場からすると、良いことです……我々は、これまで弁護士に相談に行っていた税務アドバイスの多くについて、アーンスト＆ヤング[*3]を使っています」（Merrion 2000, 15, 20）。この問題をめぐっては、多くの問題と同様、自身の利害と依頼者の利害とで、弁護士たちは分裂していた。

1. 統合のメカニズム

　だが、弁護士を分断する利害や［依頼者への］忠誠心に対して反作用として働くのが、弁護士を統合に導く傾向のある要因である。本章の最初のパラグラフでは、法律業務を1つのプロフェッションとして扱う、公式のあるいは法的なメカニズムのいくつかについて言及した。それは、共通の免許や倫理規程や、［弁護士になるのに］教育面で必要な条件であった。だが、おそらくより重要なのは、法の諸分野間において接触や共通利害を作り上げる社会的な親近性である。軋轢を生じさせる力のいくつかと同様、統合に向かうこうしたメカニズムのなかには、依頼者の影響力に発するものがある。たとえば相補的な専門分野の弁護士は、同一の依頼者にサービスを提供するのであれば、一緒に業務を行うかもしれない。税務の専門家と不動産の専門家は、大規模な不動産の開発のために協働して土地を取得するかもしれない。関連する問題を扱う法分野には、コミュニケーションのチャンネルを創り出すことに対するインセンティブがある。その問題が弁護士の実務の中で繰り返されれば、そのようなインセンティブはますます強くなる。分野横断的なコミュニケーションの必要性は、滑って転んだという類の事件や刑事事件の場合には、依頼者が税務や証券、環境や雇用関連法についてアドバイスを継続的に必要とする多国籍企業の場合ほどには、おそらく生じないだろう。それ

　＊3　（訳注）アーンスト＆ヤング（Ernst & Young）は世界5大会計事務所の1つ。

70　第Ⅰ部　弁護士というプロフェッション

ゆえ、個人依頼者の分野でのほうが、分野間の境界がより明確かもしれない。

　法原則、技術、あるいは業務の種類が類似しているということもまた、密接な関係を生み出す。たとえば、事実審弁護士は、事務所で業務をこなしている弁護士よりも、お互いのほうがより共通点が多いかもしれない。だが、さまざまの領域で事実審業務に従事している弁護士は、互いにコミュニケーションをとる機会がどの程度あるのだろうか。そして、ある分野から別の分野に業務分野を移すことはどの程度あるのだろうか。ある特定のスキルが分野をまたがって応用可能かどうかは、実証的な問題ではあるが、これに答えるのに必要な事実を発見するのは困難かもしれない。たとえば、刑事事件で控訴趣意書を起案する特別のスキルが企業の訴訟文書作成に応用可能なのかどうか知りたいとしよう。弁護士が最初の分野から別の分野へと移動する程度について、測定することは可能かもしれない（それに、我々は、不完全とはいえ、これを測定できるデータを持ち合わせている）。だが、それは、当該スキル特有の特性あるいは性格（つまり、説得力のある議論や弁論書を戦略的に組み立てること）が両分野で共通だったのかどうかを語るものではなかろう。必要とされる能力が本質的に似通っていたとしても、根本的に異なる種類の依頼者間にまたがる社会的な隔たりは、両分野を移動することの妨げとなる可能性がある。

　同様に、法原則（法の構成要素）が共通する分野は、うまく統合されることもあれば、統合されないこともありえよう。たとえば、連邦の規制法のいくつかの分野は、行政手続法に支配されている。規則制定手続や審判手続に関して、同法を解釈したり適用したりする先例は、規制をめぐる複数の重要分野で広く適用されている。だが「行政法」は実際のところ、実務の専門分野なのだろうか。放送をめぐるケースで用いられた行政手続の知識を、同じ弁護士が天然ガスの規制手続にしばしば適用するだろうか。あるいは、放送局と天然ガス生産者との間に重なり合うネットワークがなければ、そのような移動が生じることは滅多にないということを意味するだろうか。放送をめぐるケースと天然ガスをめぐるケースとの間で弁護士の移動が多く生じていれば、双方の規制分野は、おそらく、機能的には別々の業務分野ではないということになろう。つまり、２つの法分野で弁護士の活動が極めて高度に重なっているのであれば、そのことは、両分野が一連の業務、キャリアの一部を構成しているということを示唆するものとなろう。

　業務分野の中には、他の分野に比べてより明確なものがある。海事、特許、

国際公法、刑事訴追は、いずれも明確に定義されている。だが、民事訴訟や一般企業業務はそうではない。これは、いくつかの変数の関数なのかもしれない。つまり、当該業務の専門化の程度、サービスを受ける依頼者タイプの特徴、当該分野に関わる弁護士の社会的特徴（出自の社会階級、民族宗教的なアイデンティティなど）、弁護士が当該分野にリクルートされた経路の特性（つまり参入のチャンネルや障碍）、といった変数である。しかし、第2章で見たように、専門化の構造や当該分野での協働を作り上げる主要な要因は、依頼者の特性なのである。環境業務に携わっている弁護士は商法を扱っている弁護士と依頼者が共通しているかもしれないが、環境専門家の依頼者が離婚弁護士の依頼者と重なっているということは、そうありそうにない。同様に、遺産プランニングが公益企業業務と関わることは、あまりないであろう。依頼者の社会的タイプは、そのタイプ毎に別々の市場を弁護士に対して作り出す傾向にある。

　真のジェネラリスト弁護士というのは、相対的には少ない。1995年調査のサンプルの弁護士674人のうち、いずれか1つの領域に勤務時間の25%を費やさなかったのは、わずか30人（4.5%）だけだった。他方、3分の1の弁護士は、わずか1つの分野だけで業務をしていると回答した。また674人のうちの488人（72%）は、勤務時間の半分以上を1つの領域に費やしていると述べた。このことは、第2章で議論した分野による専門化を示す、もう1つの尺度である。

　情報を交換するだけではなく、関連する問題を扱っていて、それゆえ機能的に相互に依存しあっている分野では、ケースを交換することもありうる。弁護士は、自分たちが依頼者を送り込める（逆に業務を受けることもありうる）信頼に足り紹介できるパートナーを手に入れたがっている。紹介のネットワークは、それゆえに、分野同士を接触させ、分野横断的に（あるいは分野内であっても：Mather, McEwen, and Maiman 2001; Parikh 2001）コミュニケーションを行うもう1つの理由を生み出す。だが、その別々の分野は、各分野の境界を維持することにも関心がある。弁護士Aは、自分が関わりたいと考えている業務をBも行おうとしており、しかもそれが可能だと考えたときには、Bにケースを回すことはありそうにない。継続的にケースを紹介するパートナー関係というのは、（明示的にであれ黙示的にであれ）ケースを受け取る側は、紹介された案件の範囲を越えては依頼者のために業務を行おうとしないという、了解に基づいている。

1995年調査では、回答者がいかにして依頼者を獲得したか尋ねた。つまり、直接的な個人的接触によるのか、以前の依頼者からの紹介によるのか、別の弁護士からの紹介によるのか、といったことである。たいていの分野では、実務に従事している者の約半数から3分の2が、「時折」あるいは「しばしば」別の弁護士の紹介で新たに依頼者を獲得していると回答した。だが、若干の領域で、そのパーセンテージは抜きんでて高かった。特許法や原告側の個人被害業務を扱う弁護士のおおよそ5分の4は、少なくとも「時折は」他の弁護士から依頼者を受け取っていると言っていた。この両分野は、1995年の専門化指標の得点は高かった（第2章、**表2.1**を参照）。いずれも、専門家以外は通常は関わろうとしない類の業務である。特許業務は奥深い知識が必要で、その知識を獲得するにはコストがかかる。また、原告側の個人被害業務には、陪審裁判をこなす能力（と意欲）が求められる。それに対して、銀行業、法人税、個人被害の被告側では、他の弁護士から依頼者をしばしば得ていると回答したのは、相対的には少数（わずか36%から38%）にとどまった。これらの分野では、弁護士は、自分たちが代理しているビジネスの中での関係性のネットワークを通して、依頼者のほとんどを手に入れている。個人被害の実務における原告・被告両サイドの違いは示唆的だ。原告側の弁護士には、弁護士のピラミッド内で上下する、よく発達したケース紹介システムがある。ケースが大きく、複雑で、報酬が多くなればなるほど、最も経験を積んだ弁護士に紹介され、他方で、ルーティン的なケースは職人のはしごの下のほうへ送られるのだ（Parikh 2001）。しかし、被告代理人の業務は、中規模の専門事務所に集中している。それらはいずれも、特定の保険会社や保険会社グループと関係を持っており、それゆえ、他の弁護士の紹介に依存してはいない。

依頼者を紹介することは、分野間の繋がりをもたらしはするが、分野間の社会的類似性を推し進めるわけでは、必ずしもない。分野間の分離が明白であれば、依頼者を紹介する関係は、実際のところ安定的たりうる。社会的な区別が、分野間の境界を画するのに役立つ。たとえば、時と場所によっては、一目でわかる民族宗教的な背景をもった弁護士が特定の専門分野に集中してきた。とりわけ、アイルランド系カトリックの弁護士は訴訟専門の事務所を創り出した。そのような事務所で最も有名なものの1つが、ニューヨークにあったドノヴァン・レイジャー（Donovan, Leisure）だった（Powel, 1988, 70-71）。

その事務所は、大規模事務所に成長し、1990年代末に閉鎖された。[*4] シカゴ
での、より最近の例は、フィーラン・ポウプ・アンド・ジョン（Phelan,
Pope, and John）である。これは、20世紀の最後の四半世紀に繁栄したものの、
やはり閉鎖された。これらの事務所はともに、法人の訴訟も商事訴訟も行っ
ていたが、その他の「アイルランド系事務所」は、個人被害か刑事弁護に専
門化した。民族宗教的な集中が特定分野あるいは特定事務所にみられるは、
なぜだろうか。家族の縁故ネックワークが特定の社会的出自を持つ者を特定の
キャリア・パスへと導くのだろうか。それとも、他の者から排除されるため
に、同一の集団が特定の業務環境にたどり着くのだろうか。それとも、ロー
スクールがリクルート・メカニズムあるいはゲートキーパーとして作用して
いて、特定の民族的な性格をもつロースクール（たとえばカトリック系[*5]のロー
スクール）があって、限られた市場に送り込んでいるのだろうか。（以下の**図3.3**
を参照。）

2．弁護士会

　弁護士会組織もプロフェッションを束ねるかもしれない。少なくとも時折、
そうしようという意識的な努力が行われたことはたしかである（Halliday
1987）。しかしながら、弁護士会は、メンバーの弁護士が多様なために、断
固たる行動をとることは、しばしば困難である。1921年には早くも、カーネ
ギー財団に提出された報告書は、弁護士界は「それ自体の内部であまりにも
分裂していて、プロフェッションとしての理念を実現することはもちろん、
定式化する能力すら著しく損ねている」と述べていた（Reed 1921, 215）。も
ちろん、この種の問題を組織が解決するための古典的な方法が、2つある。
1つは、（相対的に見て）同じような精神をもつ者に組織の会員を制限するこ
とである。しかし、弁護士界のうちの狭い部分しか代表しない組織は、数と
広い支持層に由来する影響力を犠牲にすることになる。もう1つの解決方法
は、組織のリーダーシップを、会員を十分には代表してはいない限定的な部
分——通常はエリート——に強固に位置付けるというものである。しかしな

　＊4　ドノヴァン・レイジャーは、第一次大戦の英雄で、CIAの前身となった戦略諜報局で第二
　　　次大戦中に局長を務めたウィリアム・"ワイルド・ビル"・ドノヴァン（Donovan "Wild
　　　Bill" Donovan）将軍が創設した。
　＊5　本書全体を通して、カトリックとはローマン・カトリックを指す。

74　第Ⅰ部　弁護士というプロフェッション

がら、これは、組織によるイニシアティブの正統性を弱める傾向をもつであ
ろうし、一般のメンバーが異議を申し立てることになれば、寡頭制は不安定
となるかもしれない。

　だが、排除のための戦略は、2つとも実行に移された。何十年もの間、
ニューヨーク市弁護士会（the Association of the Bar of the City of New York）のメ
ンバーには、プロフェッションのエリート、つまり多くの依頼者を持つ大規
模事務所のWASPが不釣り合いに多かった（Powell 1988, 37-41, 69-78）。そして、
1975年のシカゴ調査でも、プロテスタントで、エリート・ロースクール卒で、[*6]
大規模事務所に勤めていたり、高給を得ていたりした者は、アメリカ法曹協
会（American Bar Association、ABA）のメンバーである可能性が有意に高かっ
た（Heinz and Laumann 1982, 235, table 8.1）。1995年のシカゴのデータでは、
ABAの会員の中にエリート・ロースクール卒と大規模事務所勤務が多いとい
う偏りは残っていた（そして、実際のところ、強くなってすらいた）。エリート・
ロースクールを卒業した者のうち、71％がABAの会員だった。ローカル・
ロースクールを卒業した者はわずか48％しかメンバーとなっていなかった。
100人以上の弁護士を擁する事務所に勤務する回答者の4分の3がABAのメ
ンバーだったが、単独開業弁護士ではわずか37％、政府の業務に就いている
者は41％しか、メンバーとなっていなかった。だが、ABAの会員のなかの民
族宗教的な差異は、1995年には存在していなかった。

　弁護士会の指導者もまた、特定のエリートが支配してきた。1975年のシカ
ゴ調査では、シカゴ弁護士会（the Chicago Bar Association、CBA）の指導者の
地位には、エリート・ロースクール卒業生の25％が就いていたが、ローカ
ル・ロースクール卒業生はわずか9％しか就いていなかった。そして、もっ
とも高所得のカテゴリーに属する者の28％がリーダーの地位に就いていたが、
下から数えて1番目と2番目の低所得のカテゴリーに属する者は、誰もその
地位を占めていなかった（Heinz and Laumann 1982, 240, table 8.3）。1995年のデー
タでは、宗教的選好が弁護士会のリーダーになる可能性と有意な関係があっ
た。監督派（Episcopalian）、長老派（Presbyterian）、会衆派（Congregationalist）
のいずれかに該当する弁護士のうち、42％が何らかの弁護士会でリーダーの
地位に就いたことがあったのに対して、カトリックやユダヤ教徒の回答者の

---

　*6　（訳注）ロースクールの4つのカテゴリーについて、第1章と、本章の後の部分を参照。

それぞれ18％と19％しか、そうした地位に就いたことがなかった。[*7]

　だが、弁護士会の活動と弁護士が執務する事務所の規模との関係は、エリート指導者についてのこうした観察に反する結果を示唆する。1995年には、単独事務所で働いていた者のほうが、大規模事務所に所属していた者よりも、弁護士会で役職に就いたり、委員会の委員長を務めたりしていた可能性が、有意に高かった。単独事務所の弁護士のうち32％が弁護士会内の１つあるいはそれ以上の指導者の地位に就いていたのに対して、30人以上の弁護士がいる事務所では、わずか18％に過ぎなかった。[*8] もっと規模の大きい事務所の中では、弁護士数が100人未満の事務所に所属する弁護士の方が、弁護士数が100人以上の事務所の弁護士よりも弁護士会の会合に参加すると回答する者が多かった。[*9]

　弁護士会の会員のパターンは、業務の編成の変化の影響を、ますます受けるようになった。第２章で見たように、1975年から1995年にかけて、シカゴの弁護士界では専門化が大きく進んだ。弁護士はますます、特定の１つの、あるいは少数の分野に時間を費やすようになった。そして、その結果、さまざまな業務分野において活動している弁護士の間で、ほとんど重複が見られなくなった。それゆえ、広範囲の会員を包括する弁護士会は、あまり重要ではなくなった（あるいはそのように捉えられるようになった）かもしれない。しかし弁護士会は、こうした変化に対して、専門化したグループの実務家の利害に向けて広範囲の委員会や部会を設けることで対応した。シカゴのデータでは、ABAもCBAもともに、会員は非常に安定していた。1975年も1995年も、回答者の半分強がABAのメンバーだと回答し、60％強がCBAのメンバーだと回答していた。だが、イリノイ州弁護士会（the Illinois State Bar Association）の会員は、最初の調査の時には回答者の65％だったのが、２度目の調査の時には45％に低下していた。調査への回答によれば、弁護士会は、とりわけ特定の専門の利害を増進するために組織されたものが、数も多様性も大幅に増

＊7　この差異は回答者の他の特性では説明できない。人種、性別、年齢、収入、業務環境、ロースクールのカテゴリー、ロースクールでの成績、父親の職業をコントロールしたロジスティック回帰分析では、宗教変数が有意だった（カトリック、Beta = -0.599, p < 0.03；ユダヤ教徒、Beta = -0.883, p < 0.01）。

＊8　χ^2 = 7.06, p < 0.01。

＊9　弁護士が30人から99人の事務所の弁護士では、42％が弁護士会の会合に定期的に参加していた。だが、100人以上の弁護士を要する事務所の弁護士の場合、弁護士会の会合に定期的に参加すると回答したのは27％であった（χ^2 = 4.51, p < 0.05）。

76　第Ⅰ部　弁護士というプロフェッション

加していた。1975年には、回答者が会員だったのは、法分野あるいは技能タイプによる実務領域では、わずか8つの弁護士会しかなかった（たとえば、アメリカ特許法弁護士会（the American Patent Law Association）、生命保険弁護士会（the Association of Life Insurance Counsel）、連邦通信弁護士会（the Federal Communications Bar Association））が、1995年調査では、シカゴの弁護士は、合計で23のそうした組織の会員になっていることを報告した。その中には、社内弁護士、事実審弁護士、知的財産弁護士、移民弁護士、上訴弁護士、高齢者問題弁護士（つまり「高齢者法」を扱う弁護士）、雇用問題弁護士、健康問題弁護士、交通弁護士の組織が含まれている。そして、こうした展開は、弁護士会の機能における専門化が高まっていることと符合している。

　人種、性別、民族、宗教、性的好みによって組織化された弁護士会、具体的にはユダヤ系、カトリック、女性、黒人、黒人女性、ギリシア系、イタリア系、ヒスパニック、アジア系、メキシコ系、ゲイとレズビアンの弁護士会のメンバーは、かなり増加した。1975年には、そのような6つの弁護士会について述べられていたが、1995年には、このようなカテゴリーをもとにした15の弁護士会について、その会員となっていると回答された。このような弁護士会の増加は、間違いなく、かつては疎外されていた社会集団からの弁護士が増加していることの現れである。このように、弁護士の多様性が大きくなったことと業務の専門化が進んだことが、弁護士組織の拡大に繋ったのだと思われる。

　弁護士会が増加しているにもかかわらず、弁護士会の会員だと回答した者が弁護士全体に占める割合はいくぶん低下した。1975年には、弁護士会に所属していないと回答した弁護士は、わずか10％だった。だが、1995年には、その割合は18％と、ほぼ倍増した。3つ以上のプロフェッション団体の会員だという回答は、1975年では回答者の44.4％だった。選択肢が広がったにもかかわらず、2度目の調査では、この割合は37.9％に低下していた。

3．ロースクールの階層化

　ロースクールがすべて、法に関する一般実務という同一の業務に向けて学生を訓練するのであれば、そのことはプロフェッションを統合する傾向となろう。だが、ロースクールは市場の特定部分に向けた訓練に特化し、その結果として卒業生の選択肢を制限するということはあり得る。ロースクールの

カリキュラム選択は、それゆえに、プロフェッションの統合にも分節化にも作用し得る。第1章で用いたロースクールのカテゴリーを用いると、シカゴにある6校のうち、シカゴ大学はエリート・ロースクールであり、ノースウェスタン大学はプレスティージ・スクールに属する。そして、シカゴ＝ケント・ロースクール（現在はイリノイ工科大学に属する）、デポール大学、ジョン・マーシャル（単立ロースクール）、ロヨラ大学は、ローカル・ロースクールに該当する。これらを合わせて6校で、1975市のシカゴ調査の回答者の68％と、1995年サンプルの58％を供給していた。

　ライアン・ホワイト（White, 2002）によれば、入門課程の1年目を過ぎれば、6校のカリキュラムはかなり異なっていた。1995年において、シカゴ大学の開講科目すべてのうち27％が、法史、法理学（哲学）、あるいは比較法（外国の法制度）だった。他のロースクールでは、こうした科目に全開講科目の10％以上を割くところはなかった。これに対して、シカゴ大学では、臨床教育や同様のスキル訓練科目は、開講科目のわずか3％に過ぎなかったが、ローカル・ロースクール4校は、開講科目の11％から17％をこうしたトレーニングに充てていた。ローカル・スクールは、明らかに、専門性や市場のニッチを開発しようともしているようだった。デポールが保健法で、ロヨラが家族法と貧困対策法で、ケントが環境法で、それぞれ、他のロースクールの倍以上の科目を開講していた。ロースクールが、より裕福なロースクールと全面的に競争するに十分なリソースを持っていない場合には、1つの採りうる戦略は、製品の差別化である。すなわち、特定の分野や一連の分野について抜きん出て深く展開し、その専門に強い関心を持つ潜在的学生の関心を引くというものである。要するに、ホワイトによると、ロースクールは、市場で明確に分節化された部分に向けてカリキュラムを企画しているようであった。[*10]

　両方のシカゴ調査から、高いランクのロースクールの卒業生は大規模事務所で業務に就く可能性が高いという、強い証拠が得られている。**表3.1**は、事務所規模の大きさ別と、他の2つの業務環境において、ロースクールの4つのカテゴリーが代表されている程度を示したものである。

＊10　この研究では、ロースクールの出版物に記載されている開講科目を数え上げ、分類した。当該科目の登録者数や、当該科目が特定の年のみ開講されたのかどうかは、考慮に入れていない（White 2002）。

【表 3.1　業務環境別の 4 つのロースクール・カテゴリーの出身者の分布　1975 年と 1995 年（%）】

	1975年								
	事務所規模・類型								
ロースクール	単独	2-9人	10-30人	31-99人	100人以上	社内弁護士	政府機関	合計ᵇ	(N)
エリート	12	17	25	39	51	18	4	20	(138)
プレスティージ	11	12	24	32	21	17	20	17	(118)
リージョナル	11	12	25	14	21	25	21	17	(115)
ローカル	65	59	26	15	7	40	56	46	(313)
合計ᵃ	99	100	100	100	100	100	101	100	
(N)	(141)	(180)	(72)	(59)	(57)	(98)	(77)		(684)

	1995年									
	事務所規模・類型									
ロースクール	単独	2-9人	10-30人	31-99人	100-299人	300人以上	社内弁護士	政府機関	合計ᵇ	(N)
エリート	10	7	16	8	18	30	16	2	14	(88)
プレスティージ	8	7	11	17	22	24	12	9	13	(86)
リージョナル0.	25	21	25	38	33	29	36	22	28	(182)
ローカル	58	66	49	38	26	17	37	67	45	(295)
合計ᵃ	101	101	101	101	99	100	101	100	100	
(N)	(105)	(107)	(76)	(64)	(76)	(89)	(76)	(58)		(651)

ᵃ　丸め誤差のため、いくつかの列は合計100％にならない。
ᵇ　これらのパーセンテージは**図1.1**の値に一致しない。図は全回答者からのデータを示すのに対して、この表は実務弁護士のみを含む。裁判官と法律扶助事務所の弁護士は、ここに含まれない。

　1975年のデータでは、単独事務所の弁護士の65％はローカル・ロースクールに通っていたが、弁護士100人以上の事務所に勤める弁護士のわずか7％しか、ローカル・ロースクールに通った者はいなかった。他方、最大規模の事務所に勤務する弁護士の51％はエリート・ロースクールを出ていたが、単独事務所の弁護士では12％だった。1995年には、この差の極端さはいくぶんおさまっていたものの、なお顕著であった。エリート・ロースクール出身の弁護士の割合は低下した（1975年は20％だったのが、1995年は14％だった）。これは、これらのロースクールが、弁護士界が拡大するほどには大きくならなかったためである。しかしながら、1995年には、最大規模の事務所でのエリート・ロースクール卒業の弁護士の割合は、彼らが弁護士界全体に占める割合より、相変わらず2倍以上高かった。しかし、注目すべきは、大規模事務所におけるローカル・ロースクール出身の割合がかなり増加したことである。おそらく、これは、大規模事務所があまりにも急速に拡大したために、今ま

でよりも広く人材を求める必要があったため、つまり、今まで通りの、より
エリートのロースクール出身の弁護士を十分な数確保できなかったためであ
ろう。1995年には、100人から299人の弁護士を抱える事務所では、実際のと
ころ、エリート・ロースクールやプレスティージ・ロースクールの卒業生よ
りも、ローカル・ロースクールの卒業生を多く雇っていた。だが、ローカ
ル・ロースクールは、大規模事務所では相変わらず過小にしか代表されてお
らず、単独事務所や最小規模の事務所ではかなり過大に代表されていた。2
人から9人の弁護士からなる事務所では、ローカル・ロースクールの占める
割合は、1975年に比べて、1995年の方がいっそう高くなっていた。いずれの
年でも、エリート・ロースクールの卒業生は、政府の仕事ではかなり過小に
代表されており、彼らがこうした業務に占める割合よりも、ローカル・ロー
スクールの卒業生の割合の方がかなり大きかった。社内弁護士の地位では、
両年とも、リージョナル・ロースクールがいくぶん過大に代表されており、
ローカル・ロースクールはいくぶん過小に代表されていた。このように、こ
こでも、弁護士界における成層化は明らかだった。2つのシカゴ調査の20年
ほどの間に、弁護士界の周辺部では変化があったものの、リクルートのヒエ
ラルキーは、きわめて安定していた。

　我々は、また、ロースクールのタイプが弁護士の所得や大規模法律事務所
内でパートナーの地位に到達することに与える影響についても分析した。[11]
パートナーの地位も所得も年齢と相関している（年長の弁護士の方がパートナー
になりやすいし、所得も多い）ため、我々は、これらの分析では年齢をコント
ロールし、ここでは、年齢が平均値のとき、つまり1975年は44.45歳のときの、
1995年では42.68歳のときの、予測確率（the predicted probabilities）について
報告する。分析にあたっては、ロースクールのカテゴリーを2分し、エリー
ト・ロースクールおよびプレスティージ・ロースクールの卒業生と、リー
ジョナル・ロースクールおよびローカル・ロースクールの卒業生を比較した。

　この2つの大きなグループの卒業生では、大規模法律事務所でパートナー
になる割合が異なっていることがわかった。[12]1975年データでは、44歳の回
答者が30人以上の弁護士を要する事務所でパートナーになっている予測確率

---

　*11　これらの分析では、ロジスティック回帰方程式を用いた。多くの変数をコントロールした
　　　上での、所得についての追加的な分析は、第7章で示す
　*12　差異は両年ともに0.001水準で有意だった。

80　第Ⅰ部　弁護士というプロフェッション

は、全体で8%だった。だが、エリート・ロースクールとプレスティージ・スクールの卒業生については、この確率は17%だった。一方、リージョナル・ロースクールとローカル・ロースクールの卒業生については、わずか2%だった。1995年調査では、パートナーになる全体的確率はいくぶん高くなっており、100人以上の弁護士を要する事務所でパートナーになっている[*13]確率は、平均年齢のランダム・サンプル全体で11%だった。しかし、2つのグループの間の差異は、非常に強いままであった。エリート・ロースクールとプレスティージ・ロースクールの卒業生の場合については、パートナーの確率は21%であったが、リージョナル・ロースクールとローカル・ロースクールについては、わずか8%であった。リージョナル・ロースクールとローカル・ロースクールの卒業生が平均年齢に達したときに大規模事務所のパートナーになっている予測確率は、1975年から1995年の間にかなり上がったものの、これらのロースクールの卒業生とエリート・ロースクールやプレスティージ・ロースクールの卒業生とのギャップは、相変わらず大きかった。

　所得の分析については、我々は、2つのグループのロースクールの卒業生が、サンプル全体の所得分布の第1四分位にあたる所得を得る確率を計算した。その結果、所得とロースクール・カテゴリーの関係は、2つの調査のいずれでも有意であった。[*14]だが、それは、ロースクールとパートナーの地位の関係ほどには、強くなかった。エリート・ロースクールやプレスティージ・ロースクールの卒業生が1975年に平均年齢（44歳）に到達するまでに、彼らの所得が第1四分位に入っている可能性は41%だった。他方、リージョナル・ロースクールやローカル・スクールの卒業生の場合には、それは31%だった。1995年のサンプルでは、ロースクールのカテゴリーによる違いは、さらに大きなものだった。1995年には、エリート・ロースクールやプレスティージ・ロースクールの卒業生が平均年齢の時に第1四分位に入る予測確率は34%だったが、リージョナル・ロースクールやローカル・ロースクールの卒業生の場合には、わずか20%にすぎなかった。このように、ロースクールのカテゴリーによる格差は、1975年の10%から1995年の15%に拡大した。

　2つのグループのロースクールの間の違いが入学者の内在的な能力による

＊13　大規模事務所の基準が1975年には30人以上だったのが、1995年には100人以上に上がったことに注意されたい。

＊14　2分したロースクールのカテゴリー間の差異は、1975年には0.01レベルで、1995年には0.001レベルで、それぞれ有意だった。

第3章　統合と分裂　**81**

ものなのか、ロースクール自体による証明効果や確認効果によるものなのか、ロースクールが提供する訓練の質によるものなのか、社会的有利さが系統的に異なる学生が異なるロースクールへ導かれることによるものなのかは、わからない。実際、こうした要素のそれぞれがある程度働き、それらが合わさってヒエラルキー的な効果を生み出すことになるのかもしれない。パートナーの地位や所得の違いが、卒業生に開かれている機会の不平等を反映したものであるならば、不平等がなくなったのではなく、実際のところ増加したのだと思われる。

４．民族宗教的な差異

　1975年の調査では、様々の分野で活動する弁護士の社会的特性に驚くような（実際のところ、我々は衝撃的だと考えるのだが）分化がみられ、しかもその分化は、一貫した階層のなかで組織化されていた。たとえば1975年には、ユダヤ系の回答者は、４分の１以上の時間を証券関係業務に費やしていると回答した者のわずか14％を占めるだけだったが、４分の１以上の時間を離婚関係業務に費やしていると回答した者の56％を占めていた。他方、証券関係の弁護士の36％は、監督派教会、長老派教会、あるいは組合派教会であったが、これらの宗派の者は、個人被害の原告弁護士の２％にすぎず、離婚弁護士にいたっては１人もいなかった（この３つのプロテスタントの宗派は、タイプＩプロテスタントといい、より古い移民の家系の出で、社会的地位の高い者が多い傾向がある。Pope 1948; Demerath 1965）。同様に、カトリックは、同じサンプルの中で検察官の53％を占めていたが、証券関係の弁護士ではわずか8％しか占めていなかった。**図3.1**は、1975年と1995年における、６つの選択された法分野で実務を行っている弁護士の民族宗教的な背景に関するデータを提示している。1975年には、ユダヤ系の占める割合の低い分野で、タイプＩプロテスタントの占める割合が高かった。しかし例外がなかったわけではない。銀行業務に携わる弁護士では、1975年当時、タイプＩプロテスタントが過大に代表されていたが、ユダヤ系は、弁護士界全体に占める割合と同じ割合で存在していた。1975年には、カトリックが、訴訟分野（刑事訴追および個人被害の両当事者側）ではかなり過大に代表されていたが、証券や銀行業務では過小にしか代表されていなかった。1995年には、このパターンは全体としてはよく似ていたものの、極端さは小さくなった。証券や銀行業務でタイプＩプロ

【図 3.1 選択された分野での民族宗教的分化 1975 年と 1995 年（％）】

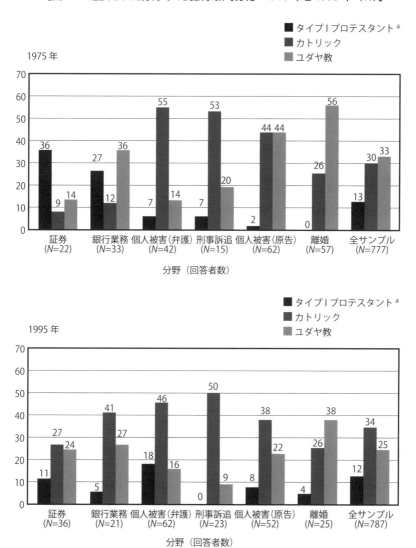

注：各分野に自分の時間の 25％以上を投じた回答者の属性。
[a] 監督派教会、長老派教会、会衆派教会。

第 3 章 統合と分裂

テスタントが過大に代表されているという状態は、1995年には完全になくなった。しかし、カトリックは相変わらず、訴訟、とりわけ刑事訴追と個人被害の被告側では、過大に代表されていた。またユダヤ系は、離婚関係業務で、なおも過大に代表されていたが、1975年のとき程には強くなくなっていた。証券や銀行業務、人身侵害の原告側業務では、1995年には、ユダヤ系は弁護士界に占める割合と同じ程度に代表されていた。それゆえ、これらの分野での民族宗教的な差異は縮小していたが、まだかなりの分化が残っていた。

　特定の業務分野に見られる民族宗教的な差異は、シカゴ地域にある各ロースクールが弁護士を各分野にどの程度送り込むかということの違いと、ロースクールのそれぞれに在籍する学生の民族宗教的な特性とが組み合わされていることに帰することができる。シカゴの６校の卒業生の民族宗教的な分布を検討すると、顕著な違いがいくつか見られる。1975年のサンプルでは、シカゴ大学の卒業生のうち46％がユダヤ系で、アイルランド系はわずか３％しかいなかった。ロヨラの卒業生はこれとは逆のパターンで、12％がユダヤ系で、35％がアイルランド系だった。1995年には、これらのロースクールに見られるこうしたパターンは同様ではあったが、それほど極端ではなくなっていた。**図3.2**は、６校の卒業生におけるユダヤ系あるいはアイルランド系の回答者の割合を示している。ユダヤ系の回答者が、両年とも上位にランクされる２校で過大に代表されていた。さらに1975年には、ローカル・ロースクール２校（デポールとケント）でも過大に代表されていたが、1995年には、ローカル・スクールで過大に代表されているのは１校（ケント）だけになっていたことに留意されたい。しかしながら、アイルランド系の卒業生は、1995年にはシカゴでもノースウェスタンでも過小に代表されていた一方、ローカル・スクール４校のうち３校では過大に代表されていた。[*15] このように、一見する限りでは、ユダヤ系はより威信の高い教育機関へのアクセスを確保していたのに対して、アイルランド系はそうではなかった。[*16]

---

*15　しかしながら、アイルランド系の回答者は、1975年のノースウェスタン・ロースクールの同窓生の中では過小に代表されているわけではなかった。ジョン・マーシャルでは、アイルランド系は1975年時にはかなり過小に代表されていたが、1995年には過大に代表されていた。一方、ユダヤ系の回答者は、弁護士界全体の割合とほぼ同じだったのが、1995年調査のサンプルでは、かなり過小に代表される状態に変化した。

*16　しかしながら、シカゴの弁護士界におけるアイルランド系の弁護士の割合はいくぶん増加したに対して、ユダヤ系の割合は減少したことに留意されたい（図3.2の合計を参照）。だが、これは第１章で記したように、弁護士界の全体規模が拡大したためにであって、ユダヤ系弁

【図 3.2　シカゴの 6 つのロースクールにおけるユダヤ系回答者と
アイルランド系回答者 1975 年と 1995 年（%）】

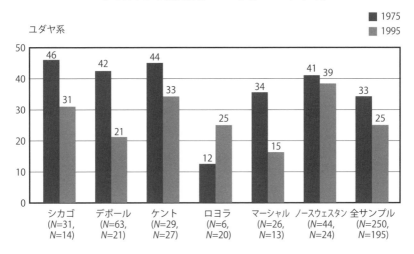

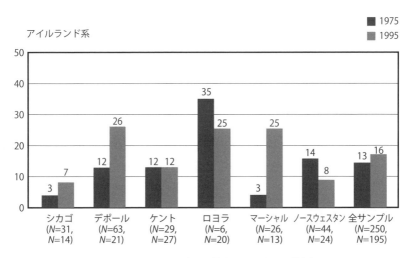

第 3 章　統合と分裂

5．人種、ジェンダー、および家庭的背景

　我々は、ロースクールの全カテゴリーの卒業生の、人種、ジェンダー、民族宗教的特性も分析した。1975年サンプルでは、女性で人種的マイノリティの弁護士の数は少なかったが、そのパターンは、関心をいだくに十分なほど明らかである。

　1975年のランダム・サンプルにあった28人の白人女性弁護士は、その他の社会集団と較べて、エリート・ロースクールの卒業生の割合がかなり高く（32％）、ローカル・ロースクールの卒業生の割合が最も低かった（39％）。マイノリティ（アフリカ系の20人とアジア系1人）は、これとは逆のパターンで、エリート・ロースクールの卒業生の割合はもっとも低く（14％）、ローカル・ロースクールの卒業生の割合がもっとも高かった（62％）。ユダヤ系男性弁護士に占めるエリート・ロースクールあるいはプレスティージ・ロースクール卒業生の割合は、その他の白人男性と類似していた。だが、ローカル・ロースクールの卒業生の割合では、ユダヤ系は高かった（44％に対して50％だった）。

　人種および民族的マイノリティ集団の回答者をさらに得るために、1995年のランダム・サンプルでは、アフリカ系とヒスパニックについて、それぞれオーバーサンプルで補った。ヒスパニックのオーバーサンプルは、スペイン系の姓で特定し、そのリストからランダムにサンプリングした[17]。だが、シカゴには、アフリカ系弁護士を包括的にカバーするリストがなかったため、スノーボール・サンプリング手法に修正を加えてオーバーサンプルを選定した。すなわち、ランダム・サンプルでアフリカ系アメリカ人の弁護士に面接調査を実施した際に、いくつかの業務環境について他のアフリカ系アメリカ

　　護士の絶対数が減少したのではない。
＊17　ヒスパニック系の姓は、アメリカ国勢調査による。CD-ROM版の1995-96年『マーティンデイル＝ハブル弁護士名鑑』（*Martindale-Hubbell Law Directory*）で該当する姓を検索した。そして作成したリストからサンプルをランダムに抽出し、85人の弁護士に手紙を送付した。そのうち、20人の回答者からヒスパニック系ではないという回答（その他の民族にも同様の姓があるため）があったほか、2人はシカゴにはいなかった。このため総計で63人がヒスパニック系のオーバーサンプルとして残った。63人のうち38人に面接調査を実施したため、オーバーサンプルの回答率は60.3％になった。

人弁護士を紹介するよう依頼した。[*18] 名前の挙がった者のリストは、業務環境毎にサンプルされ、その結果として、層化されたサンプルになった。他のほとんどのスノーボール・サンプルと同じく、この手法はおそらく、地位がより高い者を含む方向にバイアスがかかる。他のアフリカ系弁護士を紹介してくれるよう求められた回答者は、目立つ者や著名な者を挙げる傾向があるからである。ここで報告する分析のいくつかでは、マイノリティについての2つのオーバーサンプルをランダム・サンプルと合併させた。その結果、合計で73人のアフリカ系と41人のヒスパニックのサンプルになった。だが、バイアスの存在については認識しておきたい。1995年のシカゴの弁護士界では女性弁護士が増えたので、いくつかの分析においては、ユダヤ系と「その他の白人」の両方において、男性と女性を見分けることもできる。[*19]

　1995年調査で得られた知見の最大の変化は、ロースクールの全カテゴリーを通じての女性の分布だった。1975年には、女性はエリート・ロースクール卒業生の割合がもっとも高く、ローカル・ロースクール卒業生の割合がもっとも低かった。だが、1995年には、このことは、ユダヤ系女性にしか当てはまらなかった。その他の白人女性については、1995年のエリート・ロースクール卒業生の割合は低く（7％）、ローカル・ロースクールの卒業生の割合が高かった（53％）。ここで、このような変化が生じ得た過程について考察しておくことが有益かもしれない。第1に、かなりの数の女性が法律プロフェッションに参入したため、自己選択効果が減少した可能性がある。つまり極めてわずかの女性が弁護士になっていたときは、おそらくずば抜けて優

---

　*18　面接調査を実施したアフリカ系アメリカ人のサンプルに対して、大規模事務所、小規模事務所、単独事務所、政府系機関に所属する他のアフリカ系アメリカ人弁護士の氏名を挙げてくれるよう依頼した。こうして、以上の4つのカテゴリーに属する220人の弁護士のリストを作成した。このうち、57人については、すでに面接調査を実施していたり、シカゴ以外に住んでいたり、『マーティンデイル＝ハブル弁護士名鑑』や『サリヴァン弁護士名鑑』（Sullivan's Law Directory）に氏名が見あたらなかったりしたため、対象から除外した。残りの163人から、ランダム・サンプルのなかの各業務環境のアフリカ系アメリカ人弁護士の割合の比率に応じて、4つの業務環境カテゴリーからランダム・サンプルを抽出した。大規模事務所が21％、小規模事務所あるいは単独事務所が24％、社内弁護士事務所が14％、政府機関が41％であった。面接調査を依頼する手紙は56人の弁護士に送った。1人が死去しており、55人が対象となった。36人への面接調査が行われ、このオーバーサンプルに対して65.5％の回答率を得た。

　*19　「白人」のカテゴリーは、ここでは「ヒスパニック以外の白人」を指す。ユダヤ系のカテゴリーに属する回答者は、男女とも、ここでは白人にあたる。なおヒスパニック系ユダヤ人2人はヒスパニック系のカテゴリーに含めている。

秀な女性だけが応募することを選んでいた。だが、その数が増えるにつれて、女性の経歴が男性と似たものになったのだ。第2に、1970年代と1980年代に弁護士になった女性のかなりの数は、それまで以上に多様な家庭的背景、おそらくはかつてほどには特権的な層ではない層からやって来たのかもしれない。あるいは、かつては、ローカル・ロースクールやリージョナル・ロースクールは、エリート・ロースクールやプレスティージ・ロースクールほどには女性を入学させたがらなかったのかもしれない。あるいは、もし1995年サンプルで女性のより多くがロースクール入学前に結婚しているのであれば、彼女たちの地理的な移動や、それゆえにスクールの選択が、夫の雇用状況によって制限されていたのかもしれない。また、1975年当時は、女性に対して強い差別があったため、仕事の見通しを良くするためには、エリート・ロースクールという経歴が不可欠だと彼女たちが強く感じたためということもあり得よう。残念ながら、1975年サンプルでは女性の数が少なかったために、こうしたさまざまの仮説を確信をもって検証することはできなかった。

　ユダヤ系男性とその他の白人男性が通ったロースクールのタイプについては、1995年では大きな差異はなかった。たとえば、それぞれ44％と45％がローカル・ロースクールを卒業していた。だが、統合サンプル（つまりオーバーサンプルを含む）のアフリカ系の回答者73人のうち、相対的に少数（11％）しかエリート・ロースクールには通っておらず、多く（41％）はリージョナル・ロースクールの出身であった。リージョナル・ロースクールの多くは公立大学であったが、これに対して、その他のカテゴリーのロースクールは私立大学であり、資力の限られた家庭出身の学生にとっては、手が届きにくかったのかもしれない（**図3.3**を参照）。アフリカ系のオーバーサンプルは著名な弁護士を多く含む方向でバイアスがかかっているため、エリート・ロースクールの卒業生が少しの割合しかいなかったとはいっても、こうした知見は、シカゴの弁護士界で黒人弁護士が通ったロースクールの威信を過大評価する傾向がある。[20] ヒスパニックの弁護士には、ローカル・ロースクールの卒業の

＊20　サンプルが1995年にシカゴに居住していた弁護士から構成されていることに留意されたい。つまり、シカゴでロースクールに通った後に、あるいはある時期にシカゴで業務を行った後に他の場所に移った者は含んでいない。よりプレスティージの高いロースクールの卒業生は、あまり高く評価されていないロースクールの卒業生と比べて、他の場所に移る可能性がはるかに高いため、エリート・ロースクールの卒業生は、かなりの数がニューヨークやワシントン、ロサンジェルスへと移っているかもしれないが、ローカル・ロースクールやリージョナル・ロースクールの卒業生はそのままである。このことは、弁護士の人種にかかわら

【図 3.3　社会的集団毎の父親の職業　1975 年と 1995 年（%）】

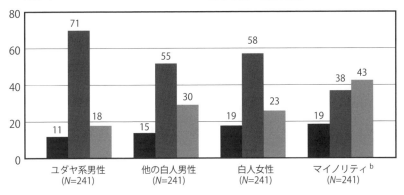

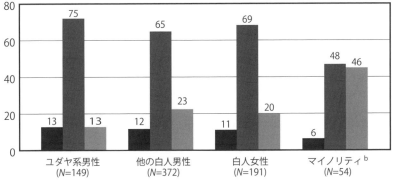

a　1975: $\chi^2=20.68, p<.01$; 1995: $\chi^2=26.71, p<.001$
b　1975 年：アフリカ系アメリカ人が 20 人、アジア系アメリカ人が 1 人
　1995 年：アフリカ系アメリカ人が 39 人、ヒスパニック／ラテン系が 15 人。

割合が非常に高い（59%）。これは、自宅で生活していて、仕事を持ちながら夜間にスクールに通うというのが、恵まれない立場にあるマイノリティにとって1つの選択肢であったことを示している。

出自の社会経済的な地位は、教育機会に重要な影響がある。たとえば1995年には、エリート・ロースクールに通っていた弁護士の78%は、父親がプロフェッショナル、技術、あるいは管理的な仕事についている家庭の出身であった。一方、ローカル・ロースクールの卒業生の場合には、その割合は20ポイントも低かった。さらに、家庭的背景は、明らかに弁護士のその他の社会的特性に関係している。**図3.3**は、1975年と1995年のランダム・サンプルにおける父親の職業と4つの社会的集団の関係をまとめている。マイノリティ・グループの弁護士は、両年ともに、父親は、社会経済的地位が低い職業で雇われている傾向があった。だが、1975年には、女性もマイノリティも、父親が弁護士であった割合はもっとも高く、それぞれ19%だった。プロフェッションへの参入障壁が女性にとってもマイノリティにとってもとりわけ高かったため、父親が弁護士だった者はアクセスやモチベーションの点で相対的に有利な立場を享受したかもしれない。だが1995年には、障壁は以前よりも低くなったため、職業の継承もさほど目立たなくなったようにみえる。また、ユダヤ系男性の場合には、父親がプロフェッショナル、技術、あるいは管理的な職業で雇われていた割合がもっとも高かったことも留意しなければならない。つまり、1975年において（父親が弁護士の場合を含めると）82%あり、1995年でも相変わらず高い割合（87%）だった。さらに、ユダヤ系女性は、シカゴ弁護士界の他の女白人女性と較べて、（父親の職業で測定する限り）社会経済的地位が高い家庭の出身である傾向が極めて高かった。図で用いた白人女性カテゴリーにおいて民族宗教グループを分けるならば、1995年サンプルではユダヤ系女性の91%が、そうした高い地位の職業に就いていた父親をもっていた（1975年サンプルでは、女性が少なすぎて、こうした分析をすることができなかった）。だが、ここで観察される最も重要なことは、アフリカ系ア

ず成り立ちうる。だが、プレスティージ・ロースクール卒業生の中には、他の地域からシカゴに移ってくる者もいる。プレスティージ・ロースクール卒業のマイノリティが、同じロースクールを出た白人と比べてシカゴ市を離れる可能性が高いのか低いのかは明らかでない。ハイスクールの時の居住地に関する質問への回答では、アフリカ系アメリカ人の回答者の64%がシカゴの大都市圏（metropolitan area）に居住していたと回答した。これに対応する割合は、白人男性の59%、白人女性の51%、ヒスパニックの73%だった。

メリカ人（あるいは1995年ではヒスパニック系も）の弁護士は、他の弁護士と較べると、報酬が少なく、さほど学歴を必要としない職業に就いている父親を持っている可能性がはるかに高かったことである。

　父親の職業と通ったロースクールのタイプとの相関、そして、ロースクールとその後の業務環境、所得、パートナーになる可能性との関係を前提とすれば、社会的背景と法律プロフェッション内でのキャリア機会のヒエラルキーには強い関係があると予想すべきであろう。実際に、それは存在している。我々は、1975年と1995年の双方について、大規模事務所でパートナーになる可能性と第１四分位の所得を得る予測確率について分析した。[21] 1975年には、タイプⅠプロテスタントの白人男性の回答者が、平均年齢（44歳）になるまでに30人以上の弁護士を擁する事務所でパートナーになる予測確率は14％だった。これに対し、その他のキリスト宗派（タイプⅡプロテスタント、つまりタイプⅠ以外のプロテスタントと、カトリック）の白人男性については、この可能性はわずかに9％だった。白人女性については4％、ユダヤ系男性は3％、アフリカ系アメリカ人については1％未満だった。それゆえ、1975年には、人種、宗教、性別は、大規模事務所でパートナーになれる可能性の差異に関係していたようにみえる。だが、サンプルにある女性とマイノリティについては数が少なかったため、ユダヤ系男性に関する知見のみが、タイプⅠプロテスタントの白人男性と有意に異なる結果となった。[22] 1995年のランダム・サンプルでは、パートナーになる可能性は高くなったものの、パターンはほぼ同じで、その差異は統計的に有意であった。タイプⅠプロテスタントの白人男性が（1995年調査の平均だった）43歳までに100人以上の弁護士を擁する事務所でパートナーになる予測確率は26％だった。それ以外のキリスト教徒の男性については、この可能性は半分の13％に低下した。ユダヤ系男性については11％、白人女性についてはわずか6％、アフリカ系アメリカ人については3％だった。[23] マイノリティのオーバーサンプルを含めると、ヒスパ

＊21　ここでも、これらの分析には、ロジスティック回帰方程式を用いた。必要な情報（人種、宗教、性別あるいは年齢）が欠けている回答者については、欠測の情報がグループ分けに必要でない場合（たとえば白人女性は宗教を特定する必要がない）以外は、分析から除外した。1975年のサンプルでは15人が除外され、1995年のランダム・サンプルでは、５人が除外された。その結果、合計で1975年調査では759人が、1995年調査では778人が、それぞれ残った。

＊22　後者が参照カテゴリー（reference category）である。

＊23　白人女性の差異は $p < 0.001$ で有意である。「その他のキリスト教徒男性」および「ユダ

ニックについて統計的に有意な知見を引き出せるだけの回答者を確保できた
が、パートーになる可能性は、アフリカ系アメリカ人の場合と同じだった。

　我々は第１四分位の所得を得る可能性についても同様の分析を行った。
1975年には、平均年齢の時に、タイプⅠプロテスタントの男性の場合で、そ
の確率は37％だった。これは、その他の白人男性と実質的に同じであった。
その他のキリスト教徒やユダヤ系の男性の確率は35％だった。だが、白人女
性やアフリカ系アメリカ人については、この割合はそれぞれ9％と20％だっ
た。1975年には、アフリカ系アメリカ人のサンプルが少なかったため、彼ら
の所得の差は統計的に有意ではなかった。だが、女性が第１四分位の所得を
得る可能性があまりにも低かったため、サンプル中の女性の数が少ないにも
かかわらず、その差は通常統計的に有意とされるレベル（$p < 0.05$）になった。
1995年のパターンもよく似たものであったが、女性やアフリカ系アメリカ人
が第１四分位の所得を得る可能性は、プロフェッションに属する者の数が増
大にするにつれて、さらに低下した。タイプⅠプロテスタントの白人男性が
43歳までに第１四分位の所得に達する予測確率は44％であり、ユダヤ系男性
の可能性は11ポイント低く33％だったにもかかわらず、有意に異なってはい
なかった。タイプⅠプロテスタント以外のキリスト教徒の男性の割合は数
パーセント低く30％だったが、通常用いられる有意性の基準から引き出され
る一線を越えるのに十分な差異であった[24]。だが、女性やアフリカ系アメリ
カ人の予測確率は1975年時よりさらに低く、それぞれ7％と5％だった（とも
に $p < 0.001$）。ランダム・サンプル中のヒスパニックの回答者は、所得が第
１四分位に入る可能性は15％で、白人男性よりもはるかに低かったが、女性
やアフリカ系アメリカ人よりはいくぶん高かった[25]。

　まとめるならば、通ったロースクールのタイプは、様々な規模の法律事務
所による弁護士のリクルートや大規模事務所でパートナーになる見込み、あ
るいはプロフェッション内で第１四分位にランクされる所得を得る可能性に
対して、強力な影響を及ぼしているようである。そして、そのロースクール

　　ヤ教徒男性」に対する差異は $p < 0.01$ で有意であり、アフリカ系アメリカ人に対しては $p < 0.05$ で有意である。

＊24　つまり0.05水準である。

＊25　これらの可能性はいずれも、マイノリティのオーバーサンプルを含んだモデルにおける可
　　能性と近似していた。例外は、アフリカ系アメリカ人の確率で、5％から8％に上昇した。こ
　　れは、おそらく、オーバーサンプルが、より目立つ、あるいは著名な弁護士を含む傾向があっ
　　たためであろう。

92　第Ⅰ部　弁護士というプロフェッション

経歴は、弁護士個人の特性と関連していた。1975年のサンプルでは、女性（少数で、高度に自己選択されていた）は、エリート・ロースクールに行く傾向が不釣り合いに高かった。だが、1995年では、多くの女性はまったく異なるロースクール経歴だった。エリート・ロースクール卒業生の割合は低く、ローカル・ロースクール出身の割合が高かった。このように、プロフェッションに参入する女性の数が増加するにつれて、彼女たちの受けた教育環境や、その結果としてのプロフェッションのヒエラルキーの中での地位は低下した。だが、ユダヤ系の女性は例外であった。彼女たちはエリートの経歴を持ち続けた。アフリカ系アメリカ人であれラテン系であれ、マイノリティは、1975年も1995年もエリート・ロースクールの卒業生の割合が低く、ローカル・ロースクールやリージョナル・ロースクールの卒業生の割合が高かった。家庭環境がロースクールの選択に影響したように思われ、父親が高い威信の地位にあった弁護士はプレスティージ・ロースクールに行く傾向が強かった。そして、この要因もマイノリティにとっての不利な点であり、白人の男性・女性にとっては相対的に有利な点として作用していた。

だが、大規模法律事務所でパートナーになる確率について分析したところ、この成層システムがより洗練されたものになっていることが分かった。古い移民集団であるプロテスタント宗派（タイプⅠプロテスタント）の男性は、1975年と1995年の両方で、大規模事務所でパートナーになる確率がユダヤ系よりも有意に高かった。そして、1995年には、その他の社会集団のどれよりも、つまりその他のキリスト教徒男性、白人女性、アフリカ系、あるいはヒスパニックのどれよりも確率が高かった。所得については、高い地位にあるプロテスタントの男性が成功を収める確率がもっとも高かった。とはいえ、所得が第1四分位になる確率については、1975年では、他のキリスト教徒男性やユダヤ系男性とは有意な差がなかった。だが1995年には、所得格差は大きくなった。つまり、タイプⅠプロテスタントの男性は、他のキリスト教徒男性よりも第1四分位の所得を得る確率が有意に高く、白人女性、アフリカ系アメリカ人、あるいはヒスパニックよりはるかに高い確率だった。このように、より広い社会における主要なカテゴリー（人種、宗教、ジェンダー、民族、社会経済的背景）を反映する社会成層が、シカゴの弁護士界でのキャリア機会に有意に関係していた。そしてこの機会構造は、1975年から1995年へと持続していた。

6．業務環境

　より威信の高い法律業務や影響力のある依頼者のための業務が特定の業務環境に集中する傾向があり、他方でよりルーティンな業務や相対的に力のない依頼者のための業務が他の環境と関係しているのであれば、業務タイプ間の地位（そして、おそらく、権力）の差異は、組織的あるいは制度的な障壁によって強められることになろう。（たとえば企業合併に関する業務のような）特徴的なタイプの法律業務に就く可能性がある弁護士になるには、しばしば特定の種類の組織（たとえば大規模法律事務所）に所属することが必要であり、それゆえにそのような組織の雇用決定が、同一種類の業務へのアクセスをコントロールする傾向が高い。組織が、そのような法分野への参入にとってゲートキーパーになっている。組織の経営者が特定の民族、人種、性別、社会階級、出身ロースクール、あるいは政治的立場をもつ同僚や従業員を好めば、彼らの選好が当該分野の実務家の特性に反映することになろう。

　表3.2は、いくつかの分野（第2章の**表3.1**を参照）のそれぞれに費やされる時間に関する1995年のデータを用いて、各業務が行われている組織の各カテゴリーに、エフォートを割り当てている。これは、それぞれの法分野が、異なる環境においてどの程度行われているかを示している。企業分野の業務は、大規模法律事務所や依頼者の組織の中で雇われている弁護士の事務所に集中する傾向がある。公益企業に関する業務は、41％が300人以上の弁護士を抱える事務所でなされていた。銀行法関連業務のうち44％は銀行の法務部門でなされ、自治体関係業務全体の半分以上は100人から299人の弁護士を擁する事務所で行われていた。だが、特許業務は中程度の規模の事務所に集中しており、原告のための反トラスト業務もそこで扱われる傾向があった。これとは対照的に、個人依頼者の業務は、表の左側のクラスター、つまり単独事務所の弁護士や小規模事務所で行われる傾向が強かったことに留意されたい。この2つの環境は、たとえば離婚業務の80％と個人不動産業務の72％を占める。個人税務業務の15％、刑事弁護の10％、市民的権利に関する業務の18％といった例外はあるものの、100人以上の弁護士を抱える事務所で個人依頼者に関する業務が行われることは、ほとんどなかった。

　だが、こうした状況を過大視すべきではない。これらの業務環境のいずれも、刑事訴追以外の法律業務の分野では本当の独占は見られないようだった。

【表3.2　業務環境別の各分野の業務の分布　1995年（%）】

					事務所規模・類型			
	単独	2-9人	10-30人	31-99人	100-299人	300人以上	社内弁護士	政府機関
大企業								
反トラスト（弁護）	－	－	15	28	20	15	18	－
企業関係訴訟	－	15	17	13	17	21	－	－
企業関係不動産	25	－	－	10	13	16	19	－
企業関係税務	－	19	－	－	－	29	19	14
労働法（経営側）	－	－	28	11	－	14	14	16
証券	－	－	－	－	26	26	26	
規制関係								
労働法（組合側）	17	13	16	11	12	－	11	15
特許	－	－	27	43	18	－	－	－
公益企業・行政法	－	－	15	－	－	41	11	16
環境法（原告）	10	－	15	13	20	18	19	－
環境法（被告）	20	－	－	－	－	20	－	34
一般会社法務								
反トラスト（原告）	21	－	－	40	－	17	－	－
銀行業務	－	－	10	－	－	19	44	－
商事法（消費者法を含む）	－	25	－	－	15	25	14	－
一般会社法	12	15	10	－	17	14	28	－
個人被害（被告）	－	11	21	21	11	13	10	－
政府関係								
刑事法（訴追）	－	－	－	－	－	－	－	90
地方政府	－	－	－	10	52	23	－	
個人ビジネス								
一般訴訟	32	27	11	12	－	－	－	－
個人関係不動産	54	18	－	－	－	－	10	－
個人関係税務	19	19	－	20	－	15	13	－
遺言検認	23	23	－	－	－	－	13	
個人の苦境								
民事訴訟	22	－	－	10	18	－	－	20
刑事法（弁護）	36	12	－	－	－	10	－	35
離婚	49	31	－	－	－	－	－	－
家族法	21	31	－	－	－	－	－	23
個人被害（原告）	30	50	13	－	－	－	－	－

注：当該分野の仕事の10%未満しか行っていない業務環境は－で示す。

公益企業や銀行関係法のような分野ですら、それぞれ15％と10％の業務が、10人から30人しか弁護士がいない事務所で行われていた。1975年のデータは、より多くの企業関係業務が2人から9人の弁護士がいる事務所でなされていたという例外があるものの、よく似たものであった。2つの調査が行われた

第3章　統合と分裂　**95**

20年の間に、企業関係の業務分野は、大規模事務所に一層集中するように
なった。

　1995年調査では、かつてその他の分野で業務を行ったことがあるかどうか
を回答者に尋ね、その経験があった場合には、その分野を示すよう求めた。
訴訟業務から事務所業務に移ったり、ビジネス分野から個人を相手にする分
野へと移ったりした弁護士は、税務、訴訟、不動産関係業務の下位専門分野
が交わる部分を除いては（第2章参照）、比較的に少数しかいなかった。銀行
法関係に業務の25%以上を割いていた弁護士のうち、43%は商法分野の業務
も行ったことがあり、3分の1は企業関連関連不動産業務を行ったことがあ
り、さらに3分の1は一般的企業関連業務（専門性の低い企業法務）に従事し
たことがあった。商法に従事している弁護士のうち、4分の1は一般的企業
関連業務の経験があり、おおよそ3分の1は企業関連訴訟の経験があった。
そして4分の1は、一般的家族法業務に従事したことがあった。証券関係業
務を行っている弁護士のうち、3分の1は一般的企業関連業務の経験があっ
たが、それ以外の経験のある者は極めて少数だった。これに対して、刑事弁
護、離婚業務、あるいは一般的民事訴訟を行っている弁護士は、様々の分野
で業務を行った経験のある傾向があった。刑事弁護を行っている弁護士の多
くは、民事訴訟も行った経験があったり、検察官の前職があったり、あるい
は離婚業務、原告側の個人被害業務、個人不動産業務、一般的な家族法業務を
扱ったりした経験があった。現在離婚事件を扱っている弁護士は、刑事弁護
分野の弁護士が以前扱った業務分野だけではなく、労働法や企業関連不動産
を含むより広い分野で、かつて業務を行った経験があった。一般的民事訴訟
を扱っている弁護士は、しばしば、企業関連訴訟、刑事弁護、刑事訴追、離
婚、および両当事者側の個人被害を含む、他の訴訟領域での経験があった。
技能タイプによる専門化も依頼者のタイプによる専門化も、ともに、弁護士
のキャリア過程を通して維持される傾向があった。それゆえ、境界を跨いで
の人材移動がわずかしかないということは、コミュニケーション、共通の価
値観、あるいは弁護士の役割をめぐる共通の理解への基礎を提供しうる業務
経験が、こうした亀裂に簡単に架橋するものではないということを意味して
いる。

7．構造と機会

　弁護士が社会的な出自や同じの経験を共有していたり、同じ依頼者にサービスを提供していたり、同じ法原理を扱っていたり、特定の技能を共有していたり、紹介のネットワークに参加していたり、弁護士会を通して共通の目標を追求していたりしているのであれば、業務のさまざまの領域で活動している弁護士は互いに親しくなるかもしれない。だが、すでに見てきたように、こうしたことが起こりうる範囲は小さくなってしまったかもしれない。弁護士の業務は専門化の傾向を見せており、ますます専門化してきた（第2章**図2.4**参照）。弁護士は特定のタイプの依頼者と分野に特化している。彼らが執務している組織が、典型的には、限られた範囲の依頼者にしかサービスを提供していないからである。業務をこのように制限してしまうのは、通常、弁護士としてのキャリアの初期、しばしば最初に弁護士の職に就いたときに起こる。後の章で、さまざまのタイプの業務の威信（第4章）、弁護士のキャリア・パスと彼らの社会特性との関係（第6章）、さまざまの業務分野で得られる所得のレベル（第7章）、さまざまの領域における弁護士の業務による満足感（第11章）、異なるタイプの業務を行う弁護士の社会的・政治的価値（第8章）について、詳細に検討する。

　だが、すでに提示した知見は、プロフェッションの自律性、プロフェッションとしての統合、そして社会成層という、第1章で紹介した3つの主要なテーマについて、すでに光を当て始めている。シカゴの弁護士が、自分がサービスを提供したり、しなかったりする依頼者のタイプを選ぶことができるかどうかは、彼らが特定の業務環境にアクセスすることによって厳しく制限されている。証券法上の問題が生じる企業は、そのような業務を大規模事務所あるいは自分の社内弁護士に回している。逆に、個人被害事件の原告は、通常、大規模法律事務所では歓迎されないので、そのような業務は、単独開業弁護士あるいは小規模事務所がほとんど排他的に行っている。たいていの場合、弁護士は、自らの依頼者を選んではいない。彼らが選んでいるとすれば、それは自分たちの業務環境である。

　プロフェッションの統合については、弁護士会の努力によっては、たいして進展していない。むしろ、弁護士会は、弁護士界内の利益集団が権力を目指して競いあう、もうひとつの競技場となっているようにみえる。1975年と

第3章　統合と分裂　**97**

1995年の両年とも、調査回答者の半数以上がアメリカ法曹協会に所属しており、5分の3がシカゴ弁護士会に所属していた。だが、単独事務所の弁護士や政府関係業務に就いている弁護士ではなく、プロフェッションのエリートの方が、これらのメンバーになっている傾向がはるかに強かった。業務の専門分化が進展するにつれて、専門分野に特化したより多くの弁護士会が誕生した。だが、それにもかかわらず、いずれの弁護士会にも所属していないという回答者の割合は2倍近くになった。

　1995年には、1975年のときほどには法分野間での民族宗教的な分離は見られなかったものの、弁護士界内の社会成層は、十分に明確だった。かなりの数の女性やマイノリティがプロフェッションに参入したとき、彼らは、カトリックやユダヤ系に取って代わって、階層の中のより低い地位を占める傾向が見られた。第6章で述べるように、女性は、しばしば法律事務所で仕事を得られたものの、パートナーにまで進むことはほとんどなかった。1975年以前に弁護士になった少数の女性は、高度に自己選択的で、エリートとしての経歴を持っている傾向が高かった。だが、1975年以降に参入したはるかに多くの女性は、ローカル・ロースクールに通っており、パートナーになったり、高所得を得たりする可能性は、タイプⅠプロテスタントの男性の4分の1未満であった。ロースクールの序列がキャリア機会に影響を持ち続けており、どのレベルのロースクールにアクセスできるかは、父親の職業で示されるように、出自の社会的地位によって、重要な部分で決定されていた。だが、多変量解析を行ったところ、いくつかの社会集団がプロフェッショナルとしての地位達成が低いことは、ロースクールの効果では説明できなかった。ロースクールと年齢の効果を差し引いても、女性、アフリカ系アメリカ人、そしてヒスパニックは、第1四分位の所得を得たり、大規模事務所でパートナーになったり、さらに言うならば、いかなる規模の事務所であれパートナーになる可能性が、有意に低かったのである[26]。したがって、彼らが成功を収める可能性が低いというのは、単にその者の学位の威信によるのではなく、学

＊26　1995年のサンプルでは実務に携わっている弁護士のうち、エリート・ロースクール卒業生の40%が、法律事務所で持分（equity）を保有するパートナーとなっており（第7章参照）、プレスティージ・ロースクール卒業生の38%もそうだったが、「上位のリージョナル」ロースクール卒業生ではわずか28%、「下位のリージョナル」ロースクール卒業生では14%、そして「ローカル」ロースクール卒業生では23%しか、自分の法律事務所の持分を保有していなかった（$p < 0.001$）。

位の威信が、彼らの不利な状態をさらに悪化させるのである。アフリカ系ア
メリカ人やヒスパニックは、出自の社会経済的地位、ロースクールの威信、
パートナーへの到達、そして所得と、どこから見ても一貫して不利な状態に
ある。ユダヤ系男性は、ロースクールの上位校の卒業証書を獲得することに
は成功したものの、タイプⅠプロテスタントの男性と較べると、大規模法律
事務所でパートナーになる可能性は有意に低い。社会的類似性が団結の一因
であり、制度的な成層へと組織化された相違が不一致につながるのであれば、
シカゴの弁護士界における分化のパターンは、共通の運命あるいは目的を共
有するという意識につながる可能性は低い。

　要約するならば、プロフェッション内での社会成層は、いくつかの点では
変化してきたものの、弁護士界は、明確に成層化されたままである。低い地
位の業務環境や、各業務環境内での低い地位の役割に女性やマイノリティが
多数登場したことにより、実は、ヒエラルキーが一層明確になった。性別と
人種は、宗教よりも明確な社会な指標である。それゆえに、階層間の境界は、
さまざまの白人男性間で区別がなされたとき以上に、鋭くなったかもしれな
い。1975年には、検察官の多数はカトリックだったが（**図3.1**参照）、そのこ
とは、たまたま観察しただけの者にとっては明白ではなかったかもしれない。
だが、検察官が女性の業務になると（1995年にはサンプルの検察官の57%が女性
だった）、その事実を見逃すことはない。[27] ある程度は、階層間の境界やその
社会的な意味あい——つまり、特性が異なり、社会的な有利さも異なる弁護
士が、体系的に異なる種類の依頼者にサービスを提供しているのだというこ
と——は、弁護士や裁判官だけではなく、法制度に関わりを持つ素人（依頼者、
陪審員、警察、等々）にも認識される可能性をもっている。我々は素人の見解
や考えについてのデータは持ち合わせてはいないが、とりわけ、弁護士の役
割が人種や性別によって分節化されていることが、正義のシステムが分裂し
ているという認識を生み出しかねないと推測するのは、合理的であろう。そ
して、そのような認識は、おそらく正しいのであろう。

（訳：上石圭一／あげいし・けいいち）

＊27　検察は、業務分野としては、法律プロフェッションの中での威信が低く（第4章参照）、
　　相対的に低い報酬しか得ていない（第7章参照）。

第Ⅱ部
弁護士界の階層性

■第4章 ‖‖‖

威信

　アメリカの弁護士は公衆から不信感を抱かれており、それは複雑で、しか
も高まりつつある（Galanter 1998、809-10; Hengstler 1993）。1990年代初期に行
われた調査からの知見によれば、弁護士の倫理水準に対する信頼は、自動車
整備工が享受しているものとほぼ同等であり、会計士や医師や銀行員に寄せ
られる信頼よりもかなり低かったという（Hengstler 1993）。1993年の調査では、
アメリカ人の31％が弁護士は一般人よりも「正直さに欠ける」と答えており、
1986年の17％から上昇している（Galanter 1998, 809 ,n. 21）。1989年の調査から
の知見では、アメリカ人の21％が弁護士の倫理は「貧弱だ」と考えているう
えに、弁護士が倫理的に「優秀だ」と考えている人はわずか3％しかいなかっ
た（Galanter 1998, 808）。

　おそらく、もっとも一貫した法律プロフェッションへの批判は、法の下で
の平等な取扱いに関するものであろう（Sarat 1977）。アメリカ人は、法シス
テムが金持ちや権力者に有利なように、不公正に働いていると信じているよ
うにみえる。1998年の調査で「裁判所は貧しい人も豊かな人も同等に取り扱
おうとしている」という命題に賛同したのは33％だけであった（M/A/R/C
Research 1999、65）。さらに、公衆は、弁護士が貧困者もしくは政治的に弱い
立場にある依頼者のために、富裕で有力な依頼者に対するのと同じくらい懸
命に働いてくれる、などという期待は疑わしいと思っているようだ。1970年
代初期になされた調査の知見によれば、弁護士が「貧困な依頼者のために、
富裕で重要な依頼者に対するのと同様に懸命に働いてくれる」という文章に
賛意を表したのは、アメリカ人のわずか37％のみであった（Curran and
Spalding 1974）。

　世論調査は人々の信念に関する貴重な情報源ではあるが、その他にも、
人々が耳を傾ける歌や、観ているテレビ番組や、語っている冗談も同じく重
要である。マーク・ギャランター（Marc Galanter）による1世紀半にわたる弁

護士逸話の分析から明らかになったのは、弁護士が嘲笑される原因は、貪欲さと二枚舌、依頼者の弱みにつけ込む点、同業者からの詐取も辞さない点、正義の実行よりも法廷での勝利に多大な関心を払う点だったという事実である。弁護士たちは、そのプロフェッションが体現すると期待されている、せっかくの名誉を傷つけることで軽蔑されているわけである。ギャランターによれば、最新版のジョーク集に表れている最もありふれた不品行は、弁護士が他人からの信頼を裏切るという内容である。たとえば、次のような例がある。

> ほとんど目の見えない、よぼよぼの老婆が、遺言書を残そうと地元の弁護士を雇いました。彼は彼女に200ドルを請求します。彼女が帰ろうとして立ち上がり、財布からお金を出そうとしたところ、間違って100ドル札3枚を一緒に渡してしまいました。ただちに弁護士は、自らが厳しい倫理的決断を迫られていることに気づきました。すなわち、このことを事務所の同僚には伝えておくべきだろうかと。(Galanter 1998, 819)

　信頼性こそがよき弁護士の振る舞いの核心であるという人口に膾炙した考えは、社会におけるプロフェッショナルの役割に関する社会学の古典的な見解とかなり一致している。タルコット・パーソンズ（Talcott Parsons）は、素人である公衆と、医師・弁護士・教師・聖職者のようなプロフェッショナルとの関係がもっている「信託的」性質と彼が呼んだものを強調した。彼の示唆によれば、たとえ弁護士と依頼者が市場取引に従事しているのだとしても、プロフェッショナルと依頼者との関係は、売り手と買い手との間の通常の関係とは基本的に異なるものであるという。「買い手危険負担（*caveat emptor*）の原則」は通例、消費者と生産者との間に適用されるものであるが、プロフェッショナルとの関係に対してはこの原則を「正当には適用できない」とパーソンズは論じた（Parsons 1969, 506; 1962）。

　というのも、プロフェッショナルは、素人が持たないばかりか、評価すらできないことの多い知識と技術を持っているので（Parsons 1962; 1968; 1969; Freidson 1984; ただしLarson 1977も参照）、プロフェッショナルは自分の依頼者のために行動することが要求されるからである。たとえば、医師が治療手順を説明するとき、平均的な患者は2つの選択肢をもつ。すなわち、医師の示

第4章　威信　**103**

唆を受け入れるか、別の医師から第2の意見をもらうかである[*1]。別のプロフェッションでも事情はほぼ同じであろうが、アメリカの弁護士には二重の責任がある。すなわち、依頼者の利益を追求するという義務——弁護士の倫理規程では、それを「熱心な代理人」であるべしと表現している——に加えて、弁護士は、「裁判所の構成員」という、「より大きな善」に対する責任を負っているのである。

　2つの任務が常に快適に共存するわけではない。弁護士の依頼者への義務と社会への義務との間の緊張関係は、弁護士の道徳的立場を曖昧にする。つまり、弁護士は行動しても罵倒され、しなくても罵倒されるという、苦境のもとにおかれるのである。

1. 名誉に関する3つの理論

　法律プロフェッションに関する社会学的研究は、弁護士たちが擁しているであろう価値観を3種類にわけて考察している。言い換えると、弁護士がプロフェッショナルな業務のなかで誇り、敬うであろう対象について、3種類の異なった理解があるのだ[*2]。プロフェッショナリズムの古典的理論によれば、弁護士の信託的役割は硬貨の両面に似ている。すなわち、表面は、素人が弁護士の専門能力に対して抱く信頼であり、裏面は、その信頼と専門能力のゆえに弁護士が享受できる自律性である。そのような理解をすると、弁護士であることの役得の1つは、自己の業務を操作できることである。つまり、依頼者の抱えている問題点が何かを本人に伝え、そして、弁護士の援助によって問題が解決できるようになる方策を示すことができるのである。ロースクール在学中やオンザジョブの訓練の間に、弁護士は、この役割を学習し、それに伴う義務を尊重するようになっていく一方で、同じ役割が提供する特権を享受することも覚えていく。この古典的な理論によれば、弁護士は、専門能力と公共へのサービス、そして依頼者の命令や操作からの自由を尊ぶようになる、というわけである。

---

*1　もしくは、あらゆる種類の情報が容易に入手可能になっている昨今、患者はありうる治療法を、おそらくインターネット上で調査することもできるだろう。しかし、いずれにせよ、患者たちは医療情報を取り出し、評価し、解釈するために、たいていは医療プロフェッションに頼らなければならない。

*2　以下に続く議論は、Sandefur（2001）に大きく依拠している。

第 2 の観点は、弁護士の価値観がより大きな社会の選好を反映している点を示唆する。この見方によれば、弁護士は、社会から高い敬意を受けている依頼者を相手とする業務を尊ぶ傾向にあるという（Heinz and Laumann 1982; Laumann and Heinz 1977）。『シカゴの弁護士』における観察では、企業向けの業務が弁護士界で高い尊敬を受ける一方、個人依頼者対象の業務は低い威信しかもたなかった。つまり、企業向けのサービスを行う弁護士は、「［アメリカ］社会がもつ中核的な経済的価値観」に奉仕している。「ある法分野がこの価値観に奉仕すればするほど、その分野の威信はプロフェッション内部でどんどん高まっていくだろう」（Heinz and Laumann 1982, 130）。逆に、社会的立場が低いと一般的に称される人々（貧困者、失業者、学校教育をあまり受けていない人々）に弁護士がサービスを提供すればするほど、その業務の威信は低くなるだろう、というのである。

　有力な依頼者は自分の弁護士に対する支配を比較的容易に行えるであろうから、有力な企業を依頼者とする業務のほうが威信が高いという知見が存在するとすれば、それは、プロフェッションが自律性を尊重するという古典的な学説と抵触することになる（Nelson and Trubek 1992, 182）。その上、これに呼応する知見、すなわち、社会的地位の低い人々に対する業務は卑下されるという事実については、プロフェッションが公共サービスを尊重するという主張と矛盾することになる。古典的な価値観の代わりに、依頼者の性質に着目する学説は、弁護士が富や権力へのサービスを特に尊重していると主張するのである。

　第 3 の社会学的観点からの示唆によれば、弁護士は真に弁護士らしい業務を行う機会をこそ尊重しているのだという。この観点は、古典的理論と同様に、弁護士が自分たちの業務を展開している場所である社会の価値体系とは異なった価値体系をもっていると主張する（Abbott 1981）。この理論の主眼は、抽象的な知識を核心または「中心」にしてプロフェッションが組織されているという点である（Abbott 1988, 52-58; Shils 1994）。いかなるプロフェッションにおいても、もっとも尊敬される業務とは、この核心に一番迫っていこうとする業務である。というのも、そのような業務は、諸々の非プロフェッション的な考慮が排除されているという意味において、プロフェッションとしてもっとも純粋であるからだ。

　アンドリュー・アボット（Andrew Abbott）の示唆によれば、プロフェッションの業務は 3 類型に分けられるという。すなわち、診断、推論、処置である。

第 4 章　威信　**105**

まず、この「診断」中に依頼者の問題はプロフェッション用語に翻訳される。次の「推論」とはプロフェッションの抽象的な知識と概念装置を使って問題を再度定式化することであって、プロフェッショナルは問題を解決するために、その知識をプロフェッション用語の定義にしたがって応用したり操作したりする。最後の「処置」というのは依頼者に解決策を提供することであり、その際、プロフェッション用語で表現されていた問題を依頼者の属する現実世界の特定の文脈へ合致するように翻訳しなおす。このようにしてみると、推論の作業が比較的純粋であるといえる。なぜなら、その業務は、依頼者の問題に伴う非プロフェッション的な側面をほとんど重視しなくてよいからである（Abbott 1988, 40, 47, 48）。ここで、ある法廷内での出来事を考察してみよう。そこでの裁判官の業務は、弁護士が紛争を法律用語に再定義することによって「純粋化」してきた争点を処理することである。その際には、関連する制定法、裁判例、法原則を応用しながら議論を構成する作業が行われる。次に、裁判官は紛争をプロフェッションの範疇にある概念で定義して、法律問題として定式化し、これに対する回答を推論する（Abbott 1981）。このようにして、裁判官は、彼らの面前で主張を行う弁護士たちよりもプロフェッション的にいっそう純粋だといえるのである。

　この観点において弁護士は自律性を尊重するものであるが、特にプロフェッション特有の自律性を尊重している。ここで重要な点は、弁護士の活動に対する依頼者の支配からの自律ではなくて、非法律的な考慮で法的な争点が汚されることからの自由である。それは純法律的な自律性だといえよう。それゆえに、多様な類型の依頼者を対象とする弁護活動は、プロフェッション的純粋性からの逸脱を示すことになる。企業のための活動であれば、企業自体が「法律家の創造物」なので、つまり、「そこからは感情や意思という汚物が最初の時点から省かれている」ので、一般人相手の業務よりも威信が高いのだという（Abbott 1981, 824）。逆に、もし、弁護士の依頼者が怒った元配偶者、疎外された児童、過誤で悩んでいる被害者であったりすれば、弁護士には依頼者を慰めたり宥めたりする必要がでてきて、法的な資源よりもむしろ感情的な道具のほうを頻繁に使用しなければならなくなるし、さらに法廷で、弁護士は、陪審員の心を揺さぶるために依頼者の悲嘆や苦痛を活用することもあろう（Mather, McEwen, and Maiman 2001; Sarat and Felstiner 1995）。

　アメリカの民衆は、弁護士が公共サービスを尊重しており、その業務においても倫理的であろうと想定されるにもかかわらず、そのような価値観に順

106　第Ⅱ部　弁護士界の階層性

応しながら行動しているわけではないと、信じているようにみえる。古典的な社会学理論は、弁護士の信託的役割を公衆が強調するのに同調して、弁護士がその役割を尊重し重視している点を示唆する。これと対照的に、依頼者の性質に着目する観点は、平等な取扱いに関する市民の関心こそが弁護士層の行動の根拠になっていると示唆する。すなわち、相当な物質的不平等を伴う資本主義社会において、弁護士は個人へのサービスよりも富裕で権力のある組織へのサービスを重視しており、特に人々が貧困で政治的または社会的に弱い場合には、個人のほうを劣位におくという（Hadfield 2000）。プロフェッショナルな純粋性の観点も、弁護士が金持ちと権力者のための業務に惹かれる点に注目するが、その理由としては、弁護士が富や権力自体を重視するからではなくて、そのような業務の法的純粋性や複雑さを重視するからだと示唆している。

2. 威信

　弁護士に重視するものを尋ねると、彼らは、道徳にかなう正しいすべての事柄を自らが擁護している一方、強欲、怠惰、［太る原因になる］炭水化物については嫌悪している、と疑いなく答えるであろう。しかし、弁護士が重視する物事を評価するには別の方法もあって、それは、彼らが尊敬している法律業務の種類と、彼らがプロフェッション的でないと卑下したり非難したりするものを尋ねる方法である。法律プロフェッション内部での威信の分布を検証することによって、我々は弁護士のプロフェッショナルな価値観について知識を得られるだろう。

　一定の役割や特定の課業に付与される相対的な名誉は通常、威信（*prestige*）と呼ばれる。[*3] 威信とは、敬意を払われる資格のことである。また、威信は本来的に階層的な性質をもっている（Shils 1994）。威信をもつことは、他者から一種の尊敬や称賛を受けることであるが、それには、「不愉快な比較」（Veblen 1994）という作業が伴われる。「より大きい」や「より小さい」という判断なくして尊敬はありえない。尊敬は、威信を割り当てる集団の価値観

＊3　個人が尊敬を受けるのに貢献する因子がまだ他にもある。能力、魅力、知性、美貌、高貴な出自は、ある者を尊敬させるであろう多くの性質に含まれる。しかしながら、本書における我々の関心事は、役割や地位や課業に生じてくる威信であって、個人の威信についてではない。

のなかで根拠づけられることによって「付与され」る。すなわち、尊敬とは「ある個人や集団が平均値を超えていると考える業績に対して承認される」ものである（Goode 1978, 7, 強調省略）。尊敬を承認するために「平均値を超える」には、ある一定の役割や課業について、たいていの状態よりは良いことを意味する場合もあれば、または、役割か課業自体が共通に抱かれている理想状態の達成へと近づいていっていることを意味する場合もあろう。すなわち、「名誉によって課せられた性質が、自我と共同体の理想化された規範との間に……連鎖を供給する」のである（P. Berger, B. Berger, and Kellner 1974, 86）。たとえば、それは、学術を貴ぶ集団においても同じであって、学識ある者には威信がついてくるだろうし、博学な者はもっとも威信が高くなる。弁護士の間において先に概観した威信階層に関する３つの理論は、価値観もしくは「理想化された規範」にまつわる３種類の組合せを意味するのであり、それらは、弁護士たちの不愉快な比較のなかに反映されているのかもしれない。我々は、さまざまな法分野の威信に関する弁護士たちの判断を使って、これらの比較を算定した。シカゴ調査の部分作業として、「法律プロフェッション全体における……」各分野の「一般的な威信」を尋ねる方法によって諸分野の評点付けを弁護士たちに依頼した。評点付けの尺度は、「貧弱」から「卓越」までの５段階にした。我々は、その分野が「平均より上」と「卓越」とを示す評点の合計百分率によって威信の高さを評価した（以下、威信スコアと呼ぶ）。言い換えると、弁護士界で平均よりも高い信望を集めている分野だと弁護士たちが考えている百分率である。

　集団レベルの威信度評価が弁護士たちの価値観について何かを明らかにしてくれるという提案は、その集団内の合意を前提としている。しかしながら、利用可能なデータがあるとしても、我々は合意の程度を直接には探究できない。というのも、調査における威信の項目は、あくまでも、そのプロフェッションで支配的な価値観に関する弁護士たちの認識を尋ねているのであって、弁護士自身の意見についてではないからである（Bourdieu 1984を比較）。つまり、弁護士たちは、自分たちの同僚について回答しているのであって、彼ら自身についてでは必ずしもない。それにもかかわらず、もし弁護士たちの回答が

＊4　1995年調査では全回答者に威信評定の項目が与えられた。1975年では無作為に抽出した回答者の一部（224人）に対してのみ尋ねられた。

＊5　（訳注）中間の３段階は、「平均未満」、「平均」、「平均より上」である。

【表4.1　弁護士集団別の威信評価と順位の相関　1975年と1995年】

	1975年		1995年	
	評価	順位	評価	順位
女性と男性	NA	NA	.99	.98
黒人とそれ以外	NA	NA	.95	.92
ユダヤ系とそれ以外	.96	.94	.98	.97
共和党と民主党	.91	.91	.98	.97
共和党と無所属	.94	.92	.99	.99
民主党と無所属	.96	.96	.98	.98
年長者と若手	.91	.89	.97	.96
経済的リベラル派と保守派	.97	.95	.99	.99
威信度序列のトップと中間	.98	.95	.99	.99
威信度序列のトップと最下位	.92	.91	.99	.99
威信度序列の中間と最下位	.93	.93	.99	.99
依頼者の75%以上が企業である者とそれ以外	.93	.91	.97	.97
個人依頼者の過半数の社会的地位が低い者とそれ以外	.91	.90	.97	.96

　実質的に異なった威信度の評定をなす特別な準拠集団を反映しているのだとすれば、我々は、回答に系統的な不一致を確認することになるだろう。たとえば、左傾化した改革者である弁護士は、自分たちの仲間の見解が実態よりもプロフェッションを代表しているものと思い込んでいるかもしれない。そのような弁護士は、改革者の価値観に合致した業務——たとえば、市民的権利や市民的自由に関する法、刑事弁護、貧困層の依頼者にサービスを提供する一般的な民事業務——については、他の弁護士たちが報告するよりも威信度が高いと信じる傾向があるだろう。他方で、会社関連の法律業務全般を取り仕切っているような、民間業務専門の大規模な事務所で執務する弁護士は、プロフェッションの見解を評価するように尋ねられた際に、主に彼らの同僚を想定するだろう。そのような弁護士は、銀行業務、一般企業法務、独占禁止法の被告側業務こそが、より高い威信を集めていると回答するであろう。

　この種の不一致を調査するために、我々は、威信評価と、回答者の人種、性別、年齢、政党所属、そして経済的自由主義への態度との間の関係を検証した。また、変数には、弁護士がサービスを提供している依頼者の類型と、威信の序列における弁護士自身の業務分野の位置も含めておいた。**表4.1**が、これらの分析を要約している。どの変数も系統的な差異を作出していない。威信度評点と威信度順位について弁護士集団間でとった相関係数は、0.89から0.99の範囲である。我々は、分野間の逆転やその他の有意な序列化といった例を見いださなかった。一般に、特定分野について評定する際には集団間

に差異が存在しており、そのような差異は、威信の研究者が職業的な利己主義と呼ぶもの——自己の業務について他者の評定が示すよりも高い評価を受けていると考える傾向（Kahl 1957）——を表すことになる。ところが、ここ20年間にわたり法律プロフェッションで増加しつつある社会的多様性や経済的な不平等が、このプロフェッションの地位序列に関する不一致を発生させたようにはみえない。シカゴの弁護士には、このプロフェッション一般がもつという価値観を排斥する者がいるかもしれないけれども、ほとんどは、そのような価値観が何であるかについては合意してきているようなのである。

　しかしながら、分野ごとにとった威信度評定の平均が同じままであったとしても、その結果が、対立する極端な得点どうしが相殺しあって生み出された可能性もある。そこで、我々は、個別分野の威信度評定において両極化の増加があるのかどうかを決定する分析を行った。我々は、各分野の回答分布が二峰化している（bimodal）程度を示す指標を計算した。二峰性とは、ある分野を高いと評価したのとほぼ同じ数だけ、その分野を低いと回答した者がいるような状態である。1975年のデータでは、5つの分野がこの指標で高い得点を示していた。これに対して1995年では、3つの分野だけだった[*6]。このようにして、我々は、不一致の増加を示す証拠を発見しなかった。この種の威信研究では通例であるように、各時期の回答者たちは、地位序列の中間付近にある分野についてのみ、大きな不一致を示しているだけなのである（Reiss 1961）。

　表4.2は、1975年と1995年について、分野別に威信度の得点と序列を表している。2つの調査で用いられた業務分野の集合は若干異なっているけれども、27分野は共通であり、これらの分野については相当な安定性があることを我々は確認した。両年度の弁護士たちは、尊敬される法律業務と卑下される業務とについて同様な見解をもっていた。両調査に含まれている分野について序列の相関と積率相関とをとると、それぞれ0.86と0.88である。しかし、威信度の序列は結晶化——頂点分野の得点と底辺分野の得点との間の不均衡または格差が増加したこと——を遂げたようにみえる。**表4.2**の右端の欄には、1975年よりも1995年の威信度評価のほうが有意に高かったか低かったか

---

*6　1975年の5分野とは、市民権・市民的自由、刑事訴追、原告側環境業務、個人被害の被告側、刑事弁護であり、1995年の3分野とは、個人依頼者の民事訴訟、刑事訴追、企業破産だった。

【表4.2　各法分野の威信　1975年と1995年】

	1995年		1975年		有意な変化[c]
	威信[a]	順位 （42分野）	威信[a]	順位[b] （30分野）	
証券	85	1	75	1	（＋）
商標・著作権	76	2			
国際法―私法	75	3			
国際法―公法	71	4			
特許	71	5	66	4	
民事訴訟―企業[d]	67	6			
所得税―企業の連邦税[d]	67	7			
反トラスト―被告	66	8	70	3	
一般会社法務	66	9	59	6	
不動産―金融・開発[d]	61	10			
反トラスト―原告	59	11	60	5	
銀行業務	57	12	56	7	
遺産・贈与税[d]	53	13			
環境法―原告	49	14	28	19	（＋）
環境法―被告	46	15	29	18	（＋）
市民的権利／市民的自由	44	16	32	15	（＋）
地方政府関係法	38	17	46	10	
雇用関係法―経営側	38	18	42	12	
刑事訴追	35	19	23	22	（＋）
公益企業・行政法	34	20	53	8	（－）
企業破産	33	21			
所得税―個人の連邦税[d]	32	22			
民事訴訟―個人[d]	28	23			
検認	28	24	52	9	（－）
商事法[e]	27	25	28	20	
不動産―地域地区規制・公用収用[f]	27	26	11	25	（＋）
海商法	26	27	46	11	（－）
州税・地方税[d]	26	28			
雇用関係法―労働側	18	29	32	14	（－）
個人被害―弁護	17	30	30	17	（－）
刑事弁護	17	31	24	21	
個人破産	14	32			
個人被害―原告	14	33	19	23	
消費者法―売主・債権者	12	34	11	24	
不動産―住宅譲渡[d]	11	35			
一般家族法実務―報酬を支払う依頼者	9	36	10	26	
一般家族法実務―貧困な依頼者	8	37	8	29	
消費者法―買主・債務者	7	38	8	30	
不動産―地主・家主	7	39	9	28	
少年法	7	40			
移民法	7	41			
離婚	4	42	9	27	

1975年の税、民事訴訟、不動産各分野の威信		
	威信[a]	順位
税法	74	2
民事訴訟	40	13
不動産	30	16

[a] このスコアは、各分野の威信を少なくとも「平均以上」と評価した回答の割合である。
[b] 税法、民事訴訟、不動産の順位については、表の税法、民事訴訟、不動産に関する部分を見よ。
[c] 記号が記入されている分野では、2つの時期の間の評価の差は、両側検定で p ＜ .05 で有意。プラス記号は威信の上昇を示し、マイナス記号は低下を示す。
[d] 1975年調査では、以下の分野は細分化されていなかった：民事訴訟、不動産、税法。これらの分野を1995年と比較することは、不適切である。
[e] 1995年調査では、この分野は「商事法、統一商法典」として示された。
[f] 1995年調査では、この分野はeminent domainではなくcondemnationと表記された。

した分野が記されている。[7] 1995年の地位序列における上位19分野のうち、有意な変化のすべてが威信の増加である。しかしながら、比較的低い順位に位置する分野のうち、ほとんどすべての有意な変化は、卓越か平均より上という評点をつけた弁護士の割合が減少した結果である。このパターンに対する唯一の例外は、「地域地区規制と公用収用」である。この分野は1975年調査では「公用収用」として挙げられていたので、今回の名称変更が回答に影響を与えたかもしれない。このようにして、威信という彼らの資本において、富裕層はより豊かになり、貧困層はいっそう貧困になった。これは収入の変化とも平行している（第7章を参照せよ）。

「支配階層」（the establishment）に属する依頼者への選好は、最初のシカゴ調査でも指摘されたことであるが、よりいっそう顕著になった場合もあるようだ。1995年に刑事訴追は刑事弁護よりも有意に高度な威信を得ていたし、経営者側の労働法業務は、労働者側のそれよりも有意に高い威信を得ていた。他方では、個人被害の双方側の弁護士に対して、弁護士たちは、より均一化した嫌悪感を発展させてきたようだ。というのも、1975年に個人被害の被告側業務は、原告側の同じ業務よりも有意に威信度が高かったにもかかわらず、1995年には、その2分野間の差異が有意でなくなるまで減少してしまったからである。[8]

両年において、威信度序列の上位3分の1にある分野のうち、1つを除いて全部が大規模で有力な組織、特に大企業にサービスを提供する分野であった。1975年の例外は（細かく区分されていなかった）税務であり、法人税業務を含んでいた。そして、1995年の例外は遺産および贈与税であり、これは威信度が第13位と評価され、主に富裕な個人や家族に対して行われる業務である。威信度序列の下位3分の1には、たくさんの個人依頼者対象の分野が含まれており、それらの多くは、富や社会権力を持たないばかりか、汚名までも着せられたような依頼者と接触する業務分野である。すなわち、離婚当事者、法律問題を抱えた児童、犯罪者、経済的破綻に瀕している人々とである。そして、公共サービス、貧困対策法、司法の個人的利用にもっとも緊密に関

＊7　有意性の検証は、威信スコアのロジット ln（$p/ 1-p$）を基にしている。ここでの p は、弁護士界で「卓越」か「平均より上」の威信をその分野が享受していると示した回答者の比率である（Hauser and Warren 1997を参照）。（訳注：ln は自然対数 logarithm natural。）

＊8　威信スコアのロジットにおける差異が、もし両側検定で $p < 0.05$ であれば、有意であると表現している。

連する分野が、地位序列の下位3分の2の層に広がっている。市民的権利と市民的自由は両時期とも3分位の中間層に位置し、個人訴訟と刑事訴追も同様である。刑事弁護と個人被害の原告側業務は、威信度の序列3分位の最下層に位置している。

3. 威信の決定因子

　すでに弁護士や法システムに関する世論の概観のところで見たように、市民はたいてい、弁護士が重視すべきものに関する古典的見解を共有している。すなわち、弁護士は、専門能力を要し、自律性を付与し、大いなる善に奉仕する法分野をもっとも高く評価すべきである、と。法分野が具備するこれらの特性を測定するために、ノースウェスタン大学ロースクールの法学教員たちとアメリカ法曹財団（the American Bar Foundation）の研究員たちは、1975年と1995年の両年に、5種の観点から各法分野を評定するように依頼された。[9]それらの5つの観点とは、①当該分野の法律内容がもつ知的難易度、②関連する法が変動する速度、③当該業務を行う弁護士たちが公共善に奉仕する意欲によって動機づけられる程度、もしくは、私的な利益による度合、④当該業務を行う弁護士たちの倫理的行動に対する評判、⑤弁護士たちが依頼者や他の弁護士から指令を受けることなく業務を遂行する度合、である。[10]

---

　*9　本書の著者たちは、いずれの調査でも評定者の集団には入っていない。
　*10　具体的な質問文は次のとおり（訳注：以下の文章で「この業務類型」と表記しているのは、評価を求めている個々の分野を意味する）。
　【知的難易度】「実務類型の中には、関連する法原理、判例、制定法、行政規則は、他の類型におけるそれらよりも困難で、複雑で、知的努力を要するという特徴をもっているものがあります。この業務類型の（戦略的考慮に対立するものとしての）内実によって提示される知的難度は、とても大きいのか、平均よりも高いのか、平均的なのか、平均より低いのか、ほとんどないのか、言ってください。」
　【変化の急速性】「実務領域の中には、関連する実体法が他の領域におけるそれよりも急速に変化しているものがあります。その結果、実務家は、前者の専門性の展開について行くのが後者におけるよりも困難であると考えるでしょう。この業務類型に関連する法は、とても急速に変化しているのか、比較的速く変化しているのか、中位または平均的な速さで変化しているのか、比較的ゆっくりと変化しているのか、あまりまたはほとんど変化していないのか、言ってください。」
　【公共サービス】「法律業務の類型の中には、公益のため、または利他的か改革的な動機のために行われるものがよくあるのに対して、その他の種類の法律業務は、かなり明白に収益を得ようとする動機をもっています。この業務類型について、それは、高度に金銭または収益志向なのか、かなり収益志向なのか、いずれでもないか平均的なのか、かなりプロボノな

第4章　威信　**113**

【表4.3　各法分野の威信に関する専門家の評点　1995年と1975年】

	知的難易度		変化の速度		公共奉仕		倫理的行動		行動の自由	
	1995年	1975年	1995年	1975年	1995年	1975年	1995年	1975年	1995年	1975年
証券	94	93	57	62	36	44	57	57	38	39
商標・著作権	61		63		43		61		43	
国際法—私法	60		63		45		61		44	
国際法—公法	62		59		63		67		60	
特許	65	56	51	44	42	45	66	62	45	47
民事訴訟—企業[a]	51	52	47	48	41	51	48	45	41	55
所得税—企業の連邦税[a]	65	67	70	66	40	43	54	55	39	46
反トラスト—被告	64	64	52	56	37	40	50	53	38	39
一般会社法務	48	51	50	48	42	44	61	59	40	41
不動産—金融・開発[a]	53	45	46	37	41	43	55	48	42	50
反トラスト—原告	64	65	52	57	39	46	49	47	58	65
銀行業務	52	47	57	42	41	42	54	58	38	35
遺産・贈与税[a]	60	67	59	65	42	43	58	55	50	46
環境法—原告	62	61	66	65	67	72	56	58	63	66
環境法—被告	60	61	69	65	41	47	49	51	33	43
市民的権利／市民的自由	57	61	61	65	69	77	71	64	68	70
地方政府関係法	49	44	41	38	48	45	56	56	40	41
雇用関係法—経営側	46	52	53	53	40	45	42	46	33	38
刑事訴追	43	48	47	56	66	56	33	47	66	53
公益企業・行政法	60	55	56	53	48	48	56	56	45	39
企業破産	57		53		42		44		42	
所得税—個人の連邦税[a]	56	67	67	66	48	43	50	55	47	46
民事訴訟—個人[a]	41	52	44	48	50	51	43	45	64	55
検認	42	45	37	32	50	44	58	57	54	46
商事法[b]	49	52	43	48	47	46	52	55	47	48
不動産—地域地区規制・公用収用[c]	42	35	40	36	50	43	42	39	46	49
海商法	51	52	30	34	43	42	55	62	53	48
州税・地方税	49	67	38	66	45	43	48	55	52	46
雇用関係法—労働側	48	53	51	53	58	51	49	47	44	42
個人被害—弁護	40	33	42	42	43	43	43	38	41	46
刑事弁護	48	51	46	57	65	57	38	33	56	64
個人破産	42		51		53		37		58	
個人被害—原告	41	35	41	43	47	43	27	25	68	64
消費者法—売主・債権者	42	50	45	60	45	46	43	43	44	41
不動産—住宅譲渡[a]	30	45	32	37	50	43	49	48	50	50
一般家族法実務—報酬を支払う依頼者	38	38	41	41	55	52	50	54	51	55
一般家族法実務—貧困な依頼者	36	38	40	51	74	76	62	61	69	64
消費者法—買主・債務者	41	52	48	59	58	65	44	50	59	62
不動産—地主・家主	32	43	35	47	60	55	40	41	53	52
少年法	42		54		68		54		64	
移民法	49		58		63		43		60	
離婚	34	30	43	45	54	50	25	30	55	54
威信との相関[d]	.83	.64	.52	.10	-.54	-.47	.57	.48	-.47	-.47

注：分野は1995年における威信の順序に示してある。

[a] 1975年調査では、以下の分野は細分化されていなかった：民事訴訟、不動産、税法。読者は、1995年調査の詳細な分野と、1975年調査で対応する細分化されていない分野を比較する際には、注意すべきである。

[b] 1975年調査では、この分野は「商法、統一商法典」として示された。

[c] 1975年調査では、この分野はeminent domainではなくcondemnationと表記された。

[d] 威信との相関関係は、それぞれの調査における分野セットで計算された（1995年は42分野；1975年は30分野）。

表4.3は、両年における各分野の評定結果を表すもので、当該年の評定分布に合わせて標準化した数値が記載されている。標準化された得点は0から100までの範囲にわたり、平均点を50とし、10ポイント当たりの変化は1標準偏差を示す。だから、たとえば証券取引法は、1995年の知的難易度の平均値よりも1.4標準偏差分だけ多く、また、1975年の平均よりも1.3標準偏差分だけ多く得点している。威信度について確認したのと同様に、知的難易度、変化の急速性、公共サービス志向、倫理的行為への評判、行動の自由度に関する各法分野の評点は、両調査において類似している。[*11]

表4.3の最後の列は、専門家による評定点数と威信度との相関係数を示している。両調査において知的難易度は威信と強い正の関連をもっていたが、相関は1975年よりも1995年のほうがかなり強くなっている。威信と、公共サービス志向、倫理的行為への評判、行動の自由度との各関係は、2つの時期でかなり似ている。すなわち、倫理的行為の得点は威信と正の関係にあるが、公共サービスと自律性の得点は両方ともに威信と負の関係にあったのである。1975年には、法変動の速度は威信とまったく無関係だった。なぜなら、威信度の高い分野（銀行業務、特許、一般企業法務）が変化の急速性の得点では平均近くかそれ未満だったのに対して、威信度の低い分野（消費者法の両当事者側、環境法の両当事者側、刑事弁護）には平均より上として評定されるものがあったからである。しかしながら、1995年には、威信と変化の急速性との間に正の関係があった。

表4.4が表すのは、威信度の重回帰分析の結果であり、[*12] **表4.3**における5

のか、もっともプロボノなのか、言ってください。」

【倫理的実務】「法律業務の類型の中には、『狡猾な実務』だという評判、または、他の業務類型での標準よりも不品行の発生度が高いという評判を得ているものがあります。この業務類型について、倫理的行為の評判は、とても良いのか、平均より高いのか、平均的なのか、平均より低いのか、貧弱なのか、言ってください。」

【行動の自由】「法類型の中には、実務家が相当な程度『自由な代理人』で、彼自身のプロフェッショナルな判断が示唆する戦略的行動方針はどんなものであれ自由に追求できるものがあります。対照的に、他の法類型では、実務家がもつ行動の自由は、博識な依頼者によるか、彼の判断を組織的に管理・指導する上司によって、高度に制約されていることがあります。この法類型の実務を特徴づけるのは、高度な行動の自由か、平均より多い行動の自由か、平均的か、平均未満の行動の自由か、ほとんど行動の自由がないことか、言ってください。」

＊11 1975年の評定と1995年の評定とのピアソンの相関係数を両方の調査に含まれる27の法分野について計算すると、次のような値となった。知的難易度が0.86、変化の急速性が0.78、公共サービスが0.86、倫理的行為が0.90、行動の自由が0.84。

＊12 これは最小二乗推定法分析である。使われた威信の推計値は威信スコアのロジットである

【表4.4　プロフェッショナルな威信と純粋性　1975年と1995年】

	1975	1995
切片	-2.245*	-3.910***
標準誤差	(1.040)	(.926)
知的難易度	.072*	.070***
標準誤差	(.030)	(.021)
β	.67	.56
変化の速度	-.019	0
標準誤差	(.029)	(.016)
β	-.17	0
公共奉仕	-.055*	-.039*
標準誤差	(.030)	(.019)
β	-.51	-.31
倫理的行動	.028	.033*
標準誤差	(.023)	(.013)
β	.25	.26
行動の自由	-.004	-.001
標準誤差	(.022)	(.017)
β	.03	-.01
自由度調整済みR^2	.70	.75
N	30	42

注：表は、威信スコアの対数に対する最小二乗法回帰分析の、メトリック回帰係数および標準誤差（カッコ内）と、
　　標準化回帰係数を示す。
***p<0.01　**p<.01　*p<.05　+p<.10　（両側検定）

つの特性を用いている。2つの調査結果はおよそ類似している。1975年には、
5つの特性は威信度の分散の70％を説明している。そして、1995年では、
75％を説明している。5つのうち、もっとも強い予測因子は知的難易度であ
る。行動の自由度や変化の急速性は、他の特性との関係を除外すると、威信
度に何の効果ももたない。また、ある分野が収益よりも公共サービスを志向
すればするほど、ここでも他の因子の効果を差し引けば、その威信度は低く
なる。なお、1995年には、倫理的行為と威信度との正の関係は統計的に有意
となっている。

　それゆえ、結局、威信に関する古典的理論は、これらの分析ではほんの一
部分の支持しか受けないことになった。弁護士は知的難易度と倫理的行為を
重視しているようにみえるからである。換言すると、少なくとも彼らは、専
門家たちからプロフェッショナルな属性を保有していると評定された分野に

　　（注7を参照）。

対して、そのプロフェッションが尊敬を払っているものと理解してはいるものの、彼らは、収益よりも公共善のほうを志向する業務には威信を割り当てていないからである。さらに、他の特性を除外すると、かなりの自律性を提供するはずの分野に対しても弁護士からの信望が特に厚いようにはみえない。そして、他の特性を考慮にいれないときにさえ、自律性は威信と負の関係をもつのである。我々が諸分野における報酬の程度という変数をコントロールした際にも（ただし、これは、1995年のデータでのみ可能な作業である）、これらの特性と威信との間にある一般的な関係パターンは変化していない。[13]

4. 中核にある経済的価値観か、それとも、プロフェッショナルな純粋性か

　法律プロフェッションの社会的組織について依頼者の性質に着目して考察する理論によれば、ビジネスや企業に関連する法分野は、「社会の中核にある経済的価値観」に奉仕するものであり、その方向で機能しているがゆえに、威信が高いのだという。最初のシカゴ研究の予備的な分析において、筆者らは、ある分野からサービスを受ける個人の社会的地位が威信に対して有意な効果をもつことを発見した。その知見と、より知的難度の高い分野ほどより高い威信を得ているという観察とを比較して、筆者らは、より高い地位にある個人の依頼者ほど、より難度の高い法律業務を弁護士に提供しそうなので、その結果、高位の個人的依頼者に対する業務は、より低い地位の依頼者に対する業務よりも威信度が高くなるのだ、と主張した。以下で、この仮説を検証してみる。

　あいにく1975年のデータが保存された方法のために、1975年調査で用いられた全30分野に関する依頼者と業務の特性を分野ごとに数値化することができない。21分野についてしか十分なデータが利用できないのである。それゆ

＊13　1975年のデータが保存された方法のために、1975年調査では、弁護士の報酬をコントロールするモデルを推計することができない。1995年調査では、5つの評定された特性と威信との間の関係が、実務家の収入をコントロール変数にしたとき、表4.4に示された関係と実質的に同じままである。それは、コントロール変数が各分野の平均収入という形式であろうと、稼働弁護士の平均よりも多い収入を得ている弁護士が各分野に投入した時間の百分率で測ろうと、または、稼働弁護士の中間値を超えた収入を得ている弁護士の各分野に投入した時間の百分率で測ろうとも同じである。これらの実務現場での特性が計算された方法については、注15を参照。

え、以下の回帰分析の組合せは、1995年のデータのみに限定する。ただし、本書で提示されない分析からの示唆によれば、1975年の知見は、実質的には95年と類似したものであった。各分野について推計値を計算する際、それらは、ある法分野へ業務時間の少なくとも5%が投入されたと報告した弁護士からの回答に基づいている。[14] その分野への弁護士の貢献度は、その分野の全業務量に対して彼または彼女が貢献した分量によって測定された。[15] 各業務分野は人員を共有しており、それゆえに、多くの弁護士からの回答は複数の分野にまたがっているので、各分野の特性を推計した数値は分野間の差異化について保守的な図式を表す。[16] というのも、それらは、ある分野に特殊化した専門家だけではなく、その分野に一定の関与をした実務家全員の回答を反映しているからである。

　これらの回帰分析において、依頼者類型の推計値は、企業である依頼者の

＊14　国際公法や海事法は、それぞれ実務家が２人しかいないので、これらの回帰分析からは除外している。

＊15　各分野に投入された時間を測定する方法については、第２章を参照。本章では、ある分野の威信とその特性との間の関係を分析するにあたって、我々は、特性の推計値を、その分野で働く弁護士の回答を集計することによって構成した。その分野に対する各弁護士の投入時間を計量するために、我々は、弁護士の時間配分割合に、提示された区間の中間点にあたる数値を割り当てた。その際、各弁護士の時間配分のすべてが、合計すると100%になるように標準化した。たとえば、ある弁護士が、彼女は典型的には執務時間を３つの法分野に割りふっていると報告するとしよう。すなわち、一般企業法務に彼女は50%から99％の執務時間を投入し、特許と著作権法のそれぞれに、彼女は５％から24％の執務時間を投入している。この弁護士について百分率の区間におけるそれらの中間点を割り当てることにすると、全時間配分は103.5%（74.5%＋14.5%＋14.5%）になる。そこで、合計した時間配分の逆数を倍率として用いた。倍率と各時間配分の積は、合計100%である（たとえば、(74.5)(0.9659) ＋ (14.5)(0.9659) ＋ (14.5)(0.9659) =100）。このようにして、業務上の投入時間は、全弁護士が同様の激しさで稼働しているという想定の下で、分野ごとに配分されている。そして、この投入時間の推計値は、第２章の時間割当分析と類似のやり方で構成されている。

＊16　推計値には、それらを構成した際に生じた一定の誤差も含まれている。たとえば、我々は、有価証券業務のために弁護士のところへ赴いた依頼者の類型を示す推計値をもたない。その代わりに、我々は、有価証券業務を行う弁護士によるサービスを受けた依頼者の類型の推計値をもっている。また、我々は、有価証券事件のために上訴審裁判所へ弁護士が赴いた頻度の推計値をもっていない。しかし、我々は、有価証券業務を取り扱う弁護士が上訴審判所に出廷する頻度の推計値はもっている。全分野が、この種の推計上の誤差に、ある程度はさらされている。ただし、他分野との高度の重複が見られる分野では、１人の弁護士の執務時間のより大きな割合の投入を要求する分野よりも、より強い歪みを受ける。予備的分析では、威信と［多数の分野に手を出す］好事家趣味の推計値との間には、関係は見いだせなかった。推計上の誤差が理論的な関心のある変数群との関連で無作為に働いている範囲では、それら変数群の威信に対する影響は、全体的に弱められているだろう。

割合と、より低い社会的地位にある個人依頼者（販売員、事務員、工場労働者、または失業者）の割合に関する回答者の報告から構成された。業務の知的要求度は、回答者の業務全体に要求される法的技術の水準に関する回答者の評定を用いて算出された。つまり、その推計値は、教養のある素人によってはなされえないほどに専門化された技術と知識を要求する業務であると報告した弁護士が、その分野に投入した時間の百分率である[17]。プロフェッショナルな純粋性を主張する学説によれば、弁護士は、ただ単に知的に複雑な業務というのみではなく、特別に法律的な業務を重視しているのだという。そうすると、もし、ある業務について教養ある素人には接近できないような専門化された技術や知識が必要とされるのであれば、このことは、その業務が、このプロフェッションの中心にある抽象的な知識の核心に近接していることを意味している。

　威信についてプロフェッショナルな純粋性に着目する理論によれば、もっとも威信の高い業務とは、もっとも弁護士らしい業務であって、プロフェッションの抽象的知識を使用しながら、その形成にも貢献する業務である。前述した法廷の例が示唆するところによれば、純粋性は多様な法律作業のなかで変化する。先の例では、裁判官と事実審弁護士との間での差異だった。さらに、プロフェッショナルな純粋性は分野ごとにも変化する。アボットの用語で言えば、ある分野の業務が純粋である度合は、その分野の実務家が、処置や診断ではなく、推論に努力を捧げる程度によって決まるのである。

　我々は、推論を特別な課業群として捉えてもよいだろう。分野によっては、より多くの課業を要する場合もあれば、あまり要しない分野もある。多様な法分野で実行される特別な課業と、それらの課業が組織化される方法とは、法律問題自体の内容によって条件付けられる（Kordana 1995; Nelson 1988, 177）。たとえば、企業のために遂行された法律業務を記述しながら、コーデイナは次のように記している。

　　大企業の抱える案件（有価証券の募集、企業合併など）や大規模訴訟の案件は、「書面業務」と呼ばれうるものを大量に要求してくる。企業案件の場合、これらの課業には［債権の］「適正評価」……や、さまざまな合意書面の起案と校正の作業が含まれる。訴訟案件の場合、書面業務に

---

*17　この推計値に関する検討については、第5章の**図5.8**を参照。

は、文書の開示……や、紛争に含まれている、あるいは、潜在的に関連しうる、無数の争点について徹底的な法律調査を行うことが含まれる。

　企業間の取引や訴訟に関する案件で大規模法律事務所によって行われる業務の比較的小さな部分としては、依頼者とのやりとりや、戦略的で複雑な法律業務がある。これには、法律調査の結果をまとめて手元の事実関係に適用すること、訴訟案件で相手方より戦略的に有利に立つために開示手続を利用すること、合意や和解の内容が依頼者の目的と成功裏に合致していることの確認作業、そして、進行状況を依頼者へ通知しておくこと、が挙げられる（Kordana 1995, 1924-25）。

　たとえ「書面作成業務」がプロフェッショナルであるとしても、それは診断の領域に属する。ここでいう診断とは、依頼者の問題を法律案件として定式化し、その問題を法的先例が存する別の案件と関連づけるという業務である。弁護士と依頼者との関係は、部分的には処置からなっている。それは、依頼者の問題を法律的に解釈したものを、また素人の用語に戻して、依頼者が事件の進展を理解できるようにすることである。そして、また、一部では、まったくプロフェッショナルではない業務からも両者の関係はなっており、それは、いわば顧客を取り扱う販売員の「営業」のようなものである。他方、コーデイナのいう「戦略的で複雑な法律業務」とは推論であり、それこそが、プロフェッショナルとしてもっとも純粋な業務なのである。

　プロフェッションの権限は、経営者の権限と重要な点において異なっている。大規模法律事務所における経営者の権限——雇用・解雇の権限と、事務所のその他の運営業務に伴う責任——は通例、経営担当パートナー１人と、パートナーの合議体によって担われる（第５章を参照; Nelson 1988）。そのような権限がプロフェッショナルとしての威信を付与するのかどうかは不明であるけれども、経営上の権限配分が弁護士の業務領域の内実と必然的な関係をもつことはない。ただし、特殊プロフェッショナルな権限が生じる場合もある。なぜなら、ある人々が「業務の日常的な流れのなかで、分業して他者と協働することとなり……、経験や専門知識のために、その他者へ指示をする」場合があるからである（Freidson 1986, 143）。このような階層的分業のなかで業務が組織化される法分野では、一定の弁護士に「純粋な法律業務」へと専門化する機会が提供され、他方では、比較的純粋さに欠ける業務がその他の弁護士に割り振られるのである。

120　第Ⅱ部　弁護士界の階層性

それゆえに、ある法分野の業務がプロフェッショナルとして純粋であり、かつ「戦略的で複雑な法律業務」を要求する程度の推計値として、我々は、他の弁護士の業務を「頻繁に」か「とても頻繁に」管理したり審査したりすると回答した弁護士が各分野に投入した時間の百分率を計算した。もちろん、すべての管理および審査業務が法的推論を伴うわけではない。それらのなかには、弁護士たちに課業を割りふる運営業務や新任弁護士の教育も含まれる。そのような課業による汚染にもかかわらず、これが、利用しうる最善の推計値である。というのも、この推計方法によって、ある分野内の分業が、弁護士に診断業務を他の弁護士に委託することを許し、その結果としてプロフェッションとしてより純粋な業務を追求できるようにしている度合を、算定できるからである。[18]

　すべての法分野は事務所内での作業を要求し、また、分野によっては、弁護士に出廷を要求するものもある。事務所内業務の場合と同様に、法廷業務の純粋性も多様である。第一審裁判所は、事実関係を確定する。証人が召喚されたり、証拠が提出されて争われたりする。弁護士は、事実関係や、それら事実の重要性について主張する。しかし、上訴審裁判所は、通例、事実関係を解決済みのものとして取り扱う。上訴における弁護士の主張は法律問題に集中し、それゆえに、プロフェッショナルとして比較的純粋となる。[19]ある分野の弁護士が上訴業務（仮説では比較的純粋な業務）を行っている度合の推計値として、我々は、彼らが州と連邦の上訴審裁判所に出廷している月当たりの日数の報告を利用した。さらに、我々は、分野ごとにその平均値を計算した。ある分野の業務が（比較的不純な）事実審裁判所の業務に関連している度合を測定するため、我々は、弁護士が事実審裁判所（州と連邦）に出廷している月当たり日数の平均値を算出した。各分野の特性を示すその他の推計値として、その分野で費やされる時間によって各弁護士の貢献度が測られた。

＊18　我々は、弁護士の先任順位と経営上の権限の影響をコントロールしたモデルも計算した。それは、各分野の年齢分布と、所属組織における経営上の決定に弁護士が参加した推計値とを含める方法で行った。これらの分析で明らかになったのは、先任順位と経営上の権限とは、各分野の威信と正味の関係がないことであった。プロフェッショナルな純粋性のモデルにこれらの変数を含めても、他の係数の算定に影響を及ぼすことはない（Sandefur 2001）。
＊19　ある業務分野の弁護士たちによる上訴業務の頻度は、彼らの事件の係争額を反映しているかもしれない。というのも、訴訟価額が高い事件は上訴に至るまで追求される可能性が高いからである。

第4章　威信　**121**

【表4.5　プロフェッショナルな威信、依頼者の類型、およびプロフェッショナルな純粋性　1995年】

	モデル1	モデル2	モデル3	モデル4
切片	-1.772**	-1.718**	-2.694**	-2.441**
標準誤差	(.613)	(.577)	(.798)	(.808)
企業依頼者の%	1.179*	.446		
標準誤差	(.686)	(.713)		
β	.26	.10		
地位が低い個人依頼者の%	-3.374**	-3.358**		
標準誤差	(1.117)	(1.050)		
β	-3.9	-3.9		
弁護士業務の知的難易度	1.770+	1.188	2.433**	1.820+
標準誤差	(.971)	(.944)	(.869)	(.964)
β	.27	.18	.37	.27
実務弁護士の平均以上の所得		2.690*		1.891
標準誤差		(1.119)		(1.356)
β		.33		.24
事実審裁判所で過ごす月平均日数			-.113*	-.106*
標準誤差			(.050)	(.050)
β			-.36	-.33
控訴裁判所で過ごす月平均日数			2.670*	2.187*
標準誤差			(1.226)	(1.259)
β			.28	.23
他の弁護士の監督・評価			2.266*	1.291
標準誤差			(1.084)	(1.278)
β			.27	.15
N	40	40	40	40
自由度調整済みR^2	.55	.60	.53	.54

注：表は、威信スコアの対数に対する最小二乗法回帰分析の、メトリック回帰係数および標準誤差（カッコ内）と、標準化回帰係数を示す。
$**p<.01$　$*p<.05$　$+p<.10$　（両側検定）

　表4.5は、依頼者類型とプロフェッション的純粋性に関する上記の推計値を用いて威信度を回帰分析した結果を表している[20]。モデル1が示しているのは、専門家としての知識と企業へのサービスとが威信と正の関係をもつのに対して、社会的地位の低い人々へのサービスが威信と負の関係にあることだ。これら3つの指標だけで威信の分散の55％を説明している。モデル2では、各分野で働いている弁護士の収入という推計値を追加している。この数

---

*20　前述のように、従属変数は威信スコアのロジットである。これらは最小二乗推定法による回帰分析によって取り扱われている。

字は、全稼働弁護士の平均値（1995年のドル換算で13万2904ドル）よりも収入が多い弁護士が各分野へ投入した時間の割合である。モデルに収入を追加すると、威信と企業依頼者の割合との関係が62%（[0.26-0.10]/0.26)減少したうえ、統計的に有意ではなくなった。たしかに、弁護士の収入のほうが企業依頼者の百分率よりも依頼者の富裕度をよりよく示す指標となる可能性もある。しかしながら、この分野ごとの収入度という推計値を含めても、威信と社会的地位の低い依頼者へのサービスとの間の統計上の関係は変化しない。威信とプロフェッショナルな専門性を示す推計値との関係は、収入因子が導入されると3分の1（0.33=[0.27-0.18]/0.27）も減少するうえに、有意性もなくなってしまう。これらの知見を解釈する1つの方法は、専門家の知識と企業へのサービスとで威信が高くなる原因には、少なくとも、それらの業務によい報酬が支払われていることにその一端があるのだろうと推測することである。

　しかし、賃金と威信とが同じ受取人に授けられることはよくある。そうであるとすると、企業へのサービスが好まれるのは、単に高収入によるだけではなく、同輩からの信望も集められるからかもしれない。

　表4.5におけるモデル3の統計数値は、プロフェッショナルな純粋性の推計値を用いて威信度を回帰分析した結果を表している。前述のように、専門家としての知識は威信と正の関係にある。また、上訴審裁判所で費やされる時間の量も、ある分野で弁護士が他の弁護士の業務を管理し審査する度合も、威信とは正の関係にある。これに対して、事実審裁判所で費やされる時間の係数は負の値である。これら4つの弁護士業務上の特性で分散の53%を説明している。モデル4は弁護士の収入を付加したものである。専門能力、他者の業務を命じる責任、出廷が因子としてコントロールされると、収入と威信との関係は、期待された正の方向を保ちつつも統計的に有意ではなくなる。これに対して、収入が因子として導入されると、管理業務の係数は44%（[0.27-0.15]/0.27）下がり、有意でなくなる。また、威信と専門家の知識との間の関係も、収入を因子として導入したときには──27%（[0.37-0.27]/0.37)──減少する。比較的軽い減少しか見られないのは、出廷と威信との間の各関係である。依頼者類型の推計値に対する結果と同様に、これらの知見には2つの解釈がありうる。もし、報酬それ自体が尊重されているならば、プロフェッションとしてより純粋な法分野がより高度な威信を受けている理由の一部は、これらの法律業務の類型が平均値よりも高い報酬を支払われていることにある。あるいは、収入が威信を「もたらす」わけではないが、収入分

布が威信の分布に一致しているということかもしれない。

５．威信の高い業務への参加

　我々は、威信の分析を始めるにあたって、弁護士間の名誉の分布が弁護士たちのプロフェッショナルな価値観を明らかにするだろうと想定した。ここで、我々は、名誉を受ける業務のなかでの弁護士の分布に関心を向ける。歴史的に排斥されてきた集団の構成員が弁護士界で実質的に増加しているが、研究者の示唆によれば、これらの新しい集団の参入があったとしても、それがプロフェッションのなかへ十分に統合されるまでには至っていないという（第３章を参照; Chiu and Leicht 1999; Epstein 1993; Hagan and Kay 1995; Lempert, Chambers, and Adams 2000）。弁護士界は、自らが仕えている公衆を反映して「記述的な代表」（Pitkin 1972）といえるほどまでには至っていない。つまり、このプロフェッションは「アメリカのように見え」ないのである。それは一方では、特定の利害や経験をもつ集団が弁護士界で比例して代表されているかという意味でも、また他方では、そのような集団の構成員が弁護士によってなされる何種類かの業務に十分に参加できているかという意味においても、いずれも実現できていないのである。

　1975年のシカゴ研究から得られた知見の１つは、外部の社会階層構造が弁護士界内部の階層構造を上塗りし、強化しているというものだった。民族的・宗教的出自や階級的背景のために弁護士界の外で比較的高い社会的地位をもっている弁護士──すなわち、北欧・西欧に先祖をもち、プロフェッショナルの家庭の出身で、宗教的所属が主流派プロテスタントである白人男性──は企業依頼者に仕える傾向があった。また、ユダヤ系や、南欧・東欧に先祖をもつ人々、そして、社会経済的地位の低い家庭の出身者のように、あまり特権的でない集団の構成員である弁護士は、個人や小さな企業にサービスを提供する傾向があった。特に、ユダヤ系の弁護士は、弁護士界で低い威信しか与えられない業務に不均衡に集中していた（Heinz and Laumann 1982, 205, table 6.6）。

　これらのパターンのいくつかは変貌した。それでも、今日の合衆国では、女性弁護士が法律事務所のパートナーになっていることは男性の同僚と比較して少ないし、人種的少数派に属する弁護士が権力と威信のある立場に就いていることはまだ少ない（Hull and Nelson 2000; Lempert, Chambers, and Adams

【図 4.1　選択された集団の業務威信スコア　1975 年と 1995 年】

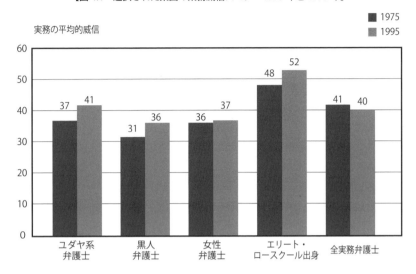

注：　以下の集団平均スコアは、同時期の他の弁護士のスコアと有意に異なる。
1975 年：ユダヤ系弁護士（$p < .001$）；黒人弁護士（$p < .01$）；エリート・ロースクール出身（$p < .001$）。
1995 年：女性弁護士（$p < .05$）；エリート・ロースクール出身（$p < .001$）。

2000; Wilkins and Gulati 1996）。

　図4.1は、特定の集団別に威信の高い業務への接近度を分析した結果である。ここで提示した「業務の威信スコア」とは、各弁護士が従事している分野がもつ威信スコアを、比重をつけながら合計したものであり、弁護士が各分野へ投入した時間の配分量を反映した重み付けを行っている。1975年には、歴史的に排斥されてきた集団の構成員は、より低い威信しかない業務を取り扱う傾向があった。ユダヤ系の弁護士によってなされた業務の平均威信度は全体の平均よりも5ポイント低く、黒人弁護士は10ポイント低く、女性は5ポイント低かった。しかしながら、1995年には、ユダヤ系の弁護士はもはや不利な立場にはなく、黒人弁護士もより高い威信をもつ分野へ移動した。黒人弁護士の点数は平均よりも約4ポイント低いままであるけれども、その差異は統計的には有意でない。ただし、1995年の標本では、女性の数が増えているのにもかかわらず、その全体平均からの差異は有意である。女性弁護士が男性弁護士よりも平均して若いことが、威信の高い業務で女性が少ないことを説明するようには思えない。というのも、年齢は威信とは関連がないか

【図 4.2 業務環境による業務威信スコア　1975 年と 1995 年（平均）】

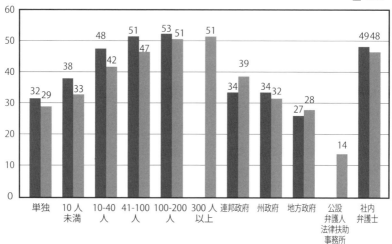

注：調査時期間の差は、弁護士 10 人未満の事務所と弁護士 10 人〜40 人の事務所についてのみ
　　有意である（$p < .05$、両側検定）。公設弁護人と法律扶助のカテゴリーは、法律扶助協会で
　　働く弁護士を含む。

らである。[*21] 1995 年のシカゴ弁護士の間では、女性と黒人にはエリート・ロースクールに通っていた者が少なかったので、そのことが、威信の高い分野における女性と黒人の数を制限しているようである。我々が第 3 章で記述し、また、第 6 章のキャリア・パターンの分析で再び確認するように、ロースクールの威信は弁護士が雇われる場所の決定因子であり、また、その結果、威信の高い業務への接近を決定する重要な因子なのである。

もっとも威信の高い業務は、最大の法律事務所で働く弁護士によって、そして、社内弁護士として勤務する弁護士によってなされている（**図4.2**を参照）。これは、そのような執務環境にある弁護士が威信の高い業務のなされる対象である大規模な会社に仕える傾向があるので、驚くことではない。民間実務に携わる弁護士の間での威信の平均スコアは、個人依頼者に仕える可能性がもっとも高い単独開業の実務家においてもっとも低い。しかし、地方自治体

＊21　実務家の年齢と実務の威信との間のピアソン相関係数は、1975年が0.00で、1995年が
　　　0.05である。

126　第Ⅱ部　弁護士界の階層性

の弁護士や公設弁護人、そして法律扶助の弁護士によってなされる業務の威信度は、よりいっそう低い。地方自治体や貧困者へのサービスに専門化している機関にいると、弁護士に威信の高い業務を行わせる機会がもっとも少なくなるばかりか、このプロフェッションのなかでもっとも給料が少なくなるからである（第7章を参照）。

　業務環境を通じた威信の高い業務の分布は、2つの調査で類似していた。しかし、小規模な民間実務という環境のすべてにおいて平均スコアが下落していた。特に、法律事務所の規模がもっとも小さい2つの範疇においては、下落が統計的に有意である。これらの下落は、昨今、何種類かの会社向け法律業務の複雑さが上昇しており、より大規模な弁護士チームが必要とされている状況を反映しているのかもしれない（Dunworth and Rogers 1996; Hadfield 2000）。より小規模な事務所は、ただ単にこの規模の案件を処理する人員を擁していないだけではない。より小規模な事務所での実務の威信が下落している原因は、1975年当時には比較的まれであった類型が発生したことにもあるのかもしれない。すなわち、複数のパートナーとアソシエイトが個人被害や離婚のような威信の低い業務に、もっぱら、または、ほとんどもっぱら傾注しているような事務所の出現である。[*22] しかも、法律事務所のなかには、特に中規模な事務所が、もっと広範で多彩な種類の法律業務を引き受けている可能性もある。新しい市場を開拓する努力のような戦略的な理由にせよ、または事務所が苦境に陥っているからにせよ、これらの事務所は、離婚や消費者対象の債権回収のような、従来はよそに回していたであろう業務にも、積極的に着手するようになっているのかもしれない。

---

*22　これらの弁護士集団の威信低下についての第3に可能な説明は、1995年に小規模事務所で働いている弁護士たちが20年前の同等部分と同じ力量をもたないので、より威信の低い——さらに推察すると、知的難度がより低い——業務に引き付けられていたのではないかというものである。そのような変化は算定が困難であるが、威信の高い学校を出た弁護士たちが1995年に2人から40人の弁護士しかいない事務所で働くことは有意に少なかった。それゆえ、もし、ロースクールの評判が法的訓練の性質を示すものだとすれば、我々は、小規模事務所の実務が最良の訓練を受けた弁護士にとって1975年当時よりも魅力を減らしていたことを発見したことになる。大規模事務所があまり上位に位置づけられていないロースクールの卒業生を多く雇用し始めているけれども（**表3.1**を参照）、大事務所は、劣位の学校とはいえ最上位の卒業生ばかりを狙って新規採用しているので、その結果、より小規模な事務所から期待の星を奪っていることになる。

6．結論

　プロフェッション内部における威信の分布に関する弁護士たちの判断は、アメリカの民衆が期待している信託的な役割を裏書きするものではない。プロフェッショナルな活動における独立性と公共サービスへの参画は、このプロフェッションが表面的には高く評価している属性ではあるが、実際にはそうではない。むしろ、威信の分布は有力な依頼者へのサービスに対する尊重の念を反映しているのであって、そのような依頼者は深遠な技術の行使と相当な収入の両方を得る機会を提供する。このプロフェッションは、依頼者と自己との関係によって組織化され、プロフェッション業務に伴う課業は多様な依頼者層に対応しており、このプロフェッションの価値観は、依頼者との関係と課業によって形成されているのである。このようにして、理由はどのようなものであれ、法律プロフェッションは、富と権力へのサービスを志向しているのである。

（訳：畑　浩人／はた・ひろと）

■第5章

組織

　キャリアの軌跡、所得、依頼者との関係、プロフェッショナルとしての社会的地位、ならびに仲間の支援を含む資源へのアクセスといったあらゆるものは、大都市の弁護士が働く組織の性質によるところが大きい（Leicht and Fennell 1997, 2001; Baron and Bielby 1980も参照）。しかしながら、これらの結果を決定する組織構造と手続、そして組織と各弁護士への具体的影響は、それほど明確ではないのである。大規模な実務組織は、プロフェッショナルの業務を官僚制化し、事務所の民主的統治を蝕み（Tolbert and Stern 1991）、そしてプロフェッションの自律性を制約する（Spangler 1986; Derber, Schwarz, and Magrass 1990; Wallace 1995）のだろうか。あるいは、大規模な法律事務所や法務部は、平等な同僚による統治を用いるのか。もしそうなら、それは、おそらく弁護士や依頼者が特にそれを重んじるため（R. Greenwood, Hinings, and Brown 1990; Waters 1989）であるのか、それとも影響力のある各パートナーや実務グループが統治構造の変化に抵抗するため（Nelson 1988）であるのか。官僚制化と平等な同僚による経営との緊張関係——そしてそのような緊張関係に対処するために採用されたメカニズム——が、弁護士のプロフェッショナルとしてのイデオロギー、彼らが働く組織と彼らがそこから得る満足、そして彼らを雇用する組織とプロフェッションへの彼らのコミットメントの性質に、どのように影響するのか。組織の変化と、組織内および組織を超えた不平等のパターンとの関係とは、どのようなものであるのか。成長の要請と組織の合理化が、能力主義の採用と昇進という新しい時代のさきがけとなってきたのか（Chiu and Leicht 1999; Kornhauser and Revesz 1995）。あるいは、我々は、弁護士のカテゴリー間、特に人種やジェンダーが異なる弁護士間に、継続的な格差を目の当たりにするのか（Hagan and Kay 1995; Kay 1997; Kay and Hagan 1998; Dixon and Seron 1995）。

130　第Ⅱ部　弁護士界の階層性

1. 大規模法律事務所の経済的優位性

　我々のデータは、企業法務において大規模法律事務所の優位性が著しく増加したことを明らかにする。**図5.1**は、1975年と1995年の様々な業務環境に占める実務弁護士数と所得総額の割合を示すものである。法務サービス市場の圧倒的勝者は、最大規模の法律事務所であった。ここで留意すべきことは、弁護士100人以上の法律事務所を除くすべての業務環境において、所得総額に占める割合が減少したことである。所得総額に占める大規模法律事務所の所得割合は４倍になった一方で、実務弁護士総数のうちそれらの事務所が雇用する割合は３倍になった。単独開業弁護士、社内弁護士（house counsel）、最小規模の法律事務所に関しては、実務弁護士総数に占める割合は減少し、弁護士31人～99人の法律事務所は、弁護士全体に占める割合が1％を少し下回る程度にしか増えなかった。しかしながら、弁護士２人～30人の法律事務所が所得総額に占める割合は、それらが弁護士全体に占める割合を超え続けたのである。

　依頼者の変化を評定することは、２つの調査で用いられている尺度が異なるため、あまり容易ではない。1975年のインタビューでは、回答者は、大企業、中企業、小企業を含む複数のタイプの依頼者それぞれからもたらされた所得の割合を示すよう求められた。しかしながら、1995年には、インタビューは、弁護士がさまざまなタイプの依頼者に割いた時間の割合を調査した。したがって、尺度は異なる。このことにもかかわらず、知見の比較は、依頼者に関して変化が生じたことをかなり明確に示している。たとえば、1975年には、弁護士100人以上の法律事務所において実務を行っている回答者のまるまる３分の１が、所得の４分の３以上を小企業から得たが、1995年

---

*1　1975年には、これらは「たとえば、スタンダード・オイル、アメリカン・ナショナル銀行、アボット・ラボラトリーズ、プレイボーイ・エンタープライズ、ペパー・コンストラクション――すなわち、年間売上高1,000万ドル超」と定義された。

*2　1975年には、これらは「たとえば、近所の店、地元のレストラン、地元の不動産仲介業者など――年間売上高250,000ドル未満」と定義された。

*3　1995年には、そのカテゴリーは、以下のように定義された。大企業（たとえば、アモコ、アメリカン・ナショナル銀行、アボット・ラボラトリーズ、プレイボーイ・エンタープライズ、ペパー・コンストラクション――たとえば、年間売上高3,000万ドル超）。中企業（年間売上高1,000万ドルから3,000万ドル）。小企業（たとえば、近所の店、地元のレストラン、地元の不動産仲介業者など――たとえば、年間売上高100万ドル未満）。

第５章　組織　**131**

【図5.1　6つの業務環境における所得と弁護士の分布　1975年と1995年】

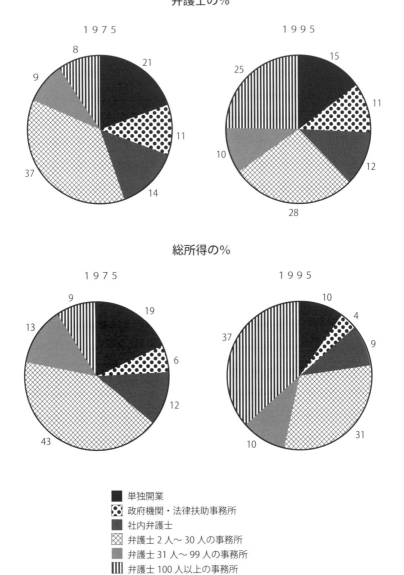

には、同規模の法律事務所の弁護士のうち、そのような依頼者に彼らの時間を75％も割いたのは、1％だけであった。単独開業弁護士の間では、正反対

の傾向が見られる。1975年には、単独開業弁護士のほぼ半数が、小企業から
は彼らの弁護士費用をまったく得なかったと言ったが、1995年には、小企業
依頼者に時間をまったく割かないのは29％だけだった。単独開業弁護士の5
分の2弱（38％）は、1975年には、所得の半分を小企業から得たが、1995年
には、過半数（55％）が自分の時間の半分以上を小企業依頼者へ割いており、
彼らのうちの43％は、その時間の4分の3以上を小企業依頼者に割いていた。
小企業依頼者の割合は、（少なくともこれらの一貫性のない指標による測定をした
ところでは）弁護士10人未満の法律事務所においてのみ増え、より大きい事
務所規模のカテゴリーのすべてにおいて減少した。1975年には、大規模法律
事務所は小企業のためにかなりの量の仕事をしており、単独開業弁護士と小
規模法律事務所はさまざまなタイプの依頼者のために働いた。しかしながら、
1995年には、最小規模の法律事務所は小規模依頼者のためにより多くの仕事
をしていたのに対して、最大規模の法律事務所はそのような依頼者のために
ほんの少ししか仕事をしていなかった。かくして、規模において両極端にあ
る法律事務所は、市場をより明確に定義しうる部分に奉仕するものとなった
のである。

　図5.2は、4つの業務環境にわたって、企業を依頼者とする法務の主要分
野における弁護士のエフォートの分布を示している。最大規模の法律事務所
は、5分野すべて、とりわけ特許法（または、より広く、知的財産）および企
業税務の仕事における占有率を劇的に増やした。1995年には、弁護士100人
以上の法律事務所は、シカゴの弁護士の4分の1しか雇用していなかったに
もかかわらず、証券実務の半分以上を行っていた。弁護士2人〜30人の法律
事務所は、企業訴訟における占有率を増やしたが、金融、特許、証券ならび
に企業税務における占有率を失った。弁護士31人〜99人の法律事務所が特許
法において占有率を大幅に増やしたのは、おそらく、かつては弁護士2人〜
30人のカテゴリーにあった特許専門法律事務所が31人〜99人のカテゴリーへ
と成長したためであるが、それらは、他の分野で占有率を失った。社内弁護
士は、金融において占有率を小幅に増やし、証券業務において占有率を大幅
に増やしたが、企業税務、企業訴訟ならびに特許で占有率を失った。

　図5.3は、個人依頼者に関する主要分野におけるエフォート配分の変化を
示している。単独開業弁護士および小規模法律事務所の弁護士は、社会的地
位がより低く報酬がより少ない仕事を占め続けていた。1995年には、単独開
業弁護士は、実務弁護士の15％だけであったが、一般家事実務全体の4分の

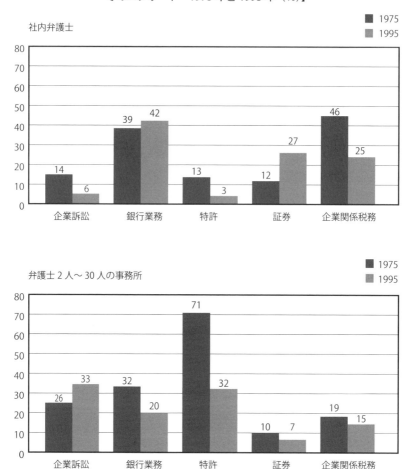

【図 5.2　4 つの業務環境における、選択されたビジネス法分野でのエフォート　1975 年と 1995 年（%）】

3 以上、離婚業務全体の 5 分の 2 以上、刑事弁護の 3 分の 1 以上、そして個人被害業務（原告）および個人依頼者の民事訴訟の 3 分の 1 近くを行っていた。弁護士 2 人～30 人の法律事務所は、個人被害実務（原告）で特に優位に立っていた。より規模の大きい法律事務所は、個人依頼者の民事訴訟を除いたこれらの全分野の業務の 10% 以下しか行っていなかったが、弁護士 100 人以上の法律事務所は、1975 年には離婚業務を避けていたにもかかわらず 1995 年には多少行っていたし、刑事弁護業務における占有率を 2 倍以上に増やした。

弁護士31人〜99人の事務所

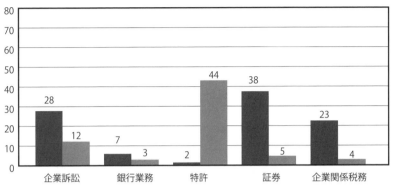

弁護士100人以上の事務所

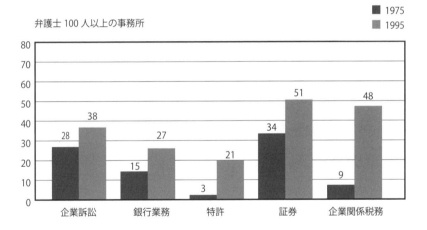

　これらの増加は、多額の財産の分与に関して争われている離婚事件とホワイトカラー犯罪の弁護が、企業法務専門の法律事務所においてより受任されやすくなったことを示している。予想できるように、政府内弁護士、公設弁護人、法律扶助弁護士は、大量の刑事弁護と相当な量の離婚・家族業務を行った。これらのデータは、業務分野の分化についての、単純だが重要な点を実証している。すなわち、大法律事務所の台頭と弁護士所得総額におけるそれらの占有率の増加は、プロフェッションの個人依頼者部門を侵略することからではなく、企業実務におけるそれらの優位性からきているのである。

**【図 5.3　5 つの業務環境における、選択された個人業務分野での
エフォート　1975 年と 1995 年（％）】**

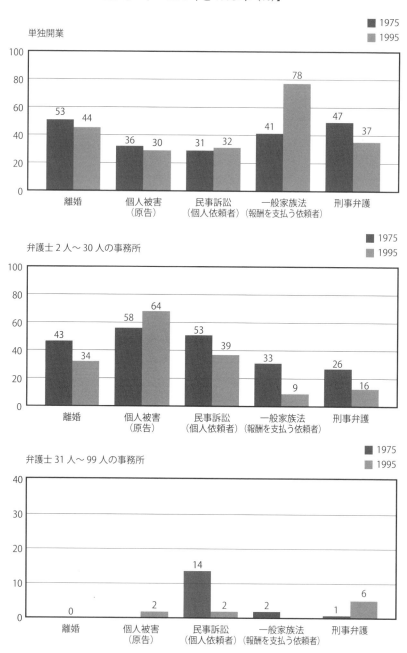

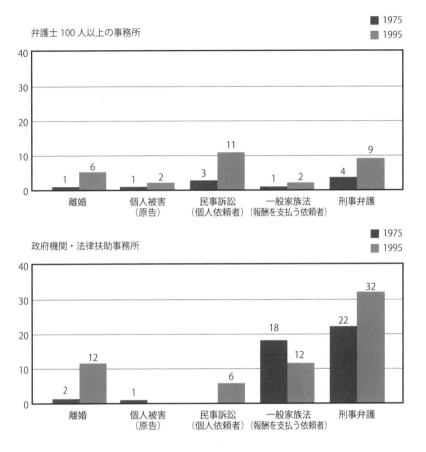

2. 組織に関連した有利さ

　企業法務の分野において大規模法律事務所の優位性が高まった当然の結果として、所得と弁護士が働いた組織のタイプとの間により強い相関関係が生じた。1975年には、抽出標本の上位4分の1に入る所得を得た弁護士の21%のみが、30人以上の法律事務所で働いていた（所得の詳細な分析に関しては第7章を参照）。しかしながら、1995年には、上位4分の1に入る稼ぎ手の37%は、100人以上の法律事務所で働いていた。[*4] さらに、多変量モデルは、組織のタイプが、1995年において所得分散のより多くの割合を説明することを示

＊4　1975年には、高額所得者の8%のみが100人以上の弁護士がいる事務所に属していた。

第5章　組織　137

している。我々が、年齢、経験、在籍したロースクールの社会的地位、ロースクールの成績、民族または人種、ジェンダー、父親の職業、ならびに業務分野をコントロールすると、1975年と1995年の両年において、単独開業弁護士、政府内における実務、ならびにパートナーであることに対して、有意な影響があることがわかる。1995年に関しては、大規模法律事務所の実務、巨大法律事務所の実務（300人以上の弁護士の法律事務所）、ならびに法律事務所ではない業務環境において監督的地位を有することに対しても、有意な影響があることがわかる。1975年のデータでは、回答者が働く特定の法分野を含むモデルは、法分野ではなく業務環境を用いるモデルよりも、所得の分散に対して5%高い説明力を有する。しかしながら、1995年には、説明された分散は法分野が加えられても変化しない。そういうわけで、1995年には、業務環境がすべてである——法分野は何も付け加えないのである。

　経済的報酬を決定することに加えて、組織は、威信ある業務分野への、そして、質の高いプロフェッショナルな仕事ぶりのために必要なツールの一部への、アクセスをコントロールする。1997年に『イリノイ・リーガル・タイムズ』によって集められた情報によると、イリノイ州内で300人以上の弁護士を抱える6つのシカゴの法律事務所は、それぞれ435人から613人の非弁護士を雇用していた。つまり、これらの大法律事務所の平均では、弁護士1人あたり約1.5人のサポート・スタッフがいた（*Illinois Legal Times* 1997, 20）。1995年に、回答者によって通常使われる非弁護士職員の平均数は、単独開業弁護士のための1.8人から、弁護士300人以上の法律事務所の弁護士のための4.9人まで、異なっていた。大法律事務所で働くことの利点の1つは、それらの法律事務所が優れた資源を有しているということである。1995年に調査された単独開業弁護士および小規模法律事務所の弁護士は、ほぼ半数しかレクシス（Lexis）またはウエストロー（Westlaw）（より大規模な法律事務所では一般的に利用可能であるコンピューター化された法情報調査ツール）にアクセスできなかったのである。

　弁護士を雇う組織はまた、弁護士の仕事を生み出し完成させる助けとなるプロフェッショナルの仲間のほとんどを供給している。1975年に、回答者は彼らが法について話し合う相手を特定するよう要請された際、彼らが特定した仲間の78%は、回答者と同じタイプの業務環境で働いており、まるまる3分の1が同じ分野で働いていた。1995年には、業務環境内の近交関係はさらに強くなった——仲間の88%が同じ環境で働いていた——が、26%だけが同

じ法専門性を占めていた。かくして、組織という文脈が、平等な同僚による紐帯の形成により強く影響を及ぼしてきたように見えるのに対して、法分野の専門性がその関係の基礎であることは少なかったのである。

3. 法律事務所の類型論

後になってあらためて考えると、1975年には大きいと考えられていた、平均で約40人の弁護士を抱えていたシカゴの法律事務所のほとんどは、今ではまったく小ぶりに見える。その規模で、彼らは、本人同士での1対1の同僚間の紐帯を奨励することができた。1組織における1対1の紐帯の最大数は容易に計算できる[*5]。弁護士40人の法律事務所については、その半数がパートナーであり、20人のパートナー間で190の直接的紐帯がありうる。もちろん、それらのすべてが緊密になるとはかぎらないが、それらの大部分は、結ばれてから長期間にわたって維持されることもありうるのである。我々の例に従うと、パートナーが20人から100人へと5倍に増えると、ペアの数は190から4,950に増える。すると、新たな組織形態が、伝統的な同僚間の平等な権限に基づく関係に対するこうした難問に立ち向かうために現れたのである。

1995年のインタビューにおいて、弁護士5人以上の法律事務所にいる回答者、および政府内弁護士と社内弁護士（inside-counsel）の立場にいる回答者は、彼らの組織の管理について質問された。弁護士5人以上の法律事務所において実務を行っている回答者360人は、179の法律事務所から得られた。法律事務所を組織タイプに分類する目的で、我々は、事務所レベルのデータを作るために同じ法律事務所内の個々人からの回答を統合した[*6]。より大規模な法律事務所のほうが、このデータ・セットに現れる可能性が高い。なぜなら、それらの弁護士の誰かが無作為抽出標本の中に含まれる確率は、より小規模な事務所の場合の確率よりも大きいからである。それゆえ、その結果得られた法律事務所群は、シカゴの弁護士が働く法律事務所の重み付き無作為抽出標本であると、適切に考えることができる。最初の標本抽出枠が個々の弁護

＊5　計算式は、nを弁護士数として、$n(n-1)/2$である。

＊6　同じ法律事務所からの弁護士の回答は比較された。一般に、高度の見解の合致があった。食い違いは、回答者のシニオリティを考慮に入れることと、外部データを参考にすることで、解決した。すべてのケースについて、我々は、重要な変数に関するデータの曖昧さを解決することができた。

士であって法律事務所ではなかったので、我々には、組織に関する理想的な情報提供者が存在しない。たとえば、若手で経験の浅い弁護士は、同じ法律事務所のベテランによって提供される情報と異なる、そしておそらく十分な知識に基づかない情報を提供するかもしれない。これは、リサーチ・デザインに内在する限界であるが、それでもなおデータは興味深い。法律事務所に関する大規模なデータ・セットにおける法律事務所の構造と管理の詳細に関する系統立ったデータは非常に稀である。

　組織構造を分類するためのいくつかの方針を考えた後で、我々は、4つの比較的客観的な尺度を決めた。法律事務所が部門（たとえば、訴訟、税務、合併・買収）別に編成されたかどうか。法律事務所が非常勤弁護士またはパーマネント・アソシエイト[7]を雇用しているかどうか。法律事務所に弁護士業務を行わない管理職や経営委員会があるかどうか（いずれもないかもしれないし、いずれか、または両方あるかもしれない）。そして法律事務所が競争入札を通して仕事を求めるかどうか（これも3種のカテゴリーからなる変数である：ほとんどない／まったくない、時々ある、しばしばある）、である。

　我々は、これらの変数を潜在クラス分析（latent class analysis）で用いた。これは、特定の特性の類似性に基づいてケースをカテゴリーに分類する統計手法である（Clogg 1995; McCutcheon 1987）[8]。最も適合したモデルは、法律事務所の3つのクラスを識別した。我々は、それらを、「伝統型」「混合型」ならびに「企業型」と名付けた。3つのタイプの特徴は、各カテゴリーにおける法律事務所の規模に関するデータと同様、**表5.1**に示されている。伝統型法律事務所は、部門別に編成されることは稀であり、大規模法律事務所に比べて新しい職位を使うことが少なく、経営委員会や弁護士業務を行わない管理職を持たず、仕事を入札することはほとんどない。その対極にある企業型法律事務所は、概して、新しい経営構造をすべて有しており、競争入札に参加する傾向が（なお弱いとはいえ）やや強い。混合型法律事務所は中間にある。それらは、企業型法律事務所ほどではないが、部門を持つことが多いし、通常、経営委員会か弁護士業務を行わない管理職のどちらかを有するが、両方を有することはない。そして、それらのほとんどについて、競争入札を通し

＊7　（訳注）パートナーになることのないアソシエイト。

＊8　ハリス・キム（Harris Kim）の専門的な支援のおかげで、これらの分析をすることができた。（訳注）潜在クラス分析について、三輪哲「計量社会学ワンステップアップ講座⑶潜在クラスモデル」理論と方法24巻2号（2009年）345-356頁を参照。

て仕事を探すことは稀である。「新しい職位」という変数だけが、この「低」
「中」「高」の順にきっちりと対応しない。ここで考えられている新しい職位
とは、パーマネント・アソシエイトと非常勤弁護士である。この場合も、企
業型法律事務所は明らかに独特である（89％がこれらの新しい地位を有している）。
しかし、そのような弁護士は、混合型法律事務所（３％だけ）よりも伝統型
法律事務所（35％）の方に高い割合で存在する。しかしながら、特定の地位は、
法律事務所の規模のカテゴリーによって異なるのかもしれない。弁護士数人
だけの法律事務所は、しばしば、正式さの程度も異なる多種多様の労働形態
を有する。２つの小規模法律事務所が事務所スペースや秘書を共有するかも
しれないし、ゆるく提携することもある。そのような法律事務所にとっては、
業務量がピークの時や、通常扱う事件とは異なる事件を受任するときに、外
部に支援を求めることも普通のことである。形態は臨機応変であることが多
い。ある仕事の場合には、２人の弁護士は「パートナー」となって弁護士報
酬を分け合うだろうし、他の場合には、そうしないだろう。そのような状況
において、「非常勤」または非伝統的な地位を明確にすることは難しい。こ
れは、彼らの時間の大部分を育児に費やしたい親のために特別な取り決め
（「マミー・トラック」として軽んじられている）を結んだり、セミリタイアした
パートナーのための上級の地位を有したりする大事務所とはまったく別であ
る（第12章を参照）。

　企業型法律事務所の数が最も多い。サンプルの179の法律事務所の46％が
そのカテゴリーに含まれ、22％が混合型であり、そして32％が伝統型である。
表5.1は、組織のタイプと組織の規模との強い相関関係を示している。伝統
型法律事務所のうち、63％は弁護士が10人以下であり、30人を超えるところ
はない。ほとんどの混合型法律事務所も小規模である。70％は弁護士が30人
以下であり、１つの法律事務所だけが100人以上である。最低でも100人の弁
護士がいる法律事務所のうち、97％は企業的構造を有しており、伝統的構造
を有しているところは皆無である。かくして、弁護士10人～99人の法律事務
所においてのみ、組織形態において大幅な差異が見受けられる。３タイプの
法律事務所におけるパートナー対アソシエイト比も、また異なる。パート
ナーの割合は、伝統型法律事務所の61％から企業型法律事務所の48％まで幅
があり、その中間に混合型法律事務所（53％）がある。企業型法律事務所の
規模がより大きいため、より多くの回答者が、伝統型法律事務所や混合型法
律事務所よりも、そのような法律事務所で働いていた。弁護士５人以上の法

【表5.1　法律事務所の3つの形態の特徴　1995年（%）】

	伝統型	混合型	企業型
部門に分かれている（肯定の%）	26	50	84
新しい職位がある[a]（肯定の%）	35	3	89
経営構造[b]			
両方ともある	0	10	61
一方だけがある	0	90	39
どちらもない	100	0	0
競争入札			
めったに行わない／まったく行わない	88	90	74
時折行う	12	0	23
頻繁に行う	0	10	2
事務所規模			
5人〜9人	63	15	9
10人〜30人	37	55	20
31人〜99人	0	28	30
100人〜299人	0	3	22
300人以上	0	0	20
合計	100	101	101

注：すべての%は事務所の%で、個人回答者の%ではない。
[a]　非常勤弁護士とパーマネント・アソシエイトの一方または両方を有する事務所の%。
[b]　経営委員会と弁護士業務を行わない管理職の両方を有する事務所、一方だけを有する事務所、およびどちらも有しない事務所の%。

律事務所にいた360人のうち、65%が企業的な経営慣行を有する法律事務所で働いていた。

　これらの数字が明らかになっている。全実務弁護士の3分の1以上（35%）が、企業型モデルに適合する法律事務所で働いていた。他の9%は企業的特徴を一部有する混合型法律事務所で実務を行っており、10%は伝統型経営モデルに適合する弁護士5人以上の法律事務所にいた。リチャード・エイベル（Abel 1989）は、かつて、大規模法律事務所が、アメリカの法律プロフェッションにおいて、それらの数と極めて不釣り合いな目立つポジションを占めていると批評した。現在では、シカゴのような都市では、企業型法律事務所において雇用される全弁護士の割合は、法律プロフェッション内の新たな、明確な権力形態を反映している。所得総額においてそのような組織が占める割合が増えたことと、それらによる威信ある業務分野の支配は、法人モデルの拡散の成功に貢献してきており、同モデルは大都市の法実務の典型として現れてきた。さらに、これらは単に大きくなった小規模法律事務所ではない。それらは、独特の労働構造、独特の管理・経営構造、そして法務サービス市場への独特の姿勢を有しているのである。

4．民主制と参加

　組織形態としての法律事務所の特質の1つは、それらが自治的パートナーシップを維持しているということであり、そして、それらが同僚間の平等な権限に基づいているという特徴は、プロフェッションに関する文献において称賛されている（Freidson 1994, 169-83; Gordon and Simon 1992）。しかし、研究者も実務家も一様に、法律事務所の統治が民主主義の理想型、つまり対等の統治であることはめったにないということを認めている。実際、法律事務所は、重要な依頼者と最も近い関係にあるパートナーが不均衡に大きな割合の権力を持つという、限定的な民主主義として特徴づけられてきた（Nelson 1988）。しかし、法律事務所の統治と、統治への参加の性質と範囲について、系統立った研究はほとんどなされてこなかったのである。エマニュエル・ラジガ（Lazega 2001）は合衆国北東部の法律事務所を研究し、ロバート・ネルソン（Nelson 1988）はシカゴにある4つの法律事務所を研究した。公表されている法律事務所の特徴の概要を利用して、パメラ・トルバートとロバート・スターン（Tolbert and Stern 1991）は、法律事務所が比較的高いレベルの民主的参加を示していると示唆する。しかしながら、法律事務所に関して公表されている記述は、民主的過程のレベルを誇張しているかもしれない。これらの出典以外にも、有名な法律事務所の、そして法律事務所内の政治的混乱に関する、貴重ではあるが系統立っていない記述がいくつかある（たとえば、Caplan 1993）。企業内法務部や政府内法務部の統治構造に関する出典も少ない。政府内法務部および企業内法務部に関するイヴ・スパングラー（Spangler 1986）の研究は、それらが、民間のパートナーシップとはまったく異なり、官僚制的に統治されたヒエラルキーであることを示唆する。

　1995年のシカゴ調査は、法律事務所、政府内法務部、ならびに営利機関・非営利機関の管理について、基礎データを収集した。弁護士を5人以上雇用する組織で働いている弁護士は、その組織が経営委員会を有しているかどうか、その委員会はどのように選ばれるのか、そして回答者がその委員会や他の管理職にいたことがあるかどうか、質問された。これらの知見を報告する際に、我々は、組織レベルに集約することなく、個人レベルのデータを提示する。

　すでに指摘したように、伝統的法律事務所で経営委員会を有するところは皆無であったが、混合型法律事務所のほとんどと企業型法律事務所のすべて

【図 5.4　組織類型による統治の特徴　1995 年（%）】

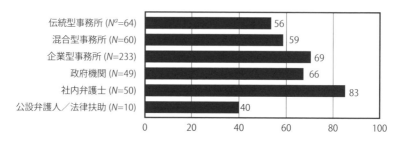

小グループが利潤を分け合う／給与を決定する

- 伝統型事務所 (N^a=64): 56
- 混合型事務所 (N=60): 59
- 企業型事務所 (N=233): 69
- 政府機関 (N=49): 66
- 社内弁護士 (N=50): 83
- 公設弁護人／法律扶助 (N=10): 40

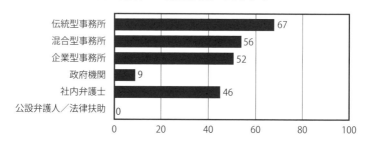

大多数の弁護士が採用決定に関与する

- 伝統型事務所: 67
- 混合型事務所: 56
- 企業型事務所: 52
- 政府機関: 9
- 社内弁護士: 46
- 公設弁護人／法律扶助: 0

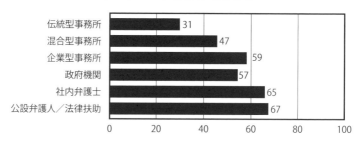

ワーク・グループは自律的である

- 伝統型事務所: 31
- 混合型事務所: 47
- 企業型事務所: 59
- 政府機関: 57
- 社内弁護士: 65
- 公設弁護人／法律扶助: 67

は、そのような委員会を有していた。委員会のメンバーを選ぶために用いられる最も一般的な手法は、パートナーひとりにつき1票の選挙という、最も民主的な選考過程である。企業型法律事務所の弁護士の半数近くと混合型法律事務所の弁護士の36%が、そのような制度を報告した。それらのカテゴリーに属する回答者の5分の1から4分の1は、パートナーの票は彼らのパートナーシップ持分によって重み付けられていると述べた。回答者の少数のみ、すなわち混合型法律事務所の弁護士の5%と企業型法律事務所の弁護

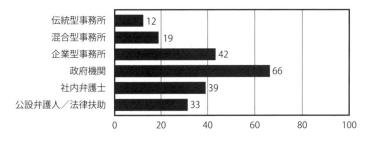

ワーク・グループが権力へのアクセスに影響している

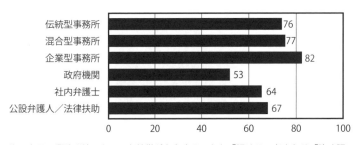

女性とマイノリティは昇進への平等な機会を有する

注：自己の業務環境において各特徴が存在することを「認める」者または「強く認める」者の％。
a　弁護士5人以上の有する組織の回答者。

士の12％が、委員会が自身の後継者を選ぶという、最も民主的ではない選択肢を報告した。政府内法務部と組織内法務部では、経営委員会はあまり一般的ではない。すなわち、政府内弁護士の41％、社内弁護士の60％、そして公設弁護人と法律扶助弁護士の60％が、彼らの組織にはそうしたものがあると言った。それらの組織がそのような委員会を有する場合、委員の選考は管理者の特権であった。すなわち、政府内弁護士の80％、社内弁護士の61％、ならびに公設弁護人と法律扶助弁護士の67％は、管理者が委員会を選任すると報告した。

　驚くほどのことではないが、より小規模の法律事務所で働く弁護士は、より大規模の組織で働く弁護士よりも法律事務所の経営に参加する傾向が強い。伝統型法律事務所の弁護士のうち、77％が経営的判断に関与したと言った。対照的に、混合型法律事務所の弁護士の30％と企業型法律事務所の弁護士の17％だけが、経営委員会の一員であるか法律事務所の経営に参加していると報告した。

法律事務所のタイプで、そしてその他の弁護士を雇用する組織の間で、統治に基本的な違いがある。民間実務において、経営委員会はパートナーたちによって選ばれる。政府および企業において、それはトップダウンの決定である。より小規模の伝統型法律事務所においては、ほとんどの弁護士がなんらかの経営上の役割をはたしているが、そのような役割は、企業型法律事務所や混合型法律事務所の文脈においては、弁護士によって経験されることは稀であった。

　管理者の選出および管理経験の分布におけるこれらの基本的な違いは、配分に関する決定にどのように影響するのか。図5.4は、組織のタイプで多少の違いを示している。ほとんどの回答者が、小人数の弁護士集団が給与に関する決定を下すと報告した。3つのカテゴリーの法律事務所の弁護士のうちの半数以上から3分の2以上が、給与の決定プロセスに関してこの特徴に同意したのである。社内弁護士は、企業生活の現実を反映して、ヒエラルキー的コントロールを報告する傾向が強かったが、公設弁護人と法律扶助弁護士は、給与の決定が数人の領分であると報告する傾向が最も弱かった。後者の業務環境において、弁護士は組合によって代理されていた。労働協約があるため、団体交渉により、給与の決定は少人数のグループによるコントロールに服すことが少なかった。

　我々はまた、回答者に、「［所属組織の］弁護士のほとんどが、新たに弁護士を雇うことに関する決定にある程度関与する」かどうか尋ねた。伝統型法律事務所の弁護士の3分の2以上がその記述に同意したか強く同意し、混合型法律事務所および企業型法律事務所、ならびに社内法務部の弁護士では、約半分が同意した。しかし、政府内弁護士と公設弁護人、あるいは法律扶助弁護士については、雇用に広く関与していると報告する傾向があまりなかった。これらの業務環境は、プロフェッションの自治とは一線を画することを明示しているのである。

　組織がより大きくなり、より官僚制化するにつれて、平等な同僚による関係の中心は、組織全体から下位部門へと移動しうる。部門内または部門を越えたつながりの性質、および組織内で回答者が所属する部門の名声を評定するために、我々は、回答者に、以下の2つの記述、つまり「私の法律事務所内の部門またはワーク・グループは、比較的自律した単位として活動している」と「法律事務所内で権力のある地位へのアクセスは、その者が働く部門またはワーク・グループに大きく影響される」に、同意するかしないかを尋

ねた。伝統型法律事務所の弁護士が、たいてい、ワーク・グループの自治を報告しなかったのは、おそらくそれらの法律事務所には正式な部門がなかったからである。他の業務環境においては、そのような自治はきわめて広くいきわたってきたように見えるが、部門が権力のある地位へのアクセスを決定するという命題には、あまり同意が得られなかった。企業型法律事務所の弁護士は、他の民間の法律事務所の弁護士よりも、ワーク・グループが権力へのアクセスに影響すると言う傾向が2倍以上強かったが、過半数がその特徴を受け入れたのは、政府内弁護士だけだった。政府内法務部において、トップの地位は、しばしば政治的任命制によって保有され、そして職員の仕事はキャリア公務員によって行われる。多くの場合、公務員は最高位の職を目指さない。

　我々は、女性とマイノリティが組織で成功する機会に関して、直観に反した知見であるかもしれないものに言及しなければならない。人種やジェンダーが多様である組織で働いている弁護士は、「女性弁護士とマイノリティの弁護士は、彼らがよい弁護士ならば、当該組織内で成功している白人男性と少なくとも同じくらい十分な機会を有している」という記述に同意するレベルを示すよう求められた。民間法律事務所の弁護士の4分の3がこれに同意しており、雇用された文脈にいる弁護士の同意のレベルよりもはるかに高い。雇用された文脈では、同意したのは3分の2以下である。政府内弁護士および社内弁護士の地位にある弁護士のより多くの割合が女性とマイノリティであったため、それらの環境において同意のレベルが低いことは、実際の行動様式における差異の評価というよりは、業務の文脈における偏見の作用により敏感であることを反映しているかもしれない。しかし、それらの組織においてさえ、弁護士の大多数は、女性とマイノリティが出世の階段を上ることができると言った。男性回答者と女性回答者との間、そして白人回答者とアフリカ系アメリカ人回答者の間には、この質問への回答に大きな差異がある。男性のうちの81%が、白人男性には女性やマイノリティ以上の十分な出世の機会はないと答えたが、女性の58%だけがそう回答した。[*9] 白人弁護士（男性と女性）のうちの78%が、女性とマイノリティは機会の平等（またはより十分な機会）を享受していると認識していたが、黒人弁護士の44%だけ

---

*9　差は $p < .001$ で有意である。

が同じ認識を持っていた。[*10]

　プロフェッショナルの特権と管理規定との対立を感じているため、プロフェッショナルは、より官僚制化している文脈にあまり満足していないかもしれない。しかし、我々は、この仮説には弱い裏付けしか見いだせなかった。回答者は、彼らの責任のレベル、上司、仲間との関係、法律事務所や組織の方針や運営にどのくらい満足しているか尋ねられた。仕事の満足度は第11章でより詳細に検討されるが、弁護士がすべての組織の文脈において彼らの責任の程度と仲間との関係に一般的に満足していると表明したことに留意してもらいたい。上司への満足度はあまり一般的ではなかったし、政府内弁護士や社内弁護士の中で、上司は最も人気がなかった。そうした仕事では、弁護士でない者が力を持つことが緊張を生む可能性がある。しかしながら、最も不満足を引き出した問題は、組織の方針と運営に関するものである。政府の弁護士の3分の1のみと混合型法律事務所と企業型法律事務所の弁護士の半分以下が、その点に関して満足していた。伝統的法律事務所——回答者は高い割合で法律事務所の経営に関与している——においてだけ、過半数が満足を表明した。かくして、この項目は、理論が予測する官僚制化への不満足を反映しているかもしれない。

　インタビューはまた、回答者が関心を有する諸問題を考慮することを組織の管理者が拒むかどうか尋ねることによって、これらのさまざまな実務の文脈におけるより捉えにくい権力行使を調査しようとした。[*11]全体としては、弁護士の17％だけがこれを問題であると指摘した。その割合は、社内弁護士、法律扶助弁護士と公設弁護人に関して若干高いが、組織の文脈間の差は統計的に有意でない。質問紙調査は、確かに、潜在的に意見を異にする問題に関する議論を黙らせる組織のリーダーの権力について知るための、率直な方法である。それにもかかわらず、我々が不満を表明するように誘ったのに、それは、より深部にある不満の流れを明らかにすることがなかった。

5．プロフェッションの自律性

＊10　差は $p < .001$ で有意である。
＊11　質問は、こう書いてある。「あなたにとって大きな関心事であるのに、この組織の管理者がそれに関する真面目な議論を受け入れないと感じている問題がありますか？（もしあれば）それは何ですか？」

弁護士がプロフェッショナルとしての判断を行使することを依頼者の要求や利益が制限する度合いは、実務の文脈に伴って系統的に変化する。すでに観察したように、特定の法分野は、限られた範囲の業務環境に集中しがちである（第3章、**表3.2**）——大企業のための業務のほとんどは、より大規模の法律事務所と企業内法務部で行われており、個人および小企業の法的問題のほとんどは、より小規模の法律事務所と単独開業弁護士によって取り扱われ、そして環境、市民的権利、それにもちろん刑事業務の多くは、政府内法務部で行われている。さまざまな分野の業務の性質の違いは、弁護士が1人の依頼者や少人数の依頼者たちに依存する範囲を含めた、弁護士と依頼者との関係を形成する。1995年調査への回答者がその前年に代理した依頼者の数は、業務環境によって大幅に異なる。民間実務において、その数は、法律事務所の規模が大きくなるにつれて減る[*12]。

　大企業のための仕事に費やされた実務時間の割合は、単独開業弁護士間の平均11％と弁護士10人以下の法律事務所の弁護士の21％から、100人以上の法律事務所の弁護士の61％までの幅があった。中規模の法律事務所の弁護士の割合は、その中間で、40％台であった。そして、これらの変数上の差は、法律事務所の規模の一次関数であったが、弁護士が3年以上依頼者を代理してきた可能性は一次関数ではなかった。10人〜30人の弁護士の法律事務所は、安定した依頼者群を有する傾向が最も強かった——平均で、彼らは依頼者のうちの60％について少なくとも3年間は代理してきた。それらの法律事務所の多くが、個人被害の被告側、労働関係、または特許といった分野を専門としており、それらの依頼者に関して繰り返し発生する業務を行っていた[*13]。1995年調査はまた、回答者が前年の間に最も多くの仕事を行った依頼者に割いた時間の割合についても尋ねた。単独開業弁護士と10人以下の法律事務所の弁護士の間で、最も時間のかかる依頼者には、通常、弁護士のエフォートの4分の1以下（それぞれの平均は22％と24％）が当てられていたが、より大規模の法律事務所の弁護士は、平均して、1人の依頼者に36％から39％を配

＊12　単独開業弁護士において、1年あたりの依頼者数の平均は82人であった。弁護士2〜9人の法律事務所では101人、弁護士10〜30人の法律事務所では78人であった。しかしながら、より大規模な法律事務所では、依頼者の数は減少する。弁護士31〜99人の法律事務所では、48人であり、そして弁護士100人以上の法律事務所では36人であった。これは、回答者の依頼者数の測定であって、法律事務所の依頼者数の測定ではない。

＊13　単独開業弁護士は、依頼者の42％を少なくとも3年間代理した。弁護士2〜9人の法律事務所の弁護士は48％、より大規模な法律事務所では52％であった。

【図 5.5　業務環境による自律性の尺度　1975 年と 1995 年（%）】

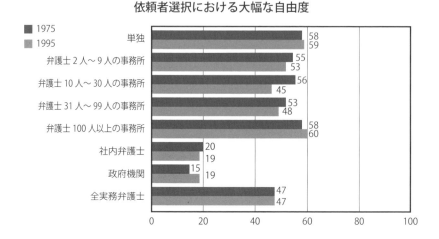

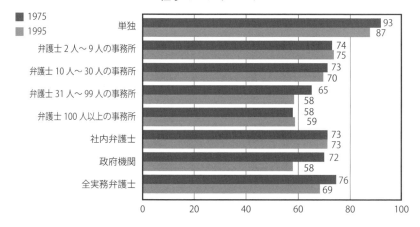

分していた。これらの知見は、シカゴの 4 つの大規模法律事務所に関するネルソンのデータと合致する。彼は、1979-80 年に、それらの法律事務所の弁護士が彼らの主たる依頼者に彼らの時間の平均 35％を割いたことを発見し

＊14　政府内弁護士は、最も時間のかかる依頼者に、平均して彼らの時間の 36％を費やし、企業内弁護士は 43％を報告した。（政府内弁護士および社内弁護士は、その者のために法的業務を行う組織内の人々を「依頼者」と一般に呼んでいる。）

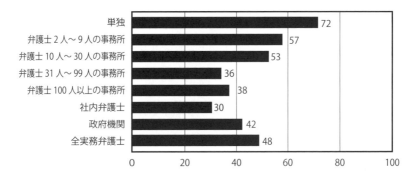

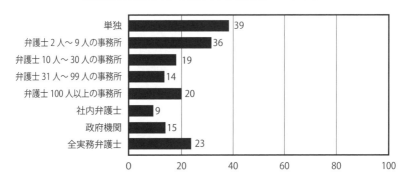

たのである（Nelson 1988, 251）。

　要約して言えば、単独開業弁護士と最小規模の法律事務所の弁護士が、依頼者を数多く抱えており、大企業のためには比較的ほとんど仕事をせず、3年間代理をするのは依頼者の半分以下であり、彼らが最も多くの仕事を行う依頼者に費やした時間の割合は少なかったのである。より大規模な法律事務所の弁護士は、より少ない依頼者をかかえ、主たる依頼者にかなり多くの時間について報酬を請求した。確かに、これらの知見は、特定の依頼者への依存の度合いが大規模法律事務所においてより大きい傾向にあるということを示唆している。しかし、所得と威信は、他の業務環境におけるよりも大規模法律事務所の実務において高い（第4章および第7章を参照）。ビジネス・ローヤーの優越的な社会的地位は、彼らの依頼者が大抵において交渉力を有していても、彼らが相当なプロフェッションの自律性を行使することを可能にさせるかもしれない。実際に、ビジネスの経済的・政治的強みがそれらの弁護

第5章　組織　**151**

士の力を強めるということはかなりもっともらしい。しかしながら、大組織の官僚制化傾向は、大規模法律事務所の弁護士の行動の自由を制限しがちである。大組織は、通常、指揮系統、業務行為に関するルール、ならびに決まり切った手続を生み出す。それゆえ、我々が大規模法律事務所の弁護士と企業内弁護士が、他で実務を行う者以上に高いプロフェッションの自律性を享受することを期待すべきかどうかは、明らかでない。問題となるのは、弁護士が行う仕事の種類とその仕事をどのように行うかを決定する自由であり、プロフェッションの特性を定義するために言われてきた特徴なのである（R. Greenwood 1957; R. Hall 1975）。

　自治を評定するために、シカゴ調査は、回答者に正反対の記述の組み合わせに結びつけて、彼らの仕事の性質を特徴付けるよう要請した。1番目の1組の記述は、弁護士が「依頼者を選ぶ自由度」を有する範囲に関するものであり、そして2番目は「誰かが……自分の仕事を指図することなく自分が大部分好きなようにする」ことができる度合いに関わるものだった[15]。これらの2つの測定は、両方の調査で用いられた。**図5.5**は、両年における、より多くの自治を示す尺度の端に最も近い2つの位置を選んだ回答者の割合を示している。

　依頼者を選ぶことについて大幅な自由度があることを示す実務弁護士全員の割合は、1975年と1995年で変わらなかった（47%）。両年において、単独開業弁護士と最大規模の法律事務所の弁護士は、選択の自由を報告する傾向が最も強かった。社内弁護士と政府内弁護士は、もう一方の端にいる——もちろん、彼らは、独立の実務家というよりも被用者であるが、彼らは組織内のさまざまな部署を「依頼者」と呼んでおり（注11を参照）、彼らの回答は、割り当てられた仕事をほとんどコントロールできないことを認識したことを示しているように見える。1975年には、民間実務のカテゴリーで、この変数にはほとんど違いがなかった。1995年までに、中規模の法律事務所は最大規模の法律事務所や単独開業弁護士とは異なったものの、主たる違いはなお民

---

*15　第1の項目は、こう書いてある。「私は、実務を行う過程で、代理する依頼者を選択するのに大幅な自由度をどちらかといえば有している」対「私の実務の性質は、抱えたくない依頼者を受けいれる必要がしばしばあるというようなものである。」第2の項目は、こう書いてある。「私の業務分野について好きなことの1つは、私を監視して仕事の指示をする人がおらず、私が好きなことは大体できるということである」対「私は、法実務において、私の仕事の性質に比較的緊密な指導を与える、より上位の弁護士と密接に仕事をする。」

152　第Ⅱ部　弁護士界の階層性

間実務と雇用された地位の間にあった。弁護士10〜30人の法律事務所は、20年の間に最大の変化を報告した——広範な自由度があると主張する割合は、56％（1975年には最高の［割合の］1つ）から45％に落ち込んだ。1975年には、その規模の法律事務所の多くが一般商事実務をしていた。しかしながら、1995年までに、弁護士30人以下のシカゴの法律事務所は、商事業務をそれほど頻繁に受任しなくなった。上で示唆されたように、これらのいくつかは安定した依頼者をかかえる専門「ブティック」であったし、おそらく依頼者の選択の幅もより限られている。たとえば、かなりの量の特許業務を生み出す潜在的依頼者の数は、たぶん比較的限られているのである。

　組織の要請と企業の依頼者の力が大規模法律事務所への制約を課すと考える者もいるかもしれないが、最大規模の法律事務所の弁護士のほとんどは、依頼者の選択の度合いが高いことを示した。もし我々が、大規模法律事務所（弁護士100人以上）のパートナーとアソシエイトを分けるなら、1975年にはパートナーの75％が、1995年にはパートナーの72％が、依頼者選択における自律性を報告した一方で、1975年にはアソシエイトの41％だけ、1995年にはアソシエイトの45％だけが、そのような自律性を主張したということを発見するのである。かくして、パートナーとアソシエイトとの違いは明確なままであるが、自分で依頼者を選択できることを報告したアソシエイトが数ポイント増えた一方で、パートナー間のその割合はわずかだが減った。しかしながら、その変化は大きいものではない。

　第2の尺度（仕事のコントロール）に関して、全体的に、報告された自律性が若干低下していることが見受けられるが、業務環境間の違いは、ここでも1975年から1995年にかけての変化以上に著しい。民間の実務者間では、より大規模の法律事務所のカテゴリーの弁護士は、自分の仕事を高度にコントロールできることを報告する傾向が低かった——1995年において、単独開業弁護士の87％が行動の自由を大いに有していると主張したが、31〜99人の法律事務所では58％、100人以上の法律事務所の弁護士では59％だけがそのように主張した。極めて大幅な低下があった唯一のカテゴリーは政府内弁護士である。これは、政府内法務部の規模が大きくなったこと（第1章参照）と、それに対応して官僚制的手続が増えたことを反映しているかもしれない。両年において、社内弁護士は、小規模法律事務所の弁護士とほぼ同程度、自分の仕事を高度にコントロールしていることを報告する傾向にあった。

　弁護士が自分の仕事において自身の戦略を作って遂行する範囲に関わる、

第5章　組織　**153**

別の正反対の組み合わせが、1995年調査に用いられた。[16]予想されるとおり、回答パターンは仕事のコントロールのそれと大体似ているが、社内弁護士はこのタイプの自律性を報告する傾向が最も低いという注目すべき例外がある。一般的に、この尺度に関して、企業依頼者のために働く弁護士（より大規模な法律事務所の弁護士や企業内弁護士）は、行動の自由を報告する傾向がより低かった——彼らは、単独開業弁護士や最小規模の法律事務所の弁護士よりも、そうする傾向がはるかに低かったのである。

　1995年のインタビューはまた、回答者が「正式の利益相反が理由ではなく……個人的価値観を理由に、潜在的依頼者や仕事の割り当てを断る機会を有したことがある」かどうかも尋ねた。その質問は、ネルソンのシカゴ4大法律事務所の調査において（Nelson 1988）、そしてワシントンD.C.の弁護士とロビイストの調査において（Heinz et al. 1993）、前に用いられたことがあったが、この尺度に関しては少なくとも2つの問題がある。第1に、回答者は、これらの報告された拒否を、彼らが「その事件で勝つ見込みが弱いか……その仕事で採算がとれないと思った」ために仕事を断った場合と区別するよう求められたが、さまざまなモチベーションの影響を分離することが難しいことは間違いない。第2に、いくつかのタイプの実務における弁護士は、おそらく、問題のある仕事や問題のある依頼者に遭遇する傾向がより強いが、提示されたような質問は、問題のある仕事をするよう依頼されたことが一度もなかった実務家とそのような要求に応じた実務家とを区別しない。しかしながら、ある者が問題のある仕事に遭遇するかどうかは、少なくともある部分は感じ方の問題である。確定申告や破産業務が、刑事弁護が提示しうるのとまったく同じ倫理問題を提示しうることは確実である（Regan 2004）。それにもかかわらず、データは業務環境にわたって大きな違いを見せている。単独開業弁護士と最小規模の法律事務所の5分の2近くが少なくとも一度は依頼者または割り当てられた仕事を断ったことがあると報告したのに対して、社内弁護士の9％のみと他の業務環境の弁護士の5分の1以下がそう報告した。大規模法律事務所に関する知見は、ネルソンの知見と同様である。1980年に、彼は、彼のサンプルの16％が仕事を断ったことがあるということを発見した（その比率はアソシエイトに関して11％であり、パートナーに関して28％であった）。

---

　*16　その項目は、こう書いてある。「私が進める戦略は、おおむね私自身が作り遂行する」対「私は私の仕事における戦略を作り遂行するために他者と緊密に仕事を行う。」

しかしながら、ワシントンD.C.に関する研究は、連邦政府に対して依頼者を代理した弁護士間で拒否率がはるかに高かったことを発見した——法律事務所で働く弁護士のうちの60%が、仕事を断ったことがあると言ったのである。この率の高さは、ワシントンD.C.での代理活動は政治的関係が明白である争点をよりしばしば提示するという事実に起因するかもしれない（Heintz et al. 1993, 188）。

　依頼者を断る単独開業弁護士と小規模法律事務所の弁護士は、大法律事務所の弁護士よりもビジネスへの影響を被る傾向が少ない。ベイリーのランポール[*17]はティムスン一家の泥棒たちを代理してキャリアを築いたが（Mortimer 1993, 9-13）、単独開業弁護士と小規模法律事務所の依頼者は、全体としては、常連客にはなりそうにない。マーク・ギャランターはこれらの依頼者を「ワンショット・プレイヤー」と呼んだ（Galanter 1974）。しかしながら、大法律事務所によって代理される企業は、「リピート・プレイヤー」である——彼らは、繰り返し発生する法律問題を生み出す。そのような依頼者の仕事が減ることによって、法律事務所は単発の報酬のみならず将来の弁護士報酬もあきらめることになる。このことが、大規模法律事務所の弁護士が単独開業弁護士と最小規模の法律事務所の弁護士よりも依頼者を断る傾向が低い理由の重要な部分であることは間違いない。しかしながら、政府内弁護士および社内弁護士の拒否率の低さの説明は、いくぶん異なる。大部分において、彼らは、仕事を受任するときに、どのような種類の依頼者を抱えることになるのかを知っている。彼らは、ペンタゴンに働きに行くならば、軍隊を代理すると知っても驚かないだろう。彼らが後に依頼者を好きではないとわかったら、彼らの主な選択肢は他の仕事に移ることである。ネルソンが観察したように、「弁護士が公共の利益に関する根本的な問題に関して依頼者と闘うという考えは、断じて誤りである」（Nelson 1988, 258-59）。彼らは仕事をするか、立ち去るのである。

　それぞれの法分野に自分の時間の4分の1以上を割いた弁護士の回答を検証することで、我々は、ほとんどの分野において、仕事を断った割合が実務弁護士全体の率である23%に比較的近いことを発見する。しかしながら、3

＊17　（訳注）「ベイリーのランポール」（Rumpole of the Bailey）は、刑事専門のランポール弁護士を主人公とした、ジョン・モーティマによる法廷ミステリを原作とするイギリスのドラマシリーズである。ベイリーは、ロンドンの刑事裁判所の通称である。

つの分野が高い拒否率を示すものとして目立っている。すなわち、個人被害業務（原告）（44％）、刑事弁護（46％）、および離婚（48％）である。これらの３つの分野は、個人依頼者のために仕事をし、主にワンショット・プレイヤーに関わるのである（一部の常習犯罪者と婚姻を繰り返す者は別として）。対照的に、個人被害業務の他方当事者（保険会社を代理すること）は最低の拒否率を示す分野の１つであった。つまり13％である。使用者側の雇用法の比率は10％であり、そして環境における被告は最低の拒否率——9％であった。これらの分野は企業のために働くものである。

　我々はまた、拒否率の多変量解析も行った。社会的背景特徴のみを用いるロジスティック回帰モデルにおいて、我々は、女性は割り当てられた仕事を拒否した傾向が大幅に低く、そして上位の弁護士、カトリック、ユダヤ人は、拒否した傾向が大幅に高かったことを発見した[18]。しかし、このモデルによって説明される全分散は小さく（擬似$R^2 = .06$）、プロフェッショナルの特徴がそのモデルに付加されると、社会的背景の影響は消えた。すなわち、社会的影響は、業務環境と所得カテゴリーにわたる、女性、上位の弁護士、カトリック、ユダヤ人の分布の系統的差異に起因するかもしれないのである。完全モデルにおいて、我々は、他の変数の影響を差し引くと、より高所得の弁護士は、仕事を拒否した傾向がより強いことを発見した。これは、それらの弁護士の優越的な社会的権力またはプロフェッショナルとしての社会的地位を反映しているかもしれない。完全多変量モデルは、拒否率における全分散の14％しか説明しないが、これは、社会的背景のみによって説明される分散の２倍以上であるし、多変量モデルは、他の変数の影響を差し引くと単独開業弁護士が仕事を拒否した傾向が大幅に高く、ビジネス法務分野で実務を行う弁護士が拒否した傾向が少なかったということを確認したのである。

６．給与の決定要因

　一連の質問が、さまざまな業務環境において、給与の決定に影響を与える要因に関する弁護士の感じ方を捉えようとした（弁護士の所得の分布の分析に関して第７章を参照）。各要因は４点満点制で点数付けされた。大変重要である、

＊18　カトリックという変数の有意性は、ボーダーラインの$p < .06$であった。他の３つの変数は、すべて.03以下で有意であった。

重要である、ほとんど重要でない、まったく重要でない、である。**図5.6**は、重要でない（後二者の等級のいずれか）と点数付けした各業務環境における回答者の割合を示す。要因の中には、民間実務にしかあてはまらないものもあるし、雇用された文脈にだけあてはまるものもある。すなわち、法律事務所の弁護士は、「新しい仕事を取ってくること」と「依頼者との紐帯」の重要性を点数付けすることを求められた一方で、政府内弁護士または社内弁護士として雇用されている回答者は、「その組織の管理において重要な人物との紐帯」を点数付けするよう求められた。[*19]

　３タイプある民間法律事務所全部において、弁護士は、「新しい仕事を取ってくること」が大変重要であると答える傾向にあったが、企業型法律事務所におけるそれらの点数付けはより一致していた。そのような法律事務所からの210人の回答者のうち１人だけが、仕事を取ってくることは「まったく重要でない」と点数付けた。対照的に、伝統的法律事務所の回答者の10％および混合型法律事務所の回答者の9％が、その要因は重要でないと答えていた。企業型法律事務所の弁護士の64％がこの因子に最も高い点数である「大変重要である」を与えたが、伝統型法律事務所と混合型法律事務所の弁護士は少数（それぞれ45％と46％）がそうした。

　民間の実務弁護士はまた、依頼者との紐帯を給与に重要な影響を与えるものとして感じる傾向にあった。伝統型法律事務所と混合型法律事務所の両方において弁護士の４分の１がその因子を「大変重要である」と点数付けし、企業型法律事務所において弁護士の36％がそれに最も高い点数を与えた。伝統型法律事務所の19％と混合型法律事務所の8％に対して、企業型法律事務所の弁護士の3％だけが、それが重要でないと考えた。かくして、新しい仕事を取ってくることと依頼者との紐帯の両方が、企業型法律事務所における給与の重要な決定要因としてほぼ一様に見られており、これらの要因はまた、伝統型法律事務所および混合型法律事務所においても（それほど一様ではないが）重要であると答えられる傾向にあった。

　対照的に、民間の法律事務所において比較的少数の弁護士が、えこひいき

＊19　項目のいくつかを状況に合わせるために言い回しを変えた。かくして、民間の弁護士は「事務所の収益の分配」について尋ねられ、雇用された弁護士は、「この法務部における給与」について尋ねられた。同様に法律事務所の弁護士は「報酬請求時間」と「シニア・パートナーの決定」について尋ねられ、雇用された弁護士は、「労働時間」と「たった１人の監督者の決定」について尋ねられた。

第５章　組織　**157**

【図 5.6　組織類型による給与決定要因の認識　1995 年（%）】

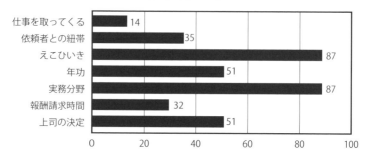

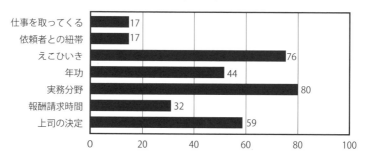

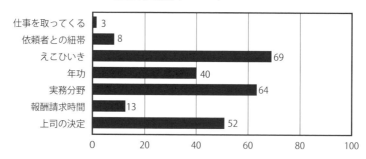

（personal favoritism）や業務分野が個々の給与に影響を与えると考えていた。しかしながら、法律事務所のタイプ間で、興味深い違いがあった。伝統型法律事務所と混合型法律事務所における弁護士は、企業型法律事務所の弁護士よりも、それらの要因を重要とみなさない傾向にあった。すなわち、企業型

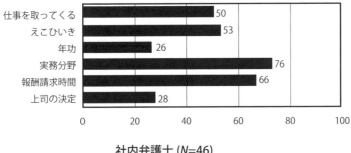

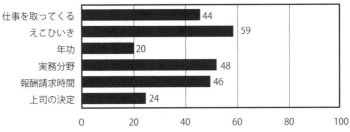

注：％は各要因が重要ではないと評価した者。

法律事務所では31％、混合型法律事務所では24％、そして伝統型法律事務所の13％だけが、えこひいきが給与の決定に影響を与えると示した。そして、企業型法律事務所の弁護士の37％、混合型法律事務所の20％、ならびに伝統型法律事務所の13％が、弁護士の業務分野が重要であると答えた。その結果、ここでもまた、企業型法律事務所と伝統型法律事務所が分布の両極端にあったのである。

　年功と「シニア・パートナーの決定」は、各タイプの法律事務所内でより多様な回答を引き出した。それらの2つの変数に関して、民間の弁護士の点数付けはより均等に分かれていたし、3つのカテゴリーの法律事務所間で大差はなかった。（しかし、企業型法律事務所の弁護士は、伝統型法律事務所の弁護士よりも年功を重要であると答える傾向がいくぶん高かったし、混合型法律事務所の弁護士からの回答は、ここでも、それら2つの間に収まっている。）しかしながら、民間の弁護士と2つの雇用されている環境との間に明白な違いがあった——政府内弁護士と社内弁護士は、年功とたった1人の監督者の決定を給与の重要な決定要因として認識する傾向がより大いに高かった。実際に、それらは、そうした環境にいる弁護士によって最も一貫して重要であると答えられる変

第5章　組織　**159**

数であった。政府内弁護士は、通常、業務分野と労働時間を重要でないとみなしていた——後者は、おそらく、政府内弁護士の一日の労働時間の長さに比較的ほとんど差がなかったからである。

　要するに、民間の弁護士によって認識されていた給与の重要な決定要因は、仕事を取ってくること、依頼者との紐帯、そして（とりわけ企業型法律事務所において）報酬請求時間であった。雇用されている弁護士にとって、最も頻繁に重要と見なされる要因は、年功と監督者の決定であった。かくして、驚くほどのことではないが、民間実務において重視される要因は、企業家的価値観を反映する——最も重要な変数は、法律事務所の収益を最大化する傾向にあるものである。雇用された文脈において、その要因は、官僚制化の形式的合理性——容易に測定される「客観的」基準（勤務年数）と階層的な決定構造——を反映するのである。

7. 変化する管理方針

　シカゴの４大法律事務所に関する彼の研究において、ロバート・ネルソンは、２つの「伝統的に組織された」法律事務所（それらは弱い部門化を示し、比較的インフォーマルな経営の方針と慣行を有していた）と２つの「官僚制的に組織された」法律事務所（強い部門化と発展した経営構造）を研究した（Nelson 1988）。４つすべての法律事務所の弁護士は、争いのある経営上の問題について尋ねられた。すなわち、アソシエイトは彼らのキャリアにおいて、熱心かつ早く専門化すべきか。法律事務所は部門で組織されるべきか。法律事務所は他の法律事務所の依頼者を得ようと努めるべきか。そして法律事務所は、どれだけ大きくなっても、依頼者の要求を満たすために成長すべきか。これらの質問から、ネルソンは、回答者が、そうした自身の法律事務所の発展をどのくらい支持するかを測定する「合理化尺度」を作成した。この測定において、４つの法律事務所間に明確な違いがあった。すなわち、２つの伝統的に組織された法律事務所の弁護士は、官僚制的に組織された法律事務所の弁護士よりもその尺度で低いスコアを有した。両方のタイプの法律事務所において、アソシエイトはパートナーより低い点数を付けた——おそらく、アソシエイトは自分自身を合理化の対象として考えていたのだが、パートナーはその効率性から利益を得ることを期待していたからである。

　1995年調査において、我々は、ネルソンの質問を、彼が調査した４つの法

律事務所において態度が変化したかどうかを判断し、他の業務環境において
プロフェッションの価値観を評定するために利用した。我々の法律事務所の
類型——伝統型、混合型、ならびに企業型——において、ネルソンの法律事
務所の４つすべてが——彼が「伝統的」と特徴付けた２つでさえ——企業型
法律事務所である。その２つの法律事務所は、1995年までに大幅に成長し、
企業型法律事務所を伝統型法律事務所および混合型法律事務所と区別する構
造的特徴を発展させた。我々のサンプルは、ネルソンの法律事務所のそれぞ
れから、５人から13人の回答者を含んでいる。これらは小さい数であるが、
回答は、総じて、合理化への支持のレベルが1980年代初期以降増加してきた
ということを示唆している。４つの法律事務所のうち３つで、尺度上の点数
が上昇した。ネルソンの1979〜1981年のデータにおいて最高点をとった法律
事務所においてのみ、点数が減少したが、それにもかかわらず、1995年にお
いて最高点のままであった。ネルソン調査の時代には、その法律事務所はす
でに部門化とアソシエイトによる早期の専門化の戦略を、それらの慣行が当
時は比較的異例であっても推進していた。ネルソン調査の他の３つの法律事
務所の弁護士も、1995年に合理化尺度上で比較的高得点を取っていた——い
ずれも、伝統型法律事務所および混合型法律事務所の弁護士よりも高い平均
点を取っていた。[20]

　我々は、企業型法律事務所が混合型法律事務所よりも合理化を支持するこ
と、そして伝統型法律事務所は合理化を最も支持しないことを発見すること
を期待したが、これは自明の命題ではなかった。キャロル・セロン（Seron
1996）、ジェリ・ヴァン・ホイ (Van Hoy 1997)、そして他の者たちが、一部の
小規模法律事務所の弁護士が実務の組織化において極めて企業家的であると
いうことを示してきた——このことは、カテゴリー間で合理化についての態
度にほとんど差がないことを示唆するかもしれない。しかし、我々は、企業
型法律事務所の弁護士が、伝統型法律事務所の弁護士（3.12）や混合型法律
事務所の弁護士（3.10）よりもかなり高い点数をつけた（3.49）ことを発見し
た。[21]弁護士が告白した選好は、彼らの法律事務所の実際の構造に一致する

＊20　尺度はアルファ係数.62に達したが、それは尺度化可能性を少し超えているだけである。
　　　それにもかかわらず、我々は尺度の点数を利用した。なぜならば、それらはネルソンの初期
　　　の調査において効果的な測定の実績を有していたし、組織のタイプと組織内の地位を区別で
　　　きるように思われるからである。
＊21　差は $p < .001$ で有意である。

傾向があった。これが選択的採用のためであれ、法律事務所への社会化のためであれ、または法律事務所からの選択的人員削減のためであれ、弁護士は彼らの組織の経営戦略を支持しているように見える。企業型法律事務所とその他の法律事務所との差はかなりのものである。法律事務所がいかように組織されるべきかに関するプロフェッション内のコンセンサスは皆無である。

　我々はまた、３タイプの法律事務所のすべてにおいて、パートナーが、彼らのために働くアソシエイトよりも合理化に傾倒していることも見いだした。[22]ネルソンの知見と一致して、アソシエイトは彼らの上司よりも「より伝統的」であった。おそらく、アソシエイトの将来の見込みは、早期に専門化せよとのプレッシャーが少ないならば、高められる。またはおそらく、彼らは、ただ単に、法律事務所を儲けさせるために必要なものについてまだ学んでいないのである。あるいは、彼らはより理想主義的であったのかもしれない――ビジネスの世界を避けるためにロースクールに行った者は、彼らの法律事務所を経営するために企業型モデルに反対する傾向にあるのかもしれない（Schleef 2000; Granfield 1992を参照）。実際に、法学者の多くは伝統主義を奨励するであろう（たとえば、Glendon 1994; Kronman 1993; Schiltz 1999）。理由はどうあれ、専門化、割り当てられた仕事、部門化、ならびに昇進の問題に対するアソシエイトの態度とパートナーの態度の間には、緊張関係があるように見える。

　我々はまた、雇用された実務の文脈における合理化に対する態度を限定的に比較することもできた。ほとんどの政府内弁護士は、確かに、明らかに専門化され部門化された官僚制化の文脈で働いているが、おそらく、法律事務所のアソシエイトのように、それらの構造に抵抗しているかもしれない。しかしながら、企業内弁護士は、ビジネスライクな組織慣行を支持する一般的な風潮の一部として合理化を受け入れることを期待されているかもしれない。合理化スケールの３項目はこれらの憶測に対応して、２つは専門化をテーマにし、１つは部門化をテーマにした。[23]知見は、企業内弁護士も政府内弁護

＊22　差は、分散分析で.001で有意であった。

＊23　その項目は次のように書いてある。「法務部は、専門化を奨励することで、弁護士の生産性の増加を求めるべきである。」「弁護士は、法務部に入った後すぐに、専門分野を選ぶよう指示されるべきである。」「法務部は部門ベースに正式に組織化されるべきであり、それゆえに仕事の割り当て、質のコントロール、ならびに依頼者との関係については、部門単位で運営責任を有する。」

士も合理化を受け入れていたということを示唆する。それらの点数は、伝統型法律事務所と混合型法律事務所の弁護士の点数を超えており、企業型法律事務所の点数のすぐ下である。[24]そしてまたしても我々は、実務と理念との一致を見るのである。

　法律プロフェッションにおいて女性とマイノリティの数が増えていることを前提として、採用と昇進の慣行への関心が高まってきた（たとえば、Wilkins and Gulati 1996; Epstein 1993; Schaafsma 1998; Reeves 2001を参照）。我々は、女性とマイノリティの存在に、組織の文脈にわたって、大幅な差があることをすでに指摘してきた（第3章と第6章を参照）。それゆえ、我々は、回答者に、彼らの組織が正式なアファーマティブ・アクション・プランを有しているかどうか、そして、彼らの組織にいる弁護士がこれまでに母親の育児休暇または父親の育児休暇を取ったことがあるかどうかを尋ねた。図5.7は、3つすべての測定に関する、組織タイプにわたる違いを表している。分散の一部は、業務環境の規模に起因するかもしれない——なぜなら伝統型法律事務所はより小さいので、各法律事務所には、休暇を取る可能性がある候補者がより少なかったかもしれない。我々は、伝統型法律事務所の弁護士が、他の実務の文脈における弁護士よりも、弁護士が母親育児休暇を取ったと報告する傾向がずっと少なかったことを発見した。しかし、それらの法律事務所で男性の占める割合が高いとしても、父親育児休暇を報告した者はほとんどいなかった。父親育児休暇は、きわめて少数である公設弁護人／法律扶助カテゴリーを例外として、すべてのタイプの組織で比較的稀であった。政府内弁護士の96％が、母親育児休暇が彼らの組織において生じたと報告したが、彼らの31％だけが父親育児休暇を報告した。そして、社内弁護士においては、76％が母親育児休暇の例を報告したが、彼らの6％のみが父親育児休暇を報告した。アファーマティブ・アクションの方針もまた、組織の文脈によって大いに異なっていた。より小さく、より官僚制化していない法律事務所——伝統型法律事務所と混合型法律事務所——は、正式なアファーマティブ・アクション・プランをほとんど持っていなかった。実際に、企業型法律事務所においてさえ、正式な方針を報告したのは弁護士の半数以下だった。しかしながら、政府と企業内法務部には、通常そのようなプランがあった。かくして、最も多くの割合の女性とマイノリティが雇用される文脈は、驚くべきことではな

＊24　これらの差も.001のレベルで統計的に有意である。

【図 5.7　組織類型による育児休暇と
アファーマティブ・アクション　1995 年（%）】

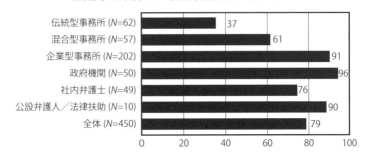

組織内の弁護士が母親育児休暇を取った ***

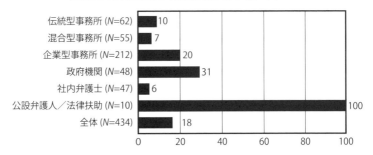

組織内の弁護士が父親育児休暇を取った ***

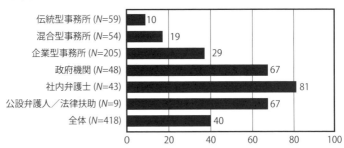

組織は公式のアファーマティブ・アクション・プランを持っている ***

注：%は質問に肯定的に答えた者。
***　$p \leq .001$

いが、アファーマティブ・アクション・プランを有する傾向が最も高い。しかしながら、女性とマイノリティの存在は、そのプランの確立に先立つのか後に続くのかは、あまり明らかではない。伝統的に不利な立場にある集団は、

手続的保護が提供されるためにこれらの組織の文脈に引き付けられるのであるかもしれないし、採用慣行がその組織により多くの女性とマイノリティを実際に採用するのであるかもしれないし、あるいは、これらの文脈内のマイノリティのロビイング・パワーがそのプランの採用に至らしめるかもしれないのである。いずれにしても、回答者が人種や性を理由にした差別を経験したことに関してなされたいくつかのコメントは、彼らが民間の法律事務所で差別を経験し、それから、それを避けるために政府や企業の仕事に変わったことを示している。

1970年代以降、法律事務所の雇用慣行における他の大きな変化は、他の法律事務所や政府の上級職からパートナーを採用することが増えてきたことである（Galanter and Palay 1991; Nelson 1988）。新しいパートナーはまた、他の法律事務所との合併からも得られてきた。これらの変化は、パートナーシップへの階段を登っているアソシエイトがポストをよそ者に渡されるのを見るために、法律事務所のヒエラルキーにおける緊張の源である。たとえ「中途採用」が、アソシエイトがパートナーになる機会を減らさない（雇用の時点ではおそらく明示できない提案）としても、それらは、少なくとも、パートナーシップへの貢献がトップへの唯一の道ではないということをはっきりさせる。それゆえ、実務の文脈にわたる中途採用の限度を見極めるために、我々は、回答者に、彼らの（法律事務所の）パートナーや（雇用された文脈において）上司の何％がその組織の外から雇われたか尋ねた。我々は、企業型法律事務所においてより多くの中途採用を見いだすことを期待した。なぜなら、そのことこそ、それらの法律事務所が伝統的価値観をあまり支持しないことを示すからである。しかしながら、ここでもまた、我々は、データに驚かされたのである。混合型法律事務所や企業型法律事務所におけるよりも、伝統型法律事務所において、かなり多くの中途採用が報告された。混合型法律事務所で働く弁護士の17％だけ、そして、企業型法律事務所で働く弁護士の7％だけに比べて、伝統型法律事務所で働く弁護士の54％が、彼らのパートナーの半分以上が外部から採用されたと報告した。

小規模法律事務所において外部からパートナーを追加することは、普通のことである。小さいパートナーシップは、大きいパートナーシップよりも、より頻繁かつより劇的に作られ、作り直される。大規模の法律事務所が、それらの厳格な内部昇進方針から離れ始めると、その変化は法律業界内の報道において大いに注目され、そして伝統から離れることは、中途採用が大規模

法律事務所において普通のことであるという印象を作った。しかしながら、我々の知見は、それがより小規模のパートナーシップにおけるよりもごく稀にしか起こらないということを示す。

より大規模な法律事務所と同じように、雇用された実務の文脈では外部から上司を雇うことは比較的少ない。政府内弁護士の約73％、社内弁護士の82％、そして公設弁護人と法律扶助弁護士の67％が、彼らの上司の10人に1人またはそれ以下だけが中途採用されたと答えた。これらの環境にいる弁護士で、上司の半数以上が中途採用であると答えた者は皆無であった。

その結果、実務の文脈にわたって、統治構造、経営方針、そして同僚間の平等な権限に基づくというイデオロギーに大きな違いがあった。これらの異なる文脈において、弁護士は、大いに異なるヒエラルキーに直面し、組織の統治に関与することに関して異なる可能性を有している。言い換えると、その文脈上の違いは、それらの環境において雇用される弁護士の人種やジェンダーにおける系統的分散に関連するように見える。

8．組織原理

大規模法律事務所と公的組織および民間組織内の法務部は、通常、3つの方法のうち1つまたは複数の方法で業務を組織化する——特定の依頼者または依頼者群のニーズを中心として（たとえば、クラバス（Clavath）法律事務所のIBM部門、シャーマン・アンド・スターリング（Shearman and Sterling）法律事務所における資本市場グループ、そして米空軍法律顧問室の「施設および兵站」部）、専門の法分野や特定の技能を中心として（たとえば、税、遺産および信託、訴訟）、または有名なシニア・パートナーを中心として（たとえば、ジェナ・アンド・ブロック（Jenner and Block）法律事務所のソロヴィー（Solovy）グループ）。これらの組織形態のそれぞれは、異なるロジックを具体化し、異なるモチベーションを反映している。1番目のものは、ステファン・ヘクルが「依頼者中心アプローチ」と呼ぶものである（Haeckel 1999, 121）。2番目のものは、法律学的なものであり、それは法律それ自体のカテゴリーとロジックを用いる。3番目のものは、個人的で政治的なものであり、それは法律事務所内部の権力の分布を反映している。

1995年のインタビューにおいて、回答者はいずれの組織原理が彼らの事務所の下位部局を定義するために用いられたかを示すように求められた。**表**

5.1において気づかれたように、ほとんどの企業型法律事務所は部門を持ち、伝統型法律事務所の４分の３は部門を持たず、そして混合型法律事務所は部門を持つものと持たないものとに等分されていた。政府内法務部では回答者の94％がなんらかの方法で細分化されていると言った。民間組織の回答者の83％がそう言ったように。すべての環境において、小部門は、ほとんどの場合、法律学的カテゴリーによって——つまり、法分野や技能のタイプによって——明示されていた（回答者は１つ以上の組織形態を選択することができたことに注意）。部局を報告する回答者のうち、企業型法律事務所にいる回答者の95％が、法分野に基づいた部門や実務グループを報告した。それらはまた、混合型法律事務所にいる弁護士の93％、政府内弁護士の77％、そして社内弁護士の66％によっても報告された。法分野に基づく部局は、組織の最も伝統的または「専門的」形態という意味で、組織内法務部や政府内法務部においてよりも、民間法律事務所においてより一般的であった。パートナーや依頼者を中心に組織される部局は、法律事務所においては珍しいことではなかったが、それらは、専門業務分野を中心に組織される部局よりもはるかに一般的ではなかった。民間法律事務所の弁護士の約５分の１のみが、パートナーをベースにしたグループを報告したが、依頼者をベースにしたグループを持っていたのは10に１つもなかった。驚くほどのことではないが、政府組織と企業組織の部局は特定の弁護士で識別される傾向がより少なかった。企業体において、ワークユニットが、著名とはいえ個人によって正式に定義されることは奇妙に見えるだろう。特定の依頼者を中心に組織される部局は、組織内法務部においてもっとより一般的に用いられていたし、それは、実際に、その形態の組織を報告する傾向が最も強い業務環境であった。社内弁護士の３分の１は、彼らの会社や組織の部署が実務グループを定義すると報告した。しかし、それらの法務部や政府においてさえ、支配的な組織原理は、法分野であった。

　法分野は業務環境にわたってランダムに分布されていないので、弁護士の仕事に及ぼす分野の影響と実務の文脈の影響を分けることは容易でない。しかしながら、分野の専門化のレベルについて、組織のタイプにわたって大きな違いがある。最も専門化した弁護士は、政府のために働いていた。社内弁護士は、どの種類の組織であっても、単独開業弁護士よりも大いに専門化していた。第２章で紹介された（**図2.1**を参照）専門化の指標は、ある者が伝統型法律事務所から混合型法律事務所へ、そして企業型法律事務所へ動くにつ

れて増す。*25 ある程度、これは、アソシエイト間で専門化のレベルがより高くなることに起因しており、アソシエイトは企業型法律事務所や混合型法律事務所でより数が増える。しかしながら、たとえ、我々が、パートナーの業務だけを見ても、伝統型法律事務所と混合型法律事務所にいる者よりも企業型法律事務所にいる者がより専門化していることがわかる。社内弁護士は、混合型法律事務所にいる弁護士と同様のレベルの専門性を有している。

　これらの知見は、法分野による専門化が組織のスケールが大きくなることに関連していることを示唆する。2つの異なるプロセスがおそらく作用している。政府内弁護士にとって、専門化は、政府の部門の管轄によって決定づけられるところが大きく、そして政府が大きくなるにつれて、その機関もより分化されるようになった。民間法律事務所では、より大規模で合理化された法律事務所は、事実上、高度に専門化した法分野の専門家が所属する場になった。企業型法律事務所は、依頼者の仕事を、専門部門や、さまざまな専門性を動員して、特定の取引を目的として作られたグループに割り当てることができる。専門化は、法律事務所の成長の原因ではないかもしれないが、法律事務所の規模と強い相関性があるように見える。

9．労働時間

　一般通念によれば、法律事務所が政府内法務部や組織内法務部よりもずっと多くの労働時間を要求する。実際、なぜ女性が、政府で、そして社内弁護士として実務を行う傾向がより強いのかということについての主たる憶測の1つは、彼女たちがより短く、より予測可能な労働時間を好むという仮説である。大規模法律事務所は、一般に、時間をより多く要求すると考えられている。しかしながら、データは、全労働時間に関して組織のタイプにわたってわずかな違いしかないことを示しているし、ここでも驚くべきことがある。週あたりの総労働時間の中位値は、単独開業弁護士間で最も高く、53時間だった。伝統型法律事務所、混合型法律事務所ならびに企業型法律事務所はいずれも中位値が50時間であり、総労働時間は、政府内弁護士（49時間）、社内弁護士（47.5時間）、ならびに16人の公設弁護人と法律扶助弁護士（45時間）の間でほんのわずかに短かった。しかしながら、我々は、これらのデータの

＊25　差は.001のレベルで統計的に有意である。

168　第Ⅱ部　弁護士界の階層性

妥当性についていくぶん懐疑的である。もし回答者が自分の労働時間を誇張して言う傾向にあったなら、週に45時間から50時間がもっともらしい選択範囲であろう。

　これらの時間は、法的業務以外で収入になる仕事にあてられた回答者の時間も含んでいる——たとえば、一部の単独開業弁護士は、彼らの所得を保険や不動産を売ることで補っている。もし我々が法的業務に充てられた時間のみを見るならば、我々は、単独開業弁護士の中位値は50時間であることを発見する。それは、3つのタイプの法律事務所における中位値と同じであり、それらのいずれもが50のままである。[*26]このようにして、法律事務所で働く弁護士は、法実務とは別の収入になる仕事をほとんどしていないようである。我々の給与に関する態度データは、企業型法律事務所が報酬請求時間を重視しているということを示唆するが、我々は、報告された時間においてそうした重視の影響がほとんどないことを発見した。それゆえ、報酬に極めて大きな違いがあることを前提にすると、政府内弁護士は、企業を顧客とする弁護士の給与のほんのわずか（半分から7分の1）で彼らとほぼ同じくらい仕事をしているように見える（第7章を参照）。

　データは、もしそれらが信用されるべきものならば、アソシエイトの特定のサブグループ、とりわけ女性が大規模法律事務所を去る傾向が高いという仮説の弱い裏付けしか提供しない。週50時間働くことは、長期にわたる、相当量の育児の責任と相容れないことは疑いないが、他の業務環境は負担の少ない選択肢を提供しない。より多くの量の仕事が若手弁護士の肩にかかる。企業型法律事務所においても混合型法律事務所においても、アソシエイトはパートナーよりも多くの時間を報告している。両方において、違いはほぼ同じである。混合型法律事務所における51.7時間対47.4時間と比較して、企業型法律事務所において、平均で54.1時間対49.9時間である。しかし、伝統型法律事務所においては、パートナーは平均50.8時間を報告していたが、アソシエイトの平均は47.7時間だった。これは、伝統型法律事務所におけるアソシエイトの役割が、企業型法律事務所や混合型法律事務所のそれといくぶん

＊26　法的業務の時間の中位値は、政府内弁護士に関して47時間（総労働時間より2時間少ない）であり、社内弁護士に関しては45時間（同じく1.5時間少ない［（訳注）正しくは2.5時間少ないと思われるが原文のまま］）であり、公設弁護人と法律扶助弁護士に関しては45時間（総労働時間と同じ）である。カテゴリー間の時間の差は分散分析において有意であるほど十分に大きいが、それにもかかわらず予想されていたよりも小さかった。

異なることを示唆する。規模がより小さく、形式性がより少ない伝統型法律事務所の文脈では、アソシエイトは被用者のようになる。彼らは、パートナーシップを目指さないかもしれないし、やって来ては去っていく傾向がより高いかもしれない。[*27]しかしながら、アップ・オア・アウトというヒエラルキー[*28]において、アソシエイトは、キャリアの後期に所得が上がり作業要求が減るというチャンスを持つために時間を投入する。ランクの影響はまた、政府内法務部や組織内法務部で明らかである。我々は、政府内法務部の監督者が平均で週当たり45.6時間、スタッフの地位にいる弁護士が48.4時間と報告していることを発見している。組織内法務部では、監督者は43.9時間と報告し、スタッフは44.1時間を報告し、その差はよりごくわずかである（これらの２つの業務環境において、働いた時間の平均は中位値よりも低い。なぜなら、比較的少ない時間働いている回答者が平均を引き下げているからである）。かくして、ランクは、さまざまな業務環境の労働文化においてさまざまな役割をはたしているように見える。政府内法務部は、アップ・オア・アウトのヒエラルキーではなく、そこでの給与が年功と給与等級に固定されているが、より官僚制化した民間法律事務所におけるように、上位の者は下位の者よりも働いている時間が少ないようである。

　プロボノの仕事に関して、単独開業弁護士は、１カ月あたり3.5時間の中位値という、最大量を報告した。300人以上の弁護士がいる法律事務所の回答者は、１カ月あたり0.5時間という中位値しか報告しなかった。そして他の規模の法律事務所は、１時間から３時間の中位値を報告した。社内弁護士および政府内弁護士に関して、プロボノの仕事へ割かれる１カ月あたりの時間の中位値は０であった。[*29]

10.　課業構造

　弁護士は、遺言や契約書を起案したり、法的文書を書いたり、法情報を調

＊27　第６章参照。**表6.2**は、1975年と1995年の調査の両方で、より小さい事務所でキャリアをスタートさせた弁護士は、平均で、プロフェッション内において、年間あたりより多く次の仕事に就き、より多くの移動を行ったことを示している。

＊28　（訳注）昇進するか出て行くか。一定期間に昇進出来ない人はやめてもらう制度を指す。

＊29　我々は、回答者に、自分の個人投資を管理するのに費やした時間についても尋ねた。中位値は州および地方政府と公設弁護人／法律扶助を除くすべての業務環境で１週間あたり１時間であった。地方行政と公設弁護人／法律扶助ではゼロであった。

査したり、依頼者とあったり、そして出廷したりするような、課業に様々な量のエフォートを充てるのであり、そして、各組織内にはこれらの課業に関して地位に応じた序列がある。パートナーの課業は、通常、アソシエイトの課業とは違う。アソシエイトは調査をし、記録を整理し、メモを書き、そして文書を起案するのであり、つまりその成果物を自分の業務に組み込むパートナーの命令通りにあらゆることを行うのである。課業はまた業務環境にわたって異なるということも、大部分が当然と思っているが、比較的実証されていない。たとえば、企業内弁護士は、伝統的に、その企業の外の法律事務所が行うよりもより決まり切った業務をすると考えられてきた（Slovak 1979）。

1995年調査において、回答者は、長大なリストの課業を与えられ、そして彼らがどのくらい頻繁にそれらをやったかを尋ねられた（インタビューは、「一切ない」から「非常に頻繁に」まで、5点満点制を用いた）。知見は、いくつかの課業の頻度は組織の文脈にわたって、または、組織内のランクにわたって、ほとんど違わなかった。ほぼ全員の弁護士が、依頼者と頻繁に話していたし、彼らが雇用されている組織外の弁護士との交渉に定期的に従事していた。しかし、いくつかの課業には、明確な組織的側面があった。他の弁護士の仕事を監督し点検することは、大規模法律事務所のパートナーの役割をよく表す特徴であるが、他の弁護士の役割ではない。企業型法律事務所において、パートナーの87％が、前年の間に、他の弁護士の仕事を頻繁にまたは大変頻繁に監督し点検したと報告した。他の法律事務所のカテゴリーにおいては、他の弁護士をそのくらい頻繁に監督したパートナーはより少なかった（伝統型法律事務所のパートナーの60％および混合型法律事務所のパートナーの58％）。おそらくそれらの法律事務所は規模がより小さく、アソシエイトがより少なかったからである。しかしながら、驚くべきことに、組織内法務部においても、監督者は特に監督するという傾向にはない。つまり、そのように頻繁にしたと報告したのは半分以下であった。[*30] 組織の管理もまた、期待しているかもしれないように、アソシエイトよりもパートナーによってなされる傾向がより強いが、ここでも、3つの法律事務所カテゴリーのパートナー間で注目すべき違いがあった——伝統型法律事務所にいるパートナーの62％、しかし、混合型法律事務所の弁護士の39％と企業型法律事務所の弁護士の51％だけが、彼らの組織の経営に関する決定をしばしば行うということを報告した

＊30　この考察において、「頻繁に」は、「頻繁に」と「非常に頻繁に」の両方の回答を含む。

（その質問は、「採用、仕事の割り当てなどのような」と例を挙げている）。すべての種類の法律事務所のアソシエイトの半分以上が、そのような決定を下したことが「ほとんどない」または「一切ない」と報告した。

興味深いことに、３つのタイプの法律事務所のパートナーのうち、企業型法律事務所のパートナーは、「請求明細、依頼者の受任フォーム、被用者の評価、出張報告などに関する決まり切った書類作成」を報告する傾向が最も高く、法情報調査をする傾向が最も低かった。[31]単独開業弁護士そして伝統型法律事務所と混合型法律事務所のパートナーのうち、半分よりやや多くが決まり切った書類作成を頻繁にしていると報告した。企業型法律事務所のパートナーよりも約10ポイント少ない。

リーガル・リサーチを頻繁にしていたのは企業型法律事務所のパートナーの17％だけであり、３分の１以上はリサーチをほとんどしない、または一切しないと言った。伝統型法律事務所と混合型法律事務所において、パートナーは彼ら自身のリサーチの一部をする傾向がより強かった――伝統型法律事務所のパートナーの半分と混合型法律事務所の46％が頻繁にそうしていた。３つの種類の法律事務所すべてにおいて、アソシエイトはリサーチを頻繁に行っていた。[32]

単独開業弁護士と社内弁護士は、「契約書、和解文書、遺言のような法律文書を起案すること」のためにかなりの時間を割いたと報告する傾向が最も強かった。――61％から64％がそのような業務を頻繁に行っていたが、政府内弁護士はそうする傾向がずっと少なかった。[33]企業型法律事務所のパートナーは、リーガル・リサーチにかなりのエフォートを充てたと報告すること

---

*31　決まり切った書類作成を完全に避けることができた回答者はおらず、7％だけがそれをほとんどしなかったと言い、そして63％がそれを頻繁に行ったと言った。おそらく質問に用いられた「決まり切った書類作成」の例のうちの２つが報酬請求と依頼者の受任であり、社内弁護士と政府内弁護士は、とりわけそのような法務部でスタッフの地位にいる者は、そのような業務を比較的報告しない傾向にあった。政府のスタッフ職にある弁護士の半分と社内弁護士スタッフの43％は、そのような決まり切った課業をほとんどしなかった、または一切しなかったと言った。

*32　混合型法律事務所のアソシエイトの73％、企業型法律事務所のアソシエイトの59％、ならびに伝統型法律事務所のアソシエイトの52％は、頻繁にリサーチをしていることを報告した。社内弁護士スタッフの20％と彼らの上司の29％だけが多くのリサーチをしていたが、政府のスタッフの54％とそれらの法務部の監督者の47％がリサーチをしたと言った。単独開業弁護士のうち、45％が頻繁にリーガル・リサーチをしていると報告した。

*33　スタッフの38％と監督者の47％のみが頻繁に文書を起案していた。

は比較的少ない傾向にあったが、彼らは、起案に関する雑用に関して高い点数を取っていた。すなわち、パートナーの59％がそれをしばしば行っていたが、そのような法律事務所のアソシエイトは、49％だけがそれを行っていた。

社内弁護士と単独開業弁護士は、法律文書を頻繁に起案したが、ブリーフやメモランダムを書く傾向が比較的少なかった。すなわち、それぞれ22％と33％だけが、そのような文書作成を頻繁にしていると報告した。ブリーフとメモランダムは、民間法律事務所のアソシエイトの注目を集める傾向が最も強かった──アソシエイトの61％から80％までが、3つのタイプの法律事務所で頻繁にその業務を行っていた。政府内弁護士とすべてのタイプの法律事務所のパートナーは、ほぼ全体の割合（47％）と同じだった。

我々は、ブリーフ作成は裁判所への出廷と関連していると期待するかもしれないが、いくつかのタイプの法廷業務は、文書作成にほとんど関わりがない。単独開業弁護士は、準備書面やメモに比較的わずかしか取り組まないと報告したにもかかわらず、ほとんどのシカゴの弁護士よりもしばしば裁判所に行っていた──単独開業弁護士の57％が法廷業務を頻繁にすると報告したが、他の実務弁護士は47％だけだった。政府のスタッフ弁護士は、その多くが検察官であり、頻繁な出廷を報告する傾向が最も高かった（66％）。法廷業務はまた、伝統型法律事務所と混合型法律事務所の両方のパートナーとアソシエイトの間でも一般的であった──5分の3がそれを頻繁にしていた。しかしながら、企業型法律事務所の弁護士は、頻繁な出廷を報告する傾向が大幅に低かった（パートナーの37％、アソシエイトの49％）。これは、企業型法律事務所において行われる「取引」（非訴訟）業務の量と、決まり切った申立てを行う、「進捗状況の報告」（status calls）のために出廷する、等々のために裁判所にアソシエイトを送るという慣行の、両方を反映している。期待されるかもしれないように、ほとんどの社内弁護士はめったに出廷しない──約15％だけがしばしば出廷すると言ったが、それら法務部の監督者の75％とスタッフの61％は、法廷業務をめったに、またはまったくしなかった。仲裁を含めた代替的紛争処理への関与も、同様のパターンを示している。

民間法律事務所のヒエラルキー的性格は、彼らの分担業務にまたがって広く行き渡っている。しかしながら、社内弁護士と政府内弁護士にとって、ランクは課業の側面において大きな違いを生み出さない──分野による専門化と労働時間のパターンと同様に、社内弁護士と政府内弁護士は、スタッフによってなされる課業と監督者によってなされる課業との差がより小さいこと

第5章　組織　173

を報告した。かくして、雇用された法的環境がより官僚制化しており、民間法律事務所がより同僚間の平等な権限に基づいているという憶測に反して、我々は、政府や企業におけるよりも法律事務所において、ヒエラルキーのより強い影響を見る。法律事務所において、ヒエラルキーは非弁護士よりもむしろプロフェッショナルによって支配される可能性があるが、それらはよりヒエラルキー的である。

　官僚制化した雇用の文脈におけるプロフェッショナルの労働者の疎外感に関する理論（Derber 1982; Spangler 1986）が有名になったことを考えて、我々は、異なる組織環境における弁護士が自分の業務を嫌った程度を測ろうとした。回答者に彼らのさまざまな課業の頻度について尋ねた後、我々は、彼らが各課業を好きな程度をランク付けするよう彼らに依頼した。これらのランク付けから、我々は、「課業不協和」（task dissonance）の総量を算出した——つまり、彼らが嫌いな業務を行った程度である。理論上は、量は0点（課業不協和がない）から36点（9つの課業すべてが嫌いであり、すべてを大変頻繁に行った）までさまざまでありうる。実際の回答では、その量は0点から21点の間であり、平均は3.8点であった。かくして、全体の不協和水準は低いように思われる——2つの嫌いな課業を「ときどき」しなければならなかったことに等しい。

　我々は、政府内弁護士と社内弁護士が高水準の課業不協和を有するだろうと予測するかもしれない。推定上、それらの組織にはより厳格なルールと手続があり、少なくともそれらの弁護士の相当な部分がやるべきことを言われる。しかし、社内弁護士と政府内弁護士は、監督者もスタッフも最低水準の不協和を有していたのに対して、3つのタイプすべての法律事務所においてパートナーが比較的高い点をとっていた。[34]組織内法務部と政府内法務部において、監督者とスタッフの24％から28％のみが全体平均値以上の課業不協和点をとっており、伝統型法律事務所のパートナー間で我々が見いだしたもの（56％）の約半分である。それらの法律事務所にいるアソシエイトで平均値を超えた者は、最高の割合、60％であった。単独開業弁護士に関して、それは41％であった。

　パートナーとアソシエイトによって報告された課業不協和の違いはまた、

＊34　組織内の地位の全カテゴリー間の課業不協和の差は.01レベルで有意である。

【図 5.8 組織類型による仕事の性格付け 1995 年（肯定の％）】

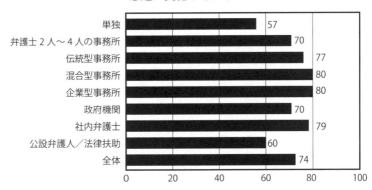

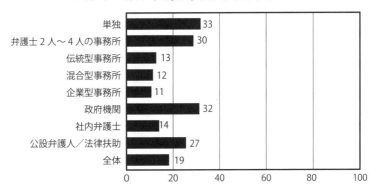

注： ％は、5 点法尺度で、記述内容に最も近い 2 つの位置を選んだ者。
　a 項目は、「私の分野では、新たな発展について行くために大量の法律文献を読む必要がある」というもの。逆の文章は、「私の法分野では物事は大して急に変わらないので、自分の知識や活動を常に見直す必要はほとんどない」というもの。
　b 項目は、「私の法分野では、パラリーガルを訓練して多くの手続や文書を扱わせることができるであろう」というもの。逆の文章は、「私の実務のタイプと内容は、教育を受けていても素人では文書を本当に理解したり準備したりすることができないようなものである」というもの。
カイ二乗　*$p ≤ .05$　***$p ≤ .001$

統計上も有意である。アソシエイトは、リーガル・リサーチ課業（ほとんどのパートナーはそれを避ける）に関してのみパートナーよりも大きな不協和を[*35]

---

*35　$p < .05$。

第 5 章　組織　175

報告している。多くのパートナーが経営上の決定と他の弁護士の指導監督に関する課業を嫌がっていることを報告している。アソシエイトがその業務をすることははるかに少ない。しかし、パートナーはまた、アソシエイトよりも、文書を起案すること、他の弁護士と交渉すること、依頼者と話すこと、そして決まり切った書類作成をすることにも、高い不協和点をとっている。パートナーとアソシエイトによってなされる役割と課業が混合していることを考えると、パートナーは嫌いなことをより多くすることを要求されているようである。

　これらのデータにおいてプロフェッショナルの疎外感という理論への多くの支持を見いだすことは難しい。不協和の測定は、不満足さを明らかにするための道具としてあまりにも切れ味が悪いかもしれないが、我々には、疎外感理論にさらに注意を向けることを我々に認める追加の指標がある。理論の賛同者は、通常、２つの主張を行う。すなわち、プロフェッショナルの仕事は「単純作業化される」（各人の職人芸から組立てラインに変容される）ようになった。そして、プロフェッショナルは彼らの仕事の最終生成物へのコントロールを失った（イデオロギー上のプロレタリア化として言及されることもある）(Derber 1982)。インタビューにおいて、我々は、弁護士が彼らの仕事をこれらの特徴を有するものとして認識したかどうかを判断しようとした。質問は、仕事の性質について正反対の記述を与えられ、そして、回答者は、５点満点制で、彼らの仕事が一方の記述によって、または他方の記述によってよりよく特徴付けられるかどうか、示すように求められた。**図5.8**は、尺度上で指摘された記述に最も近い２つの位置を選んでいる回答者の割合を報告している。

　全体として、弁護士の74％が、彼らの仕事に関わる法律が、急速に変わっていると言った。彼らの業務をパラリーガルができると報告したのは19％だけだったが、組織タイプによって大幅なばらつきがあった――政府内弁護士と単独開業弁護士が、この特徴に同意する傾向が最も高かったが、それでも彼らのうち少数だけがそのように報告した（それぞれ32％と33％）。かくして、シカゴの弁護士は、彼らの業務を特別な専門知識と変化への適応――単純作業化のイメージではない――を要するものとして特徴付けた。

　仕事のコントロールに関する知見は、より雑多であった。（**図5.5**で）上述のとおり、弁護士の大多数（69％）が、独立して仕事ができると言った。単独開業弁護士と公設弁護人事務所および法律扶助事務所にいる弁護士は、そ

176　第Ⅱ部　弁護士界の階層性

うであると報告する傾向が最も高かったが、すべての実務の文脈において回答者の過半数がその記述に賛同した。しかし、過半数よりもわずかに少ない人数（48％）が、彼らの仕事の戦略が主として自分自身のものであったという記述に賛同した。たとえば、ほとんどの社内弁護士が、誰も後から自分にとやかく言わないと回答したが、仕事の戦略を作って遂行するものとして自分自身を特徴づけている傾向はより少なかった。単独開業弁護士、より小規模の法律事務所、そして公設弁護事務所や法律扶助事務所においてのみ、回答者の過半数が後者の種類の独立性を主張した。要するに、自律性は、単独開業弁護士と公益弁護士の間で一貫して高かったが、彼らの両方ともより力のない依頼者のためにより威信のない仕事をする傾向にあるし（第3章と第4章）、そして〔威信は〕民間法律事務所の弁護士間では比較的低いレベルであった。そうなると、自律性と威信との間には、なにがしかのトレードオフがあるように見える。つまり、力をもった依頼者と強力な組織は、社会的地位と安心感をもたらすが、制約を課すのである。

　民間法律事務所の3タイプすべてにおいて、回答者の3分の2以上が、5年後も同じ仕事に就いていたいと言った。対照的に、政府内弁護士と公設弁護人／法律扶助弁護士の3分の1強が、自分の現在の仕事にとどまりたいと言った。社内弁護士は、その質問に関して半々に分かれた。しかしながら、自分が弁護士になることをまた選ぶかどうか尋ねられると、社内弁護士と公益弁護士の4分の3以上と政府内弁護士の70％以上が、そうするだろうと答えた（第11章）。法律事務所のパートナーは、アソシエイトよりも職の安定性を好む傾向が強かった。おそらく、アソシエイトはアソシエイトのままでいたくなかったからだろう。[36]これらのデータは、業務環境間における所得と社会的地位のヒエラルキーを正確に映し出しているようである。すなわち、より多くの所得を得て、より威信のある実務の文脈にいる弁護士は、それらにとどまることに傾倒する傾向がより高かった。

　ここで検討されたデータ——専門性、労働時間、そして課業の側面——は、

＊36　伝統型法律事務所のパートナーの84％、混合型法律事務所のパートナーの81％、そして企業型法律事務所のパートナーの86％が、自分の地位にとどまりたいと望んだ。伝統型法律事務所のアソシエイトの39％、混合型法律事務所のアソシエイトの48％、そして企業型法律事務所のアソシエイトの55％がそうであった。この測定によって、企業型法律事務所は、パートナー間においてもアソシエイト間においても最高レベルの満足感を得ていたことに留意せよ。

第5章　組織　177

弁護士の仕事が、彼らが実務を行う組織のタイプによって、そして、さまざまな程度で、組織内のランクによって形づくられるということを明らかにする。しかし、弁護士の仕事が組織に基礎を置き、決定されるという事実は、それが疎外的であるということではない。確かに、（社内弁護士として、または政府において）雇用された文脈で働いている弁護士は、自らを独立していると見なすことは一貫して少ないが、弁護士の仕事における単純作業化や疎外感を確認することを意図したいくつかの測定は、そのような不満に関する多くの証拠を明らかにすることに失敗した。第11章は、仕事の満足度に関するいくつかのさらなる測定を分析する。全体的に見て、知見は、弁護士が満足していたことを示している。

11. 変化と継続性

　我々が観察する変化は、組織によってではなく市場によって推進される、ゆえに組織とは、市場の効果が現れる場であるにすぎない、と主張する者もいるかもしれない。大法律事務所の台頭の原因に関する我々の議論から明らかなように、我々は市場による説明に反感を持ってはいないが、市場で説明することは必然的に不完全である。法務サービス市場は制度的に作り出されている。法の需要と供給は、制度的変数——公式の法、いつ法を行使することが適切であるかという個人規範、弁護士の社会組織など——の組み合わせによって決定されるということを認識するために、リチャード・エイベル（Abel 1989）の市場閉鎖（market closure）理論を採用する必要はない。政府、競争相手、顧客とやりとりする道具として法を利用することに関する企業の決定が、法務サービスの需要を形成してきたのである（Macaulay 1963）。法務サービスへの支出に関する政治体制の決定が、低所得者層が利用可能なリソースと政府内弁護士というキャリアの選択肢の両方を決定してきた。貧困者の弁護および成功報酬制に関する法律プロフェッション内部の決定が、特定の仕事の流れを進むか避けるかに関する弁護士のインセンティブに影響し、それに伴って供給と需要のメカニズムにも影響する。法律事務所および法務部は、市場の力を受ける対象ではなく、自らに有利に市場および制度過程を積極的に再形成する戦略的行為者である。法律事務所の経営者は、その法律事務所をどのように組織するかということについて、自分で判断を下しながら、戦略を適応させ改良する。これらの制度的ダイナミクスは、市場と組織過程と

の間の一線をあいまいにし、組織の多くの方針と慣行は、市場の要求にゆるく関連づけられるにすぎない。市場は、究極的には法律事務所構造の生態系を再形成しながら、ある戦略を不当に扱うかもしれないし、またある戦略には見返りを与えるかもしれないが、いくつかの組織戦略は実行可能なままに見える。

　たとえ市場の力が法実務における変化のより基本的な決定要因であるとしても、法務サービスを供給する組織は、それらの力の結果に対処しなければならない。より小規模の法律事務所は、市場の別の部分に参入するために、より大規模な法律事務所と合併すべきであるのか。法律事務所は、アソシエイトに、初任給は若干低くとも、パートナーシップへのより大きなチャンスを提示すべきであるのか。社内弁護士は、組織内の業務の大部分を保持しようとするべきであるのか、彼らの法的業務をいくつかの法律事務所に分散させるべきであるのか、外部の法律事務所をより少なくして数量による割引を確保するべきであるのか、それともそれらの法律事務所に質を犠牲にしても価格で競争させるべきであるのか。それから、ある法律事務所が、より多くの弁護士を加えることによって急速に増えゆく需要に対処するならば、新しくより大きい組織をどのように統率するべきであるのか。市場の力の重要性は、法律事務所や法務部が直面する組織的問題を減らすことはないのである。

　法律事務所および雇用された実務の文脈は、官僚制と平等な同僚による支配の混合体のままである。最大規模の法律事務所の多くは、民主的統治の要素を保持している。企業内法務部でさえ、弁護士の雇用においてみられるように、プロフェッションの自治の重要な要素を示している。えこひいきは、他の文脈におけるよりも政府内法務部の管理において重要である。そして、官僚制化の指標によってうまく要約されない組織間の質的差異がある。平等な同僚によって統治される法律事務所は、しばしば、企業内法務部や政府内法務部が有するよりもよりヒエラルキー的な分業を有しているし、民間法律事務所のアップ・オア・アウトの特徴は、企業内法務部や政府内法務部の等級別職制よりも、仕事とキャリアについてさまざまに異なる期待をかけるのである。

　より大規模で、より構造化された業務の文脈と、弁護士の不満や疎外感との間に、明白な関連性はない。反対に、我々は、組織が、組織のイメージに合わせてそれらの弁護士のプロフェッショナルとしてのイデオロギーを形成できることを発見した。企業法務専門の法律事務所は、弁護士を選別し社会

化するので、彼らは法律事務所経営のビジネスモデルを受け入れる。アソシエイトはより伝統的な組織形態を支持するので、これらの問題に関してパートナーとアソシエイトの間に緊張状態はあるが、これが事務所のさらなる合理化に障害をもたらすようには思われない。これは新しいことではない。ネルソンは、4つの法律事務所に関する研究において、それを発見した(Nelson 1988)。存在する疎外感のうちで、とりわけ政府内弁護士間において、金銭や地位に相対的に恵まれていないことに起因するものはほとんどないように思われる。(第11章)。これらの弁護士の不満は、彼らのプロレタリア化の結果ではなく、政府内法務部および貧困者のための法律扶助への公共投資の欠如の結果に起因するのである。組織環境における弁護士は、チームによる生産という形態に従事し、他者と相談して実務の戦略を立てるが、彼らはスタンダード・モデルの上でねじを締めているだけではない（Lazega 2001, 93）。

　組織という視点からシカゴの弁護士を検証すると、我々は大きな変化を目撃するが、プロフェッションの伝統を伴った継続性の要素も目撃する。法律事務所の修正形態——企業型モデル——は、過去の一流法律事務所から成長した。企業型法律事務所は法務サービス市場において新しいレベルの経済的・人数的な力を得たが、それらは、大部分、専門の法分野を中心にして組織され続けた。他の文脈における法実務は、そこで見いだされる組織の形態によっても構造化された。組織の管理者は、彼らが法実務を合理化しようとするにつれてプロフェッションの伝統との妥協姿勢を取ったが、より大きくより官僚制的な制度を構築する取り組みに成功した。これらのさまざまな組織状況において働く弁護士は、それらの組織がどのように運営されるべきかに関するさまざまな見解を支持したが、組織は弁護士のイデオロギーも法実務も作り変える。かくして、法実務の変容は、弁護士のプロフェッショナルとしての自分の社会的地位の見方を抜本的に変えることなく、徐々に起こったのである。

（訳：大坂恵里／おおさか・えり）

■第6章 ‖‖

キャリア
（キャスリーン・E・ハルとの共著）

　キャリアの進展は、それを生き抜く人には特有のものであるとしばしば感じられるが、個々人の物語は、通例、他者に共有される広い意味で似通った推移のカテゴリーに分類されるのである。職歴に観察される規則性は、個人の経歴と、より幅広い市場条件および組織の雇用政策との、予測可能な相互作用を反映している（Spilerman 1978）。職業の内部で、キャリアの予測可能性は連帯の維持を促進する。共有される経験——法律事務所でのアソシエイト経験、交通裁判所に同じ裁判官や同じ被告側弁護士たちと繰り返し出廷する経験、複雑な準備書面をまとめる長時間の労働経験——は、共通のアイデンティティの経験的基盤を提供する。共有される期待——最終的にパートナーに昇進する期待、依頼者に予測可能な問題を安定的に供給する期待、事実審裁判所で最終的に主任弁護士として出廷する期待——は、共通の志望を持つ文化と共通の宿命を持っているという感覚を支える（Carr-Sanders and Wilson 1933; Freidson 1994, 75-91; Parsons 1968）。これらの期待が自己の生活と同僚の生活でかなえられる場合に、職業上の文化とアイデンティティは肯定されるが、キャリアが予測不可能になり、または仕事の供給が不確実になる場合には、仕事および同僚との一体感は弱まりうる。

　シカゴでは、逆説的なことに、弁護士のキャリアは、より予測しがたくなると同時に、共通の経験でより強く特徴づけられるようになった。1995年には、回答者の大多数は、キャリアのある時点で民間法律事務所のアソシエイトとして働いていたが、勤務した最初の事務所でパートナーに昇格する可能性はより小さくなり、パートナーがキャリアを通じて1つの事務所で過ごす可能性はより小さくなった。しかし、弁護士のキャリアのいくつかの部分は、ほぼ同じままであった。1975年と1995年の両調査で、弁護士の職歴は、依頼者タイプの境界線をめったに越えることがなかった。個人向け業務で出発した弁護士は通例その仕事にとどまり、キャリアをビジネス向け業務で出発した弁護士は、一般

182 第Ⅱ部　弁護士界の階層性

【表 6.1　プロフェッション参入後の組織間移動の平均値と中位値　1975 年と 1995 年】

経験年数	1975年			1995年		
	平均値	中位値	N	平均値	中位値	N
10年未満	0.9	1.0	292	0.8	1.0	284
10年～19年	1.6	1.0	194	1.6	1.0	264
20年～29年	2.0	2.0	143	2.3	2.0	143
30年～39年	2.6	2.0	70	2.5	2.0	52
40年以上	2.0	2.0	75	2.3	2.0	33

注：これらの分析では、単独開業は組織の一形態として扱われている。プロフェッションへの参入は、弁護士が
　　ロースクールを修了して最初の職に就いたときに生ずる。最初の職の開始時に関するデータが欠けていたため
　　に、1975年では3件が除外され、1995年では12件が除外された。両側検定のt検定によれば、2つの調査の間で
　　統計的な有意差は現れていない。

的にその職業生活のすべてをその種の依頼者とともに過ごした。

1. 職歴とキャリア

　シカゴの弁護士のキャリアパターンの変化を考察するために、我々は職業生活歴データ（work-life history data）を用いる。回答者は、弁護士になってから就いたひとつひとつの仕事の特定の部分を思い起こすよう尋ねられた。すなわち、執務環境、そこで業務を開始した時期、その組織を離職した（または単独開業をやめた）時期と、離職時の肩書である。1995年調査では、また、弁護士は、特定の組織に所属した間の昇進または水平的移動の結果としての地位の変化と、その変化が生じた時期を尋ねられた。それらのデータにもとづいて、我々は、完全なキャリア履歴を構築し、パートナーへの昇格率や異なる種類の仕事の間を移動する確率のような、弁護士のキャリアを記述する測定指標を算定した。各調査で弁護士の職歴を比較することにより、我々は弁護士のキャリアが時を経てどのように変化したかを知ることができる。

　各調査は、調査の前年に法律実務資格を持つ人物のみを含み、プロフェッションからの離脱に関して我々の持つ情報は不完全である。除外された人々——実務資格を維持しなかった弁護士たち——は、これらの回答者と重要な点で異なるかもしれない[*1]。さらに、離脱パターンは時を経て変化してきたかもしれず、このことは、2つの時期における［就業］機会の比較をより複

---

*1　データは、実務資格を持つが他の職で働いている弁護士と、まったく働いていない弁護士
　　を含む。

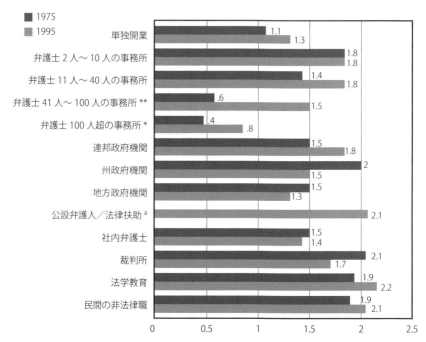

【図 6.1　初職環境による、その後の職の数　1975 年と 1995 年】

注：1975 年では、プロフェッション参入後の最初の職が軍隊であった 26 人の弁護士が、表から除外されている。1995 年では、同じ状況の弁護士 12 人と、まったく仕事に就かなかった弁護士 2 人が、表から除外されている。
[a] 1975 年では、公設弁護人と法律扶助事務所の弁護士は政府機関の弁護士として分類されていた。
* $p < .05$　** $p < .01$。両側検定による 2 つの調査の間での平均値の差の t 検定。

雑にする。1975年調査では、引退または失業した弁護士はサンプルに含まれず、6％は非法律職で働いていた。1995年調査では、弁護士の1％は引退し、0.4％は失業し、7％は非法律職で働いていた（図1.1参照）。職業間の離脱のバリエーションに関する研究は、単一の時期を対象に行われてきたが（Evans and Laumann 1983）、時を経た離脱の割合とパターンの変化に関する入手可能な情報はほとんどない。それゆえ、我々の調査結果を解釈する際に、我々は離脱がいかにデータに影響をおよぼしえたかに留意したい。

　弁護士界全体として、組織間の移動率は2つの調査で同様である。各回答者がロースクール後に就いた職の平均数は、両調査とも2½であった。**表6.1**が示すように、職業の移動性は、同様の経験レベルの弁護士の間では変わら

【図6.2 初職の分布 1975年と1995年（各地位で出発した者の%）】

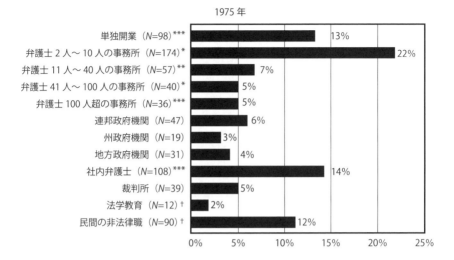

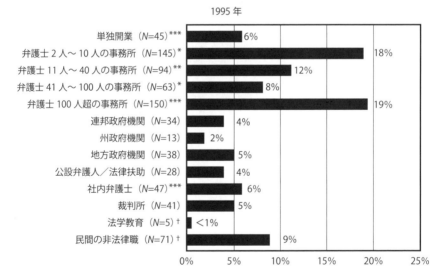

注： 1975年では、プロフェッション参入後の最初の職が軍隊であった26人の弁護士が、表から除外されている。1995年では、同じ状況の弁護士12人と、まったく仕事に就かなかった弁護士2人が、表から除外されている。これらの弁護士が除外されているために、%の合計は100にならない。1975年の調査では、公設弁護人と法律扶助事務所の弁護士は政府機関の弁護士として分類されていた。
† $p < .10$ * $p < .05$ ** $p < .01$ *** $p < .001$。2つの調査の間の差のカイ二乗検定。

第6章 キャリア 185

【図6.3 初職の環境による、弁護士界内での移動の年平均 1975年と1995年】

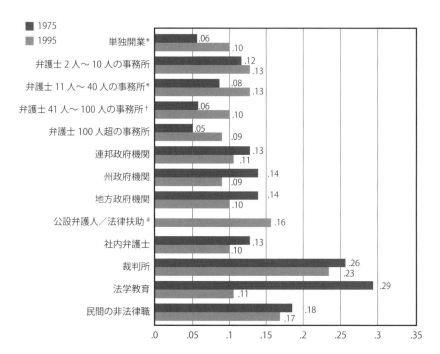

注：1975年では、プロフェッション参入後の最初の職が軍隊であった26人の弁護士が、表から除外されている。1995年では、同じ状況の弁護士12人と、まったく仕事に就かなかった弁護士2人が、表から除外されている。
a 1975年の調査では、公設弁護人と法律扶助事務所の弁護士は政府機関の弁護士として分類されていた。
† $p<.10$ * $p<.05$

なかった。[*2] この安定性は、シカゴの弁護士のキャリアが、1975年以降の20年間一定であったことを示唆する。しかし、全体的な安定性は、弁護士界の異なる部分の相殺的な変化によって生み出されているのである。これらの相殺的な変化のいくつかは、図6.1に示されている。13の各執務環境——単独

---

*2 しかし、顕著な変化は、1995年の調査で30年以上の経験を有する弁護士のプロフェッション全体に占める割合が縮小したことである。1975年調査では、19%の弁護士が30年以上の経験を有していたが、1995年では11%にすぎなかった。部分的には、このことは、1970年代から1990年代にかけてプロフェッション全体が急速に拡大して、若手を膨張させたことを反映している。年齢構造の変化は、また、自己の上級ポジションがより不安定なものになり、あるいはより好ましいものではなくなったために、年輩弁護士の間でのプロフェッション離脱率が増加したことも反映している。

開業、4つの法律事務所規模別カテゴリー[*3]、連邦政府、州政府、地方政府、公設弁護人および法律扶助事務所[*4]、社内弁護士（house counsel）、裁判所、法学教育、そして非法律職[*5]——において、その図は、最初の職以降に就いた職の平均値を示している。

　弁護士界の構造変化は、最初の地位の分布によって示される（図6.2）。時の経過とともに、より多くの弁護士がそのキャリアを民間実務で出発するようになってきたが、その大部分は、より多くの弁護士が大規模法律事務所で出発したことによっている。1975年調査では、弁護士の17％が弁護士10人以上の事務所でロースクール卒業後最初の仕事に就いていたが、1995年調査では、弁護士の39％がそうしていた。最初から自分の看板を掲げることは、プロフェッション参入の方法として、より一般的ではなくなった。すなわち、単独開業は、1975年の最初の地位の13％を占めたが、1995年には6％に過ぎなかった。社内弁護士としてキャリアを出発することも、より一般的ではなくなった。1975年調査では優に14％の弁護士が社内法務部（internal counsel offices）で最初の職を得たが、1995年調査では6％に過ぎなかった。このパターンは全国的傾向に一致する。1950年から1970年の間に、社内弁護士（corporate counsel）はプロフェッション全体よりも急速に増加したが、1970年以降、プロフェッション全体に占める割合では減少した（Sandefur 2004）。法律関係以外の雇用も、最初の職としてはより一般的ではなくなった。1975年調査では12％が法律関係以外の環境で仕事を始めていたが、1995年では9％にすぎない。

　図6.3は、各執務環境で出発した弁護士の、年平均の移動回数を示している。この量は、弁護士が職場を変える速度を示す単純な割合である。この割合の逆数が、移動前にひとつの職場に留まる平均年数である。組織間の移動性は、

---

*3　両調査で、回答者は、弁護士としてのキャリアを出発してから勤務した組織ごとの弁護士の人数を報告した。1975年調査では、彼らの回答は逐語的に記録された。1995年調査では、現在の職の前職に対する回答は、次のカテゴリーで記録された。すなわち、弁護士10人未満、弁護士10人から40人、弁護士40人から100人、そして弁護士100人以上である。それゆえ、1995年調査では、回答者は、40人の弁護士を有する事務所を、中ほどの2つのカテゴリーのどちらかに分類しえた。1975年調査では、我々は、40人の弁護士を有する事務所を、11人から40人のカテゴリーに分類した。

*4　1975年調査では、公設弁護人は政府内弁護士と区別されず、法律扶助弁護士はサンプルに現れなかった。

*5　この表は、ロースクール卒業後の最初の職が文民部門の職場であった者だけを含んでいる。ロースクール卒業後すぐに軍隊に入った者（n = 38）と、まったく職業に就いたことがない者（n = 2）は表から除外した。

第6章　キャリア　**187**

民間実務で出発した弁護士において有意に高まっている（**図6.3**）。1975年調査では、単独開業で出発した弁護士は平均16.7年に1回（1/0.06）移動していたが、1995年調査では、10年間に1回（1/0.10）となっていた。弁護士11人から40人の事務所で出発した弁護士は、1975年調査では12.5年に1回（1/0.08）移動していたが、1995年調査では7.7年に1回（1/0.13）であった。しかし、民間実務組織間での移動が増加したのにもかかわらず、民間実務家としてキャリアを開始した弁護士は民間実務に止まり続ける傾向があった。1975年には、単独開業あるいは法律事務所で最初の仕事をした弁護士の82%が、調査時にも民間実務に就いていた。1995年では、その割合は3%しか低下しなかった。[6] 政府あるいは社内弁護士事務所でキャリアを始めた弁護士は、組織間の移動性について、小さな、統計的に有意ではない低下を示していた。

２．キャリアの安定性

　1975年と1995年の両調査で、弁護士の選択肢は制約されていた。弁護士は、弁護士界の「２つの半球」、すなわち個人サービス・プロフェッションと企業サービス・プロフェッションの間をめったに移動しない。1975年調査では、40人以上の事務所——大多数の企業法務が行われる種の組織——で働く弁護士の8%のみが、単独開業か２人から10人までの事務所、すなわちほとんどの個人サービス弁護士が勤務する種類の組織でキャリアを出発していた。1995年調査では、40人以上の事務所に勤務する弁護士の3%のみが、より少ない人員環境で出発していた。[7] 政府内でキャリアを出発した弁護士もまた、大規模事務所に移動する可能性は低かった——1975年に大規模事務所に所属していた弁護士の9%だけが、また1995年に［大規模事務所で勤務していた弁護士の］6%だけが、政府内実務で出発していた。[8] 両調査とも、政府内の

---

*6　三次元ログリニアモデルは、民間実務で出発した弁護士が調査時までに民間実務を離れた可能性について、２つの調査の間に有意差を示していない（$L^2 = 0.19$, df $= 1$, $p = .33$）。（訳注）ログリアモデル（対数線形モデル）について、太郎丸博『人文・社会科学のためのカテゴリカル・データ解析入門』（ナカニシヤ書店、2005年）第９章を参照。

*7　三次元ログリニアモデルは、単独開業または小規模法律事務所で出発した弁護士が調査時に弁護士40人以上の法律事務所で勤務している確率について、両調査間で有意差を示していない（$L^2 = .96$, df $= 1$, $p = .33$）。

*8　三次元ログリニアモデルは、政府の職で出発したことと調査時の大規模法律事務所勤務との関連性について、両調査間で有意差を示していない（$L^2 = 2.44$, df $= 1$, $p = .12$）。

最も威信の高い職場——連邦政府の仕事——から移動した者が、政府内弁護士から大規模事務所への移動の大多数を占めていた。[*9]

　反対方向の移動——より初任給が高い仕事、より威信がある仕事、そして裕福になる可能性がある地位から、より報いの少ない仕事への移動——もまた、稀であった。2度目の調査における弁護士の大多数は大規模事務所で出発したため、それらの職を離れた弁護士は他の執務環境の労働力を多く供給した。しかし、この構成の変化をコントロールしても、我々は、大規模事務所のアソシエイトとして出発したことと調査時に政府勤務であったことの相関関係が実質的に同一であることを見出した。1975年調査では、政府機関勤務の弁護士で大規模法律事務所から出発した弁護士はいなかったが、1995年調査では、政府法律業務の弁護士の8%が大規模事務所で出発していた。大[*10]規模法律事務所は、単独または最小規模の事務所で働く弁護士の供給源にもなった。1975年調査時には、単独開業または2人から10人の弁護士を有する事務所で勤務する弁護士の2%のみが、そのキャリアを大規模事務所で始めていたが、1995年調査では、単独および小規模事務所の弁護士の13%が巨大事務所のアソシエイトとして出発していた。[*11]

　主に企業依頼者にサービスを提供する弁護士の間でさえ、民間実務と被雇用実務の間の移動はほとんどなかった。すなわち、大規模事務所の弁護士の4%が1975年に組織内弁護士（inside counsel）として出発していたが、1995年には2%のみであった。1975年調査では、組織内弁護士の5%が40人以上の[*12]弁護士の事務所で出発していたが、1995年調査では15%であった。それゆえ、[*13]両事例で、構成上の変化をコントロールしても、企業専門弁護士界内部の被雇用実務と民間実務の間の移動の可能性は、小さいままであった。

---

*9　1975年調査で政府機関から大規模事務所に移動していた弁護士の全員（n =9）が、連邦政府機関から移動していた。1995年調査では、政府機関から大規模事務所に移動した者の58%（12人中7人）がそうであった。

*10　三次元ログリニアモデルは、大規模事務所で出発したことと調査時に政府勤務であったこととの相関について、両調査間で有意差を示していない（L² = .03, df = 1, p = .85）

*11　三次元ログリニアモデルは、大規模事務所で出発したことと調査時に小規模事務所または単独開業であったこととの相関について、両調査間に有意差を示している（L² = 4.28, df = 1, p = .04）。

*12　三次元ログリニアモデルは、企業内弁護士での出発と調査時の大規模事務所勤務の関連性に、調査間で有意差を示さない（L² = .02, df = 1, p = .88）。

*13　三次元ログリニアモデルは、大規模法律事務所での出発と調査時の組織内弁護士勤務の関連性に、調査間で有意差を示さない（L² = .01, df = 1, p = .93）。

ひとつ重要な点で、弁護士のキャリアは、1975年以降、より不規則となり予測し難くなった。すなわち、より大規模な法律事務所で出発した弁護士が離職する可能性が高まったのである。40人以上の事務所でキャリアを出発した回答者のうちインタビュー時にその規模の事務所に勤務していた者は、1975年には82％であったが、1995年には66％のみとなっていた。この、大規模事務所実務の人材保持力の明らかな弱まりは、年齢、ジェンダー、および実務環境の分布の変化を考慮に入れても、持続する[*14]。しかし、キャリアを大規模事務所で出発した女性は、男性よりも離職する可能性がより大きかった。大規模事務所の職場を放棄する弁護士は、その他の特定の目的地へ行く可能性が特にあるわけではなかった。もっとも、両調査で彼らが政府内実務へ移動する可能性は低かった。すなわち、1975年調査では皆無で、1995年調査では3人のみが政府内へ移動していた。大規模事務所という執務環境からの離脱の拡大は、1975年調査時にちょうど始まった、弁護士界の人口構成の変化（第3章参照）と、大規模法律事務所の組織および経営の変化（第5章参照）に一致している。

　これらの移動性のパターンは、個人の選択と、異なる種類の法律職における技能要件の変化を反映しているが、それらは、また、労働市場の層化（segmentation）をもある程度反映しているであろう。労働市場は、同様の技能と経験を持つ人々が異なったかたちで特定の職に移動しうる場合に、または、実質的に同様な仕事に対して異なるレベルの報酬を受けとる場合に、層化していると表現される（Cain 1976; Hagan 1990を比較）。企業の従業員としての企業法務が大規模民間事務所の業務に不向きにさせるとすれば、社内法務部から大規模事務所への移行が稀なことは、その2つの職の要件の真の違いを反映すると言えるかもしれない。しかし、実務環境間の移動のいくつかの障害は、組織が、伝統的な資格証明を持たない弁護士を考慮したがらないということも、おそらく反映しているであろう。それは、多くの場合、学歴上の資格証明または特定の種類の経験に欠けるということである。

＊14　現在の地位および最初の地位と年齢について、また現在の地位および最初の地位とジェンダーについて、すべての二要因相互作用（two-way interactions）と三要因相互作用（three-way interactions）を含んだ五次元ログリニアモデルによれば、現在の地位、最初の地位、および調査年の相互作用を可能とする項を追加すると、$L^2 = 12.6$, df $= 1$, $p = .0003$という検定統計量（test statistics）が得られる。これは、年齢構成とジェンダー構成の変化を差し引くと、最初の地位と現在の地位との関係が両調査間で異なることを示唆している。

我々が第３章で特に言及したように、弁護士のキャリア機会におよぼすひとつの強力な影響は、プロフェッション内部における出身ロースクールの相対的な地位である。両調査で、威信あるロースクールの卒業生は、より大規模な事務所で過大代表になっており、政府内実務および小規模事務所実務で過小代表であった（**表3.1**参照）。大規模法律事務所が、高いランクのロースクールの卒業生を引きつけるためにより高い報酬を支払うのは、これらの弁護士が、複雑な企業法務をより良く行う能力を有しているか、ことによると上流の交際ネットワークを有するかもしれないと、信じているからである。これらの信念が不正確であれば——たとえば、イリノイ大学またはジョン・マーシャル・ロースクールの卒業生が、企業合併・買収または新規株式公開の仕事で同等に生産的でありうるとすれば——、弁護士の労働市場は層化していることになる。

3. 黄金時代とその衰退

　1950年代および1960年代は、巨大法律事務所の黄金時代と呼ばれていた（Galanter and Palay 1991）。そのような事務所でアソシエイトとして雇用されるに足る幸運な若者——当時は、もちろん、ほぼ常に男性であった——は、能力があり激務をこなしていれば、「不滅の卓越した地位への整然とした行進」を望むものであった（Galanter and Palay 1991, 76）。６年から８年のアソシエイト経験後、彼は、その事務所のパートナーに昇進するか、または、どうも同僚と「合わない」場合は、事務所の企業依頼者の社内弁護士に任ぜられたであろう（Hoffman 1973; Smigel 1964）。弁護士がいったん法律事務所のパートナーになれば、その事務所における年功とパートナーシップ全体の経済状態を反映した、収益への自己の寄与をはるかに上回る収入を受けとりつつ、そこで職業生活の残りを過ごすものであった。

　1970年代にその黄金時代は衰退し始めた。事務所が大規模化するにつれて、次第にピラミッドに似た構造になって、より多くのアソシエイト集団が各事務所でより少ないパートナーの地位を競うようになった（Galanter and Palay

---

＊15　すなわち、エリート・カテゴリーとプレスティージ・カテゴリーである。第１章を参照。

＊16　黄金時代には、弁護士の大多数は男性であった。1950年代の間に、女性はアメリカ法曹協会認定ロースクール登録者の平均3.6％であった。1960年代に、これらの学校の学生総数への女性の寄与は平均4.5％であった（Abel 1989, table 27）。

【図 6.4 「黄金時代」的キャリアの頻度 1975 年と 1995 年】

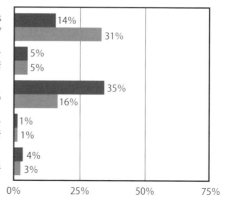

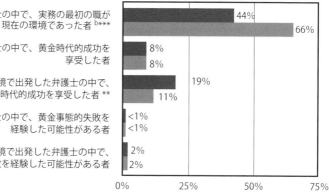

[a] 1975 年では $N = 111$；1995 年では $N = 247$。
[b] 1975 年では $N = 345$；1995 年では $N = 519$。
** $p < .01$　　*** $p < .001$。2 つの時点の差のカイ二乗検定。

1991)。同時に、パートナーの地位の性格自体が変化した。アソシエイトとしての業務よりも高い報酬は与えるが事務所の所有権（ownership）は分配しないという、新しい形態のパートナーの地位が現れた（Gorman 1999; Heintz and Markham-Bugbee 1986)。1975年調査では、2 人以上の弁護士を有する法律事務所の220人の「パートナー」のうち 1 人のみが、おそらく事務所の経営者でないことを示す肩書を持っていたが、1995年調査は、「給与制パートナー」

および「契約パートナー」のような、事務所の経営者ではないことを示す多くの新たな地位を見出した（**表5.1**参照）。法律事務所の「パートナー」のうち、13％はこれらの新たな肩書を報告した。パートナーの地位自体が変化し、もはやあらゆる場合に「不滅の卓越した地位」を象徴するものではない。事務所は、（「真の」パートナーを含めて）十分に生産的ではないと判断された弁護士を追い出し始め、レインメーカー、つまり利益の上がる仕事を引きつける能力が証明されている弁護士の獲得を目指して、互いに競いあい始めた（第12章参照；Galanter and Palay 1991, 67-68; Hoffman 1982; Menkel-Meadow 1994)。

　大規模事務所の弁護士のキャリアは著しく変化したが、それは、現代の弁護士界と理想化された黄金時代との比較が含意するかもしれないほどのものではない。シカゴの弁護士の間では、黄金時代的キャリアは常に稀であったのだ。**図6.4**は、「黄金時代的成功」と「黄金時代的失敗」という2つの職歴の普及率を報告している。黄金時代的成功とは、ロースクール後の通常実務（regular practice)[17]の最初の職が法律事務所勤務で、その後その事務所の完全な所有権があるパートナーに昇格し、調査時にまだパートナーであったという弁護士である。黄金時代的失敗とは、法律事務所で最初の職に就いたが、組織内弁護士として勤務するためにその事務所を離れたという弁護士である。[18]**図6.4**は2つの分析を含んでいる。1つ目は、大規模事務所で実務を開始した弁護士のみを検討しており、2つ目は、あらゆる規模の法律事務所で出発した弁護士間におけるこれらのキャリアの普及率を示す。1975年サンプルの回答者に対しては、大規模事務所は20人以上の法律事務所として定義されており、それは、当時としては極めて大規模であったのだ（1975年の弁護士の14％のみが、その規模の事務所でキャリアを開始していた）。1995年サンプルの弁護士に対しては、大規模事務所は、40人以上の事務所として定義される（31％がその規模の法律事務所でキャリアを開始していた）。

　図が示すように、黄金時代的成功は決して一般的でなく、大規模事務所で

＊17　通常実務とは、法律事務所勤務または単独の開業弁護士、政府機関内の弁護士、民間の営利組織または非営利組織の組織内弁護士、あるいは公設弁護人または法律扶助弁護士としての、文民職として定義される。弁護士のなかには、ロースクール卒業後、しかし通常実務に就く前に、裁判所クラーク、兵役、および文民の非法律職を含む地位に就いていた者がいる。

＊18　これは、黄金時代的失敗に関する過度に包括的な同定であって、仕事をやめるアソシエイトに対して依頼者企業の社内法務部への就職斡旋を行う法律事務所を含んでいた（Smigel 1964)。シカゴのデータは、これらの弁護士が転職した社内法務部が以前の法律事務所の依頼者企業のものであるかどうかを示していない。

キャリアを始めた弁護士にとって、その結果となる可能性は低下していった。各調査で、全弁護士の5%のみが、大規模事務所の成功物語のように見えるキャリアを報告した。いかなる規模であれ、法律事務所でキャリアを開始することはより一般的で、それは、1975年には最初の実務ポストの44%を占めており、1995年には66%を占めていたが、1995年調査の弁護士のうちでステロタイプに当てはまるキャリアを報告した者のパーセンテージは小さくなっていた。2人以上の弁護士の事務所でキャリアを出発した弁護士のなかで、1975年にインタビューを受けた弁護士の19%はパートナーになって出発した事務所にとどまっていたが、1995年には11%のみがそうなっていた。大規模法律事務所で実務を開始した弁護士の間で、1975年には35%が黄金時代的成功を享受していたが、1995年には16%のみがそのキャリアパターンであった。そして「失敗した」黄金時代的キャリアは、決して一般的ではなかった。どちらの調査でも、1%のみがそれを経験しえたであろう。

　2つの変化が、黄金時代的成功の終焉に寄与した——アソシエイトが実務を開始した事務所でパートナーの地位に昇格する可能性がより小さくなり（Abel 1989, 201; Galanter and Palay 1991, 63; Phillips 2001, fig.3）、パートナーが事務所を移動する可能性がより大きくなったのである。1975年には、大規模事務所でキャリアを出発した弁護士の38%がその事務所のパートナーになっていたが、1995年では26%のみであった[19]。すべての規模の法律事務所で出発した弁護士のうち、1975年には30%が、1995年には22%が、最初に就職した事務所でパートナーの地位に就いていた[20]。両調査で、最初の法律事務所でパートナーにならなかった弁護士のうち、半分以下が後に他の事務所で勤務し、約4分の1のみが最終的にパートナーになっていた[21]。最初の法律事務所でパートナーの地位を否定されることは、最終的にパートナーの地位に到達する可能性がより低いことを意味した。さらに、最初の事務所でパートナーに昇格しなかった弁護士がプロフェッションを去ってしまっていたとすれば、これらの計算は真の衰退規模を実際よりも過少評価しているかもしれない。最初の事務所でパートナーに到達した弁護士のなかで、1975年には85%が、1995年には46%のみが、調査時まで同一事務所にとどまっていた[22]。それゆえ、

＊19　両時点間の差異はカイ二乗検定で $p < .05$。
＊20　両時点間の差異はカイ二乗検定で $p < .01$。
＊21　1975年には25%で、1995年には21%であった。両時点間の差異は統計上有意ではない。
＊22　両時点間の差異はカイ二乗検定で $p < .001$。

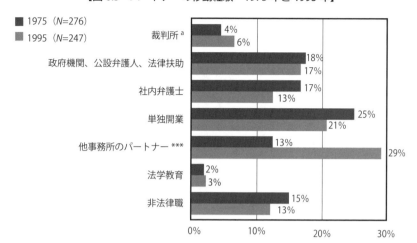

【図6.5 パートナーの移動経験 1975年と1995年】

注：計算は、弁護士2人以上の法律事務所で、完全な、所有権を有するパートナーを少なくとも1回務めた弁護士のキャリアに基づいている。それぞれの業務環境について表示された％は、該当する弁護士のキャリアに各業務環境が含まれる割合を示す。
[a] この分析では、裁判所での仕事はロークラークを含まない。
*** $p<.001$。2つの時点の差のカイ二乗検定。

　黄金時代的成功というキャリアの終焉のもうひとつの大きな部分は、法律事務所パートナーの流動性が高まったことであった。パートナーの地位を離れた弁護士は他の様々な種類の職に移動し、この流動性のパターンはある重要な点で変化した。すなわち、異る事務所の複数のパートナーの地位によって性格づけられるキャリアが、より一般的になったのである。

　図6.5が示すように、法律事務所のパートナーであるか、以前にパートナーの経験があった1975年の弁護士の13％は、別の事務所のパートナーでもあったと報告した。1995年に、その数は2倍以上になった（29％）。パートナーがそのキャリアの間に就く他の職は、ほとんど変化しなかった。きわめて少数の者が裁判官を務め、より多くは政府内または法律扶助事務所で勤務した。1975年には、パートナーの18％がいずれかの時点で社内弁護士として実務を行っており、1995年にはその割合は13％であった。弁護士以外の地位には、1975年にはパートナーの15％が就いたことがあり、1995年に13％が就いた経験があった。1975年の25％と1995年の21％は、少なくとも一定期間、単独開業弁護士として働いた経験をもっていた。法学教育に従事したパートナーはほとんどいなかった。

第6章 キャリア　195

職に関するこれらの移動パターンにおいて、民間実務内の外部労働市場が、とりわけ上級職の弁護士にとってますます重要性を帯びていることがわかる。最初の事務所でパートナーになり、キャリアをそこで過ごす弁護士の数は、より少なくなった。むしろ、民間実務の弁護士は、大規模事務所間を移動する可能性がより大きくなった。このことは、弁護士の観点からは肯定的な展開でありうる——職の流動性が高まることは、弁護士にその技能あるいは好みにより適合する職を見出すことを可能にするかもしれないのだ（Bridge 1995; Leicht and Fennell 2001; McBrier 2003; Rogers 2000を比較）。それにもかかわらず、職の流動性の多くは、どこか他の事務所でパートナーの地位に到達する可能性がより小さくなっていることを反映している。というのは、民間実務家に占める所有権を持つパートナーの割合はより小さくなったからである（Abel 1989, 201; Hagan and Kay 1995, chap.1; Sandefur 2004）。パートナーの間では、より大きな流動性は、「勝者総取り」市場の発生を反映しているかもしれないのだ。そこでは、少数のトップ「スター」弁護士集団の所得と職業上の機会が、同僚のそれをはるかに凌駕するのだ（7章; S. Rosen 1992; R. Frank and Cook 1995; Sandefur and Heinz 1999を参照）。

黄金時代的キャリアの衰退のもうひとつの要因は、大規模法律事務所への女性の参入である。1975年には、40人以上の事務所の回答者の5パーセントが女性であったが、1995年には、女性はこれらの事務所の22%を占めていた。しかし、女性はより流動的であった。1995年には、弁護士40人以上の事務所でキャリアを出発した、同等な学歴と経験年数を有する弁護士のなかで、女性が大規模事務所の実務にとどまる可能性は、男性の可能性の半分よりも少し高い程度（56%）であった。[23]

---

*23　$p = .10$。この推計は、ある弁護士が大規模事務所の執務環境にとどまったかどうかに関するロジスティック回帰モデルから算出される。予測に使われるのは、プロフェッション参入後の年数、その二乗した数、性別、回答者がエリート・ロースクールまたはプレスティージ・ロースクールを卒業したかどうか、その弁護士が卒業クラスの上位10%以内にいたかどうか、そして自身のロースクールのローレビュー編集委員であったかどうかである（Pseudo-R^2 = .06, $n = 209$）。（訳注）ロジスティック回帰分析について、太郎丸博『人文・社会科学のためのカテゴリカル・データ解析入門』（ナカニシヤ書店、2005年）第11章を参照。

４．プロフッションにおける卓越した地位への道筋

　少なくとも20世紀前半の間、アメリカの法律プロフェッションのエリート
は、ユダヤ人弁護士を差別し（Auerbach 1976）、ロースクールと弁護士会は
黒人と女性を締め出すための公式の防壁を打ち立てた（Abel 1989; Auerbach
1976; Epstein 1993）。これらの防壁は、1960年代まで存続した。1971年という
近年でも、弁護士の3％のみが女性であった（Carson 1999, table 2）。1970年代
半ばには、法律の学位の大部分は、ヒスパニック以外の白人によって取得さ
れていた——1976 – 77学年度では92.4％であった（National Center for Education
Statistics 2000a）。４半世紀後、1997-98学年度には、有色人種がすべての法律
学位の５分の１を少し超える程度を受けていた。すなわち、黒人が7.2％、
ヒスパニックが4.6％、アジア・太平洋諸島系が10.1％、アメカンインディア
ンが0.7％であった（National Center for Education Statistics 2000a）。1995年には、
アメリカの弁護士のほぼ４分の１（24％）は女性であった（Carson 1999, table 2）。
　しかし、［弁護士プロフェッションへの］アクセスの拡大は、これらの弁
護士集団のいずれにとっても、プロフェッションへの完全な統合を意味する
ものではなかった。第３章で我々が言及したように、ユダヤ人弁護士は、離
婚のような一定の業務で過大代表になっていた。1997-98年にはすべての法
律学位の23％が有色人種に授与されていたにもかかわらず、2002年には法律
事務所のアソシエイトの14％とパートナーの4％のみが有色人種であった
（National Association for Law Placement 2002）。2002年には、法律事務所パート
ナーの16％のみが女性であった（同上）。女性は1982年から1998年の間の各
年ですべての法律学位の少なくとも３分の１を授与されていたにもかかわら
ずである（National Center for Education Statistics 2000b）。しかし、女性は、2002
年の法律事務所アソシエイトのなかでは十分に代表されている（42%;
National Association for Law Placement 2002）。弁護士プロフェッシッションへの
新規参入者のなかで、女性の経験は最も広範に研究されてきた。合衆国主要
都市のエリート法律事務所の代表サンプル（Chambliss and Uggen 2000）、オン
タリオの民間実務家（Hagan and Kay 1995; Kay and Hagan 1998, 1999）、そしてシ
カゴの法律実務有資格者（Hull and Nelson 2000）に関する洗練された計量的研
究は、女性が法律事務所でパートナーの地位に就く確率がより低いことと、
大規模法律事務所の執務環境から離脱する確率がより大きいことを、一貫し

第６章　キャリア　**197**

て記録してきた（Kay and Hagan 2003）。同様の学歴、社会階層、民族宗教的アイデンティティ、家庭状況、キャリア経歴の男性と比較して、女性が法律事務所の完全な、所有権を持つパートナーとして見出される可能性はより小さく、社内法務部や政府機関のような被雇用環境で管理者として見出される可能性はより大きい（Hull and Nelson 2000, table 4）。法学教授の間でも、女性は、同等な業績と家庭状況にある男性よりもゆっくりと、大学での短期の職から、しばしばテニュアトラックと称される、終身在職権を得る可能性のある教職へと移動する（McBrier 2003）。

　女性のキャリアが男性のキャリアと異なるのは、部分的には、両者が異なって出発することによる。女性は、同等な学歴、社会経済的背景、および職業選好を有する男性よりも、政府機関や営利企業のような組織でキャリアを出発する可能性が、より大きい（Hull and Nelson 2000, table 2）。すでに示したように、異なる種類の実務組織と異なる種類の依頼者の間に移動はほとんどないため、初期の職業経験はキャリア全体に大きな影響力を持つ。大学の職にある弁護士のなかで、女性は自身が学位を受けたロースクールで職に就く可能性がより大きく、この大学での出身者優先が、テニュアトラックへの移動を遅らせているように見える（MacBrier 2003）。男性弁護士と女性弁護士の間のこれらの初期の違いの大きさは、異なる職種と執務環境に対する選好のあり方に部分的には基づいているが、他の要因――ロースクールの指導教員と潜在的雇用者による指導と、女性が家事分担と子育てにより大きな責任を担う傾向のような――も役割を演じている。これらの初期の違いは、弁護士のキャリアコース全体にわたる不均衡の拡大へと成長する。したがって、初期の、選好にもとづく選択は、物語の一部にすぎない（Hull and Nelson 2000）。

　プロフェッショナルとしてどこまで到達できるかということと相関する要因に関する研究は、一定のライフスタイルの選択と職務業績が、男性と女性のプロフェッショナルとしての昇進に異なって影響することを示唆する。大規模法律事務所内の「パートナー昇格トーナメント」（Galanter and Palay 1991）において、職務能力の高い女性は、同等な男性と少なくとも同様に昇格する。しかし、「平凡な」男性は、平凡な女性よりも［本当は有能かもしれないという］疑いの恩恵を受ける可能性がより大きいように見える（Kay and Hagan 1998）。法学者の間では、研究者の出版数と結婚の有無は、ジェンダーによりキャリアに異なった効果をおよぼす。彼らの研究生産力、子ども

の数、子どもが職探しに地域的制約を課したかどうかを差し引いた効果で、男性の間では、結婚はテニュアトラック職へ昇進する確率を高めるが、女性にとって、結婚はテニュアトラック職へ到達する可能性を小さくする（MacBrier 2003; Dixon and Seron 1995も参照）。他方、「女性は、非テニュアトラック雇用からテニュアトラック雇用への境界線を越える移動について、その研究生産力に対して男性よりも高い報いを得た」（MacBrier 2003, 1236-37）。デボラ・ブランチ・マクブライアによれば、いくつかの選択と業績は、「男性よりも女性にとってキャリアへのコミットメントのより重要な徴表」とされている（MacBrier 2003, 1237）。

　女性も男性も同僚や使用者によって異なる待遇を受けていると報告するが、その同僚や使用者というのは（いまだに）ほとんど男性である。上司から真摯な待遇を受けていないと感じ、または重要な仕事から締め出されていると感じる弁護士は、雇用する組織に愛着をより少なく感じて当然である（Kay and Hagan 2003）。法律事務所に勤務する弁護士のなかで、女性は男性よりも、重要な事件における仕事、または重要な依頼者を相手にする仕事への割り当てを否定され（Kay and Hagan 2003; Reichman and Sterling 2002）、そのために、その仕事を行う方法を学ぶとともに優れたパフォーマンスを証明する機会を剥奪されている、と報告する可能性が高い。エリザベス・チェンブリスとクリストファー・ウッゲン（Chambliss and Uggen 2000）は、エリートの大都市法律事務所で、女性の昇進率は、女性パートナーがすでにより多くいる事務所でより高いことを見出した。この研究結果は、これらの事務所における女性の、より大きな意思決定権限を反映しているかもしれない。その意思決定権限が、何が優れた弁護士または有望な弁護士を成すのかということに関する否定的なステロタイプや想定に挑戦することを、彼女たちに許容するのかもしれない（Chambliss and Uggen 2000; Ridgeway 1997）。

　人種的マイノリティが、1970年代にプロフェッションが門戸を開放し始めてからいかなる経過をたどったかについて、知られるところははるかに少ない。我々は、黒人、ヒスパニックおよびアメリカンインディアンのエリート・ロースクール卒業生が、白人の卒業生よりも、キャリアを民間実務で出発する可能性がより小さく（Lempert, Chambers, and Adams 2000, table 10）、大規模法律事務所のパートナーのなかに有色人種の弁護士が極めて少ないことを知っている（National Association for Law Placement 2002; Wilkins and Gulati 1996）。黒人弁護士に関する研究からの証拠は、女性から報告される異なる取扱いの

【図 6.6　上級ポジションにおける女性、黒人、ユダヤ人の分布　1975 年と 1995 年】

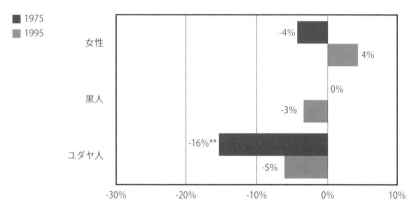

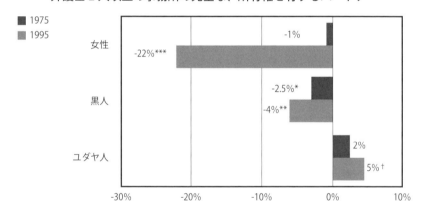

注：不均衡得点は、女性、黒人、またはユダヤ人の弁護士界全体での割合と、上級ポジションに就いている弁護士の中での割合の差である。
　† $p<.10$　* $p<.05$　** $p<.01$　*** $p<.001$　弁護士界全体との差のカイ二乗検定。

いくつかを彼らが経験することを示唆する。女性同様、黒人弁護士は、重要な法的技能の展開につながるとともに評価にあたるパートナーに自分を印象づける機会を若い弁護士に提供する、やりがいある任務を与えられる可能性が、より小さいのかもしれない（Wilkins and Gulati 1996, 1998）。
　第 3 章で報告されたように、外部の社会的ヒエラルキーは、シカゴの弁護

士のキャリアに重要な効果を持つように見える。**図6.6**は、３つの集団、すなわち女性弁護士、黒人弁護士、そしてユダヤ人弁護士の、弁護士界におけるプレゼンスと上級職におけるプレゼンスの間の不均衡を要約する。検討の対象となる地位は、社内法務部または政府機関内の少なくとも管理権限を持つ者と（上のグラフ）、弁護士２人以上の法律事務所で完全な、所有権を有するパートナーの地位にある者である（下のグラフ）。女性は、1975年には被雇用実務の上級職にまったく存在しなかったが、1995年には、その職の３分の１に就いており、弁護士界におけるそのプレゼンスとほぼ均衡している。しかし、1995年の法律事務所パートナーのなかで、女性は顕著かつ有意に過小代表となっており、パートナーの7％しか構成しておらず、弁護士界におけるそのプレゼンスよりも22％低かった。黒人弁護士は、両調査のパートナーの地位において、有意に過小代表であった。ユダヤ人弁護士の不均衡スコアは、包摂の方向へより進んでいることを示す。ユダヤ人弁護士は、1975年調査では、上級被雇用職において16％過小代表であったが、1995年調査では、弁護士界におけるそのプレゼンスとほぼ均衡している。第３章で報告された分析は、ユダヤ人弁護士が大規模法律事務所パートナーの間で過小代表されていたことを示すが、**図6.6**は、弁護士２人以上のすべての事務所が考慮に入れられた1995年調査では、わずかに過大代表されていたことがわかる。

　キャリアの帰結におけるこれらの不均衡の多くは、弁護士の他の属性をコントロールしても持続する。我々は、これら２種の上級職への到達を予測する一連のロジスティック回帰モデルを計算した[24]。すなわち、法律事務所における完全な、所有権のあるパートナーの地位と、社内法務部または政府機関内の管理責任がある職である[25]。各モデルは次の独立変数を含む。すなわち、

---

*24 ロジスティック回帰は、その従属変数に、何らかのイベントの起こるオッズの自然対数変換を用いる。すなわち、{ p / (1 - p)}において、p は、指定されたイベントが起こるケースの割合である。個人レベルの職業移動性の予測要因に関するほとんどの研究では、イベントヒストリー分析を用いることが通例になってきている。その分析では、イベントの起こる確率のみをモデル化するよりもむしろ、そのイベントの待ち期間に関する情報を含む（Tuma and Hannan 1984; Yamaguchi 1991）。我々は、その技法をここで用いることはできない。というのは、1975年調査は必要なデータを提供しないからである。イベントヒストリー分析は、昇進のような、研究対象である職の変更のタイミングに関する認識を必要とする。1975年調査は、組織間の移動あるいは単独開業期間の日に関する情報を収集したが、組織内での地位の変更の日は含まなかった。

*25 社内弁護士と政府内弁護士が別々に調査することが望ましかったであろうが、1995年調査では、被雇用弁護士が就いていた55の上級職のうち９つのみが政府内であった。

第6章　キャリア　**201**

ジェンダー、その弁護士が黒人か否か、その弁護士がユダヤ人か否か、ロースクール後に最初の職に就いた後の年数、その二乗した数（年齢の曲線効果を調べるため）、出身ロースクールの威信、その弁護士が卒業クラスの上位10％に位置したか、またはローレビュー編集委員であったか否か、最初の職が40人未満（単独開業を含む）の事務所であったか否か、40人以上の事務所であったか否か、政府内または法律扶助事務所に所属したか否か、社内法務部に所属したか否か、である。その分析結果は、上級職にいたるキャリアの道筋と、組織的権力およびプロフェッショナルとしての影響力がある職へのマイノリティのアクセスの両方で、変化があったことを示す。すでに見たように、1975年には、女性は、社内および政府内法務部の上級職にまったく存在しなかった。1995年には、女性は、人種、民族宗教的出自、学歴、経験年数、および出発時の職が同一の男性よりも、被雇用実務の上級職に就く可能性が、その他のすべての職に比して、より――約76％――大きかったが（Hull and Nelson 2000）、その差は、サンプル数が少ないために、このモデルでは統計上有意に達しなかった。[*26] 両調査において、ごく少数の黒人弁護士が政府内または社内の上級職を占める可能性はより小さかったが、その差は統計上有意ではなかった。[*27] 1975年には、ユダヤ人弁護士が同等な非ユダヤ人弁護士よりも被雇用実務の上級職に就く可能性は38％だけ大きかったが、[*28] 1995年には、その不均衡はもはや統計上有意ではなかった。[*29]

　両年において、社内弁護士の地位でキャリアを出発した弁護士は、同等な経験、人種、ジェンダー、および学歴を持って他の職務環境で出発した弁護士に比べて、被雇用実務の上級職に到達する可能性がはるかに大きかった。しかし、政府内の仕事で出発したことと上級被雇用職に到達したこととの結びつきは、1975年にはより弱かった。そして、1995年には、政府内実務でキャリアを出発した弁護士が調査時に上級雇用職に到達している可能性は、民間実務または実務以外の地位で出発した者に比べて、もはや高くはなかった。一方における政府内での出発と、他方における社内弁護士としての出発の違いは、社内法務部は政府機関に比べてより発展した内部労働市場を持ちうることを示唆する。社内弁護士に開かれたより大きな機会は、弁護士に、現役

---

*26　$\beta = 0.56$, e$\beta = 1.76$, $p > .10$。
*27　1975: $\beta = -.89$, e$\beta = 0.41$, $p > .10$; 1995: $\beta = -1.69$, e$\beta = 0.18$, $p > .10$。
*28　$\beta = -0.96$, e$\beta = 0.38$, $p < .05$。
*29　$\beta = -0.58$, e$\beta = 0.56$, $p > .10$。

の実務から離れることなくさらに昇進することを、政府内で可能であるよりも許容するように見える。これが事実であるとすれば、昇進のより大きな機会は、公的サービスにおける被雇用よりも民間企業における被雇用を選択するさらなる誘引として、より高い報酬に付加されうる（第7章参照）。

　法律事務所の完全なパートナーの地位に至る可能性のある道筋は異なる。被雇用実務で出発した弁護士は、最初の職が通常の法律実務以外（たとえばビジネス職）であった弁護士に比べて、完全なパートナーになる可能性は、いずれの調査時においてもより大きくなかった。実際、1995年には、社内弁護士で出発した弁護士は、通常法律業務以外で出発した弁護士よりも、パートナーになる可能性はいくぶん小さかった。[30] 両調査において、40人以上の法律事務所で出発した弁護士は、いかなる規模の法律事務所でもパートナーになる機会がインタビュー時点で最も大きく、相対的な有利さの度合いは2つの調査で同様であった。[31] 女性は、1995年調査時に、出発時の地位、法学教育、経験年数、人種、民族宗教的出自をコントロールしても、法律事務所のパートナーになる可能性は男性より顕著に小さかった。[32]

5．実務に就いていない弁護士

　1975年調査時には、働いていた弁護士の7％は法律知識で定義されない地位を持っており、1995年には、9％がそのような立場に就いていた。プロフェッショナルとしての実務以外の仕事でキャリアを形成してきたように見える弁護士もいる。1975年に非法律職に就いていた弁護士のなかで、40％はいかなる種類の通常実務においても働いたことがなく、法律を教授したことや、裁判官またはロークラークを務めたこともなかった。1995年には、法律の世界の外で働く者の36％は、法律職に就いたことが一度もなかった。それぞれの調査で、そのような弁護士は全回答者の約3％に上った。

　弁護士の就く非法律職は多岐にわたった。多くは、会計、保険、銀行、不動産（タイトルカンパニーを含む）および株取引のような、法律プロフェッションに出自を持つか、それと競合する職業にあった（Abbott 1988）。これらは非

---

[30] $\beta = -1.26$, $e\beta = 0.28$, $p < .10$。

[31] 1975: $\beta = 1.11$, $e\beta = 3.03$, $p < .01$; 1995: $\beta = 1.01$, $e\beta = 2.76$, $p < .01$。

[32] $\beta = -1.32$, $e\beta = 0.27$, $p < .001$。

法律職の弁護士のおよそ半数を雇用していた（1975年に55％、1995年に48％）。両調査において、回答者のなかには多様な種類の企業、行政、およびNPOで幹部として働く者もいた。1975年には、選挙で選ばれる職に就く者はなかったが（裁判官職を除く）、1995年の回答者のうち2人はそのような職に就いていた。法律の世界で一度も働いたことのなかった弁護士の社会的および専門職的な特性は、実務に携わる弁護士と顕著な違いはなかった。すなわち、男性も女性も、黒人も非黒人も[*33]、ユダヤ人も非ユダヤ人弁護士も、異なる威信のロースクール卒業生も[*34]、成績の優れた学生もより優秀でない者も、そのキャリアを法律実務の外部で過ごす可能性はすべて本質的に同じだった。

　法律実務に一度も携わった経験のない少数の回答者に焦点を合わせるよりも、むしろ、我々は、ロジスティック回帰方程式を用いてインタビュー時に非法律職で働いている確率を推計し、弁護士界への新規参入最大グループ——女性——は、そのような職で働く可能性が最も大きい集団でもあることを見出した。1995年には、キャリア出発時の地位、学歴、経験年数、人種、および民族宗教的出自が同等であった弁護士のなかで、女性は男性よりも、法律実務の外部で働く可能性が77％大きかった[*35]。

6．結論

　シカゴの弁護士のキャリアパターンは全体的に安定しているが、いくつかの注目すべき変化が、プロフェッションの部分的再構成を反映している。民間事務所は弁護士の労働市場を支配してきた——民間事務所で働いた経験のある者がプロフェッションで占める割合という点で数的にも、そして我々が次章で見るように、民間事務所が提供する所得という点で経済的にも。これらの法律事務所は、長い間アソシエイトの外部労働市場に参入していたが、パートナーの外部労働市場にも、より広範に参入するようになった。シカゴの弁護士が事務所間を移動する可能性はより大きくなったが、より多くの弁

＊33　1975年調査における少数の女性（$n = 30$）および黒人（$n = 21$）の中で、非法律職のキャリアを報告した者はいなかった。しかし、サンプル規模がとても小さいため、男性および非黒人に比して、その差は、偶然で期待しうる差と有意差はない。

＊34　唯一の些細な例外は、1995年に、ローカル・ロースクールの卒業生は上位校の卒業生よりもおよそ2倍、法律外の勤務でキャリアを過ごしてきた可能性が高かったことである（ローカル・ロースクールの4％がそうであった一方、その他は2％であった、$p = .08$）。

＊35　$\beta = .57$, $e\beta = 1.77$, $p = .10.$

204　第Ⅱ部　弁護士界の階層性

護士が民間実務でもキャリアを始めており（1975年に53％だったのに対して
1995年は63％）、民間実務で出発する弁護士は、そこにとどまる可能性が大き
いままであった。その２つの変化——職場移動性が高まったことと、民間実
務の支配が高まったこと——は、プロフェッションの統合に相殺的な効果を
持つかもしれない。キャリアの不安定さは、プロフェッションの強力なネッ
トワークの形成に抵触し、プロフェッションとの一体感の形成を弱めうる。
しかし、同時に、プロフェッションの同僚によって所有され統制される組織
に雇用される弁護士のパーセンテージの増加は、プロフェッションへの愛着
を強めるかもしれない。

　女性と人種的マイノリティ集団の構成員は、弁護士界でより良く代表され
るようになったが、1995年には、これらの集団は、プロフェッションにいま
だ完全には統合されていなかった。女性は、弁護士によって統制されない組
織——企業および政府機関——で権限と権威ある地位を獲得する可能性がよ
り大きくなったが、男性は、完全にプロフェッションの統制下にある組織、
すなわち民間法律事務所で卓越した地位にいたる可能性が大きかった。

　黒人弁護士は、同様に、プロフェッションの中核にある組織の指導者の地
位において過小代表されていた。女性は、法律から完全に離れた世界で仕事
を終える可能性がより大きかった。最も報酬が高く威信のある仕事がなされ
る組織の権限ある地位から、女性と黒人が排除されていることは、弁護士の
働く場所や彼らがサービスを提供する者のみではなく、弁護士自身の明らか
に目に見える属性によっても分割されているプロフェッションを、帰結した
のである。

（訳：飯　考行／いい・たかゆき）

第６章　キャリア　**205**

■第7章 ‖‖

所得額と所得格差

　平均的なアメリカの弁護士は、平均的な労働者に比べて倍以上の所得を得ている[*1]。しかし、弁護士への支払いは、弁護士ごとに、あるいは仕事ごとに、相当多様である。法人税の節税のための典型的な意見書1通で、それを作成した事務所に50,000ドルから75,000ドルを支払うが（Johnston 2003, A15）、その一方で、貧困者のために働く弁護士は、時間給30ドル程度という、法廷で費やした時間分だけの低い額を政府から受け取る（Fritsch and Rohde 2001, B5）。弁護士の所得は、実際、あらゆるプロフェッションの所得の中で最も不平等なものに属する（Sander and Williams 1989, 440）。

　ある程度の所得格差は、もちろん、機能的なものである。格差は、労働の、好みと能力に従った効率的な社会的配分を促進させる。一部の者が受け取るより高い報酬は、長期間の訓練や厳しい作業スケジュールを埋め合わせるものであって、それは、困難で重要な仕事を扱う例外的能力をもつ人々のためのインセンティブとして役立つ（Becker 1993; Davis and Moore 1945; Lenski 1994）。しかし、大きな格差は、非効率的で、潜在的に有害でもあり得る。必要な仕事なのに報酬があまりに低い場合は（たとえば、公立学校での教育や看護）、十分な数の人々、あるいはその仕事をするのにふさわしい能力を持った人々を引き付けることが困難であるかもしれない。また、不平等が、ほんの一部の人にしか与えられない特別に高い報酬によって特徴づけられているときは、その大きな報賞の魅力が、その追求のほうへ才能を逸らしてしまって、その能力に適した仕事や、社会がより大きな便益を受けるかもしれない仕事から、引き離してしまうことがありうる（R. Frank and Cook 1995; Sandefur

---

＊1　利用可能な合衆国国政調査データによると、1999年における弁護士の収入の中位値は78,000ドルである（Sandefur 2004）。これは、フルタイムで1年間働くアメリカの男性の所得の中位値の2.01倍であり、同様なアメリカの女性の所得の中位値の2.68倍である（U.S. Bureau of the Census 2002）。

and Heinz 1999; Tumin 1953）。

　法律プロフェッションにおいて、所得の格差は、他の様々な違いを強化する傾向がある。より多くの売り上げをあげる弁護士は、彼らが働いてる場所や彼らが行っている仕事の種類といった要因を考慮に入れたうえでも（Dau-Schmidt and Mukhopadhaya 1999）、彼らの仕事に全体としてより大きな満足を感じていることを報告している（第11章を参照）。重要で、複雑で、知的に報いがある仕事は、大企業によってもっとも頻繁に生み出されており、大規模事務所で扱われていて、弁護士界の中でもっとも金になる仕事である傾向がある（Sandefur 2001）。公的サービスや個人顧客の報酬の絶対額が低ければ低いほど、あるいは、企業法務と他の仕事の差異が大きければ大きいほど、大規模事務所の企業法務の魅力はより強いものとなる。プロフェッションに入ろうとしている弁護士や、仕事を変えたいと望んでいる弁護士は、ひとつの選択に直面する。可能な機会の幅の中で、学歴と過去の実績を前提として、個人や政府のようなより報酬の低い仕事を選ぶべきか、それとも、より報酬の高い企業相手の仕事を選ぶべきか。正義の配分は、潜在的な顧客が主張を展開したり自己を弁護したりすることを可能にする法サービスの利用可能性に依存するので、弁護士の所得におけるきわめて大きな格差は、特別な問題を示すことになる。

　1970年代から1980年代の間に、政府や個人顧客を相手に仕事をしている弁護士の所得と、企業顧客を相手にする傾向がある大規模事務所で働いている弁護士の所得の間の乖離は、相当拡大した（Kornhauser and Revesz 1995; Sander and Williams 1989）。その20年間ほどで、政府の弁護士と個人事務所の弁護士の実質所得の絶対的な減少と、大規模事務所で働く弁護士の実質所得の絶対的な増加の、両方が見られた。最大の所得減少を被っている仕事の類型は、弁護士会への新規加入者——特に女性や黒人——が最も多く進出した領域である傾向がある。

　シカゴにおいては、所得格差の力学は、プロフェッションの全国的力学を反映している。都市のもっとも稼いでいる弁護士は、1975年よりも1995年においてより多くの所得を得ていたが、（弁護士としては）相対的に低い所得の弁護士は、1975年よりも1995年において、所得が一層少なくなっていた。したがって、もっとも裕福な弁護士が、実務弁護士界が受け取る全体所得の、より大きなシェアを獲得したのである。**図7.1**が示すのは、集中が進んだということである。1975年には、ときに収入配分の低位４分の１と呼ばれる、

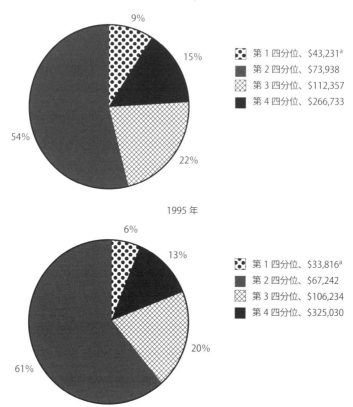

【図 7.1　実務による総所得の四分位分布　1975 年と 1995 年】

1975 年
- 第 1 四分位、$43,231[a]
- 第 2 四分位、$73,938
- 第 3 四分位、$112,357
- 第 4 四分位、$266,733

1995 年
- 第 1 四分位、$33,816[a]
- 第 2 四分位、$67,242
- 第 3 四分位、$106,234
- 第 4 四分位、$325,030

注：1975 年では n=655、1995 年では n=633。それぞれの調査で、所得情報は、弁護士に対して一連の間隔尺度の 1 つを選択するように要求して収集した。最高の値はオープンエンドであった（「50 万ドル以上」）。弁護士の回答は、各自が選択した間隔の中間点でコードし直された。各調査における最高間隔の中間点は、調査における弁護士の所得分布が第 1 種パレート分布（Quandt 1966）に従うと仮定して推計された。1975 年の所得数値は、消費者物価指数（CPI-UX）を用いて 1995 年のドルに変換された。（訳注）パレート分布について、蓑谷千鳳彦『統計分布ハンドブック』（朝倉書房、2003 年）536 〜 548 頁を参照。
[a] 各四分位に属する弁護士の、1995 年の恒常ドルによる平均所得。

　プロフェッションの下位25％にいる弁護士たちは、恒常ドル（1995年）で平均43,231ドルの所得であった。全体で、これらの弁護士は、実務に就いている弁護士全体による全所得の推定9％を占めていた。1995年には、所得配分

の低位４分の１にいる弁護士は、実質所得が平均10,000ドル低くなって
33,816ドルとなっており、このグループの弁護士は、弁護士全体の所得のほ
んの6%を占めるにすぎなかった。所得配分の中位にあたる２つの四分位の
弁護士は、1975年のシカゴの弁護士全体が獲得した所得の推定37%を占めて
いる。彼らの所得は、1995年の基準にすると、それぞれの四分位で73,938ド
ルと112,357ドルであった。1995年には、中位にいる弁護士たちが弁護士界
全体の所得の中で占める割合はいくらか減っており（33%）、彼らの平均所
得も、1975年調査に比べて、それぞれ、67,242ドルと106,234ドルと、より低
くなっている。これに対して、もっとも多くの所得を得ている弁護士は、全
体所得の中でより多くの額を占めるようになっている。1975年には、所得の
最上位四分位に属する弁護士は、（1995年を基準にして）平均にして266,733ド
ルを得て、全弁護士の所得のほぼ54%を獲得していた。1995年には、彼らの
平均所得は、以前に比べて22%も高い325,050ドルとなり、シカゴの弁護士
の総所得の61%を占めるに至っている。

1．不平等の構造的源泉

　弁護士と法律事務所には、よい年もあれば悪い年もある——勤勉さや才能
とともに、運という要素が、彼らの売り上げに反映される。したがって、全
く同じタイプの仕事をしている弁護士であっても、持ち帰る給与がまったく
異なるということがしばしばある。この格差は、サービスの需要が大きく変
動しうる場合や、数年間の仕事が単一の事件に費やされる場合に、予測され
うるものである。変動性と格差は常に見られるのであるが、1975年と1995年
の間には、いくつかの法律業務の経済的な存続可能性が、より不確実なもの
となっていた。弁護士が働いている組織と、彼らの顧客基盤が、彼らの所得
を決定づける一層重要な要素になってきたのである。
　図7.1は、実務弁護士の所得配分を、弁護士を２つの方法で分類して示す
ものである。最初の比較は、サービスが提供される顧客のタイプに基づくも
のである。３つのカテゴリーは、仕事の75%以上を１つのタイプの顧客に費
やしている弁護士であり、第４のカテゴリーが、自己の顧客基盤が特定タイ
プの顧客に支配されていなかった弁護士である（混合型実務（a mixed

practice）としておく）[*2]。第2の分析は、弁護士を、彼らが属して働いている組織の種類——単独、弁護士2人から5人の事務所、6人から25人の事務所、26人から100人の事務所、101人から299人の事務所、300人以上の事務所、社内弁護士、政府内弁護士、公益業務（legal services）[*3]、法律扶助（legal aid）——にしたがって分類したものである。

　顧客基盤の違いに関連した弁護士所得のばらつきは、1975年の7％から1995年の9％へと、少し増大している。企業へのサービスに集中している弁護士の間では、平均所得は1995年に6％高まっており（1975年の142.602ドルに対して151,398ドル）、所得の中位値は14％高まっていた（1975年の99.159ドルに対して112,500ドル）。これは、弁護士所得の一般的な上昇を示唆するだけではなく、彼らの所得の散らばり、あるいは格差の減少をも示唆している（所得分布の中位値に対する平均値の割合は、格差の慣例的な要約指標であって、もっとも多く稼いでいる者が分布の中心からどれくらい離れているのかを知るために便利なものである; Allison 1978; Coulter 1989）。個人顧客にサービスのほとんどを投入している弁護士の儲けは非常に異なるように思われる。そのカテゴリーは、2回目の調査では39％減少していた（1975年の146人に対して、1995年の89人）。そのような弁護士の平均所得は、2つの期間の間に9％の減少が見られ（1975年には116,348ドル、1995年には105,995ドル）、所得の中位値は、34％ほど少なくなった（1975年には99,159ドルに対して、1995年には65,000ドル）。これが示唆するのは、プロフェッションの個人顧客部分の実質所得は減少しており、所得の格差が広がっているということである。非営利組織のために働いている弁護士の場合、平均給与は2つの時期の間で上昇が見られるが、同様に、トップの弁護士と中位値の弁護士の間の差も拡大した。これらの弁護士の平均所得は、1975年の所得の中位値の89％（63,458ドルと70,828ドル）から、1995年の所得の中位値の150％（81,378ドルと55,000ドル）へと増加している[*4]。顧客が

＊2　1975年の調査では、弁護士は様々な類型の顧客から受け取っている所得の割合を報告するよう求められた。1995年の調査では、弁護士は、個々のタイプの顧客の割合を報告するよう求められた。個人顧客のための仕事は、企業顧客の仕事に比べて儲けが少ないので、主として個人顧客を相手にする弁護士の数の減少は、これらの計算ではおそらく過小評価されている。弁護士の実務領域が時とともに変化していることの詳細な調査について、第2章を参照。

＊3　（訳注）legal servicesについて、第8章注8を参照。

＊4　1975年の調査では、時間の少なくとも75％を非営利組織のために使っていたのは、政府に雇われていた弁護士だけである。1995年の調査では、非営利組織へのサービスに集中している81人の弁護士のうち16人は、政府機関の外で働いていた。

210　第Ⅱ部　弁護士界の階層性

【表7.1　業務環境と顧客類型による所得と所得格差　1975年と1995年】

	1975年			1995年		
	平均	中位値[a]	N	平均	中位値[a]	N
主要顧客類型						
企業	$142,602	$99,159	321	$151,398	$112,500	345
個人	$116,348	$99,156	146	$105,955	$65,000	89
非営利組織	$63,458	$70,828	74	$81,378	$55,000	78
混合	$125,144	$99,159	115	$135,248	$75,000	121
主要顧客類型間の全格差の割合[b]	7%			9%		
業務環境[c]						
単独開業	$115,694	$99,159	132	$80,075	$55,000	100
弁護士2人〜5人の事務所	$143,313	$99,159	130	$150,434	$75,000	69
弁護士6人〜25人の事務所	$140,258	$99,159	109	$155,312	$90,000	96
弁護士26人〜100人の事務所	$166,216	$99,159	75	$126,884	$95,000	73
弁護士101人〜299人の事務所	$144,985	$99,159	42	$156,178	$112,500	70
弁護士300人以上の事務所[d]				$271,706	$112,500	82
社内弁護士	$103,069	$70,828	88	$105,139	$95,000	72
政府機関	$63,458	$70,828	74	$49,190	$45,000	71
実務環境間の全格差の割合[b]	8%			19%		

[a] それぞれの調査で、弁護士は、法実務からの所得を1万ドル幅の間隔で報告するよう求められた。最高間隔と最低間隔はオープンエンドであった。分析のために、我々は、各弁護士の回答を該当した間隔の中間点にコードし直した。「1万ドル未満」という最低間隔の中間点は5千ドルと推計された。それぞれの調査で、我々は、最高間隔の中間点を、第1種パレート分布に従うと仮定して推計した。我々は、消費者物価指数を使って1975年のデータを1995年のドルに変換した。1975年の中位値がより精密に見えるのは、そのためである。

[b] 所得の自然対数の分散が、主要顧客類型または業務環境で説明される割合。

[c] 1975年調査では、事務所規模のデータが欠けていた5ケースを除外した。

[d] 1975年には、弁護士300人以上の事務所で働いていた回答者は1人だけだったので、そのカテゴリーは空白である。

混合的な弁護士は、非営利部門の弁護士と同様に、1975年に比べて1995年の方がより高い平均所得を得ており（125,114ドルから135,248ドルへ）、彼らの平均所得は、1975年の所得中位値の1.3倍（99,159ドルと125,114ドル）から、1995年の所得中位値の1.8倍（75,000ドルと135,248ドル）となっていて、格差の拡大も示している。

　所得格差の全体的増加は、業務環境（practice setting）間の差が相当なものであり、拡大していることを反映している。弁護士が働く組織の種類は、プロフェッショナルとしての直接的な機会を決定する一層重要な決定要因となってきている。表7.1の一番下の部分は、組織のタイプ別に分類した弁護士の間での所得分布の情報を示したものである。1975年には、業務環境の違いは、所得のばらつきの8%を説明するにすぎなかった。1995年には、格差について業務環境で説明される割合は、倍以上になり、19%になった。最大

第7章　所得額と所得格差　211

の所得増加は、民間実務の法律事務所で発生していた。あらゆる規模の法律事務所において、平均所得は1975年に比して1995年の方が高くなったのであるが、最小規模の事務所は最小の増加を報告しており、最大規模の事務所は最大の所得増加を報告している。[5]

　単独開業弁護士は、実質的な所得の減少と所得格差の両方を経験している。個人事務所の弁護士の平均所得は、1995年調査では31％低くなったが（1975年の115,694ドルに対して、1995年には80,075ドル）、中位値に対する平均値の割合は、1.2（115.694ドルと99,159ドル）から1.5（80,075ドルと55,000ドル）に上昇している。

　法律プロフェッションに関する全国調査は、単独開業弁護士の儲けの減少が1970年代初めに始まったことを示唆している（Sander and Williams 1989, table 11）。個人で活動する弁護士の所得は、1972年にピークとなって、1975年から1995年までに実質水準で28％減少した（Sandefur 2004, fig. 1）。おそらく、さまざまな要因が働いている。第1に、法サービスに対する民間個人のニーズと支払能力が、弁護士の供給増加と足並みをそろえることができなかった。第1章で触れたように、合衆国では、1971年には国民572人に対して1人の弁護士が存在したが、2001年には264人に対して1人になった（Carson 2004）、[6]シカゴの弁護士の数も、1975年から1995年の間にほぼ2倍になった。おそらく、個人顧客を持つ弁護士の供給とそのサービスへの需要との間の不均衡が拡大したことに対応して、シカゴの単独開業弁護士は、自己の実務構成と他の職業への進出の両面で多様化した。単独開業弁護士は、1995年には平均で顧客の56％が個人と回答しており、1975年の63％から減少している。[7]同時に、

＊5　弁護士2人から5人の事務所の弁護士においては、中位値に対する平均値の割合が1.44倍（143,313ドル/99,159ドル）から2.01倍（150,434ドル/75,000ドル）に上昇し、弁護士6人から25人の事務所の弁護士においては、1.41倍（140,258ドル/99,159ドル）から1.73倍（155,312ドル/90,000ドル）となった。弁護士26人から100人の事務所の弁護士では、1.68倍（166.216ドル/99,159ドル）から1.34倍（126,884ドル/95,000ドル）となり、弁護士101人から299人の事務所の弁護士では、1.46倍（144,985ドル/99,159ドル）から1.3倍（156,178ドル/112,500ドル）となって、格差は低下した。1995年の、弁護士300人を超える事務所の弁護士においては、中位値に対する平均値の割合は、2.42倍（271,706ドル/112,500ドル）である。

＊6　1995年には、弁護士1人に対して約303人である（Carson 1999, table 1）

＊7　単独事務所の個人顧客基盤の縮小は、第2章で指摘した個人「半球」と企業「半球」の大きさの変化に一致するものであるが、その変化よりは小さい。すなわち、あらゆる法的業務の割合として、個人顧客と小規模企業顧客の仕事は、1975年から1995年の間に28％減少した（表2.3を参照）。個人に対するサービスの減少は、上述の理由により（注2）、この比

単独で働いている弁護士は、法実務から得る所得の割合を減少させている。1975年には、彼らは、全所得の平均83％を法律業務から獲得しており、ほんの2％が法律業務以外の仕事をしているにすぎなかった。1995年には、単独開業弁護士の32％が、セカンドジョブがあると回答しており、全体収入に対して法律業務から得ている額がいくらか減少して、平均で76％となっている[*8]。

　平均所得と所得の中位値の差異によって計測される格差は、1995年に、法律事務所の規模の最低と最高で最も大きなものとなった。弁護士２人から５人の事務所の回答者の中では、中位値に対する平均値の比率は2.01対１になっていたが、300人以上の弁護士を抱える事務所では2.42対１であった。他の業務所規模カテゴリーにおける最大の比率は1.73対１であった。なぜ、最小規模と最大規模の事務所の間で、最も大きな格差がみられるのであろうか。ひとつのありうる仮説は、上級弁護士、つまり事務所のエリートは、それらの業務環境においても最も大きな力を享受しており、したがって、パイのより大きな分け前を持ち帰ることができるということである。きわめて小規模な事務所は、一般に一人の人物を中心に構成されている。上級パートナーは、事務所の創設者であることが多いが、その事務所のブランド・ネームとなっており、したがって、利益配分の決定を含めて、意思決定をコントロールしうる地位にあるのである。小規模事務所は、また、年による需要や儲けの変動に対して、より脆弱である。彼らの実務範囲（portfolio）はより

較において過小評価されている可能性がある。

[*8]　これらの弁護士の収入に影響を与えている第２の要因は、より多くの女性が参入したことであろう。女性の場合、ときに、自身の仕事量やスケジュールの調整ができる、すなわち、家族での責務と収入の得られる仕事とのバランスを取ることを可能にしてくれるということから、単独開業を選択することがある（Seron 1996）。1975年には、単独開業における女性の割合は、実務弁護士界における彼女らのプレゼンスとほぼ同じくらいの、３％だった。1995年には、女性は、弁護士界全体における彼女らのプレゼンスに比べると、単独開業において過小代表になっていたが、20年前に比べればかなり多くの割会を占めるようになっていて、単独で実務を行っている弁護士の19％を占めていた。1995年の単独開業実務家の中では、女性の45％と男性の28％が、弁護士としての仕事に週35時間未満しか費やしていなかったと報告している。（1975年調査では、弁護士の労働時間についての情報を集めていない。）しかし、育児の責任が、女性の単独開業実務家が働く時間が少ない唯一の理由というわけではない。個人で働く女性は、実際には、法律事務所や社内法務部で働いている女性弁護士に比べて、同居している子どもを持つ可能性が少なかったのである。1995年には、女性の単独開業実務家の20％が同居の子どもを持っていたのに対して、実務弁護士界全体では女性の32％がそうだったのである。

小さいので、リスク（そして報酬も）を拡散することがより困難である。た
とえば、個人被害事件（personal injury）の原告側弁護士は、ある年にはきわ
めて大きな陪審評決を得ることがあっても、その後数年間そのような大ヒッ
トがないかもしれない。小さな事務所はまた、おそらく、大きな事務所に比
して質の点でより多様である——いくつかの小規模事務所は極めて優秀であ
るが、まったくそうでないものもある。このことは、もちろん、小規模事務
所カテゴリーにおける所得格差に寄与するであろう。

　最大規模の事務所について、我々は、所得格差に寄与する別なプロセスが
あるという仮説を持っているが、それも再び、上級弁護士の権力を扱わざる
をえないであろう。最大規模の事務所は、地位の点で上から下まですべての
幅で雇用される弁護士を抱えている。より小さな事務所では、しばしば、地
位の分布は縮小されている。大規模事務所は、したがって、報酬について、
最も貧弱なものから最も素晴らしいものまで、より大きな幅に分布している
可能性が高いのである。さらに、事務所規模が大きくなるにしたがって、事
務所の中のエリート層は、大多数の弁護士からよりかけ離れた存在となる。
30人から50人の弁護士を抱える事務所では、上級者が法外な分け前を掴み取
ることを制約する強い規範、つまり所得配分の平等性を支持する強い規範を
維持しうる。しかし、事務所規模が、300人、1,000人、あるいは2,000人を超
えるようになると、事務所の長（chairman）は、企業のCEOにより近いもの
となる。その規模の事務所の指導者たちは、かけ離れた存在であって、尊崇
の対象ですらある。彼らは、大きな事業体の運命に対して責任を負っている
と見なされており、その責任を担っていることに対して気前のよい報酬を得
ている。この点で、最大規模の事務所は、自己の企業クライアントのやり方
を見倣っているのかも知れない（DiMaggio and Powell 1983）。「80年代後半には、
７桁のサラリーがCEOに支払われる多額の報酬となっていた。90年代後半に
は、９桁の儲けが当たり前になった。たとえば、ジェネラル・モーターズ
の社長は、1991年には57万５千ドルの基本給与を得ていたが、2000年には
200万ドルをちょうど超えたところになった。マイケル・オービッツ（Michael
Ovitz）は、ディズニーで、９千万ドルから１億３千万ドル程度に相当する退
職パッケージを得た」（Toobin 2004, 60）[*9]。かくして、最大規模の事務所にお

＊9　（訳注）これらの具体的金額は、80年代後半に７桁、90年代後半に９桁という水準より
　　　低いが、原文のままとした。

ける所得格差の一部は、勝者総取り型市場（winner-take-all markets）の別な形の発現形態に帰することができるであろう（R. Frank and Cook 1995; S. Rosen 1992）。しかし、我々は、これらの事務所の所有権を有するイクイティ・パートナー（equity partners）[*10]が、1995年調査の前の年には少なくとも35万ドルを得ていたことを思い出すべきである（**図7.2**を参照）。もしエリートがより大きなシェアを得ていたとしても、同時にパイ全体が非常に大きくなっていて、下級者も受け取る額が上昇したとすれば、格差はより耐えうるかもしれない。

図7.2は、様々な規模の事務所における弁護士収入の詳細を示している。これらの事務所における、所有権を有する完全なパートナーではない弁護士の所得の中位値は、より小規模な事務所では一貫して低下しており、より大規模な事務所では一貫して増加している。アソシエイトと、事務所の部分的所有者ではない他の弁護士たちの所得の中位値は、1975年には、あらゆる規模の事務所で同一であって、70,728ドルであった。1995年調査には、アソシエイトその他の弁護士で事務所に雇用されている者の所得の中位値は、2つの最大のカテゴリーで20％増加し、85,000ドルであった。26人から100人の弁護士を抱える事務所では、所有者でない弁護士の平均所得は、2回目の調査でわずかに高くなって75,000ドルであったが、6人から25人の弁護士を抱える事務所では、8％減って65,000ドルであった。2人から5人の最小規模の事務所では、所有者でない弁護士の所得の中位値は、2回の調査で同等であった（1975年には70,828ドル、1995年には70,000ドル）。

イクイティ・パートナー（事務所の所有者）の給与は、最小規模の事務所での低下と、最大規模の事務所での増加について、より顕著なパターンにしたがっていた。最小規模の法律事務所の所有者の実質所得の中位値は、1975年の127,490ドルから1995年の95,000ドルへと、25％減少した。6人から25人の弁護士を抱える事務所の所有者の場合、1975年の155,821ドルから1995年の137,500ドルへと、実質水準で12％というオーダーの、よりゆるやかな減少が見られた。26人から100人の弁護士を抱える事務所の所有者では、1975年の212,484ドルから1995年の162,500ドルへと所得の中位値が減少し、24％の減少がみられた。しかし、101人から299人の弁護士を抱える事務所のイクイティ・パートナーは、1975年の155,821ドルから1995年の225,000ドルへと所

＊10　（訳注）イクイティ・パートナー、ノンイクイティ・パートナー、カウンセルの意味について、第9章注1を参照。

【図 7.2 事務所の所有権と規模による、1995 年恒常ドルでの所得中位値 1975 年と 1995 年】

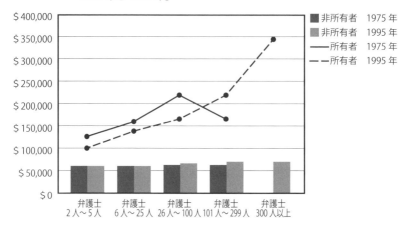

【図 7.3 政府機関と法律扶助事務所の 1995 年恒常ドルでの所得中位値 1975 年と 1995 年】

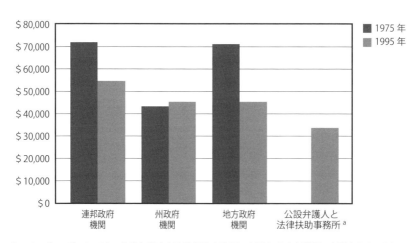

a 1975 年のデータでは、公設弁護人と法律扶助事務所の弁護士は政府機関の弁護士から区別できない。

得の中位値が増加して、1995年には所得が44％高くなったと報告していたし、最大規模の事務所の所有者は、前年の中位値が350,000ドルという、全体で最高の所得を報告していた。

　企業、民間の非営利組織、そして政府機関で組織内弁護士として雇用され

ていた弁護士の場合、格差増大のパターンは、私的組織に対してサービスを提供しているのか公的組織でサービスを提供しているのかという違いから生まれている。**図7.1**が報告しているように、社内弁護士として働いている弁護士の平均所得は安定していたが（1975年の103,069ドルと1995年の105.139ドル）、他方で、それらの中位値は（1975年の70,828ドルから1995年の95,000ドルへと）34％増加していた。対照的に、政府機関で働く弁護士の平均所得は（1975年の63,458ドルから1995年の49,190ドルへと）23％減少し、そして、政府機関の弁護士の所得の中位値は（**図7.3**の通り、1975年の70,828ドルから1995年の45,000ドルへと）37％のより大きな減少となった。1995年に連邦の政府機関に雇用されていたシカゴの弁護士たちの所得の中位値は、（1975年の70,828ドルに対して1995年の55,000ドルと）20年前の同じ弁護士たちに比べて実質水準で20,000ドル以上の減収となっていた。1995年に地方政府の機関で働いていた弁護士は、（1975年の70,828ドルに対して1995年の45,000ドルと）1975年よりも平均でほぼ25,000ドル低い中位値を報告していた。州政府では、弁護士の所得は両調査でほぼ同じである（1975年の42,497ドルに対して1995年の45,000ドル）。法律扶助弁護士や公設弁護人は、中位値が35,000ドルという、1995年の最低所得を報告していた。以下にみるとおり、政府関係実務と他の業務環境の間の差異の拡大は、経験年数、学歴の威信、そしてロースクールでの成績などの、弁護士の属性の差異では説明できない。

2．実務に就いていない弁護士

　実務に就いていない弁護士は、——法学教師、裁判官、そのロークラークといった——明らかにプロフェッションに属することが確認できる仕事をしている者から、法的な専門能力を活用した他の職業で働いている者や、法律とほとんど、あるいはまったく関係のない仕事をしている者に至るまでの幅を持っている。両調査で、実務に就いていないこれらの弁護士は、弁護士界のほんの一部を占めるにすぎない。第1章で述べたように、1975年でも1995年でも、回答者の約3％が裁判官あるいはロークラークであった。法学教師は各サンプルの1.3％であった。実務に就いていない弁護士で最も多かったのは、プロフェッションの外で働いていた者で、1975年には6％、1995年には7％であった。

　これらのカテゴリーに属する回答者は数が少ないので、これらの弁護士の

所得に関する結論は暫定的とならざるをえない。裁判官とローグラークに
よって報告された給与は、公共機関と企業法務の間の差の拡大という、我々
の前記の知見を裏付けている。あらゆるレベルの政府を合わせてみると、司
法関係職の所得の中位値は、1975年の99,159ドルから1995年の85,000ドルに
減少している。民間で実務を行っている弁護士の給与と比較すると、司法関
係者の給与はさらに少ない。1975年の裁判官の所得の中位値は、101人から
299人の弁護士を抱える事務所のパートナーの64％であり、26人から100人の
弁護士を抱える事務所のパートナーの47％であった。しかし、1995年には、
裁判官の所得の中位値は、最大規模の事務所のパートナーの26％に過ぎな
かった。実務資格を維持しながら法律関係以外の地位で働いている弁護士は
――第６章でみたように多様なグループであるが――、1975年よりも1995年
の方がよりよい報酬を得ている。彼らの所得の中位値は、ほとんど22,000ドル、
あるいは77％ほど高かった（1975年に28,331ドルに対して1995年に50,000ドル）。

３．所得と相関する個人レベルの要因

　弁護士がサービスを提供する顧客の種類や働いている組織のタイプが、弁
護士がどれくらいの所得を得るのかを決定づけるのに重要性を高めている一
方、広く見て類似の仕事をしている弁護士の間に相当な格差が残っている。
実務に就いている弁護士の中で、業務環境が説明するのは、1995年に観察さ
れた所得格差の19％にすぎない（**表7.1**を参照）。このことは、観察された格
差の残りの81％は類似のタイプの組織で働いている弁護士の中に見出される
ということを意味する。

　表7.2は、実務に就いている弁護士の所得と相関する個人レベルの要因の
分析を示している。これらの回帰分析は、弁護士の所得を、人口統計学的な
諸要素、法学教育、経験年数、業務環境、法律事務所の所有権の有無、他の
種類の組織におけるランク、そして基盤となっている顧客に、関係づけたも
のである。顧客基盤は、**表7.1**で定義されるように、企業顧客へのサービス
に弁護士が集中しているかどうかによって示されている。企業への集中の効
果は、他のあらゆる種類の顧客を合計したものとの比較で推計されたもので
ある。業務環境は、**表7.1**の分類を用いて計測されている[11]。職務経験は、

＊11　弁護士２人から５人の事務所のカテゴリーは除外されている。

【表7.2　実務弁護士の所得と関連する変数の回帰分析　1975年と1995年】

	モデル1				モデル2				モデル3			
	1975年		1995年		1975年		1995年		1975年		1995年	
	B	SE	B	SE	B	SE	B	SE	B	SE	B	SE
切片	11.486***	.060	11.322***	.097	10.693***	.070	10.391***	.091	10.564***	.087	10.216***	.113
顧客類型[a]												
企業顧客に集中	.227***	.066	.138	.080					.112*	.054	.193**	.062
業務環境[b]												
単独開業	-.076	.080	-.424***	.122					.202*	.081	-.491***	.099
弁護士6人～25人の事務所	-.057	.086	.047	.126					.047	.071	-.109	.096
弁護士26人～100人の事務所	.010	.098	.072	.137					.201*	.085	.105	.105
弁護士101人～299人の事務所	-.139	.121	.291*	.140					.163	.107	.178	.109
弁護士300人以上の事務所			.472***	.135							.337***	.108
政府機関、法律扶助、公設弁護人	-.490***	.97	-.604***	.134					-.014	.090	-.253*	.111
社内弁護士	-.339***	.100	-.013	.139					.087	.094	-.081	.126
経験												
最初の法律職からの年数					.063***	.006	.080***	.008	.060***	.006	.100***	.008
最初の法律職からの年数の二乗					-.001***	.000	-.001***	.000	-.001***	.000	-.002***	.000
組織内の地位[c]												
パートナー					.475***	.049	.607***	.069	.528***	.064	.333***	.072
監督弁護士					-.106	.093	.105	.093	-.048	.096	.063	.109
ロースクール[d]												
エリート					.118	.070	.333***	.086	.082	.071	.218**	.080
プレスティージ					-.024	.072	.107*	.085	-.030	.072	.076	.079
ローカル					-.004	.060	-.138*	.061	.029	.060	-.020	.058
ロースクール修了時のランク[e]												
トップ10%またはローレビュー					.147***	.051	.358***	.065	.105*	.053	.228***	.062
トップ11-25%					.078	.052	.288***	.062	.057*	.052	.183**	.058
ジェンダー[f]												
女性					-.271	.106	-.131*	.062	-.231*	.105	-.100	.059
調整済みR²	.08		.18		.39		.44		.40		.53	
N	654		631		654		631		654		631	

注：従属変数は1995年恒常ドルによる所得の自然対数。
[a]　除外カテゴリーは、顧客基盤の75%未満が企業であった者。
[b]　除外カテゴリーは、弁護士2人～5人の事務所の弁護士。
[c]　除外カテゴリーは、法律事務所のアソシエイトであった者、または、政府機関あるいは社内弁護士事務所の所属で他の弁護士の監督を含まない地位にあった者。
[d]　除外カテゴリーは、リージョナル・ロースクール出身の弁護士。
[e]　除外カテゴリーは、ロースクール修了時に下から75%以内であった者。
[f]　除外カテゴリーは、男性弁護士。
*** p < .001　　** p < .01　　* p < .05　　+ p < .10

ロースクール卒業後最初に法的な仕事に就いたときからの年数で計測される。
時間が経つにつれて低下する経験の効果を含めるために、モデルの中に二次

項（quadratic term）が含まれている（Becker 1993; Stolzenberg 1980）。組織上のランクは、弁護士が法律事務所の所有権を有するパートナーかどうか、あるいは、弁護士によって管理されていない組織において監督責任を負っているかどうかで計測される[12]。ロースクールの威信は、回答者が、ハーヴァードのようなエリート・ロースクールの卒業生か、ノースウェスタンのような「プレスティージ」カテゴリーの学校か、ノートルダムのようなリージョナル・ロースクールの卒業生か、ジョン・マーシャルのようなローカル・ロースクールの卒業生かによって、計測される（第1章を参照）[13]。ロースクール同期生の中でのランクは、同期の上位10％で卒業しているか、あるいは、同期の上位11％から25％でローレビューの編集者であった回答者を、上位4分の1で卒業していない弁護士との比較で識別している。ジェンダー、人種、そして信仰といったカテゴリーは、お馴染みのものである[14]。

　表7.2のモデル1は、各年別に、所得と業務環境および顧客基盤との回帰分析の結果を示している[15]。顧客基盤と業務環境を合わせると、1975年より1995年において、弁護士所得の変動をより多く説明する（1995年の18％に対して1975年は8％）。顧客基盤の影響を差し引くと、民間で実務を行っている弁護士の1975年の平均所得は、事務所規模間で有意な違いはなかった。組織内弁護士（internal counsei）の所得は、顧客基盤の違いをコントロールすると、最小規模の事務所の弁護士よりも平均34％低かった。政府内、公益業務、公設弁護人の所得は、弁護人2人から5人の事務所の弁護士よりも平均49％低かった。

　1995年には、異なる業務環境で働く弁護士の平均所得の多様性は、より顕著なものとなっている。顧客基盤をコントロールすると、単独開業弁護士の平均所得は、2人から5人の弁護士を抱える事務所のそれよりも42％低く

＊12　除外されたカテゴリーには、政府と社内法務部のスタッフ弁護士、法律事務所のアソシエイト、所有権を持たないパートナー（たとえば、「給与制」「所得制」のパートナー）が含まれている。
＊13　除外されたカテゴリーは、リージョナル・ロースクールを卒業した弁護士である。
＊14　除外されたカテゴリーは、白人の非ユダヤ人弁護士である。ヒスパニック系の弁護士は1975年のサンプルには存在しなかった。
＊15　これらの諸モデルの従属変数は、調査が実施された年の前年の法実務から得られた所得であり、1995年時のドルに換算し、自然対数に変換されている。従属変数がこの方法で変換され、独立変数が元の値（natural metrics）のままである場合には、係数は、独立変数が1単位変化した場合の所得の割合的な変化として解釈できる（Stolzenberg 1980）。これらは、最小二乗回帰分析である。

なっており、101人から299人の弁護士を抱える事務所の弁護士の所得は平均29％多くなっており、最大規模の事務所の弁護士の所得は47％多かった。顧客基盤をコントロールすると、社内弁護士の所得は、1995年にはもはや最小規模の事務所の弁護士よりも低くはなかったが、政府内弁護士の給与と最小規模事務所で働く弁護士の給与の差異は、顧客基盤の影響を差し引くと、むしろ拡大していた。1995には、政府機関で働く弁護士は、最小規模の事務所で働く弁護士より平均で60％低い所得しか得ていなかったのである。

表7.2のモデル2とモデル3は、人種と民族宗教上の所属グループをコントロールしている*16が、それらの係数は表には現れない。我々のランダム・サンプルは、弁護士界の構成を反映して(第1章を参照)、ほとんどの人種的・民族的マイノリティ・グループのメンバーをほんの少し含むにすぎない。したがって、人種と民族の係数は、小さなサブサンプルを基盤にして評価されている。マイノリティ・カテゴリーの観測度数が少ないということは、信頼できるポイント評価を導くので、我々はこれらの変数の係数を示さないことにした。我々は、これらの変数のいくつかについて、以下で検討する。

表7.2のモデル2は、所得を弁護士の個人的属性で回帰分析したものである。弁護士の経験年数、法学教育、組織でのランク、ジェンダー、そして人種と民族は、1975年には所得の分散の39％を説明し、1995年には44％を説明する。法律業務の経験、人種、ジェンダー、教育の影響を差し引くと、1995年では、法律事務所の所有権を持たない地位や、政府のスタッフ弁護士や社内弁護士に比べて、パートナーであることの追加所得はより大きかった(1975年には48％、1995年には61％)。弁護士がどこで教育を受けたかと、ロースクールでの成績は、20年前よりも1995年の方が、所得とより強い関係があった。1975年調査では、同期の上位10％で卒業した弁護士や、ローレビューの編集をしていた弁護士は、経験年数、ロースクールの威信、ジェンダー、そして人種・民族が同等な、より低いランクの弁護士よりも、平均で15％高い所得を報告していた。これに対して、1995年には、ロースクールの評価も、弁護士の他の属性の影響を差し引くと、所得と有意な関係があった。他の条件が同じならば、エリート・ロースクールの卒業生は、リージョナル・ロース

＊16　人種的・民族的なグループ所属は、弁護士が、アフリカ系アメリカ人か、アジア系か、あるいはヒスパニック、ユダヤ人、またはその他の白人かによって、示されている。ヒスパニックは、1975年のサンプルには存在しなかった、

クールの卒業生に比べて平均で３分の１高い所得を得ており、プレスティージ・ロースクールの卒業生は、平均で17％高い所得を享受していた。しかし、ローカル・ロースクールの卒業生は、リージョナル・ロースクールを卒業した弁護士に比べて、正味で14％低いというペナルティを経験していた。ロースクールのトップ10％以内で卒業したこと、あるいはローレビューの編集に携わったことの、1995年での割増分（36％）は、1975年の倍以上であった。また、次の層の卒業生、つまり卒業同期の11％から25％に属する者は、底辺の３つの四分位の同等な卒業生に比べて、平均で29％高い所得を得ていた。両調査において、経験年数、ロースクールの威信、ロースクールでの成績、組織でのランク、そして人種・民族をコントロールすると、女性の所得は男性のそれよりも有意に低かった——1975年には27％低く、1995年には13％低かった。

　表7.2のモデル３は、モデル１とモデル２の変数を統合したもので、1975年の所得の分散の40％を説明し、1995年では53％を説明する。両年とも、企業へのサービスに集中している弁護士は、他の要素の影響——すなわち業務環境、経験年数、組織内でのランク、出身ロースクールの威信とそこでの成績、ジェンダー、人種・民族——を差し引いて、そうでない弁護士よりも有意に多くの所得を得ている（1975年には11％高く、1995年には19％高い）。また、業務環境の差異も、所得格差の拡大と関係しており、弁護士の属性をコントロールしたときにもその格差は見出される。他の要素の影響を差し引いて、単独開業弁護士は、1975年には２人から５人の弁護士を抱える事務所の弁護士よりも20％高い所得を得ており、26人から100人の弁護士を抱える事務所の弁護士も同様であった。しかし、1975年には、最小規模の事務所と他の業務環境との間では、もはや他に重要な違いは存在しなかった。これに対して、1995年には、単独開業弁護士の所得は、他の条件が同じであれば、最小規模の事務所の弁護士の所得より49％少なく、政府機関、法律扶助事務所、公設弁護人事務所などの弁護士の収入は25％低くかった。他方で、最大規模の法律事務所の弁護士の所得は、２人から５人の弁護士を抱える事務所に所属する同等な弁護士のそれに比べて、34％高かった。

　かくして、業務を行っている組織のタイプが弁護士の所得への影響を強めていると思われる反面、組織内での弁護士の地位は影響を弱めている。他の要因をコントロールすると、パートナーに支払われる報酬の増分は、1975年に比べて1995年にはより少なくなっている（1995年には33％であったのに対し

て1975年には53％）。業務環境、顧客基盤、そして個人的属性の影響を差し引くと、監督する立場の弁護士が1975年に経験していた所得上の小さなパネルティ（マイナス5％）は、1995年には消えていた。エリート・ロースクールの卒業生は、弁護士の属性、業務環境、顧客基盤などを考慮に入れると、1975年にはプレミアムがつかなかったが、1995年には、リージョナル・ロースクールに入学した弁護したよりも22％多くの所得を得ていた。モデル2で観察される同期での成績に対するプレミアムの増加は、顧客基盤と業務環境をコントロールしても維持された――つまり、上位10％以内で卒業したり、ローレビューの編集に携わったりしたことは、卒業同期の底辺75％の者に比べると、1975年には11％増加しており、1995年には23％増加していた。上位11％から25％にいる第2の層は、1975年には6％、1995年には18％、それぞれ多く獲得していた。

　男女間での所得格差のパターンも、注目に値する変化を示している。弁護士の業務環境、組織内での地位、顧客基盤、経験年数、そして出身ロースクールをコントロールすると、女性の所得は、1975年には男性に比して平均23％低かった。1995年には、格差は、慣例的な統計的有意性の水準以下に低下した。しかし、我々は相互効果を計算するのに十分なサンプル数を持ち合わせないので、女性が同じ属性の男性と同等の所得を得ているかどうかを述べることはできない。女性が最も有利な属性、つまり大規模法律事務所のパートナーの地位を有する可能性は低く、したがって、女性が最大の所得を生み出す地位に到達することも相対的に稀であるということは分かっている。回帰モデルにおいて見たとおり、1975年には、法律事務所で所有権を有する（equity-holding）パートナーであることは、経験とは別に、所得の変動について説明できる最大の部分を占めていた。1995年には、パートナーであることは、組織環境（およびロースクールのグレード）と組み合わせると、所得の変動の大半を説明しうる。言い換えれば、これらのデータを前提にすると、誰かが適切な種類の組織（たとえば利益の上がる組織）でパートナーの地位に到達したということが分かれば、所得の予測重要なもののほとんどを知ることができるのである。1995年のサンプルの所有権を有するパートナー181人においては、女性は15人にすぎない――1人は2人から5人の弁護士を抱える事務所、3人は6人から25人の弁護士を抱える事務所、26人から100人の事務所にはおらず、101人から299人の事務所に8人、そして、300人を超える事務所では3人となっている。かなり多くの女性パートナーを含むランダ

ム・サンプルがあれば、我々は彼女らが対応する男性サンプルと同等にやっているかどうかを評価しえたであろう。しかし、ここでの圧倒的な事実は、女性のパートナーは多くはないということである（第3章と第6章を参照）。

このパターンは、マイノリティについてはより極端である。1995年のランダム・サンプルにおける、所属事務所の所有権を有する181人の弁護士のうち、3人のみがアフリカ系アメリカ人で、2人がヒスパニックである。これら5人のパートナーのうち3人は弁護士100人以下の事務所に所属しており、弁護士300人以上の事務所に所属していたのは、わずか1人である（ヒスパニックの2人のうちの1人）。[*17]

要するに、弁護士が働く組織のタイプは、弁護士が職務経験を積んでいる組織やロースクールにおける成績の差を考慮したとしても、彼らの所得により大きな影響を与えるようになっているのである。とくに、個人での実務や政府に雇われていることは、小規模および中規模の法律事務所で働くよりも相当少ない給与しか受けられないようになってきたのであり、他方で、最大規模の事務所で働けば、相当多くの報酬を得られるようになってきたのである。

ここでの我々の知見は、注目すべき第2のパターンも示している。すなわち、プロフェッションにとって比較的新しい2つのグループ、つまり女性と黒人は、相対的にも実質的にも所得が最も大きく低下した業務環境に、特に集中していたのである。ユダヤ人弁護士が最も所得の少ない、最も威信の低い種類の法律実務に隔離されていたときにそうであったように、外的な社会的ヒエラルキーが弁護士界に浸透するのである。

4．平等な正義

制度化されている報酬格差は、2つの道筋で法サービスに影響を与えうる。第1は、人々や社会目的の中に、報酬が低いがゆえに十分な弁護士を引き付けることができないために、十分なサービスを受けられないものが生ずるかもしれないということである。確かに、我が国の公設弁護人制度に対する批判は、オーバーワークの結果として、クライアントに対して手抜きその他の

---

*17　サンプルの中でアフリカ系アメリカ人とヒスパニックの数が非常に少ないので、これらの変数の回帰モデルにおける係数は、他の変数をコントロールすると、統計的有意性を失う。

形で不適切なサービスを提供していると指摘している（Fritsch and Rhode 2001; Reiman 2001）。第2に、仕事に対して報酬が相対的に低い場合、弁護士の量だけではなく質も損なわれるかもしれない。つまり、当該の仕事をする優れた弁護士をリクルートできないかもしれない。最近の事例では、経験の足りない弁護士、関連する法律を知らない弁護士、法廷で酔っていた弁護士、あるいは手続の最中に居眠りをした弁護士がついた被告人に、死刑が科されている（Dieter 1995）。シカゴ調査から得られる証拠は、大規模法律事務所が、相変わらずより威信の高いロースクールの卒業生を不均衡なシェアで獲得しているということを示している。おそらく驚くべきことは、これらの組織が払う報酬の割り増しが増加しているにもかかわらず、トップのロースクールの卒業生を引き付けるそれらの力がさほど増加していない、という知見である（第3章、**表3.1**を参照）。

　法の下の平等という理想——富める者も貧しき者も、権力のある者も抑圧されている者も同じ取り扱いを受けるという理想——がしばしば公言され[18]、裁判所や法的機関は、ときにそれが現実であるかのように進行する。平等性に関する形式主義は、一般に、当事者が対等の資源を持っているかのごとく、そして、それぞれの対立当事者が彼や彼女の主張の［法的］価値でのみ武装しているかのごとく、当事者の取り扱いに適用される。しかし、もし正義の追求が法に訴えることを必要としているとすれば、その追求のために弁護士を雇うことは通常不可欠のことであって、適格かつ効果的な弁護士のサービスを手に入れる能力があるかどうかが、しばしば、勝者と敗者を決することになる。より優れた資源——資金、経験、情報——を持つ顧客が、弁護士に、それも十分な訓練を受けた弁護士にアクセスしやすいのであり、クライアントについて特定されるタイプごとに異なる富と権力が、法的救済の配分において、システマティックな格差を生み出すのである。（Auerbach 1976; Galanter 1974; Hadfeild 2000; Reiman 2001; R. Smith 1919）。

（訳：米田憲市／よねだ・けんいち）

＊18　これは、合衆国司法省の2001-2006年戦略計画『法の下の平等な正義』において「中核的価値」として提示されている第1のものである。「合衆国の法を擁護することは、アメリカの人民から我々が付託された厳粛な責任である。我々は、あらゆるアメリカの人民が法の下で平等な保護と正義を享受することを確保するように、これらの法律を公正かつ一様に執行する」（U.S. Dept of Justice 2003, p. ii）。

第Ⅲ部
弁護士の生活

■第8章 |||||||||||||||||||||||||||||||||||||||||||||||||||||||||||||||||||||||||||||||||||

分裂する価値観
（モニク・R・ペインとの共著）

　法学教育は、学生を「弁護士らしく考える」ように訓練するという意味で、形成的である（formative）といわれる（Blaustein and Porter 1954, 98-100; Miller 1995, 172）。ロースクール、職場、法廷、その他の法的機関、弁護士会を通して、弁護士プロフェッションに社会化されていく中で、弁護士たちは、ある独特な規範や価値観の支持へと導かれていくようである。本当に弁護士が皆同じように（少なくとも、実質的に同じように）思考するならば、紛争処理のプロセスは促進されることだろう。基本的価値観や、政府の正当なプロセスとはどういったものかについて共通の理解を有している弁護士同士であれば、クライアント間に存する相違を解消できる可能性は高いかもしれない。反対に、基本的な諸前提において不一致が見られる場合には、相互に受容しうるような結果を見出すことは、より困難になるであろう。

　また、一定の目的の達成に向けて、弁護士界が集団行動のために結集する可能性は、共通の観点を有することによって強化されるであろう。つまり、種々の社会的問題について、弁護士たちの間の見解が一致しているならば、弁護士会は、立法課題を提起することができるであろうし、裁判官候補者についても、より明確に評価を下すことができよう（Auerbach 1976; Halliday 1987; Powell 1988）。とはいえ、むろん、弁護士界による効果的な集団行動が好ましいか否かは、別の問題であるが。実際、2001年には、ホワイトハウスの役人たちによって、アメリカ法曹協会は明らかにリベラルな偏りを有していると判断された結果、大統領は、連邦裁判官の任命審査においてアメリカ法曹協会との協力を断ち、こうして、数十年に渡ってアメリカ法曹協会のはたしてきた役割に終止符が打たれたのであった（Lewis 2001; Goldstein 2001）。行政府の見方では、アメリカ法曹協会の立場は、同問題について、一枚岩であるとまではいえなくとも、少なくとも極めて認識可能なものだったのであ

*1
る。このように、法律プロフェッションが公的な問題について認識可能な
見解を有しているか否かは、重要な問題であった。

ルイス・ブランダイスは、弁護士たちに対して、独立性を主張し、公益を
配慮するように強く訴えたが（Brandeis 1905; J. Frank 1965; Spillenger 1996）、そ
れらを実行している者はあまりにも少ないと考えていた。

有能な弁護士たちは、富裕層と一般大衆のどちらか一方に傾く行き過ぎ
を抑制するという態度をもって独立した立場を維持することなく、大企
業の付属物となることに相当程度甘んじながら、自分たちの力を一般大
衆の保護のために用いるという義務を怠ってきた。「企業を顧客とする
弁護士」については、我々はしばしば耳にするところであるが、「庶民
のための弁護士」については、ほとんど聞かないのである（Auerbach
1976, 34-5の中で引用されたBrandeis 1905）。

もちろん、専門政治家や公職に就いている弁護士も多数いるのであるが、
彼らは、そうした地位において、自分自身の利益に尽くしているのか、クラ
イアントの利益に尽くしているのか、選挙民の利益に尽くしているのか、明
確ではないのである（Eulau and Sprague 1964）。稀には、自己の職業を特別な
政治的目標に捧げ、「コーズ・ローヤー」（cause lawyers）となっている者も
いる（Sarat and Scheingold 1998, 2001; Southworth 1993, 1996, 1999）。だが、弁護
士の大多数は、自分たちの仕事が政治的・社会的に重要な帰結をもたらして
いるにもかかわらず、自らを政治的アクターであるとは思っていないようで
ある（Gordon 1988, 1990; Luban 1988; Macaulay 1979; R. Rosen 1984）。

日々の仕事において、弁護士たちは、特定の諸利益に仕えるが、それらに
は通常、対立する利益が存在する。良いやつもいれば悪いやつもいるが、そ
もそも、どちらが良いやつでどちらが悪いやつなのかは、観点次第なのであ
る。それゆえ、富や権力の分配についてどう感じているかは、クライアント
の選択や、仕事に対する姿勢に影響を与えているかもしれない。しかも、因
果関係の矢印は（もし、そのようなものがあったとすればの話だが）、両方向に向

＊1　しかしながら、おそらく、バイアスのないことを証明しようとして、アメリカ法曹協会裁
　　判官候補者評価委員会（judicial evaluation committee）は、2002年、全会一致で、連邦
　　控訴裁判所への保守的かつ議論のある被推薦者について、「高い適格性がある」とした
　　（Lewis 2002; Dewar 2002）。

第8章　分裂する価値観　**229**

かいうる。つまり、弁護士が、自分たちの傾向に合ったクライアントを選ぶという方向性もあれば、クライアントこそが弁護士の世界観に影響を与えていくという方向性も考えられるのである。許しがたいと感じさせる者のために、長期間にわたって働き続けることは、おそらく難しいことだろう。（ただし、厄介な仕事は、しばしば大いなる報酬をもたらしてくれるものであったりするのだが。）クライアントの利益を擁護すべく主張・立証を組み立てる際、それらに自分が一体化できれば、心地よいと感じられるであろう。このことはまた、当該事件における弁護士のプレゼンテーションをより効果的なものにしうるという意味で、機能的でもあろう。したがって、弁護士は社会的問題に関する自己の見解をクライアントの見解に適合させるという仮定は、妥当だと思われる。だが、「プロフェッショナルとしての独立性」も、高い価値を置かれている。

1．シカゴにおけるデータ

1975年と1995年にシカゴで行われた弁護士調査は、社会的・政治的価値観に関する質問を含んでいたが、そうした質問のいくつかは、両方で用いられた。したがって、20年間における変化を評価することが可能である。この間、女性や少数者といったリベラルな政治的価値観を強く有するグループが、多数、プロフェッションに入ってきたことを考えれば（Manza and Brooks 1999）、よりリベラルな立場への移行が予想されるかもしれない。だが、実際には、第2章で見たように、シカゴにおいて、ビジネス・ローヤーとして従事している弁護士の数は、1975年時点より1995年時の方が多くなっている。こうした事実は、彼らの価値観を逆の方向に、すなわち、特に経済規制について、より保守的な方向に突き動かす傾向があったとも考えられる。

図8.1が示しているのは、1975年と1995年のサンプルにおける、弁護士たちの支持政党である。いずれかの政党に傾いている無党派層（independents）を支持者（partisans）に含めて考えるならば、全体的な傾向としては、実質上変化がないことに注目すべきである。すなわち、民主党支持者は、1975年には57％であったのに対して、1995年は55％である。一方、共和党支持者は、1975年には30％であったのに対して、1995年には28％である。シカゴの政治を考えれば、民主党支持者が共和党支持者の約2倍であったということに、驚きはないであろう。しかしながら、無党派層にも様々な種類がある点に注

【図 8.1　政党の選好　1975 年と 1995 年】

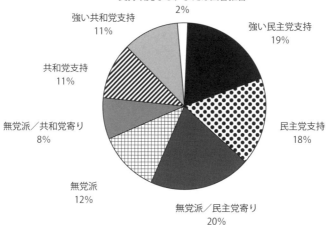

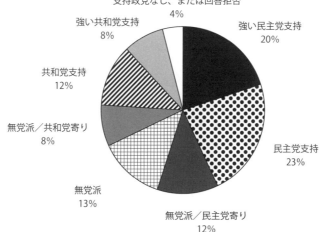

第 8 章　分裂する価値観

目するならば、微妙に差異のある絵が見えてくる。すなわち、民主党寄りの無党派層は、1975年の20％から1995年にはわずか12％へと、かなり減少している。1975年の調査時には、弁護士会員を含む多くのリベラル層に不人気であった初代デイリー市長（Powell 1979）が、依然在任中であった。[*2]当時、シカゴの弁護士の多くは、地方政治においては無党派を装いながらも、国や州の政治においては民主党を好む傾向にあった（Heinz and Laumann 1982, 11-14）。**図8.1**に示された、他の２種の無党派層[*3]は一定しているものの、民主党支持者と強い民主党支持者の合計は、1975年の37％から1995年の43％へと増加している。これらのことから、初代デイリー市長を経て、リベラル寄りの無党派層が民主党に転じたと考えられる。

こうした支持政党に関する表は、比較的小さな変化を示すのみであり、その変化も、主としてリベラル層の中でのラベル選択の違いにすぎないかのように見えるが、弁護士の社会的・経済的価値観に関して過去の２度の調査票で用いられた質問は、より実質的な変化を明らかにしている。しかし、我々は、1975年から1995年までの変化の大きさと方向性に加えて、プロフェッション内におけるコンセンサスの程度に関心を持っている。我々は、法が主要な役割を果たす種類の事柄について、弁護士たちの間における賛成と反対の度合いを探ってみたい。

図8.2は、経済的価値観、富の再分配、企業に対する規制に関する質問から抽出したデータを要約したものである。これらの項目は、1975年調査と1995年調査の両方に用いられている。（ただし、**図8.3**に示された、社会的価値観に関する２組目の項目は、1995年調査においてのみ使用された。）参照が容易にできるよう、図の中では、調査票で提示された見解のそれぞれについて、番号をふってある。

第１の見解「職業間における所得の格差は減じられるべきである」について、1975年調査と1995年調査で、ほとんど違いがない。すなわち、この見解に賛成する者は、1975年調査では14％、1995年には16％のみである。シカゴの弁護士は、自分たちに食い扶持を与えてくれる手（傍点、訳者）を嚙むようなことはしないようである。彼らは、法律プロフェッション内部にも所得の格差があるとはいえ、相対的に裕福であることがわかっている。しかしな

＊２　（訳注）第１章注９を参照。
＊３　（訳注）共和党寄りの無党派層と純粋な無党派層。

【図 8.2　経済的価値観　1975 年と 1995 年（％）】

1．職業間における所得の格差は減じられるべきである。

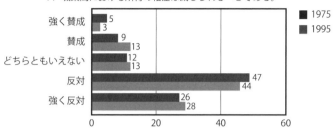

2．今日の合衆国において、経済的利益は、だいたい正当に分配されている。

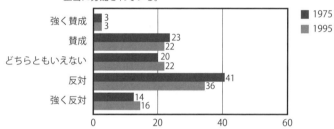

3．政府がはたすべき最も重要な役割の1つは、貧困者層、恵まれない人々、失業者といった、自助が困難な人々に対する援助である。

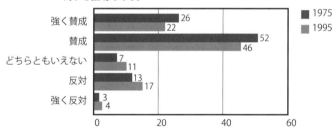

4．支払能力に関係なく、すべての合衆国国民は、等しく、良質な医療へのアクセスを得られるべきである。

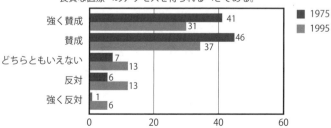

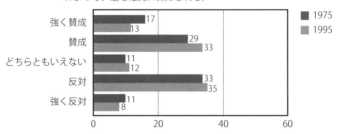

5．消費者保護は、連邦政府が消費者のために介入したり規制したりするよりも、販売者間における活発な競争によって、最も確実に保障される。

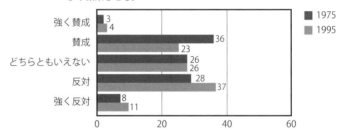

6．労働組合がその構成員のために上げる利益は、国家をより繁栄させる。

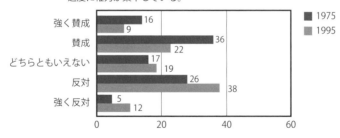

7．国益という観点から見ると、数少ない大企業の手に、過度に権力が集中している。

がら、より一般的な意味での富の再分配については、非常に異なるパターンが窺える。1975年、1995年とも、第2の見解「今日の合衆国において、経済的利益は、だいたい正当に分配されている」については、反対が多数を占めており、賛成と答える者は約4分の1にすぎない。これは、合衆国の経済システムの「正義」に対する著しい非難であるように見える。以上の2つの項目については、1975年と1995年とで、回答にこれといった変化が見られなかった。

【図 8.3　社会的価値観　1995 年（%）】

8．アファーマティブ・アクション・プログラムは、最も有能な人々を雇用し、昇進させる自由に、多大な制限を与えてきた。

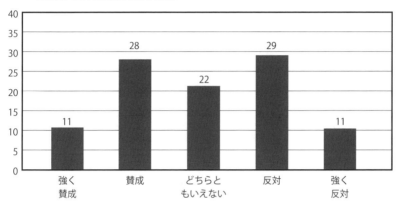

9．性、麻薬、暴力に関する不適切な歌詞を含むレコードアルバムには、潜在的購買者（および／あるいは両親）に警告するラベルを付けるよう、法律で義務付けるべきである。

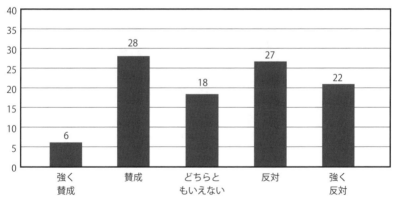

　低所得者層に対する援助をめぐる政府の役割に関する第3の見解（「政府がはたすべき最も重要な役割の1つは、貧困者者、恵まれない人々、失業者といった、自助が困難な人々に対する援助である」）については、賛成が圧倒的多数である。ただし、賛成と強く賛成の合計は、1975年の78％から1995年の68％へと、ちょうど10％減少している。この項目については、保守的傾向への移行が明らかに見られる。このことは、第4の見解、「支払能力に関係なく、すべての合衆国国民は、等しく、良質な医療へのアクセスを得られるべきであ

10. 医師や病院に対して、18歳未満の者に対して妊娠中絶手術を行う少なくとも7日前に患者の両親に通告するよう、法律で義務付けるべきである。

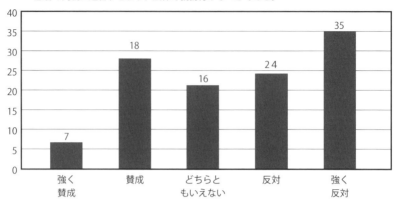

11. すべての弁護士は、無償の公共サービス（プロボノ・ワーク）のために一定時間を費やすか、自己のためにそのサービスを行う他の弁護士を雇うか（すなわち「プロボノ・クレジット」を購入することによって）することを、義務付けられるべきである。

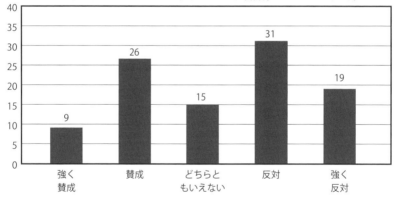

る」にもあてはまる。ここでも再び、1975年と1995年の両調査において、賛成が圧倒的多数を占めている。ただし、その割合は、1975年の87％から1995年の68％へと、19％減少している。おそらく、この減少は、1995年の調査が、クリントン政権におけるヘルス・ケアに関する立法作業の不成功の影響が残る中で行われたことに起因していると思われる。この失敗は、問題の政治的可視性を高めたのであった。とはいえ、なお、1995年調査においてすら、3分の2以上の弁護士が普遍的医療を支持しており、反対は

5分の1に満たない。

　しかしながら、自由市場の支持をめぐる最も明らかなテスト（**図8.2**における第5の見解）において、シカゴの弁護士は、全く等しく二分されている。「消費者保護は、連邦政府が消費者のために介入したり規制したりするよりも、販売者間における活発な競争によって、最も確実に保障される」について、1975年と1995年の両調査において46％が賛成し、反対は1975年が44％、1995年が43％であった。このように、この質問は、プロフェッションを二分しているのである。しかしながら、1995年調査の回答は、やや穏やかである。両極端の立場（「強く賛成」と「強く反対」）からの離脱らしき動向が見られるのである。また、プロフェッションは、「労働組合がその構成員のために上げる利益は、国家をより繁栄させる」という第6の見解についても、分裂している。1975年には賛成・反対はまったく同数であり、39％が組合支持であり、36％が反対であった。しかしながら、1995年には、反対が48％である一方で、賛成はわずかに27％であり、組合について、より消極的な評価への明らかな移行が見られる。さらに、経済関連の最後の項目である第7の見解において、再び、保守化傾向が見える。1975年には、多数の弁護士が、「国益（the good of the country）という観点から見ると、数少ない大企業の手に、過度に権力が集中している」と考えていた。賛成は合計52％であり、反対は31％であった。これに対して、1995年には、1975年の調査結果とは逆に、賛成が31％であり、反対が50％となった。[*4]このように、シカゴの弁護士は、労働組合支持者が減少する一方で、大企業支持へと傾いていったのである。1995年には、シカゴ弁護士は、1975年に比べて、大企業の弁護により大きく尽力していたことを思い出そう（第2章参照）。政治的見解の保守化は、ヘルス・ケアといった問題について、プロフェッション間での意見の不一致をより強く生み出すことになった。だが、ここで重要なのは、富の再分配や低所得者層に対する国家の役割をめぐる問題に関しては、実質的に（かつ、継続的に）見解が一致していたにもかかわらず、大企業に対する政府の規制に関する問題については、シカゴの弁護士界は、はっきりと分裂していたという結論である。

　また、1995年調査においては、「アファーマティブ・アクション・プログ

＊4　エンロン、タイコ、アーサー・アンダーセンのスキャンダルや、証券市場の衰退後の2002年に同じ質問を行ったならば、興味深い回答が得られたことだろう。（訳注）第12章注25を参照。

ラムは、最も有能な人々を雇用し、昇進させる自由に、多大な制限を与えてきた」という見解についても、弁護士たちは分裂している（**図8.3**の見解8を参照）。強く賛成と強く反対が同数を占めているのである。さらに、弁護士界は、「無料の公共サービス」（プロボノ・ワーク）を提供することを「義務付けられるべきである」という第11の見解についても、分裂している。回答者の半分が反対し、賛成は、35％にすぎない。同様に、プロフェッション内の多数が、第9の見解に反対している。「性、麻薬、暴力に言及する不適切な歌詞を含むレコードアルバムには、警告ラベルをつけるべきである」という主張について、反対は49％、賛成は34％であった。最後に残った、未成年者の中絶に際して両親への通知を義務付けるべきか否かに関する見解については、59％が反対しているのに対して、賛成は25％と、反対が賛成を2倍以上、上回っている。以上、社会的問題についても、経済的価値観と同様、弁護士たちは、明らかに満場一致ではない。次の問題は、彼らの見解の分水嶺はどこにあるのかである。

2．弁護士の類型間における相違

　もちろん、社会的、経済的価値観についての弁護士の立場は、プロフェッショナルな忠誠心とともに、個人的な背景による影響を受けている可能性がある。ジェネラル・モーターズのために働いている2人の弁護士を例にとって考えることにしよう。一方を、共和党支持の強固な郊外で育ち、チョート[*5]とプリンストンで教育を受けた監督派教会信者と仮定し、他方を、都市中心部で育ち、ノートルダム大学で教育を受けたアイルランド系カトリックであると仮定しよう。こうした二人は、意見が一致することもあれば、しないこともあろう。年齢、ジェンダー、民族、家系、クライアント、そして業務環境のいずれもが、政治的、社会的問題についての立場と関連していると考えることができよう。
　弁護士間における相違を探り、これらの相互連関性を見極めるべく、我々は、**図8.2**の経済的価値観に関する7項目を用いて、「経済的リベラリズム」尺度（"economic liberalism" scale）を作った。各質問に対する5つの賛成・反対の立場について、最も保守的な立場に1点をつけ、（合衆国の政治学におけ

＊5　（訳注）Choate Rosemary Hall。コネティカット州にある寄宿制私立高校。

238　第Ⅲ部　弁護士の生活

る通常の意味で）最もリベラルな立場に５点をつけた。[*6] 1975年から1995年まで、全体的な平均値が3.27から3.06にまで下がっていることから、（穏やかではあるが、はっきりとした）リベラル寄りから、ほぼ中立に移行したことがわかる。シカゴの弁護士のかなりの割合が民主党支持者となり、また、女性がプロフェッションに多く入り、さらに、弁護士界の急成長によって平均年齢は下がったが、なおも、弁護士は――少なくとも、経済的リベラリズム尺度で測定されたものとしては――全体的に保守化していったのである。この点を、詳しく見てみよう。

　1975年の調査では、経済的リベラリズム尺度では、最も若い弁護士たちが、最もリベラルなスコアを有していた（25歳から29歳では、平均スコアは3.50、30歳から40歳では、平均スコアは3.47）。年齢の高い弁護士たちは、より保守的であった（55歳から59歳では、平均スコアは3.04、60歳から64歳では、平均スコアは3.09）。年齢に伴ってスコアが下がる様子は、かなり秩序立っていた。しかし、1995年調査においては、最も若い弁護士が、最も保守的な層の中に入っている。25歳から29歳までの平均スコアが、55歳から64歳までの平均スコアとほぼ同値なのである。他方、1995年調査においても、40台半ばから後半の弁護士は、最もリベラルであった。[*7] このように、1975年にリベラルだったコーホート（ベトナム戦争時代の60年代後半や70年代初期に、大学やロースクールに行った者）は、20年経っても、依然として、はっきりとリベラルである。

　1975年調査においても、1995年調査においても、女性は明らかに、男性よりリベラルである。ただし、1975年調査のサンプルでは女性弁護士が30人しかいなかったことを忘れてはならない。1975年調査における女性弁護士の平均スコアは3.67であったのに対して、女性弁護士が213人入った1995年調査のサンプルでは、平均スコアは3.31であり、0.36の減少である。同様に、男性弁護士についても、両調査において、平均スコアは3.26から2.95に下がっており、0.31の減少である。したがって、20年間で保守化したとはいえ、女性弁護士は、1995年調査時において、男性弁護士より、かなりリベラルである。1995年調査サンプルにおける女性弁護士の増加がなければ、弁護士界全体としては、保守化傾向へとより劇的に移行していたであろうと考えられる。

＊6　信頼性テストは、７つの項目を結合した結果の尺度が、1975年と1995年の両方で基準を満たしていることを示している。（1975年の $\alpha = 0.70$、1995年の $\alpha = 0.77$）

＊7　平均スコアは、25歳から29歳が2.89、55歳から64歳が2.92、45歳から49歳が3.33であった。

驚くまでもなく、マイノリティは白人よりリベラルであり、両者の平均スコアの差は、1975年調査では0.5、1995年調査においては0.3となっている。白人とマイノリティの間の平均スコアの差が狭まった原因として、1995年調査サンプルにおける、アジア人とヒスパニックの存在がある。経済的問題に関する彼らの見解は、アフリカ系アメリカ人よりも白人の見解に近いためである。民族宗教的(ethnoreligious)集団の中では、タイプⅠプロテスタント(監督派教会、長老派教会、組合派教会。第3章を参照)が、1975年と1995年の両調査において、最も保守的であった(1975年では2.98、1995年では2.80)。これは、伝統的プロテスタントが民主党系大統領候補者の支持に動いた一方、プロテスタント原理主義者は共和党支持者になったという全国調査とは、やや矛盾している(Manza and Brooks 1999)。タイプⅡのプロテスタント(他のすべてのプロテスタント)も、1975年調査では尺度の保守的な側に近かったが(3.06)、カトリックは当時、よりリベラルであった(3.24)。しかし、1995年調査においては、カトリックは、タイプⅡのプロテスタント(3.09)より保守的になっていた(2.98)。ユダヤ教徒の回答者は、カトリック回答者同様、1975年にはリベラルであった(3.39)が、1995年にはやや弱まっていた(3.11)。このことは、ユダヤ系弁護士とカトリック系弁護士が、大きな事務所で、企業を顧客とする業務に移行していったことを反映しているのかもしれない。宗教色のない弁護士たちは両調査において最もリベラルであり、おそらくこのことは、一般的な彼らの反体制的な態度を窺わせる(第9章を参照)。

　両調査において、裕福な家系の出身の弁護士には、大きくというわけではないが、保守的な傾向が表れている。最も保守的なのは、父親も弁護士であったという者である(1975年には3.13、1995年には2.92)。それに続くのは、父親が弁護士ではないものの、プロフェッショナル、技術的、管理的な立場にあった者である(1975年には3.28、1995年には3.04)。一方、父親が社会経済的な意味で地位の低い職業にあった者は、両調査において、最もリベラルであった(3.33と3.17)。

　同様に、どのような組織で働いているかは、弁護士の見解と重要な関連性を有している。回答が非常に少なかった類型(裁判官、法学教授、公益業務[*8](legal

---

＊8　(訳注) legal services。民事事件で、低所得者に無償または低報酬で業務を提供する。Kim Schroer et al, *Legal Services Guide: A Guide to Pursuing Work in Legal Services/ Legal Aid,* Harvard Law School, 2013, 4を参照。

services）弁護士）を別にすれば、最もリベラルなのは、両調査とも、政府内弁護士と、単独開業弁護士である。政府内弁護士は、20年の間に、はっきりとは保守化しなかった唯一の範疇である。彼らの平均スコアは、3.36と3.34であり、それほど違いはみられない。一方、大規模な法律事務所で働く弁護士は、ほぼ中立から、最も保守的へと変化した。1975年調査では、彼らの平均スコア（3.24）は、サンプル全体平均（3.27）をわずかに下回る程度であったが、1995年調査では、平均スコアは0.42も減少しているのである（2.82）。企業内弁護士（internal counsel）は、1975年には尺度の保守側の最終走者であった（3.14）[*9]が、1995年には、大規模法律事務所に属している弁護士とほぼ同程度に保守的になっていた（2.86）。このように、シカゴの弁護士の見解は、より一層、クライアントの見解と一致するようになり、政府内弁護士と企業関係業務を行っている弁護士の間の溝は、大きな隔たりとなるまでに至ったのである。

　特定の分野に業務時間の4分の1以上を費やしている弁護士のスコアを調べると、再び、経済的価値観と従事している業務との一致に気づかされる[*10]。たとえば、消費者の利益保護のために企業間の競争と政府による規制のいずれが有効かという問について、競争を支持すると答えたのは、業務時間の4分の1以上を商標や著作権に費やしている弁護士の77%、特許関係では74%、州や地方における税務関係では72%であったのに対して、離婚関係では26%、市民的権利・市民的自由関係では25%のみであった。一方あるいは両調査において、著しく保守的スコアの高かったのは、分野的にみると、公益企業（public utilities）、特許、独占禁止に関する弁護、有価証券、企業訴訟、銀行、一般的企業法務関連実務などの弁護士である。他方、特にリベラルなスコアの高いのは、市民的権利、労働法、一般的家族法業務、刑事弁護などの弁護士であった。

　さらに、各分野において、原告を弁護している場合と、被告を弁護している場合とに区別してスコアに注目するとき、クライアントによる影響が見えてくる。1995年の調査では、環境法に関する原告（相手が公害を生じさせていると申し立てている者）側の弁護士は、経済的リベラリズム尺度で3.35のスコ

＊9　（訳注）つまり、保守側では最もリベラル。

＊10　この尺度では、回答者が最大で4つの業務分野カテゴリーに含まれてしまう可能性がある。したがって、同じ回答者を重複して数えてしまうことによって、カテゴリー間の分散が縮減されている。

第8章　分裂する価値観　**241**

アを有している。一方、同じく環境法に関する場合でも、被告側の弁護士の
スコアは2.92である。労働法の領域においても、雇用者側の弁護士のスコア
は3.06であり、被用者あるいは労働組合側の弁護士のスコアは3.66である。
また、独占禁止法の領域において、原告側につくか被告側につくかの差は、
著しい（3.52対2.62）。ただし、この分野においては、業務時間の４分の１以
上を割いている者が極めて少なかったことから、スコアの信頼性は低いかも
しれない。個人被害や刑法の領域においては、原告側か被告側かで弁護士の
立場の差はさほど極端ではないものの、それでもなお存在している。個人被
害の領域において、原告側の弁護士のスコアは3.07であり、被告側の弁護士
のスコアは2.89である。一方、検察官のスコアは3.23であり（この値は、弁護
士界全体の平均よりかなりリベラルである）、刑事弁護士のスコアは3.36である。
不動産取引の領域においては、必ずしも、原告側と被告側とで立場が対立す
るというわけではないが、企業側の不動産取引を扱っている弁護士の平均ス
コアは3.05であり、個人を代弁する弁護士のスコアは3.35である。

3．クライアントの価値観への適合？

　以上のデータから、従事している仕事の種類によって、弁護士の価値観に
はっきりとした違いが生じていることが示された。さらに、そうした相違は、
弁護士とクライアントの立場との整合を暗示していた。だが、構造は明白で
あるとはいえ、どのような過程を経て、こうした一致現象は生じるのであろ
うか。弁護士の方が、すでに共感やある種の一体感を感じたクライアントを
選んでいるのか、それとも、弁護士は、まずは目の前の仕事（おそらくは、
最も報酬の高いもの）に従事し、その後、クライアントの利益を代弁していく
うちに次第に彼らとの親近感を育んでいくのだろうか。業務分野からの自己
選択による人員の減少も、（クライアントの価値観への）適合という外観を生み
出すと思われる。つまり、特定のクライアントを代理することに不快感を覚
える弁護士は、他の専門へと移行するかもしれない。もちろん、分野間での
差異は、時間の経過とともに、世代間における社会的価値観の違い、歴史的
な出来事の発生、あるいは種々の弁護士業務についての市場の強さから、影
響を受けうる。たとえば、知的所有権関連の仕事の需要が大きく増加すれば、
弁護士の中には、この領域に移行する者も出てくるであろう（おそらく、さ
ほど、社会的価値観や政治的価値観を考慮することなく）。逆に、需要のない仕事

【図8.4 ビジネス分野と他分野での経済的
リベラリズム・スコア　1995年の4つの年齢グループ】

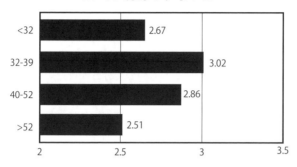

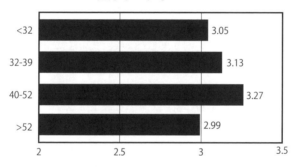

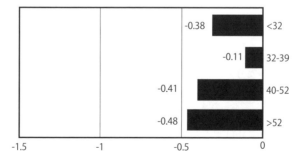

をすることはできないのである。各分野における機会はその時々のものであ
ろうから、1980年代にロースクールを卒業した弁護士たちは、彼らより早い
時期に弁護士業務につき、そしてその後、制度的投資や個人的環境の内に閉

第8章　分裂する価値観　243

じ込められてしまった弁護士たちとは、異なる選択肢を有していたかもしれない。それゆえ、クロスセクショナルなデータは、たとえ異なる時期に得られたものであったとしても、すべての可能性を評価するには不適切なのである。

とはいえ、対照的な領域における弁護士たちの価値観が、年齢によって異なるのか否かを確かめることはできよう。これは、クライアントの利益に対する適合度を測るには不完全ではあるものの、分野間の違いは、業務に従事して間もない最も若い層の弁護士たちの間ですら大きいのか否かを教えてくれよう。それが大きいということになれば、弁護士は自分の好むクライアントを選んでいると言えよう。あるいは、別の可能性として、最も若い弁護士たちの間で分野間の違いが最も小さく、より年齢の高い弁護士たちの間でより大きいとすれば、それは、当該分野からの選択的な移動か、時の経過に伴うクライアントの見解への適合ということを示唆するであろう。これらの可能性を確かめるべく、我々は、業務時間の4分の1以上を企業の利益の代弁のために費やしている回答者を割り出した。独占禁止法に関する弁護、銀行、特許、公益企業、有価証券、企業訴訟、そして一般的な企業法務などの分野である。その上で、彼らを4つの年齢グループに分け、経済的リベラリズムスコアを、ビジネス分野で実務に就いている弁護士と他分野の弁護士の間で比較した。その結果は、**図8.4**で示した通りである。

どの年齢グループにおいても、経済的価値観に関わる問いについて、ビジネス分野の弁護士は、それ以外の業務に従事する弁護士より保守的である（図のビジネス分野とそれ以外の分野との差を参照）。そして、最も年齢の高いグループと、最も若いグループは、両方の分野とも、最も保守的である。両分野間の差は、最も若いグループと最も年齢の高いグループとで、ほぼ同じである。このことは、イデオロギーが実務分野への加入に影響を与えていることを示唆していよう。4つの年齢グループのうち、3つのグループでは、両分野間での差は、いずれも0.38以上となっている。これは、5点法尺度においては、かなりの平均値の差である。例外は、32歳から39歳のグループで、その差はわずかに0.11である。この年齢グループは、ほぼ全員、1982年から1989年の間に弁護士界に入った者たちであるが、これは、会社法分野の急成長があった時代であり、その結果、大規模法律事務所での求人需要が極めて高かった時期にあたっている。当時の企業関連分野での機会の大きさと、企業関連実務とそれ以外の分野との所得格差の拡大（第7章参照）が、1980年

代に就職先を求めていた弁護士たちのイデオロギー的選好を凌駕したと考えられる。[*11]このように、分野間における差は、最も若い弁護士の間ですら大きく、最も年長のグループにおける差の大きさとほぼ同様である。だが、これは、さまざまな分野における弁護士に対する需要の増減による影響を受けてのこととも考えられる。

第3章で明らかになったように、法実務が行われる組織環境は、異なるクライアントにサービスを提供し、特定の社会集団からから高い割合で弁護士を起用する。それゆえ、弁護士の社会的価値観とクライアントの社会的価値観との間に一致を見るとすれば、そうした親密性は、おそらく、弁護士のプロフェッショナルな役割か、一定のクライアント層の見解に共鳴していることで知られる弁護士の意図的な起用かの、いずれかに帰すると考えられよう。たとえば、法律事務所や雇用者が、クライアントが保守的な共和党支持者との仕事を好んでいることを知っているとき、組織にとって、そうした信条を有した候補者を雇うことが合理的であろう。したがって、弁護士の社会的・政治的特性が、彼らが従事している業務環境と関連性を有しているため、両者の効果を識別することは難しいかもしれない。

この課題に取り組むため、個人的背景特性と実務特性の両方を用いて経済的リベラリズム・スコアを予測する重回帰モデルを計算してみた。[*12]あるモデルにおいては、個人的特性のみを用い、別のモデルでは、法律プロフェッションに関わる変数（出身校、法実務での所得、業務環境、組織内での地位、いわ

---

*11　リベラルなスコアが平均して最も高かったのは、40歳から52歳までの年齢グループにおける「企業関連以外」の分野に従事する弁護士である。彼らは、ベトナム戦争中、1960年代と1970年代初頭の政治的動乱期に成人を迎えている。*Chicago Lawyers*（1982、162, table 5.4）に載せた1975年の調査データを分析すると、最若年層に属し、「保守的」な分野で実務を行っている弁護士たちの経済的価値観は、他の分野における若い弁護士たちのスコアと似通っている。1975年に30歳だった弁護士は、1995年には50歳になるから、当該コーホートは、**図8.4**における40歳〜52歳グループに含まれている。1975年の調査結果とは異なり、当該年齢グループにおける分野間の差は、1995年には大きくなっている。両分析で用いられた業務分野カテゴリーは、直接的に比較可能なものではないため、これは、明らかに、真のコーホート分析ではない。とはいえ、1970年代初頭に実務についた弁護士は、その後長期間にわたって、クライアントの価値観に適合していったことが示されているといえよう。あるいは、自ら選択して去って行ったのかもしれない。したがって、1975年に保守的な分野で実務を行っていた弁護士は、専門を変えたか、場合によってはプロフェッション自体から去ってしまった可能性もある。

*12　参照（すなわち省略される）カテゴリーは、男性、白人、父親が弁護士、タイプⅠのプロテスタント、エリート校出身、個人事務所、アソシエイトと非監督的地位、その他の分野（「あまりお金にならない」）である。

ゆる「儲かる」分野での実務かどうか）を追加した。これらのモデルは、1975年と1995年における経済的価値観の全分散の、有意だが極めて小さなパーセンテージを説明している。1975年には、個人的特性のみでは分散の14%を説明するだけであるが、法実務変数を加えると7%増となった。1995年の調査では、個人的特性の予測力は少し弱まったが（11%）、実務特性を加えると、再び7%増となった。両調査において、いずれのモデルにおいても、ジェンダー、人種、年齢は有意であるが、年齢効果の方向性は異なってきた。1975年には、年齢の高い弁護士ほど、低い、保守的なスコアを示したのに対して、1995年には、年齢の高い弁護士は、よりリベラルであった。また、予想通りともいえるが、女性や、アフリカ系アメリカ人の弁護士は、他の変数を考慮しても、両調査において、リベラルのスコアが高かった。他の３つの個人的特性も、両調査において有意であった。その１つは年齢の二乗で、このことは、年齢と経済的リベラリズムとの関係が曲線的であることを表している。残る２つは、ユダヤ教徒と無宗教という民族宗教的カテゴリーで、いずれもリベラルな見解と関連している。カトリックの弁護士は、1975年には、参照カテゴリー（すなわちタイプⅠのプロテスタント）より有意にリベラルであったが、1995年には、そうではなかった。他の変数で有意であったものは、さほど多くない。社会的地位が低い職業に就いていた父親を有していたことは、両調査においてリベラルなスコアと関連している。他方、ローカル・ロースクールの出身である者は、1975年には有意により保守的であったが、1995年にはそうではなかった。そして、高所得であることは、儲かる分野に従事していることと同様、両調査において、より保守的なスコアと強く関連していた。1975年の調査では、政府に雇用されている者と、裁判官、法学教師、公益業務に従事している者は、ともに有意にリベラルな傾向が強く、法律関係以外の職務に就いている者は、有意に保守的であった。だが、1995年の調査においては、他の変数をコントロールして有意であった業務環境は、企業内弁護士のみであり、それは、保守的スコアと関連していた。

＊13　このカテゴリーには、1975年調査においては、反トラスト法の弁護、銀行、企業訴訟、商法、雇用（経営側）、一般的な企業法務、特許、個人被害の被告側、遺言検認、公益企業、不動産（企業関係）、証券、税（企業関係）が含まれていた。1995年調査においては、これらに加えて、環境問題（被告側）、保険、国際私法が含まれていた。

＊14　（訳注）エリート・ロースクール、プレスティージ・ロースクール、リージョナル・ロースクール、ローカル・ロースクールという分類について、第１章を参照。

1975年から1995年の間に法律プロフェッションに加わった女性やマイノリ
ティの数を考えると、社会的背景に関する変数こそが、1995年の調査におけ
る回答予測の鍵であると予想したかもしれない。（多様性の増大に伴って、1995
年調査における社会的背景のデータには、より大きな分散が見られた）。しかしなが
ら、実際には、逆の結果となったのである。この知見は、おそらく、1995年
には、社会的背景について明確な特性を有した弁護士たちが、多様な業務環
境やクライアントの政治的諸類型の中に体系的な仕方で進出していくという
ことが、より少なかったという事実を反映していよう。それゆえ、たとえば、
企業内弁護士の経済的見解がより一貫したものになるにつれて（前述のように、
この変数は、1995年には有意になった）、彼らの社会的特性は、より多様化した
のである。1975年調査では、女性の企業内弁護士は3％にとどまっていたの
に対して、1995年調査時には46％となっていた。1975年には、マイノリティ
に属する企業内弁護士は1％にとどまっていたのに対して、1995年調査時に
は10％となっていた。

4．社会的価値観

　経済的価値観の項目とは異なり、社会的価値観に関する４つの項目（**図8.3**
参照）は、１つの指標として妥当な形で統合することはできない。これらの
４項目は、「尺度化」のための統計的基準を満たしておらず、このことは、
各争点についての見解がそれぞれ個別独立に変動することを意味している。
したがって、我々は、項目ごとに弁護士界内での差異を検討した。
　個人的背景特性は、社会的争点に対する弁護士の立場について、実務特性
よりも明らかに強力な予測変数であった。たとえば、４項目すべてについて、
カトリック系弁護士のスコアは、明らかに保守的であった。すなわち、カト
リック系弁護士は、アファーマティブ・アクション・プログラムは行き過ぎ
であったと考える傾向が強く、（不適切な表現を含む）レコードアルバムに対
して警告ラベルを義務付けることや未成年者の中絶手術に際して親への告知
を義務付けることを支持する傾向が強く、プロボノ活動を義務付ける規程に
は反対する傾向が強かった。４項目のうち３つの質問について、女性弁護士
は、より大きく、反対の、リベラルな立場をとる傾向があった。女性弁護士
の見解が男性弁護士の見解とさほど変わらない唯一の項目は、レコードアル
バムへの警告ラベルの問題であった。他方で、この問題については、年齢に

第8章　分裂する価値観　**247**

よって見解に相違が見られた。年齢の高い弁護士は、不快な内容を含むレコードアルバムに警告ラベルを義務付けることを支持する傾向が高かった。

　人種は、アファーマティブ・アクションやプロボノ活動に関する項目においては有意であったが、警告ラベルや未成年者の中絶をめぐる項目については有意ではなかった。より詳しく述べると、アファーマティブ・アクション・プログラムは雇用や昇進の自由を著しく制限してきたとする主張に対して、白人系弁護士の36％が反対あるいは強く反対しただけであるが、ヒスパニック系弁護士では64％が、アフリカ系アメリカ人弁護士では91％が、反対あるいは強く反対していた。また、女性弁護士では過半数（54％）がアファーマティブ・アクションを非難する見解に反対であったが、男性では35％に過ぎなかった。民族宗教的カテゴリーにおいては、宗派に属しない弁護士の47％、タイプⅠのプロテスタント系弁護士の45％、タイプⅡのプロテスタント系弁護士の49％が、それぞれアファーマティブ・アクション・プログラムを支持していたのに対して、カトリックとユダヤ教徒では、それぞれ34％と35％にすぎなかった。未成年者の中絶に際しての親への通知の要否をめぐる問題では、通知に賛成する者は女性弁護士の12％にすぎないのに対して、男性弁護士では31％であった。カトリック系弁護士は41％が通知の必要を支持していたが、宗派に属しない弁護士では12％にすぎなかった。レコードアルバムへの警告ラベルの必要性をめぐる問題では、これに賛成する35歳未満の弁護士（25％）は、55歳以上の弁護士（49％）の約半分である。ユダヤ系弁護士では30％が、宗派に属しない弁護士では26％が、それぞれ賛成している一方、カトリック系弁護士で賛成する者は42％である。プロボノ活動の強制については、人種的マイノリティ集団に属する弁護士は61％が賛成しているのに対して、白人回答者ではわずか31％である。また、女性弁護士では47％が、タイプⅠのプロテスタント系弁護士では40％が、タイプⅡのプロテスタント系弁護士では41％が、それぞれ賛成しているのに対して、カトリック系弁護士では28％、男性弁護士では30％にすぎない。このように、人種、ジェンダー、民族宗教的カテゴリーの違いは、社会的争点について、強い見解の相違を示している。もちろん、これらの違いは、諸業務環境へのそれらの分布が異なっているということによって影響を受けているかもしれない。

　経済的リベラリズム・スコアの分析と同様に、諸変数を同時に考察する際には、それらの相対的貢献度を評定することが重要である。［社会的価値観に関する４つの］項目は単一の「尺度」を構成しないため、社会的価値観に

関する統合スコアを予測するモデルを用いることはできない。そこで、社会的価値観の影響を診断する道具として、プロフェッション内の意見が最も二分されるアファーマティブ・アクションについての回答を分析することとして、２つの回帰モデルを算出した。その際、経済的リベラリズム・スコアに関して用いたのと同様の手順を用いた。すなわち、第１のモデルは個人的特性のみを使い、第２のモデルは法律プロフェッションに関する変数を追加した。

　回帰分析は、社会的背景に関する変数が、説明力のより大きな割合を占めていることを示している。社会的背景に関する変数だけを含むモデルによって全分散の11.5％が説明され、それに法律プロフェッションに関する変数を加えても2.5％増加するのみである。出身ロースクールのカテゴリー、所得、事務所の規模、業務環境、組織内における地位は、いずれも有意ではない。プロフェッションに関する変数の中では、唯一、リタイアしているか雇用されていないということだけが、他の変数をコントロールしても、アファーマティブ・アクションに関する回答に体系的に関連している（0.05水準以上）。すなわち、アファーティヴ・アクション・プログラムは「過度に雇用や昇進の自由を制限してきた」という主張を拒否することと関連している（年齢や人種による影響を差し引いていることに注意）。ここでの最も重要な変数は、明らかに、ジェンダーと人種であり、いずれも高度に有意である。この結果については、容易に説明できるように思われる。つまり、アファーマティブ・アクションから直接的に利益を得てきた社会的グループは、賛成の傾向が高いということである。経済的価値観については、弁護士の見解はクライアントの利益と関連してきたようにみえるのに対して、社会的価値観については、業務環境や仕事による影響をほとんど受けていない。[*15]

　我々は、相互補強的なプロセスが存在するという仮説を有している。すなわち、弁護士は自らが親近性を感じる業務環境を選択し、組織は自分たちに馴染んでくれると考える弁護士を選択する。法律事務所は、特定のクライア

＊15　我々は、中絶問題に関する回答を分析するのに用いたものと同じ方法を使って、同じ結果を得た。違いは、説明された分散の量が大きかったことである。個人的背景変数のみを用いたモデルで全分散の19％が説明され、プロフェッションに関する変数を加えても、わずか１％の増加しかなかった。ジェンダーは高度に有意であり、カトリックも同様であった（逆の方向にではあるが）。社会経済的地位が低い職業に雇用されていた父を有することも、（中絶反対の方向に）有意であった。一方、プロフェッションに関する変数は、いずれも $p <$ .05で有意ではなかった。

ントを専門とし、クライアントの間での「ブランド・アイデンティティ」を
発展させることによって効率性を達成する（第12章を参照）。そして、法律事
務所は、クライアントとうまくやっていきそうであり、また逆に、クライア
ントがうまくやっていけると感じられそうな弁護士をリクルートする。その
結果、限られた利益との一体性を強めることが、特定のイデオロギー的スタ
ンスを固守することへの要求を（組織の中で、そして、クライアントの間でも）
作り出すのである。明確に定義された路線が存在する所では、それに従うこ
とへのプレッシャーも存在するであろう。他方、クライアントがより多様な
業務環境においては、クライアントの見解に一致させようというインセン
ティブは、さほど大きくはならないと思われる。同様に、同調させようとい
うプレッシャーの程度は、おそらく、弁護士とクライアントの間の力関係に
よって決まってくるであろう。クライアントの立場が強く、弁護士がクライ
アントに依存している場合には、弁護士は、クライアントの見解を固守する
ようになると思われる。反対に、クライアントの社会経済的地位が低い場合、
あるいは弁護士のサービスへの需要が強力でゆるぎない場合には、弁護士は、
クライアントと逆の見解を表明したり、クライアントから独立して行動した
りする自由を、より感じるであろう。

5．結論

　なぜ、我々は、特許を専門とする弁護士が中絶についてどう考えているか
を気にするのだろうか。その争点が当該弁護士の仕事で一度も生じないとす
れば、その弁護士がどのような見解を有しているかを知ることに、何か意味
があるのだろうか。我々は、2つの理由で、意味があると考える。第1に、
弁護士たちが公的政策に関する問題をめぐってどの程度一致した考えを有し
ているかは、プロフェッションの社会的統合に影響を与えるからである。そ
れが、まさに、この本の最大の主題の1つである。見解の一致・不一致のパ
ターンは、ジェンダー、人種、年齢、宗教、実務のタイプ、あるいはクライ
アントのタイプによる親近性と分裂のラインを浮かび上がらせる。第2に、
弁護士が有するコミュニティのリーダーとしての位置づけ（第9章を参照）
や要職に就いている者との関係の近さを考えるならば、統合されたプロ
フェッションは、良い意味でも悪い意味でも、かなりの力を持ちうると思わ
れる。弁護士たちは、もし統合されるならば、避妊やアファーマティブ・ア

クション、富の再分配といった争点について、一定の方向へと世論を導くにあたり、狭い意味での道具的力となるにとどまらず、精神的な力となりえよう。しかしながら、弁護士の結束を好ましいと考えるか否かは、おそらく、プロフェッションの見解が自己の見解に沿うものであろうと考えるか否かによる。

　我々は、いくつかの争点については、シカゴの弁護士たちの間に、高度な一致を見た。たとえば、1975年には、「支払い能力にかかわらない、良質な医療への平等なアクセス保障」を支持する主張については、87％が賛成あるいは強く賛成と答えており、反対はわずかに7％である。1995年には、不一致の度合いが進んだとはいえ、3倍以上の割合で、賛成が反対を上回っている。未成年者の中絶に際しての両親への通知については、通知に反対する者が賛成する者を2倍以上の割合で上回っている。しかしながら、本章で考察された多くの争点――アファーマティブ・アクション、レコードアルバムへの警告ラベル、プロボノ活動の義務化、「大企業と自由市場への支持」対「政府による規制」をめぐる諸争点を含む――において、シカゴの弁護士たちは鋭く分裂していた。

　もし、中絶や医療費の無償化といった、弁護士間で意見の一致度の高い問題について利害関係を有するクライアントを代弁する弁護士がより多ければ、おそらく弁護士たちはクライアントと連携し、対立する利害によって分裂したことであろう。また、クライアントの関心や支持がないということが、大多数の弁護士たちが（少なくともシカゴにおいては）それらの争点について一致した意見を有しているように見えるにもかかわらず、なぜ弁護士会がこれらの問題に政治的に積極的でなかったのかということを、説明しうるように思われる。1975年と1995年の20年間において、シカゴ弁護士会は、中絶についてロビー活動を行ったり、関連する事件においてアミカス・ブリーフ[*16]を提出したりするということを行ってこなかった。もちろん、個々人のレベルでは、賛成についても反対についても、重要な役割を担っていた。だが、弁護士界全体としては、そうではなかった。全米中絶権行動連盟（National Abortion Right Action League）や［これと真っ向から対立する］胎児の生命権

＊16 （訳注）合衆国政府、その職員、州、裁判所からの要請や許可を受けた個人や組織は、裁判所に係属する事件について情報や意見を提出することができる。このような第三者をamicus curiae（法廷の友）と呼ぶ。amicus briefはそのような第三者が提出する書面。

第8章　分裂する価値観　**251**

全国委員会（Americans United for Life）を代弁する場合、弁護士たちは、弁護士会執行部のみならず、外部の政治活動にも影響を与える可能性を有している。しかしながら、弁護士たちを影響力あるものとしているのは、集団への所属であることに注意しなければならない。集団が政治における主要なアクターである（Bentley 1908 ; Truman 1951）。内部の政治的状況が異なれば、弁護士会は、利益集団として行動することを選んだかもしれない。だが、弁護士会は、戦いを、極めて慎重に取捨選択してきた。弁護士会は、直接的な影響を受けない限り、滅多に関わることはない。

　宗教的争点に関わる弁護士とビジネスにサービスを提供する弁護士との、動機の上での違いについては、イデオロギー的なコミットメントとプロフェッショナリズムとの違いとして特徴づけられることがある。ビジネス・ローヤーは、クライアントから距離を置いていて、「ただ仕事をこなすだけ」と見られているし、実際にも、多くの者がそうであることは疑いない。中には、全米製造業者協会（National Association of Manufactures）や商業会議所（the Chamber of Commerce）を代弁する者もおり、特定の同業者団体を代弁している弁護士も多い。だが、ほとんどのビジネス・ローヤーたちは、単にいくつかの企業の法務をこなしているだけなのである。他方、宗教団体を代弁している弁護士は、しばしばイデオロギー的であり、実際、はっきりとした見解を有している（Heinz, Paik and Southworth 2003）。イデオロギー的な動機が突出している場合には、通常、その争点についての弁護士の見解がまず形成され、その後、集団との関係が生まれてくると想定できよう。しかしながら、組織は、個々人の感情を取りまとめ、世論を先導し、政治的活動をより効率的かつ効果的にするのみならず、個人の選好を変化させ、方向を変えるという点でも、重要である。同様の傾向を有する者たちとの結びつきは、その集団の構成員たちに、自分たちの見解が特異なものではないと安心させる。そして、彼らの世界観が真実であることを証明し、共通の主義を持つことによって自分の立場が推進されるであろうと、彼らに信じさせる。実際、人々の結びつきは、それ以上のことを行う。つまり、組織内でのコミュニケーションは、逸脱を矯正し、同調と純粋性に報酬を与える。真の信者は、組織の中枢、核心へと受け入れられていく。修正主義者は、批判され、あるいは遠ざけられる。このように、イデオロギー上の不確定性や非一貫性は制限されるため、集団の見解は、次第に二極化していく（Haslam 2001; Friedkin 1999; Moscovici and Zavalloni 1969）。利益集団は、部分の総計ではないのである。

しかし、おそらく、弁護士たちを弁護士として特徴づける何かが存在する。それは、特定の政治的な力（political valence）を与える、考え方の習慣（habit of mind）なのである。弁護士たちは、少なくとも彼らの政治的役割において、特有の明らかにそれとわかる行動をとる、と考える者もいる。こうした見解は、「弁護士例外論」と呼ばれてきた（Heinz, Paik, and Southworth 2003）。『アメリカ政治の高位聖職者』（*The High Priest of American Politics, 1995*）において、マーク・ミラー（Mark Miller）は、「弁護士は、本当に弁護士でない者と異なっているのか」と題する章を設けて、「その通り」と答えている。彼の結論は以下の通りである。

　　弁護士のように考えるということ（Thinking like a lawyer）には、狭い法的イデオロギーを受け入れるということが含まれており、この法的イデオロギーは、アメリカの政治制度に行き渡っている。なぜなら、これらの制度は弁護士たちによって支配されており、また、長く支配されてきたものだからである。この法的イデオロギーは、ロースクール在学中に学生に内面化され、その後もプロフェッショナルとしてのキャリアを通して弁護士に保持し続けられる。弁護士出身の政治家が極めて多いことの効果は広く及んでいる。アメリカの法的イデオロギーは、アメリカの公共政策過程に浸透しているのである（172）。

　だが、この「法的イデオロギー」の中身は何であろうか。ミラーは、法的イデオロギーとは、「手続きと権利志向的な意思決定過程の重視」であり（172）、「公共政策のより広範な実質的問題よりも、手続きを志向した、権利の漸進主義者的な神話にとらわれた政府を作るものである」と主張する（174）。しかし、弁護士たちは、実際には、切迫した争点について、［明確な］立場をとっている。政治への参加者として、弁護士は、飛行場の建設、学校の改革、原生林の伐採、死刑延期などの問題について、賛成もすれば、反対もする。もし自分たちの目的を進めるために手続き的議論を利用できるならば、彼らはそれを利用する。しかし、弁護士たちは、それが自分たち自身の目的であれ、あるいはクライアントの目的であれ、実質的な目的をもっている。シカゴ調査の質問に答える際に、弁護士たちは、ほとんどの場合、中庸、中立の立場を選んではいない（**図8.2**と**8.3**を参照）。弁護士たちは、自分たちが無関心であるとか、（法的あるいは政治的）過程によってどんな結果が生じて

も満足するだろうとは言わなかった。実際、弁護士たちは、しばしば、まったく正反対の誤りについて糾弾されるのである。すなわち、弁護士たちは論争的であり、あらゆる問題を訴訟に持ち込んで苦い結果を招いてしまう、という非難である。シカゴの弁護士たちは、諸争点について［特定の］見解を支持することに躊躇しなかった。だが、その立場は、しばしば相対立していたのである。

　弁護士の見解や、弁護士内部での見解の分裂が、単に、一般的な世論を再生したものであるとすれば、弁護士は既存の利害対立を補強しているにすぎないことになろう。しかしながら、シカゴの弁護士の見解が一般大衆のそれから隔たっていたことを示す、若干の証拠がある。[*17] 1975年には、世論調査会社（the Opinion Research Corporation）は、全国の1,077人の成人を対象に電話調査を行い、「国益（the good of the nation）という観点から見ると、数少ない大企業の手に過度に権力が集中している」との主張に賛成か反対かを尋ねた（Roper Center）。[*18] 全国サンプルの78％もが賛成したのに対して、1975年のシカゴ調査において賛成した弁護士は52％だった（**図8.2**を参照）。1995年には、プリンストン調査連合（Princeton Survey Research Associates）は、同じ設問を修正したものを用いて、全国の1,800人の成人を対象に電話調査を行った（Roper Center）。同連合は、二者択一的に、「数少ない大企業の手に権力が集中しすぎている、あるいは、最大手企業は過大な権力を有していない」とする見解を提示した。4分の3が、大企業は権力を持ちすぎているとする見解を選んだ——なお、この結果は、1975年の調査と同じである——のに対して、1995年のシカゴ調査では、そうした見解を有する弁護士は31％に過ぎなかった。このように、1975年調査においても1995年調査においても、弁護士は、大企業に対して、一般大衆よりもかなり支持的なようである。そして、1995年までには、大企業の権力に批判的な大衆の割合は、弁護士の中で同様に批判的な見解に立つ者の2倍以上になっていた。大企業支持を表明する弁護士の増加は、彼らのクライアントの変化に呼応しているように思われる。1975年には、シカゴの弁護士の53％がビジネスに力を注いでいたが、1995年には、

　＊17　残念ながら、シカゴ調査で用いた項目の多くについて、我々が調べた限りでは、他の一般
　　　　大衆を対象とし、我々の調査と直接的に比較できるようなデータは存在しない。ここでは、
　　　　コンピュータによる検索で明らかになった比較のみを示している。
　＊18　これは、国（country）に対して国家（nation）という語を用いた他は、我々の質問と同
　　　　じである。

約3分の2が企業を顧客とする業務に従事するまでに至っていた（第2章、**表2.1**を参照）。

　すでに見たように、1975年の調査において、「消費者利益の保護は、消費者のために連邦政府が介入や規制を行うよりも、販売者間の活発な競争によってこそ最も達成される」とする主張について、シカゴの弁護士は賛否半々であったが、1995年においても、弁護士の間での見解の対立状況に変化はなかった（**図8.2**を参照）。弁護士界における意見対立の安定性は、1975年から1995年にかけて、おそらく「レーガン革命」を経て、世論が保守的な傾向へと大きく動いたことを示すデータからみて、極めて注目に値する。1975年に、世論調査会社は、全国の1,209人の成人を対象として、「政府による規制は、ビジネスをもっと人々のニーズに応えたものとするには、良い方法である」という見解への賛否を尋ねた（Roper Center）。この見解は、2倍以上の差——60％が賛成、27％が反対——で支持された。1995年に、プリンストン調査連合は、成人2,000人を対象に電話調査を行い、直接的には比較できないが関連する質問として、「第1の見解と第2の見解のうち、しいていえば、どちらがあなたの考えに近いですか。その2つとは……政府によるビジネスに対する規制は、公共の利益の保護のために必要である、というものか、政府によるビジネスに対する規制は、通常は良い結果よりも害が多い、というもの」（Roper Center）と尋ねた。当時の政治状況において、サンプルの45％が規制支持の立場に賛成であり、50％が、反政府的見解が自分の考えに近いと答えた。1994年の中間選挙において、共和党が上院と下院の両方を支配したことを想起していただきたい（それは、ニュート・ギングリッチ（Newt Gingrich）のアメリカとの契約（Contract with America[*19]）が呼び物となった選挙であった）。このように、弁護士の見解は、より変化しやすい一般大衆の見解とは異なり、全体として、ビッグ・ビジネスに対して一貫して共感的であるという証拠が存在する。弁護士の見解は、自由市場の利点に関する根本的な争点においてすら鋭く対立しているが、クライアントの見解とは一般的に合致しているようにみえるのである。

---

*19　（訳注）Newt Gingrich（1943年生まれ）は、合衆国下院議員であった1994年の中間選挙において、共和党がContract with Americaという政策綱領を発表して約40年ぶりに下院で多数党となった際に主導的な役割を果たし、1995年から1999年まで下院議長を務めた。Contract with Americaの内容については、https://web.archive.org/web/19990427174200/http://www.house.gov/house/Contract/CONTRACT.htmlを参照。

他方、社会的争点については、シカのゴ弁護士は、一般大衆よりリベラル
な傾向にある。たとえば、アファーマティブ・アクションについて、シカゴ
の弁護士たちは等しく見解が対立しているが（図8.3を参照）、1995年にAP通
信の調査でインタビューされた一般大衆の全国サンプルは、反対する傾向が
強かった（Roper Center）。「アファーマティブ・アクション・プログラムは、
全体として、雇用や昇進の公正さを高めていると思いますか、それとも低め
ていると思いますか」という質問に対して、全国サンプルの48％が「公正さ
を低めている」と答え、39％が「公正さを高めている」と答えている。中絶
については、1995年に、ワースリン・グループ（the Wirthlin Group）が1,001
人の成人を対象に、「連邦政府が、家族と家族の価値を強化するためにとり
うる行動」に関して電話調査を行い、「それぞれの方法は……どの程度に有
効でしょうか」と尋ねた。１つの選択肢は、「18歳未満の少女が中絶するに
あたり、両親の同意を義務付ける」というものであった（Roper Center）。回
答者の大多数が、そうした義務付けは、家族の価値の強化に効果的だと考え
ていた（48％が「とても効果的だ」答え、25％が「どちらかといえば効果的だ」と
答えている）。もちろん、「有効性」についての評価は、賛成か反対かの表明
とは異なる。義務付けは効果的だが、悲惨な結果を引き起こす、と考える者
もいるであろう。しかしながら、シカゴの弁護士たちは、２倍以上の差で、
両親への通知そのものに反対しているのである（59％が反対しており、賛成は
25％にすぎない）。通知は、同意を要求することよりも制限的でないと思われ
るにもかかわらず、そうであった。さらに、不快な内容を含むレコードアル
バムには警告ラベルを義務付けるべきだとの見解について、賛成する者は、
シカゴの弁護士の34％にすぎないのに対して、一般大衆のサンプルでは、同
様の質問において、賛成・反対はほぼ同数であった（Roper Center）。1995年
には、ロサンジェルス・タイムズ紙による電話調査において、サンプルの
44％が「政府が公式なガイドラインを設定し、映画、テレビの娯楽番組、あ
るいは大衆音楽における性や暴力の程度を規制すること」に賛成していると
いう結果が出ている（Roper Center）。

　シカゴの弁護士は、全体的に、自由市場や大企業の支持に関する争点につ
いては、一般大衆よりやや保守的な傾向にあるが、社会的争点については、
一般大衆よりややリベラルである。後者は、いわゆる「ストウファー効果(the
Stouffer effect)」の例であろう。つまり、社会的エリート、中でも高い教育を
受けた人々は、市民的自由に対して強い支持を示すというものである

(Stouffer 1955)。このように、社会的争点についての弁護士たちの相対的なリベラル性は、主として、社会階層による現象なのかもしれない。だが、シカゴ調査の結果に見られた経済的争点と社会的争点に関する差のいくつかは、弁護士たちの大多数が、経済的争点に直接的に関わっている者をクライアントに持っているという事実にも起因していると思われる。彼らのクライアントの多くは、政府による規制に積極的に反対している。他方、社会的争点は、弁護士界の中の、限られた一部の者のみが関心を寄せている、プロフェッショナルな関心事である。弁護士の中で、中絶の合法化を求めたり、レコードアルバムの内容に異議を唱えるクライアントを代弁したりする者は、ほとんどいない。依然として少数であるとはいえ、雇用関係における差別をめぐる原告あるいは被告をクライアントとしている弁護士のほうが多い。我々の考えでは、これが、アファーマティブ・アクションの質問に対する弁護士の回答の回帰分析において、なぜプロフェッションに関する変数が説明力をほとんど持たず、むしろ、性別や人種といった変数がこうした回答に関連する主要な変数であったのかということの、理由である。弁護士が自由に自分の意向を追求できるところでは、おそらく彼らの意見は、他の高等教育を受けた社会的エリートと同じように分かれるであろう[20]。だが、クライアントの利益が危険にさらされているときには、弁護士たちは通常、クライアントの利益と一体化することが期待されているのである。

（訳：菅　富美枝／すが・ふみえ）

---

*20 他のプロフェッショナルとの直接的な比較が、きわめて望ましいであろう。

■第9章 コミュニティにおける役割

合衆国最高裁首席裁判官レーンクィストは、弁護士によるコミュニティ活動の低下について、かつて次のように述べた。

> 私が弁護士をしていた当時、プロフェッションには公的な側面があった。それゆえ、ほとんどの弁護士は、依頼者に請求書を送りつけることができる一定の時間を費やしさえすれば自らの義務を完璧に果たしたことになるとは、考えなかった。なんらかのプロボノ活動であれ、あるいは、地域地区規制委員会（zoning board）、慈善団体理事会、等々の役員を務めてコミュニティへの義務をより一般的に果たすのであれ、弁護士が感じていたのは、自分自身が暮らすコミュニティのために何らかの貢献ができるのであって、それによって、コミュニティだけではなく自らも利益をえるのだということだった。法律事務所が、よく言われるように収益のみを重視し、予測されるように、アソシエイトに対して報酬請求が可能な時間を増やすように圧力をかけだすと、公共奉仕のための時間はほとんどなくなってしまう（Rehnquist 1994）。

ここで述べられているように、弁護士のコミュニティ活動が衰退したとするならば、それは次の2つの帰結をもたらすことが予想される。すなわち、コミュニティは、弁護士が提供できる技能と専門知識という便益を奪われ、また法律プロフェッションは、コミュニティにおけるリーダーという役割を通して得られる影響力を奪われるということである。

弁護士が事務所外の活動に対して自発的につぎ込む時間とエネルギーが、弁護士業務の性質と構造の変化によって減少してきたことは十分ありうる。首席裁判官は「収益」の圧力に言及していたが、別の講演で強調していたのは、広く認識されている（しかし、その証拠が示されることはほとんどない）、弁

258　第Ⅲ部　弁護士の生活

護士の労働時間の増加である。そこで彼が引用したのは、報酬請求可能時間が、1960年代の年平均1,450時間から、1990年代後半には年平均2,000時間以上にまで増加したという推定値である（Rehnquist 1997, 3-4）。大規模法律事務所における終身在職制度の消滅、多様なパートナー制度の創出（イクイティ・パートナー、ノンイクイティ・パートナー、カウンセル、等々）[*1]、事務所間の水平的移動、期間限定あるいは事案限定で雇用される契約弁護士の活用、（年功序列や定量化しない評価に替えた）「完全成果主義」（eat-what-you-kill）の報酬制度の採用や、情報通信技術による依頼者へのアクセスの向上と、それに伴って生じた迅速な対応への期待の増大が、弁護士のプロフェッショナルとしての生活の安定性、快適さ、熟慮のための時間などを低下させてしまった可能性があるのであって、それは、弁護士が自ら目指すものに捧げうる時間を減少させてしまったことも意味したかも知れない。

　それにもかかわらず、弁護士がコミュニティに参加し続けたいと望む理由が、少なくとも４つ存在する。第１に、弁護士は、自らを取り巻くより広い社会的コンテクストへの参加が、将来の顧客との、あるいは、自らの利益を高めうる地位にいる公職者との接触をもたらすと考えるかも知れない。要するに、コミュニティ組織での役割は、弁護士の知名度やプロフェッショナルとしての評価を高めたり、あるいは、裁判官職を含む、選挙や任命を経て就任する地位への願望を実現させたりするのに役立つかも知れない。したがって、参加への動機には、利益やキャリアを意識したものがあるうる。第２に、弁護士は（他の多くの人々と同様に）、イデオロギーに基づく課題や公共政策上の課題を追求するために団体に加入する。その目標は、自分自身の立場や価値観（たとえば、宗教や市民的自由に関する）を反映することもあるだろうし、依頼者の目標であることもありうる。後者は、しばしば、ビジネス組織や同業者団体への参加を通して追求される（Heinz, Paik, and Southworth 2003）。第３に、参加の動機のひとつとして、社会的な関わり合い、特に、共通の関心、

---

　*1　（訳注）大規模事務所での「イクイティ・パートナー」（equity partner）とは、事務所に投資していて、事務所の収益に対して一定の持分権を有するパートナーを一般的に意味しており、「ノンイクイティ・パートナー」とは、そうした持分権を有しないパートナーを意味する。また、「カウンセル」（通常Of Counselと表記される）とは、多くの場合、同一事務所でパートナーの地位を退いた者か、外部でキャリアを積んだ後に加わった者で、顧問的な活動を行っている者を意味する。Harrison Barnes, "What Law Firm Titles Mean: Of Counsel, Non-Equity Partner, Equity Partner Explained," https://www.bcgsearch.com/article/printarticle.php?id=900042747を参照。

信仰、あるいは嗜好をもつ人々と関わることへの単純な願望も、確かに存在する。そうした活動は、それ自体で、気晴らしになったり、楽しみを与えたり、満足感を与えたりするだろう。[*2] 第4に、コミュニティや慈善活動への参加は、責任を弁えた、正しく、道徳的なことであるがゆえに、弁護士にはそれをおこなう義務があると信じる者もいるだろう。こうした活動は、自己のイデオロギー上の選好を追及することとは異なるだろう。

　法実務に関する組織のあり方や、収益への圧力の大きさにどのような変化が生じようとも、コミュニティ活動への参加に向けた動機の多くは変わらないだろう。実際、首席裁判官や他の人々が指摘する圧力は、依頼者集めと、より効果的あるいは効率的に目標を達成させるコネの獲得の両方にとって、弁護士にとってのコミュニティ活動の価値を高めてきたと考えられる。したがって、弁護士がボランタリー団体や公共奉仕へ関与する範囲や程度が本当に減少しているのかという問題は、依然未解決である。

　しかし、彼らの諸団体での活動レベルが全体として一定であったとしても、その配分には変化が見られるかもしれない。たとえば、経済的収益が強調されるようになると、ビジネス関連の組織への関与を拡大する方向で活動が変化し、おそらくそれに対応して、宗教組織やより純粋な社会的活動に充てる時間は減少するだろう。大衆の嗜好における大きな変化もまた、参加パターンを変えることがあるだろう。たとえば、身体の健康が大衆の意識のなかで重要性を増し、他方、民族集団への一体感が重要性を減らすと、弁護士は、アスレチッククラブへの関与を増し、イタリア系市民の団体への参加を減らすだろう。こうして、社会規範と価値観における変化が、弁護士の活動に反映されることもありうる。弁護士全体の構成における変化もまた、活動の配分を変える場合がある。たとえば、女性弁護士が団体活動について男性とは異なる関心や嗜好をもつとすると、相当数の女性が弁護士界に参入するにつれて、弁護士によるコミュニティ参加のパターンには変化が生じるだろう。

　アメリカの市民生活への弁護士の参加の度合い、そして、その関わり方と関わる場所は、コミュニティがおこなう決定と、それがもたらす結果の双方に、影響を与えるだろう。弁護士は、官僚機構と公式の規制システムの内部における駆け引きの経験が豊富である。彼らは、訓練によって、隣人たちの

---

　*2　最初の3つの動機は、クラークとウィルソンによる、組織への参加理由についての類型に対応する（Clark and Wilson 1961; Salisbury 1969, 15も参照）。

多くと比べて、政治過程に対処する術をより多く身につけており、したがって、政府と私的利益との仲介役として、よりよく活動することができるはずである（Horsky 1952）。弁護士が維持する社会的ネットワークも、他の職業に就く人々のそれとは異なるであろう。つまり、それは、他の職業に比べてより多様性に結びついている場合もあれば、より限定的に結びついている場合もあると思われるが、それには、おそらく独特の性質があるだろう（第10章を参照）。それゆえ、弁護士がどこで、どのようにボランタリー団体に参加するかは、その組織がアメリカの諸制度のより大きな構造の中で機能する能力に、影響を与もたらすだろう。この点に関して、トクヴィル（Tocqueville）が次のように述べたのは有名である。

> 民主政治は、弁護士の政治的権力にとって都合がよいものである。というのも、金持ち、貴族、王族が政府から排除されるとき、それを手に入れるのが弁護士だからである……
> 　……弁護士は、国民が疑わない唯一の知識階級を形成するがゆえに、当然のこととして、ほとんどの公的地位への就任を要請されるのである（1945, 275, 279）。

　弁護士による公共奉仕活動の絶対的な衰退は、アメリカ政治固有の特徴のひとつと考えられてきた点に、大きな変化をもたらすことになるだろう。
　ロバート・パトナムは、合衆国における市民組織は大きく衰退したと論じた。PTA、ボウリング・リーグ、エルクス・クラブ（Elks clubs）[3]は、すべて会員が減少したために衰退しつつある（Putnam 1995, 2000）[4]。そうした活動と組織への参加の衰えは、（特に）パトナムとジェイムズ・コウルマンが命名した社会関係資本（Coleman 1998）というアメリカの資産を激減させたと言われている。パトナムは、ボランタリー団体への参加によって創られる社会的つながり、すなわち、大規模で多様な「多元主義的」政治制度を統合するつながりの喪失を危惧していた。そうした議論によれば、社会関係資本がな

＊3　（訳注）The Benevolent and Protective Order of Elk。1868年にニューヨークで設立され、現在はシカゴに本部を置く全国的社交団体。https://www.elks.orgを参照。

＊4　パトナムの主張は、影響力をもった彼の著作『哲学する民主主義』（*Making Democracy Work*（1993））において提示され、そのなかで十分に展開されている。その著作は、イタリア北部に関する歴史的分析に基づいている。

ければ、当該政治制度は効率的に機能しないということになる[*5]。この主張は、利他的団体、市民による委員会、プロボノ活動だけでなく、ダイニングクラブ、信徒集会、アスレチックチーム等への参加、つまり、必要不可欠な社会的つながりがそこで発生し、社会関係資本が創造される諸活動にも焦点を合わせている。しかし、パトナムの主張には異論も多く、逆の結果を示すデータと反対の解釈を示す研究者も存在する（たとえば、Greeley 1977; Ladd 1996; Lemann 1996）。いずれにしても、弁護士については、参加の減少という一般的パターンからは外れるであろう。そして実際に、弁護士を取り巻く環境は、参加への特有の理由を彼らに与えるだろう。

1. シカゴのデータ

1975年に実施されたシカゴ調査では、弁護士777人に対して、いくつかのカテゴリー（宗教、政治、ビジネス、退役軍人、大学のフラタニティ、民族、市民（civic）、慈善団体、ダイニング（dining）、アスレチック、カントリークラブ）に関し、非活動的なメンバー、活動的なメンバー、リーダーのいずれかとして関与している組織について、その名称を尋ねた。回答では、1,100以上の組織名が挙げられた。そのデータは大量、複雑で、乱雑なものであった。たとえば、アメリカ自由人権協会（ACLU）は、回答者によって「政治」カテゴリーに挙げられることもあれば、「市民」組織に挙げられることもあった。名目上のカテゴリーを額面通りに受け取ることはできなかった。

分析上のコストから、これらのデータは、1975年調査の成果に関する以前の書物やレポートのなかでは活用されなかった。それゆえ、1994年から95年にかけての調査を企画する中で、我々は1975年の経験を再度吟味し、同じ質問を繰り返し行うか否かを検討した。その過程で判明したのは、非活動的なメンバーであるという回答の中には取るに足りないものがあるし（たとえば、

＊5　パクストン（Paxton）は次のような議論を行う。「ある集団が全体的に結びつくことで情報の流れは増大する。増大した情報の流れは、政治参加が寛容で、穏健で、公に向けられたものであるとことを保証することによって、民主主義の維持を助ける。トクヴィルが論じたように、団体に参加すると、団体に参加する他の人物と出会い、彼らの関心がかなりの程度自分自身とも一致していることに気づく。……団体メンバーの結合の程度が増すにつれて、新しい意見や発想が人々全体により早く広まるようになる。他方、極端な意見は、放置されることが少なくなるため、反論を受けやすくなる」（1999, 102-3）。しかし、Cohen, 1999, 263も参照。

262　第Ⅲ部　弁護士の生活

アメリカン航空アドミラルズクラブ）、参加といっても年1回会費（すなわち、寄付金）支払いの小切手を送るだけという関わりしかない組織が挙げられていることがあるということである。さらに考えたのは、新たな調査の回答者に対して、寄付金提供によってメンバーになっている組織の完全なリストを作成するよう依頼するのには、相当のインタビュー時間を要するであろうし、おそらく、思い出すことができないため、不正確なデータを作ってしまうだろうということである。しかしながら、活動的な参加とリーダーという地位に関しては、かなり興味深い結果がえられた。最終的に、第2次調査では、回答者が活動的に、あるいはリーダーとして参加する組織についてのみ尋ねることとし、それによってデータ量を削減し、少ないインタビュー時間を節約して使うこととした。しかし、こうした変更には2つの調査での回答を比較する上で問題を生む可能性もある。たとえば、ある回答者がシナゴーグのメンバーではあるが、活動にはめったに参加していない場合。我々が非活動的なメンバーというカテゴリーを提供せず、他方、回答者は宗教団体への所属は重要であると思っているときには、回答者はシナゴーグに「活動的」に参加していると報告する可能性が高まることも考えられる。

　上で指摘したように、回答者によって、同じ組織が異なるカテゴリーに分類されることが、ときに見られる。それゆえ、我々は、分類に一貫性をもたせるために、データのリコードを行った。コード表における各カテゴリーは、以下の通りである。

・「宗教団体」は、教会、シナゴーグ、その他の信徒団体、また、宗教組織付属の団体、協会、青年団体を含む。
・「ビジネス組織」は、同業者団体、（法律家以外の）専門職団体、商工会議所、投資グループ、ビジネスアドバイザー・グループ、地域／コミュニティ開発組織を含む。[*6]
・「ダイニング＝アスレチッククラブ」は、カントリークラブ、テニスクラブまたはヨットクラブ、そしてユニオン・リーグ・クラブやユニバーシティ・クラブのようなダイニングとアスレチックの施設を有する伝統的な

---

*6　質問では、回答者は「ビジネス団体、専門職団体、あるいは同業者団体（ビジネス自体あるいは弁護士会を除く）」を挙げるよう求められた。

「メンズクラブ」を含む。[*7]
・「社交クラブ」は、読書クラブ、ブリッジクラブ、ダンスグループ、ディスカッション・フォーラム、その他同種のグループを含む。
・「教育組織」は、PTA、学校委員会(school boards)、地元の学校評議会(school councils)、大学やその他の学校の同窓会組織、奨学金基金、栄誉学生の会を含む。
・「市民組織」は、非営利病院の理事会、クルーセイド・オブ・マーシィ[*8]、博物館、歴史協会のような慈善組織と、ボーイスカウトやリトルリーグのような青少年団体を含む。
・「退役軍人組織」は、米国在郷軍人会、ユダヤ人退役軍人協会、退役将校協会を含む。
・「民族組織」は、日系アメリカ人市民連盟(Japanese-American Citizens' League)やユダヤ人文化教育促進協会(B'nai B'rith)[*9]のような、人種、国籍、あるいは民族としての一体感を共有する人々からなる団体と定義された。
・「フラターニティ組織」は、エルクス、ライオンズ、コロンブス騎士会(Knights of Columbus)[*10]、メイソンズ(Masons)[*11]、ギリシア語の名前がついた男子あるいは女子の学生クラブ、および、それらと同様の組織を含む。
・「フィットネスクラブ」は、ヘルスクラブその他の運動施設を提供する組織を含み、その中にはダイニングルームを提供する組織もある。[*12]
　1975年と1995年の回答者は組織の名称を挙げるよう求められたが、回答を引き出すための文言に異なる点が存在した。すなわち、弁護士に対して、まず組織のカテゴリーが提示され、次に彼らは、そうした組織に参加している

＊7　（訳注）以下、dining and athletic clubsは「ダイニング＝アスレチッククラブ」と表記する。

＊8　（訳注）Crusade of Mercy。全米最大の慈善募金団体と言われるユナイテッド・ウェイ(United Way)のシカゴ地区組織において募金活動を行っているグループ。https://uw-mc.org/about-us/timeline/を参照。

＊9　（訳注）http://www.bnaibrith.org/を参照。

＊10　（訳注）1882年にコネティカット州ニューヘイヴンに設立された、世界最大のカトリック系社交団体。www.kofc.orgを参照。

＊11　（訳注）フリーメイソン(Freemasonry)の会員。

＊12　これらは、カントリークラブやダイニングクラブと比べて、一般的に排他性は低い。これら２つのカテゴリーの間の実際の違いは、建物内でスパンデックスが目立つかどうかといった程度ではないかと言われている。しかし、「フィットネスクラブ」の中には、非営利組織というよりも営利目的のビジネスにあたるものが存在するというのも、事実である。

264　第Ⅲ部　弁護士の生活

かを報告するよう求められた。「学校または教育組織」というカテゴリーは、1995年調査には含まれていたが、1975年調査には含まれていなかった。もう1つの違いは、1995年調査には「社交クラブ」（フラターニティ組織、ウイメンズクラブ、その他の社交団体または奉仕団体を含む）というカテゴリーが入っていたが、1975年調査で最もそれと比較可能なカテゴリーは「フラターニティ組織またはその支部」であったということである。（1975調査の回答者の中で女性は30人のみであり、1975調査の調査票を作成した者の意識のなかでは、女性弁護士は重視されていなかったようだ。）法律プロフェッションに女性が多数参入してきたことが近年における大きな変化の1つであり、これらの組織類型に関する女性回答者の活動パターンには男性とはいくぶん異なる点が見られるため、我々は、これらのデータを分析対象から排除しないつもりである。測定は理想的とはいえないが、入手したデータは価値あるものであって、それは弁護士界の社会的構成における現実の変化を反映していると考える。

しかし、ほとんどのカテゴリーは明確に比較可能であり、挙げられた個々の組織は一貫性をもって分類されている（その結果、同一組織はつねに同一カテゴリーに入れられている）。両方の調査で用いられたカテゴリーは（ワーディングが多少異なる場合もあるが）、宗教、ビジネス、政治、退役軍人、市民、慈善、民族組織、そしてダイニング＝アスレチッククラブである[13]。

2．参加の全体的状況

1995調査では、全回答者のうち70％が、少なくとも1つのボランタリー団体（教育組織を除く）に活動的に、あるいはリーダーとして関わっていると回答した。残りの30％は、明らかに、いかなる組織においても活動的な役割を担っていなかった[14]。1975年調査では、回答者の77％が少なくとも1つのボランタリー団体への参加を報告しているが、その回答には非活動的と特徴づけられる参加形態も含んでいた。1975年調査の回答者のうち、組織における活動的メンバーまたはリーダーの割合は59％であった（これは、1995年調査における両カテゴリーの割合より11ポイント低い）。すでに指摘したように、1975

---

*13 弁護士会その他のプロフェッショナルな弁護士団体への参加に関しては、1975年調査と1995年調査で、異なる質問がなされた（第3章を参照）。ここでの我々の関心事は、プロフェッション外部での、あるいは「コミュニティにおける」弁護士の役割である。

*14 教育組織を含めると、全体的活動の割合は、1995年調査では73％である。

年調査で非活動的と報告された参加のなかには、1995年調査では活動的と特徴づけられるものも存在したということは、ありうることである。それでも、1995年調査においては非活動的というカテゴリーをなくしたにもかかわらず、参加の全般的状況は（77％から70％へと）若干減少したにすぎない。

　2つのデータセットにおいて最もはっきりと比較できるのは、リーダーの役割を担っていると報告した回答者の割合である。1975年調査では、弁護士の32％が少なくとも1つはそうした役割を担っていると報告していた。同じ数字は、1995年調査では17％へとかなり低下している[15]。さらに、1995年調査でのシカゴの弁護士には、2つ以上の組織でリーダーを務めている者も少ない。1975年調査の回答者がリーダーである組織の平均値は、弁護士1人当たり0.61であったが、1995年調査では0.26であった[16]。したがって、1975年から1995年の間に、参加の全般的割合についての低下は、あったとしてもわずかなものだったが、より強力な（そして、おそらくより影響力のある）リーダー格での参加割合は、かなり低下した。

　しかしながら、リーダーとしての役割の低下は、その全体あるいは一部は、生態学的現象であろう。第1章で示したように、1970年代、1980年代、1990年代を通じて、シカゴの弁護士全体の規模はほぼ倍増し、1975年は約15,000人だったのが1995年には約30,000人になった。ボランタリー団体で手に入るリーダーの地位の総数が、弁護士全体の拡大と同程度に、あるいはそれ以上に増加しなければ、弁護士1人当たりのリーダーの地位の数は、存在する地位を弁護士がより大きな割合で占めるようにでもならない限り、減少することになるだろう。シカゴ地区におけるそうした地位の数がどのように変化したかを示す指標として、我々は、『米国団体名鑑』（*Encyclopedia of Associations*）1975年版と1995年版に挙げられた団体数を数えた。イリノイ州を所在地とする団体の総数は1975年から1995年の間に37％増加したが、この間、シカゴを所在地とする団体数は実に7％減少した[17]。したがって、この指標を用いると、シカゴ地区において弁護士がリーダーの地位を占められる組

＊15　教育組織を含めると、「リーダー」の割合は1995年調査では21％である。

＊16　教育組織を含めると、弁護士1人当たりのリーダーの地位の平均数は、1995年調査では0.31である。

＊17　イリノイ州を所在地とする団体は1,102から1,512へと増加しているが、所在地がシカゴと記載されているものは、722から672へと減少している（*Encyclopedia of Associations* 1975, 94-123; *Encyclopedia of Associations* 1995, 164-201）。

266　第Ⅲ部　弁護士の生活

織の数は、弁護士全体の成長ほどには至っていなかったと思われる。

　我々のサンプルでリーダーの地位を占める者の割合は、1975年から1995年の間に低下したものの半減するほどではなかったのに対して、弁護士数はほぼ倍増したことから、1975年よりも1995年のほうが、シカゴではより多くの弁護士がリーダーの地位を占めるようになったというのが、我々の最良の推定である。他方、弁護士1人当たりのそうした地位の数は2分の1以下になっており、したがって、弁護士が占めるリーダーの地位の総数は減少しているが、その減少は大きくないと推定される。1975年から1995年の間に弁護士全体が急速に成長したことで、法律プロフェッションの年齢構成の若年化を引き起こした。1975年調査では回答者の40.4％が45歳以上であったが、1995年調査ではその割合は32.6％にとどまった。[*18]若年弁護士がリーダーの地位を占める可能性は低いので、法律プロフェッションにおける年齢構成に見られるこうした変化は、1995年調査のサンプルデータにおけるリーダーの地位を占める割合の低下をもたらす要因にもなっている。[*19]リーダーの地位を占めるより高い割合と結び付けられるもう1つの特徴（エリート・ロースクール卒の学歴と高い出身階層）もまた、1995年調査では減少しており、こうしたことも割合低下の要因になっているかもしれない。この点については、再度検討するつもりである。

3．全体的参加状況に関連する変数

　いくつかの変数が活動割合に影響を与えているように思われる。1995年調査では、たとえば、年間所得が最も少ない2カテゴリー（50,000ドル未満）では、回答者のうち、それぞれ61％と66％だけが、ボランタリー団体において活動的であったり、リーダーを務めていたりしていた。他方、同様の数字は、最

＊18　1975年調査の回答者では平均年齢は44.5歳であったが、1995年では41.9歳であった。平均の同一性に関するT検定は、両側検定で4.13、$p < .001$であった。

＊19　年齢カテゴリーとリーダーの地位を少なくとも1つ占める回答者数とのクロス表のカイ二乗値は、1975年調査では27.0、1995年調査では44.5であって、0.1％水準で有意である。同様に、年齢カテゴリー毎の弁護士が占めるリーダーの地位の総数を分散分析すると、F統計量が、1975年調査では8.2、1995調査では11.1で、0.1％水準で有意である。ここで用いられた年齢集団は、35歳以下、35-45歳、46-65歳、65歳超である。

　　最年長のカテゴリーでは、リーダーの地位を少なくとも1つ占める回答者の割合は、1995年と1975年とで同一であった（36％）。しかしながら、他のすべての年齢カテゴリーでは、1975年より1995年の方が低い結果となった。

も所得の多いカテゴリー（175,000ドル以上）では81％になる。[20]しかし、因果関係の矢がどちらを向いているのかを断言することはできない。陪審の評決で大きな勝利をおさめたり、巨額の報酬を稼いだりすることで、注目を集め、それが今度は、委員への就任や理事会への参加の要請につながることもあるだろう。しかし反対に、参加を通じて獲得された接触が、利益をもたらす依頼者による雇用の機会を高めることもあるだろう。

予想できるように、年齢による効果も存在するが、根本的な違いは、最も若年のカテゴリー（35歳未満）とそれ以外の３つのカテゴリーとの間に存在する。前者では、回答者のうち59％のみが活動的であるのに対して、後者では、対応する数値が74％から77％の狭い範囲におさまっている。[21]したがって、弁護士が35歳という年齢を超えると、年齢の上昇はもはや1995年調査の活動割合には影響しないように思われる。

宗教組織への加入について検討すると、タイプⅠプロテスタント（監督派教会会員、長老派教会会員、会衆派教会会員；第３章図3.1参照）は活動割合が最も高い（83％）。それに対して、タイプⅡプロテスタント（他のプロテスタントの宗派；75％）とカトリック（73％）はユダヤ教徒（69％）よりもいくぶん高いが、最も大きく異なるのは、宗教をもたない弁護士の活動割合の低さ（55％）である。[22]無宗教の人間は宗教組織への参加の可能性が低くなるので、それによって全般的な活動割合が引き下げられているのかもしれない（もちろん、彼らがその代わりに他の種類の活動をすることもありうるが）。しかしながら、宗教組織を分析から除くと、宗教をもつ回答者では70％が、宗教をもたない回答者では57％のみが、非宗教的な組織で活動的であることがわかった。[23]

さまざまな業務環境にわたって活動割合の違いを分析すると、企業内弁護士が最も高く（77％）、政府内弁護士が最も低い（61％）ことがわかるが、７つの業務環境カテゴリー全体での違いは、統計的に有意ではない。[24]男性

＊20　６つの所得カテゴリーについて、$\chi^2 = 9.9$, $p < .05$（片側）。所得カテゴリーとは、\$20,000未満（$N = 54$）、\$20,000-\$49,999（$N = 131$）、\$50,000-\$79,999（$N = 185$）、\$80,000-\$99,999（$N = 96$）、\$100,000-\$174,999（$N = 131$）、\$175,000（$N = 115$）である。

＊21　４つのカテゴリーについて、$\chi^2 = 20.9$, $p < .001$。

＊22　５つの宗教カテゴリーについて、$\chi^2 = 24.1$, $p < .001$。宗教カテゴリー毎の回答者数は以下の通り。カトリック255、ユダヤ195、無宗教128、タイプⅠプロテスタント92、タイプⅡプロテスタント109。

＊23　$\chi^2 = 7.9$, $p < .005$。

＊24　７カテゴリーについて、$\chi^2 = 8.0$, $p > .05$。

（70％）と女性（72％）の活動割合もまた、統計的に有意な違いは見られなかった。

　1975年のデータでは、全般的な活動割合はやや低いが、相違のパターンは大きく似通っている。所得が最も少ない2カテゴリーの弁護士の活動割合は、所得が最も多い2カテゴリーの弁護士に比べると顕著に低い[25]。また、1995年のデータと同様に、活動割合における年齢の違いは、最も若年のカテゴリーの弁護士と他の3つのカテゴリーの弁護士との間に見られた[26][27]。しかし、1995年の結果とは異なり、1975年調査では、カトリックとユダヤ教徒（ともに58％）は、2つのタイプのプロテスタント（73％と75％）と比較して、活動割合がはるかに低い。したがって、この間に、カトリックとユダヤ教徒によるボランタリー団体への参加の度合いは、プロテスタントによるそれに近づいてきたということである。しかし、最近の調査においてと同様に、宗教をもたない回答者は、1975年調査では活動割合が断然低く（40％）、宗教をもつ弁護士ともたない弁護士には、宗教組織を除外した場合でも有意な違いが見られた[28]。業務環境は、1975年調査の活動割合では統計的に有意な関係は見られなかったが、出身ロースクールのカテゴリーと活動割合との間には、有意水準をわずかに越える結果が出た[29]。エリート・ロースクールを卒業した弁護士では、68％はボランタリー団体において活動的あるいはリーダーであるのに対して、それ以外のロースクール・カテゴリーでは、その数字は60％から55％であった。1995年調査と同様に、男性（63％）と女性（53％）の活動割合には統計的に有意な関係はなかった[30]。

　ここまで検討してきた弁護士の特徴の多くは相互に関連している。第7章で述べたように、たとえば、大規模事務所で働く弁護士は高い所得を得る傾向にあり、政府機関で働く弁護士は相対的に所得が低い。いくつかの変数の

＊25　$15,000未満（$N = 61$）の活動割合は46％。$15,000-$19,999（$N = 120$）では40％。

＊26　$40,000-$59,999（$N = 61$の活動割合は69％。$60,000以上（$N = 122$）の活動割合は71％。6つの所得カテゴリーでは、$\chi^2 = 38.2, p < .001$。

＊27　35歳未満の活動割合は46％。35-45歳は67％。46-65歳は65％。65歳超は64％。4つの年齢カテゴリーでは、$\chi^2 = 25.5, p < .001$。

＊28　$\chi^2 = 27.2, p < .001$。

＊29　4つのロースクール・カテゴリーについて、$\chi^2 = 6.4, p < .10$。（訳注）「エリート」「プレスティージ」「リージョナル」「ローカル」からなるロースクールの分類について、第1章を参照。

＊30　$\chi^2 = 1.9$。ただし、1975年調査では、回答者777人中、女性は30人のみであったことを想起していただきたい。

効果を同定するために、我々は、1975年調査と1995年調査について多変量解析を行った。従属変数は活動数（活動的あるいはリーダーである場合）であるが、両調査とも教育組織での活動は除外した。個人的背景と法律プロフェッションに関する変数を使用した回帰モデルは、1975年については全分散の17％を、1995年については18％を、それぞれ説明する[31]。

　年齢と活動との関係が曲線であるかどうかを判定するために、つまり、活動割合は回答者が一定の年齢に達するまで上昇した後に低下するかどうかを判断するために、年齢と年齢の二乗を含めたモデルを作成した。1975年調査では、年齢の係数は有意に正であるのに対して、年齢の二乗は強く負であり[32]、曲線的効果を示した[33]。しかし、1995年調査では、年齢はわずかに有意水準を越える程度でしかなく、年齢の二乗は（やはり負ではあるが）有意ではなかった[34]。ジェンダーは、いずれの調査でも有意ではなく、回答者がシカゴ地区で高校生活を過ごしたかどうかを示す変数もそうではなかった[35]。ボランティアへの参加に関する調査では、既婚者はより活動的な傾向が見られ、参加状況は、世帯における子どもの数とともに増加するという結果が出ている（D. H. Smith 1994, 249）。シカゴのデータでは、結婚していることはわずかに有意水準を越える程度の効果しか持たず、それも1975年に限られていた。家庭における子どもの存在に関する質問は、1995年調査では尋ねられたが、その変数は有意ではなかった。

　1975年調査では、「エリート」ロースクールを卒業した弁護士は、「ローカルな」スクールを卒業した弁護士に比べて、活動的である割合が有意に高かったが、1995年調査では、ロースクール・カテゴリーはいずれも有意な関係がなかった[36]。業務環境に関しては、有意水準0.05で単独開業の弁護士の活動割合と異なっているものは、ひとつもなかった。1975年調査では、低所得の弁護士は活動割合が低く、高所得の弁護士は活動割合が高かった[37]。しかし1995年調査では、この変数は、他の多くの変数と同様に、有意な関係は

＊31　これらは通常最小二乗回帰によった。
＊32　$P < .01$。
＊33　$P < .01$。
＊34　$P < .10$。
＊35　スミスは「コミュニティにおける居住年数はボランティアへの参加の増加と関連するという研究結果を示す研究者もいる」と述べている（D. H. Smith 1994, 250）。
＊36　「ローカルな」ロースクールが参照カテゴリーである。
＊37　$P < .01$。

なかった。

　最も一貫性のある結果は、宗教カテゴリーについて見られる。宗教をもたない回答者（参照カテゴリー）と比較すると、カトリックと2つのタイプのプロテスタントは活動割合が有意に高い。[*38] しかし、ユダヤ教徒の回答者は、両調査とも、宗教をもたない回答者と有意な違いは見られなかった。注目すべきは、1995年調査では、年齢、所得、出身ロースクールの効果が弱まっているのに対して、宗教はボランタリー団体への参加の可能性と相関を示し続けている点である。

　ボランティアへの参加に関する多くの研究は、いわゆる、支配的地位モデル（*dominant status model*）（D. H. Smith 1994, 246-50）を支持している。スミスは文献のレビューを総括して、「生得的であるか獲得されたものであるかを問わず、より支配的な社会的地位と役割によって特徴づけられる者ほど、社会参加の程度が一般的に高い」（D. H. Smith 1983, 86; 再論D. H. Smith 1994, 246）と結論づけた。1975年調査の我々の結果は、このモデルと大きく一致している。すなわち、高所得、エリート・ロースクール出身、中年、プロテスタントという要素はすべて、弁護士がボランタリー団体において活動的である可能性を高めたのである。しかし1995年調査では、所得とロースクールの効果が消失し、年齢の効果は減少し、宗教のみが強い相関を維持した。

4．誰がどこに参加するのか？

　1995年調査では、より多くの回答者が活動的に関与していたのは宗教組織であり、次いで、ダイニング＝アスレチッククラブ、市民団体、教育組織であった（**図9.1**）。対照的に、退役軍人組織では、回答者のうち1％だけが活動的であり、同様の割合は、フラターニティ組織では3％、社交クラブでは7％、民族組織では8％、フィットネスクラブでは10％であった。ビジネス組織と政治組織での活動は、これら両極の中間に位置していた。1975年調査から1995年調査の間に活動割合が最も増加したカテゴリーは、宗教組織と教育組織であった。しかし、後者のカテゴリーは1995年調査のインタビューでのみ

＊38　1975年調査では、カトリックについて*p* < .05、タイプⅠプロテスタントについて*p* < .05、タイプⅡプロテスタントについて*p* < .001。1995年調査では、カトリックについて*p* < .10、タイプⅠプロテスタントについて*p* < .01、タイプⅡプロテスタントについて*p* < .05。

【図9.1 組織類型による参加度 1975年と1995年（%）】

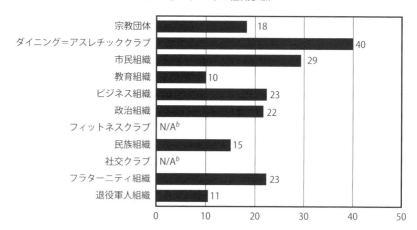

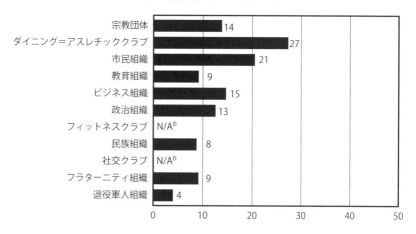

質問として用いられていたことを想起していただきたい。ビジネス、政治、民族の各組織、それにダイニング＝アスレチッククラブでは、活動割合は相対的に安定しているように見えるが、他方で、フラターニティと退役軍人の

---

*39 しかし、シカゴにおける「学校改革」運動が原因で、多くの委員会や評議会が誕生し、教育的活動が増加した可能性も考えられる。

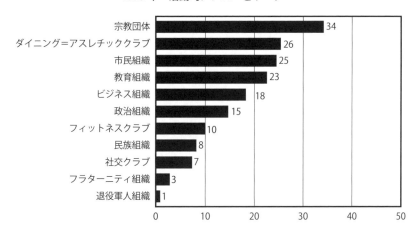

1995年　活動的メンバーとリーダー

a 「非活動的」会員を含む。
b これらのカテゴリーは1975年調査では使わなかった。

組織では減少している。*40 したがって、収益最大化への圧力は、市民活動や宗教活動を犠牲にしてビジネス組織への参加の割合を高めるという効果をもたなかったと思われる。1995年調査の回答者787人のうち、54人（7%）だけは、ダイニング＝アスレチッククラブあるいはフィットネスクラブのみで活動的であり、それ以外の組織ではそうではなかった。シカゴの弁護士のほとんどは、より広いコミュニティにおける役割を担う組織において活動的であった。*41

両調査において最も多くの回答者の参加を引き付けた組織を検討してみると、いくつかの組織が両方のリストに現れることがわかる。それは、民主党と、市の中心部にある、伝統的かつ歴史的にメンズクラブであった組織（ユニバーシティ・クラブ、ユニオン・リーグ・クラブ、シカゴ・アスレチック協会）で

---

*40 多数の第二次世界大戦の退役軍人が、1995年までに、主として高齢と死亡によって激減した。

*41 注意すべきことは、伝統的なメンズクラブのなかには、奉仕活動や市民改革活動に従事しているものもあることである。たとえば、シカゴ・ユニオン・リーグ・クラブは、裁判官を選挙制から任命制に変更する運動に積極的であり、シカゴに新しい公立図書館を建設するためのロビー活動も行った（その活動は成功した）。また、その組織は、学校改革と、それ以外にも多くの市民問題や立法問題に関わった。Union League Club of Chicago 1998, 27-28, 1999, 27-28を参照。

第9章　コミュニティにおける役割　**273**

ある。1995年調査では、さらに２つのダイニングクラブが、10人以上の回答者が活動的あるいはリーダーであると報告する組織として登場した。それは、スタンダード・クラブ（歴史的に、そして今でも主としてユダヤ教徒を会員とする、メンズクラブ）とモンロー・クラブ（昼食会クラブ）である。1995年調査でそれらに匹敵する参加レベルであった組織は、民主党とカトリック教会のみであった。対照的に、1975年調査では、最も人気のあった（活動的あるいはリーダーというレベルでの参加）組織のリストに含まれていたのは、ユダヤ人文化教育促進協会、メイソンズ、コロンブス騎士会、YMCA、米国在郷軍人会であった。したがって、最も人気のある選択の特徴には多少変化が見られた。ユダヤ人文化教育促進協会、メイソンズ、コロンブス騎士会における活動の低下は、フラターニティ組織と民族組織全般に見られる会員の減少を反映している。[42] しかし、ダイニングクラブは依然人気がある。この点に関して、カルヴィン・トリリン（Calvin Trillin）は次のように述べた。「弁護士は一般的にこうだと言って間違いないと思われることのひとつは──もちろん、この国には、それが必要とするよりかなり多い弁護士が存在するという、統計上争いのない事実は除くとして──、そのプロフェッションのなかには、食にこだわる者が大勢いるということだ」(1978, 119)。

5．組織類型別の参加に関連する変数

　社会的に有利な特性をもつ弁護士──つまり、ある程度年齢が上で、高所得であり、プロテスタントの、エリート・ロースクール卒業者──は、一定類型の組織において活動的である割合が高い。[43] 高い階層の弁護士は、とり

---

*42 対照的に、宗教組織は急速に発展した。しかし、ほとんどの宗教組織は、もっとも人気のある選択対象としては現れなかった。その理由は、いずれの信徒団体やその支部組織も、弁護士全体の相当部分を抱え込むほど大きくはないからである。「カトリック教会」を自分が活動する組織として挙げる回答者もいたが、ほとんどは個々の教区の教会を挙げた。

*43 男性（30%）は女性（18%）と比べて、1995年調査ではダイニング＝アスレチッククラブでの活動割合が高かった。他方、社交クラブでは反対の結果であった（女性11%、男性６%）。1995年調査では、年齢が活動割合と有意に関係している６カテゴリーそれぞれについて（ダイニングクラブ、ビジネス、政治、教育、市民、フラターニティの各組織）、４つの年齢カテゴリー全体で着実に割合が増加している。

　活動は回答者の所得レベルとともに一般に増加した。（もちろん、所得と年齢との間には有意な相関関係がある。1995年調査では、所得と年齢の２変数ピアソン相関係数は0.298, $p < .001$である。1975年のデータでは、0.271, $p < .001$である。）回答者が加入している

わけ、市民組織と教育組織における活動割合が高い傾向にある。これが、高い身分に伴う義務（noblesse oblige）ゆえに生じたのか、経済的余裕から無償の努力をそうした運動に捧げることが可能になったからなのか、あるいは、彼らにはそうした機会がより多く開かれているからなのかという点については、我々のデータから答えを引き出すことは不可能である。組織の方が、これらの弁護士には特別な能力があると認識するのかも知れないし、高い階層の人物がもつ社会的な力を利用したいと望むということもあるかも知れない（Wilson and Musick 1977, 698, 710）。しかし、民族組織とフィットネスクラブに関しては、そうした弁護士の参加率は低い。これは、それらの組織が社会階層で上位に位置していないことを示唆する。

これらの調査結果をより具体的にするために、1995年調査のインタビューから得られた事例を検討してみたい。ボランタリー団体に最も広範囲に参加していると報告した回答者2人は、いずれも、白人、男性で、市の中心部にある主要な事務所のシニア・パートナーであり、ともに高い所得を得ていた。一方は59歳で、他方は65歳であった。二人とも監督派教会員だった。ひとりは、学部教育はシカゴ大学で受け、ロースクールはイェールだった。もうひとりは、最初はイェールに通い、次にミシガン・ロースクールに通った。二人とも企業訴訟を扱っていた。ひとりは、監督派教会、共和党全国委員会、3つのカントリークラブ、伝統的な市の中心部にある2つの「メンズクラブ」、2つの私立中等教育機関の理事会、大きな博物館の理事会（かつてその理事長を務めた）での活動を報告した。他方は、クック・カウンティの民主党、市中心部にある5つの社交クラブ、出身ロースクールの同窓会、2つの市民組

宗教組織は、4つのカテゴリー（ダイニング＝アスレチッククラブ、宗教、教育、民族の各組織）における有意な差と関連していた。ダイニングクラブ、宗教組織、教育組織では、プロテスタントの活動割合が高かった。しかし、特定民族の人びとが構成する組織に関しては、パターンはまったく異なっていた。タイプⅠプロテスタントは最も活動割合が低かった（2％）のに対して、ユダヤ教徒とカトリックは最も活動割合が高かった（それぞれ14％と9％）。エリート・ロースクール卒業生は、他の学校の卒業生に比べて、ダイニングクラブ、市民組織、教育組織において活動する可能性が大きかった。フィットネスクラブに関しては、反対のパターンが見られた。エリート校の卒業生は最も参加割合が低かった（3％）のに対して、リージョナル・ロースクールの卒業生は最も高く（14％）、ローカル・ロースクールの卒業生がそれに次いでいた（11％）。大規模法律事務所の弁護士はダイニングクラブにおいて最も活動割合が高かった（36％）のに対して、政府内弁護士は最も低かった（7％）。ビジネス組織に関しては、再び、政府内弁護士が最も活動割合が低かった（9％）のに対して、企業内弁護士は最も高く（32％）、法律職についていない回答者がそれに続いた（28％）。

織、4つの大きな文化芸術組織での活動を報告した。もちろん、これらは例外的な事例である。

　高い活動レベルを示した別の回答者のプロフィールは、異なるものであった。その人物は、単独開業の弁護士で所得は相対的に低く、男性で、年齢は46歳、デポール・ロースクール卒、依頼者は個人と少しばかりの小企業であり、主として刑事弁護、消費者破産、借地借家、遺言検認、一般家事実務を扱っていた。彼が報告した活動は、無所属市民の政治組織役員、ヒスパニック系コミュニティグループの顧問、キワニス・クラブ[*44]の前支部長、地元の公立学校評議会のメンバー、学校改革組織のメンバー、メソジスト団体のメンバーなどとしての活動であった。もう1つの事例は、小さな事務所の弁護士で、男性、年齢は43歳、シカゴ＝ケント・ロースクール出身で、所得は中位、扱うのは個人と企業が関係する訴訟で、具体的には刑事弁護、遺言検認、個人被害事件の原告側代理、住宅取引を含む。彼が語ったところでは、依頼者の4分の1のみが企業関連で、さらにその90％は小規模である。その活動は、カトリック教会の教区、聖名会[*45]（元役員）、民主党地区組織、教区学校の選考委員会、障害者支援組織、アイルランド系市民親睦クラブ（the Irish Fellowship Club）におけるものであった。以上の回答者の参加パターンの特徴はそれぞれ異なっているが、彼らはみな、非常に高い活動レベルにあった。

　次に示すのは、より典型的な事例である。その弁護士は、単独開業で、女性、年齢32歳、フロリダ大学ロースクール卒であり、所得はそこそこに高く、個人の訴訟代理人で、刑事弁護と市民的権利に関する問題を扱っていた。彼女の報告では、代理人を務める個人の約半数は失業者であった。その活動は、イースト・バンク・クラブ（高級フィットネスクラブ）、ユダヤ人統一基金（the Jewish United Fund）、ロースクールでの法廷弁護チームのコーチなどで行われていた。もう1人は、小さな事務所の弁護士で、男性、年齢41歳、デポール・ロースクール卒で、2つの同業者団体、シカゴ・ヘルスクラブ（フィットネス）、モンロー・クラブ（the Monroe Club）において活動していた。所得は下位から中位程度で、個人依頼者と企業関係訴訟の両方を扱っていた。彼の報告では、依頼者の60％は企業で、そのほとんどは小規模であった。また、

---

　*44　（訳注）Kiwanis。1916年にデトロイトで設立された地域奉仕団体。http://www.kiwanis.org/を参照。
　*45　（訳注）The Society of Holy Name。カトリックの成人一般信者による組織の1つ。

276　第Ⅲ部　弁護士の生活

ある銀行の信託部門に勤務する企業内弁護士は、男性、年齢52歳、デューク・ロースクール卒で、かなりの高所得であり、遺産処分計画（estate planning）を担当していた。彼の報告では、キリスト連合教会（the United Church of Christ）（会衆派）、ビジネス組織、自分が住む郊外の公立学校の保護者会で活動し、コミュニティのサッカークラブの理事会メンバーであった。

６．リーダーたち

　1975年から1995年の間に、弁護士がリーダーの地位を占める可能性が最も高い組織の種類に変化が見られた。そこで、いつくかの組織類型について、リーダー役割の分布を検討してみたい。その際、留意すべきなのは、リーダーを務めていると報告する回答者の割合が全般的に減少している点である。
　両調査において、リーダーの地位を占める割合が最も高いのは市民組織であり、この20年間に弁護士がリーダーを務める割合が最も増加したのも、そうした組織であった。1975年調査では、弁護士がリーダーを務める組織の27％は市民組織であったが、1995年調査には、それは39％にまで上昇した。宗教組織もまた相当上昇したが、その変化は12％から16％である。教育組織もまた、同様の変化を見せた（ただし、1975年調査と1995調査におけるこのカテゴリーの比較可能性に関する我々の警告を想起していただきたい）。最も大きく減少したのはダイニング＝アスレチッククラブで、リーダーを務めていると報告された割合は、1975年の9％が1995年にはわずか1％になった。他に減少したところでは、政治組織（11％から6％）とフラターニティ組織（6％から1％）がある。ビジネス組織におけるリーダーの割合は一定であり（いずれの調査でも13％）、民族組織の場合も本質的に変わらなかった（5％から4％）。したがって、1995年調査でリーダーを務めていた弁護士は、市民組織や宗教組織を率いることが多くなり、社交、政治、フラターニティの各組織を率いることは少なくなった。
　ところで、公共政策上の争点について一定の立場を取ったり、社会改革に関心を持ったりする可能性がより高い組織類型において活動的な役割を担った弁護士に注目することは、有益であろう。この目的のために、我々は、宗教、ビジネス、市民、政治の各カテゴリーの組織を、そうした組織として定

第9章　コミュニティにおける役割　**277**

【図 9.2　コミュニティ参加指標の分布　1975 年と 1995 年】

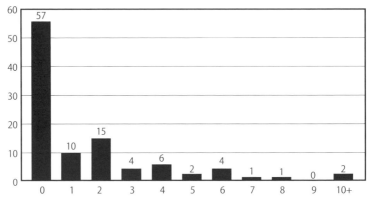

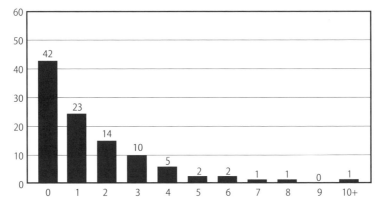

注：指標スコアは、宗教団体、ビジネス組織、市民組織、および政治組織への参加を反映している。それぞれ、活動的参加は 1 点、リーダー的地位は 2 点である。

義する[*46]。コミュニティ志向性の高い組織におけるリーダーを務める可能性が高い弁護士は、何らかの社会的な、あるいはプロフェッショナルとしての特性を共有しているのかという点を判断するために、我々は、まず「コミュニティ参加指標」というものを構成した。それは、その種の組織における活動の強度と弁護士が活動的に参加している組織の数とを量るものである。回

＊46　教育組織を除外するのは、1975年調査と1995調査では用いた文言が異なるからである。

答者は、リーダーである場合には２点を、活動的に参加している場合には１点を、その組織の数に応じて与えられた。回答者の５分の１のみが、この指標で３点以上を獲得した。これは、1975年と1995年において変わらない結果である(図9.2)。この上位５分の１に位置する弁護士の特性を分析したところ、より所得が高く、より年齢が高く（ただし高齢すぎない）、そしてプロテスタントである者の方が、コミュニティ志向性の高い組織に対して、２つの調査の一方または双方で、この程度にまで参加する割合が有意に高かった。若年で、所得が低く、宗教をもたない弁護士は、この最も活動的な集団に入る可能性が最も低かった。[*47]

　マイノリティの方が白人に比べてこの指標で有意に高い得点を得るという結果は見られなかった。1995年のランダム・サンプルにおける39人のアフリカ系アメリカ人のうち、21％が３点以上獲得したのに対して、白人では19％であった。また、ヒスパニックのうち、３点以上は１人のみだった。しかし、リチャード・レンパート(Richard Lempert)、デヴィッド・チェンバース(David Chambers)、テリー・アダムズ（Terry Adams）による研究では、ミシガン大学ロースクールを卒業したマイノリティは、白人の卒業生に比べて無報酬の奉仕活動に従事する傾向が高いという結果が示された（2000, 485-87）。２つの年長のコーホートでは、マイノリティの卒業生は白人に比べて、「市民的権利、慈善、宗教、あるいは他の非営利組織の、少なくとも１つの役員会で役職に就く」割合が有意に高かった（455; Bowen and Bok 1998も参照）。ミシガンはエリート・ロースクールであって、マイノリティの卒業生に対して開かれている公共奉仕の機会の類型が、シカゴにおけるほとんどのマイノリティ弁護士に入手可能なものとは異なっているのかもしれない。シカゴのアフリカ系アメリカ人とヒスパニックの弁護士は、相対的に高い割合で政府機関に雇用されており、このことが政治的活動や募金活動に対して制約になっているのか

＊47　1975年調査では、３つの低所得カテゴリーすべてが上位５分の１で過小代表であるのに対して、３つの高所得カテゴリーすべてが過剰代表である（$\chi^2 = 18.1$, $p < .003$）。1975年と1995年の両方で、プロテスタント・カテゴリーは上位５分の１で過剰代表されているのに対して、他のすべての宗教カテゴリーは過小代表されている（1975年では$\chi^2 = 11.1$, $p < .05$。1995年では$\chi^2 = 24.6$, $p < .001$）。両調査において、35歳未満の弁護士は上位５分の１に占める割合が最も低く（両年とも11％）、その割合は、46歳-65歳の年齢層の人びとでは安定的に増加する（1975年調査では25％で、1995年調査では29％）。1975年調査では（1995年調査ではそうではないが）、最高齢カテゴリーになると、その割合は低下する。（両年とも、カイ二乗検定の結果は0.1％水準で有意である。）

もしれない。さらに、州検察官事務所や公設弁護人事務所で働いているマイノリティの弁護士で、シカゴの「ローカル」ロースクールの出身者は、ミシガン出身者に比べて、理事会の役員に招聘されることが少ないのかもしれない。報じられているところでは、ミシガン大学はアファーマティブ・アクションを採り、奉仕活動に従事する姿勢がある志願者を優先的に入学させていたという（Lempert, Chambers, and Adams 2000）。それが功を奏したのかもしれない。

　1975年調査の方が、やや多くの回答者が得点分布の上位に存在している。つまり、10点以上の回答者は1975年調査では16人であるが、1995調査では6人のみである[*48]。しかし、そうした弁護士は、どちらの調査においても全体からみれば大変小さな割合にすぎない。したがって、奉仕活動に認められる減少は現実の変化に基づくものかもしれないが、その変化は、ほんのわずかの弁護士に影響を与えているにすぎない。

　こうした変化は、行動における変化ではなく、むしろ弁護士の特性における変化なのかもしれない。シカゴの弁護士全体の規模が倍増したとするならば、1995年調査の弁護士においては、長い経験をもつ者が占める割合は小さくなる。知人とコネは人生の過程で蓄積し、そうした接触はしばしば活動の選択肢を広げ、リーダーへの就任要請につながることもある。したがって、リーダーになる潜在的可能性は、年長の弁護士ほど高くなる。さらに、エリート・ロースクールが輩出した弁護士数が相対的にほとんど増加しなかったのに対して、弁護士全体の規模が倍増した結果、エリート校卒業生が占める割合は、1975年の20％から1995年の13％に減少した。したがって、ここでもまた、リーダーの地位に選出される可能性を高める傾向にある属性は、減少したのである。

　同様に、弁護士全体のなかのエリート（すなわち、「重要な」（notable）[*49]シカゴの弁護士; 第10章参照）との面識について分析すると、そうしたつながりは1975年よりも1995年で不足したことと、そのようなつながりは社会関係資本の一形態であることが明らかとなる（Sandefur, Laumann, and Heinz 1999）。1975年のサンプルでは38％が重要弁護士たちとの役に立つ結びつきを欠いて

---

*48　最初の調査で得点０の回答者が多いのは、「非活動的なメンバー」という回答が1975年調査では可能であったが、1995年調査ではそれができなかったという事実に原因があるのかもしれない。

*49　（訳注）notable lawyersの意味と訳語について、第10章注２を参照。

いたのに対して、1995年では、調査に使用された重要弁護士リストに掲載された名前が増加し、多様になったにもかかわらず、53％もの回答者が何のつながりも持っていなかった（第10章）。弁護士全体の規模は倍増したために、弁護士全体のなかの一般弁護士が同業者のなかのエリートとのつながり、つまり、リーダーの地位へと選ばれる可能性を増大させる資産を有する割合は、低下した。[*50] エリート校卒業生がますます減少したことや、年齢分布の変化と同様に、このことは、弁護士全体の規模拡大に伴う、ほとんど不可避的な結果であった。

　これらのありうる効果をより正式に評価するために、我々はさまざまな仮定に基づく多くの重回帰方程式を計算した。独立変数は、リーダーの地位と関係すると考えるのが妥当と思われる特性であった。すなわち、年齢、出身ロースクール、所得、宗教、知り合いの重要弁護士の数、等々である。従属変数を単純にリーダーの地位を占めている数とすると、時代（period）（調査年）の効果は高度に有意である（他の独立変数を考慮した場合でも同様である）。したがって、年齢、エリート・ロースクール、ジェンダー、知り合いの重要弁護士の数などの分布における変動は、リーダーの地位を占める数に見られた減少を完全に説明するには不十分である。しかし、この結果からは、なぜ時代の効果が有意なのかということは判明しない。最も重要なのは、リーダー数の減少の原因が、弁護士の動機——つまり時間をどのように活用するかに関する選好——における変化に求めうるか、それとも彼らに利用可能な機会の変化に求めうるかが、分からないことである（本章の付録を参照）。

　すでに述べたように、シカゴを所在地とするボランタリー団体の数は、標準的な名鑑に挙げられているところでは、20年間に多少減少した。それゆえ、我々は、従属変数が団体数の減少を反映した分析を行った。それは、回答者にインタビューが行われた年にリストに挙がっていたシカゴの組織数を分母とし、回答者がリーダーの地位を占めている数を分子とした比率を従属変数とすることで、行われた（たとえば、1975年の3/722対1995年の3/672）。そうした分析において、時代の効果は低下したが、なお高度に有意であった。だが、組織数の減少と同時に、シカゴの弁護士数は倍増した。それゆえ、弁護士が非弁護士に取って代わってリーダーとなり、そのような地位全体での占有率

＊50　回答者が占めるリーダーの地位の数を予測する重回帰分析では、重要弁護士と知り合いであることは高い有意性があった。

が上がらない限り、新規に加入した弁護士は入手可能な地位をめぐって競合することになる。各組織の長は1人であり、したがって、ただ1人だけが当該期間その地位を占めることができる。個人の視点から見ると、リーダーになる機会は、その地位の数だけではなく、候補者の数の関数でもある。そこで我々は、別のモデルを用いて計算を行った。そこでは、従属変数にも弁護士人口の変化を反映させた。[*51] このモデルでは、従属変数が弁護士数の倍増（あるいは弁護士1人に開かれた機会の半減）の影響を受けると、時代の効果は消滅する。したがって、弁護士1人当たりにおける地位の数の減少は、動機に注目せずに説明できるかも知れない。

7. 結論

我々の調査結果は、弁護士のコミュニティ活動の程度は相対的にほとんど変わっておらず、存在した変化は社会的に是とされる方向に向かう傾向にあるということを示唆している。そうであるならば、弁護士は、なぜ、公僕（public servants）の隊列から逃亡したとか、「弁護士ステーツマン」（Kronman 1993）という理想を放棄したとかいう非難をしばしば受けるのだろうか。こうした批判に関して注目すべき点のひとつは、それがほとんどつねに、法律プロフェッション内部からなされるということである。弁護士に対して、最も頻繁に、説得力をもった、ときには執拗な批判を行うのも、弁護士の場合が多い。また、その批判が、首席裁判官（Burger 1995, 953, 958; Rehnquist 1994）、イェール・ロースクールのディーン（Kronman 1993）、あるいは弁護士会のリーダー（Yanas 1990, 3）からなされたときには、もちろん特別な重みをもつ。

医師が他の医師に対して奉仕活動にさらに時間とエネルギーを振り向けるよう要求する場合、そこで語られているのは、貧しい人々に医療サービスを提供することである。彼らは同僚にたいして、YMCAやシカゴ美術館の理事に就任するように求めているわけではない。このことは、おそらく、2つのプロフェッションが各自の社会的役割をどう考えるのか（あるいは考えたいのか）という点についての、根本的な違いを反映している。医師は病気や怪我の治療はできると主張するが、万能の問題解決者であるとは主張しない。し

＊51 これは、1995年調査の分母を2で割ることで行った。したがって、本文中の例では、割合は3/672ではなく、3/336になる。

かしながら、法律プロフェッションのエリートたちは、自分や同僚にはもっと広い社会的役割があると信じている。つまり、公私両面の広範な活動においてリーダーシップを発揮し、適切な助言を行う義務がある、ということである。彼らは同僚に対して「ステーツマン」であるように要求する。もちろん、これは、自分自身の利益にもつながる主張である。それは、弁護士には特別の責務、つまり、特別な能力と、それゆえに社会的かつ政治的に望ましい結果を生む方向へ社会を導く義務があると、主張しているのである。

弁護士ステーツマンという理想の熱心な擁護者の視点から見ると、その能力は、法学上の諸問題に関する弁護士の専門能力、あるいは交渉や紛争処理の技術に完全に帰することができるものではなく、その理想の追求を通して生み出される人格とパーソナリティに帰すべきものである。

　　弁護士ステーツマンという理想は、人格にかかわる理想である。その理想を掲げる弁護士には、知的な技術だけでなく、一定の人格特性を伸ばすことが要求される。それは、知性に加えて感情も巻き込み、弁護士に対して、一定の仕方で感じ、考えることを強いる。弁護士ステーツマンという理想は、全人格に対する挑戦を引き起こす。このことが、その理想が、自己のプロフェッショナルとしての責任をその視点から捉える人々に対して、かくも深い人格的意味付け与える理由を説明するのに役立つ。……どれほど複雑な知的学問の理解であっても、それだけで、実践的叡智のような価値ある人格特性の獲得に伴う深い満足をもたらすことはできない。なぜなら、その叡智は世界についての知識の増加以上のことをもたらすからである。それは、性格に起因する世界への態度を改め、それによって、そのパーソナリティを本質的な仕方で変えてしまうのである（Kronman 1993, 363-64）。

したがって、そうした特性は、弁護士に対して、政治上の役職に就くだけではなく、学校、教会、慈善財団、企業、市民組織においてリーダーを務めることができる能力を身に着けさせてくれる。要するに、弁護士は、社会的権力を伴う地位を占めるのに特に価値ある人々ということになる。弁護士の「実践的叡智」は、弁護士がもつ訓練と人格という強みを欠く人間から期待しうるものを越えた、より良い決定を生み出すだろう。（少なくとも、弁護士がステーツマンの役割を追求することを選ぶならば、そう言えるだろう）。このイデ

第9章　コミュニティにおける役割　**283**

オロギーが、法律プロフェッションの威信を高め、弁護士によるリーダーの地位の要求を支持することになるのは、明らかである。したがって、このイデオロギーがエリート弁護士に評判が良い理由は分かりやすい。

　1975年と1995年の調査結果の間で最も著しい相違のひとつは、宗教組織での活動の大幅な増加である。このことは、おそらく、アメリカ社会において宗教がより一般的に復活してきたことの一部であろう。数名の研究者が指摘するところでは、合衆国は、他の工業国と比較して宗教団体への所属や教会に参加する割合が高く、またその割合は増加しつつある（Finke and Stark 1992; Gallup 1996; Greeley 1989; Olson 1992）。合衆国全人口のうち、成人の約92％が宗教的選好を述べており、69％が何らかの信徒団体のメンバーであると推定される（Gallup 1996; 40）。[52]シカゴの弁護士に対する2回の調査への回答者のうち、1975年調査では12％だけが、また1995年調査では15％が、無宗教であると述べている。したがって、シカゴの弁護士のなかで宗教を信仰する程度は、他のアメリカ人の場合と同様である。[53]

　現代のアメリカ社会において、宗教組織が果たすいくつかの機能については、スティーヴン・ウォーナーによって次のように適切にまとめられている。

　　宗教がもつ公的な側面は、全国的レベルでは、今日では一世代前と比べてより見えにくく、また、人々を統合する力も弱い。しかし、地域における宗教コミュニティは……今でも地域の人びとに身近に感じられている。それらは、寝たきり高齢者への食事の提供からホームレスへの住宅供給まで、さまざまな慈善活動を促進する。それらは、中古品販売店、家族カウンセリング、放課後個人指導、第二言語としての英語に関するコースを含む、諸サービスを提供する。それらはコンサートやコミュニティ・ミーティングを主催する。それらは、ごみの収集、麻薬密売所の閉鎖、社会的責任に取り組む建設業者に対する開発契約の締結のために、市役所でロビー活動を行う。おそらく、地域の宗教コミュニティ——「信徒団体」——が社会秩序に寄与する最も重要な方法は、「社会関係資本」、

＊52　ロドニー・スタークは、複数の出典からのデータを利用して、教会のメンバーである割合は62％であるという推定を示した（Stark 1987）。

＊53　シカゴの弁護士は市街地に住み、男性と白人が圧倒的多数を占めるということを考えると（そうした要素はすべて信仰の割合を減少させる）、類似性はさらに高まる（Gallup 1996, 41）。

つまり「市民生活を可能にする技能と信頼のネットワーク」を発展させ
ることを通してである（Warner 1999, 229, 237, Ammermanを引用している）。

　したがって、シカゴの弁護士が宗教組織における活動を増加させたことは、
コミュニティにとって広範な意味をもつであろう。ウォーナーが言及した役
割、つまり、社会を改善する活動や政治的立場の中でリベラルな側に向かう
傾向に加えて、宗教グループは、もちろん、中絶、学校での礼拝、同性婚と
いった問題に関して両陣営で活動している。そして、弁護士がそれらの争点
に関する議論に参加していることも確かである（Heinz, Paik, and Southworth
2003）。
　ボランティアへの参加に関する「支配的地位モデル」、すなわち、社会的
に恵まれた特性を有する人は参加割合がより高いという説明は、社会全般に
関する研究では支持されているが、我々は、法律プロフェッションのような
相対的に狭い職業層の中では、そうした違いは有意ではないと推測していた
かもしれない。たしかに、全人口におけるボランティア活動に関する重要な
予測変数のひとつである教育レベルは、弁護士界の内部ではそれほど決定的
ではないと予想された。なぜなら、単純に分散が小さいからである。今日の
弁護士は、全員が法律学の学位をもっている。すべての、あるいはほとんど
の弁護士が、ある意味でエリートである。すなわち、高学歴で、平均よりか
なり高い所得で、伝統的に（一貫しているわけではないが）威信の高い職業で
ある。それにもかかわらず、シカゴの弁護士の間には、２回の調査の一方あ
るいは双方で活動割合全体に有意な違いをもたらす要因である、年齢、所得、
実務類型、特に宗教において、十分な分散が見られたし、特定の組織類型の
いくつかでは、活動レベルにも差異が存在した。より大きなコミュニティに
おける社会的ヒエラルキーと、趣味、選好、あるいは「文化」における社会
的相違が、ともに明らかに弁護士界を貫いている。弁護士と非弁護士との関
係のネットワークによって、ACLUの理事会で働くことになる者もあれば、
シカゴ美術館の財務委員会で委員を務める者もいるし、さらにはボーイスカ
ウト隊長を務める者もある。こうした地位に選出される機会は、かなりの部
分、コミュニティで広く行き渡っている地位や威信の基準と結び付けられる
特性によって決定されると思われる。このように、弁護士界の外にあるボラ
ンタリー団体は弁護士に社会関係資本を獲得する機会を提供するが、その機
会は、弁護士の類型ごとに異なる仕方で提供される。したがって、それらの

第9章　コミュニティにおける役割　**285**

団体は法律プロフェッションの統合には寄与しないのである。

8. 付録：時代、年齢、コーホートの効果

1995年のサンプルは、1975年と比べて平均年齢が有意に若い。また、年齢はリーダーの地位を獲得する可能性と関連している。したがって、リーダーの地位を占める割合に見られる減少が、どの程度、年齢分布に起因するかを算定することは、重要である。しかし、年齢効果に加えて、誕生コーホート（たとえば、第二次世界大戦直後のベビーブーム世代）毎に、リーダーの地位を占める割合が異なる可能性もある。もちろん、誕生年はどの調査でも調査時点における年齢と同値である。しかし、年齢とコーホートは、2つの調査でのデータをプールする場合には独立である。たとえば、1935年生まれは、1975年の調査時点では40歳であるが、1995年には60歳になっている。しかし、同一の分析のなかに時代（調査年）が変数として含まれると、これらの変数は線形従属（linearly dependent）になる。すなわち、調査年が1995年とすれば、1935年という誕生年は必然的に年齢60歳を意味する。したがって、この線形従属性（linear dependency）のために3つの変数を同一の方程式に含めることはできないが、そのうち2つの変数であれば、どれでも可能である。

そこで、我々が抱えているのは、データ分析者にはおなじみの、時代、年齢、コーホートの効果を選り分けようという古典的問題である。この問題に対する我々の分析は、*Law and Social Inquiry*（26 [2001]: 627）においてより詳細に示した。要約すると、我々が得た知見は、コーホートが、時代あるいは年齢に比べて、より強い効果をもっているように思われるということである。実際、コーホートを考慮に入れると、年齢と時代は有意ではなくなった。

2回の調査データの構造を前提とすると、「コーホート効果」が予想される。すなわち、年齢が高いほどリーダーの地位を占める割合が高く、全体的なリーダー割合は以前の時代ほど（1975年）高いことが観察される。したがって、可能性としては、年齢と時代の相互作用は、より早い誕生コーホートにおいて高いリーダー割合を生み出す。なぜならば、コーホートは年齢と時代の効果を結合したものであるがゆえに、2つの効果の一方のみよりも強い係数をもたらすのである。

データ分析からはわからないのは、コーホート効果のほうが強いのはなぜ

かということである。競合する主要な仮説は次の2つである。第1は、コーホートによってリーダーの地位に付与する価値や効用に違いがあるという説明である（おそらく、たとえば1930年代生まれの弁護士は、1960年代生まれの弁護士とは社会化のされ方が異なったからだと考えられる）。第2は、誕生コーホートによってリーダーへの機会に違いがあるという説明である（おそらく、たとえば1950年代コーホートの弁護士の方が、はるかに数の少ない1930年代コーホートの弁護士に比べて1人当たりにおけるリーダーの地位の空席数が少ないからだと考えられる）。あるいは、もちろん、コーホート効果が、これら2つの要因の組み合わされて生じた可能性もある。

（訳：菅野昌史／かんの・まさし）

■第10章 |||||||||||||||||||||||||||||||||||||||||||||||||||||||||||||||||||||||||||||||||||||||||||||||||

弁護士界内部での人的なつながり

　弁護士は、独特なネットワークを形成する。このネットワークは、事件の解決、依頼者への専門家の紹介、新任弁護士の採用、公的な職を求めること、弁護士共通の関心対象となっている問題の解決、その他諸々のことを解決する過程でできる関係やコミュニケーションによって形成されていく。このネットワークは、弁護士を異なるタイプに分化させる変数によって形作られる。強く、信頼性が高く、安定しており、はっきりそれとわかる結びつきによって特徴付けられる弁護士のセグメントは、「きつく結ばれた」（tightly coupled）社会システム（March and Simon 1958; Weick 1976）である。これに対して、結びつきが弱く、移ろいやすいものは、「ゆるく結ばれた」（loosely coupled）社会システムである。「きつく結ばれた」社会システムにおいては、社会システム上のある点において加えられた圧力や意図が、システム上のある範囲内の他の点においてどのような帰結をもたらすか予測可能である。「ゆるく結ばれた」社会システムにおいては、圧力の結果の予測が「きつく結ばれた」システムより難しい。実際、本質的結合（essential linkages）が欠けているため、まったく何の動きも見られないかもしれないのである。したがって、競合するグループ間でコミュニケーションが生じる程度に応じて、コミュニケーションは問題解決を促進しうる結びつきを提供するだろう。当然のことながら、結びつきのないところは、結びつきが存在するところと少なくとも同程度に重要である（Burt, 1992）。ネットワークの分断は、社会構造上の越えがたい障壁あるいは溝となる。

　こういった現象の分析のための第1歩は、著名弁護士（prominent lawyers）と彼らが代理している関係先（constituencies）とを関連付けてみることである。関係先は、権力あるいは影響力の基盤を構成しており、関係先の特性は、その弁護士の活動領域と、おそらくは、その弁護士が用いることのできる資源のタイプを反映している。関係先は、弁護士の結びつきの元となっているも

288　第Ⅲ部　弁護士の生活

ののすべて、あるいは多くのものを巡って形成されうる。たとえば、ある種の弁護士たちは、依頼者によって結び付けられるだろう。それは、業界団体その他の同業グループが共通の課題を追い求めているビジネス界では、よく起きることである。別の弁護士たちは、自分の事件が公判になったり（tried）和解になったりする裁判所で出会うことがある。弁護士の中には、党派的な政治活動や、市民活動や慈善事業に参加することで、結びつきを形成する者がある。さらに別の弁護士たちは、民族宗教的あるいは社交的なグループ、退役軍人組織、学校の同窓会グループ、等々からリーダーの役割を担うようにリクルートされる（第9章参照）。そして、弁護士会も存在する。それには、全国、州、地方のものもあれば、弁護士全体を代表するものもあるし、多くの専門グループを代表するものもある（第3章参照）。それらはすべて、弁護士界のリーダーとして認められる機会を提供する。だが、「弁護士界のリーダー」という用語には、いくつかの意味が考えられる。それは、適切な無担保債権を作成することができる、あるいは陪審員を感銘させることができる、特に有能な実務家に適用することもできるし、より広い影響力を持ち、ブローカーやアドバイザーとして活動する弁護士を意味することもある。ここでの我々の関心対象は、後者である。

1．1975年のネットワーク

2回のシカゴ調査の両方において、回答者は、さまざまなタイプの著名な弁護士とのつながりについて回答を求められた。ここで1975年の知見（Heinz and Laumann 1982, 274-315）を繰り返すことはしない。しかし、その要約を紹介することで、この20年間でどのようにネットワークが変化したか理解できるであろうから、1975年の知見の要約を紹介することは有用であろう。

図10.1は、三次元最小空間分析（three-dimensional smallest space analysis）（Guttman 1968）[*1]を重要弁護士（notable lawyers）[*2]のネットワーク分析に適用し

＊1　（訳注）R. N. Shepard他編（岡本淋訓・渡邊惠子共訳）『多次元尺度構成法：MDS』（共立出版、1976年）54〜65頁を参照。

＊2　（訳注）ここで、prominent lawyersという表記がnotable lawyersに変わっている。単純に翻訳すればどちらも「著名弁護士」であるが、後出の注14で著者らは、notablesの大多数はfamousではないと述べている。notableではあるがfamousではないという記述は矛盾しているように見えるが、これは、著者らの人選が、個々の弁護士の重要性に関する彼ら自身の研究者としての判断に基づくものであって、弁護士一般の中での実際の知名度に基

【図10.1 43人の重要なシカゴ弁護士の知人関係のパターン 1975年】

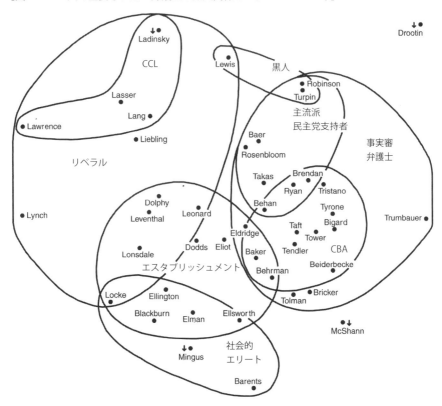

たもので、より類似性の高い知人関係（acquaintance）のサークルが相互により近くなるようにしたものである（弁護士は仮名）。第3次元は、4つの点の隣に下向きの矢印で示されている。これらの点は、実際にはこの頁面の下に位置しているものである。他のすべての点は、比較的頁面近くに位置している（Heinz and Laumann 1982, 291）。より類似性が高い点同士は、より近くに

づくものではないということの結果であるように思われる。notableという表記は、彼らの目から見て「注目されるべき存在である」という意味に理解すべきであろう。その意味では、notable lawyersは「要注目弁護士」と表記すべきであるが、それでは日本語として落ち着きが悪いので、以下では「重要弁護士」と表記することにする。ただし、著者らは、notableではなくprominenceという言葉もしばしば用いており、用語法は必ずしも一貫していない。

表示されている。ここで類似性とは、図中の各点で表された弁護士同士が、回答者間の知人サークルについて、同じサークルを共有していることを意味する。すなわち、もし同じ組の回答者が2人の重要弁護士のそれぞれとつながりを有しているとすれば、その2人の重要弁護士は、空間上の同じ区域の中に配置される。それとは対照的に、重要弁護士を選択した回答者同士が離れている場合には、その2人の重要弁護士は遠く離れて表示される。しかし、これらの点の位置は、空間上の他のすべての重要弁護士のサークルとの類似性の程度によっても決定されている。それゆえ、分析の解（solution）は、すべての2人ずつの比較を同時に考慮した表示の最適化を求めるものとなる。

これらの点同士の関係を完璧に正確に表示するには、多くの次元が必要となるであろう。実際、空間上の点の数から1を引いた数だけの次元が必要となりうる。解［分布を図示した結果］が元のデータの複雑性に当てはまっている程度は、［最小空間分析では］「ストレス」という測度で表記する。すなわち、解のストレス度は、表示における誤差を示している。つまり、それは、表示された点の間の距離が、各点の間の類似性と差異の完全な程度を把握することにどれほど失敗しているかを示している。

図中のラベルは、［線で囲まれた］各領域における重要弁護士の特徴を名付けたものである。このラベルと境界線は、より公式の統計学的手続ではなく、重要弁護士の特徴に関する検討に基づいている。しかし、その分類結果には、大きな曖昧性はない。CBAとCCLは、それぞれ、シカゴ弁護士会（Chicago Bar Association）とシカゴ弁護士協議会（Chicago Council of Lawyers）を指している。それらの領域で見られる重要弁護士の多くは、両組織の会長を務めていた。CCLは、CBAに代わるべき、リベラルかつ改革派の組織として1969年に結成されたものである（Powell 1979）。

この図の空間の全体構造は、大きく3つに分かれている。大まかに言うと、メルセデス・ベンツのエンブレムのような形である。**図10.2**からわかる特徴は、第一義的には、重要弁護士よりも、［彼らの］関係先の特徴を記述している。すなわち、**図10.2**からわかる特徴は、各部位に分類された重要弁護士と結びつきがあると回答した回答者の属性を記述しているのである（Heinz and Laumann 1982; 299-309）。それにもかかわらず、ほとんどの重要弁護士は、彼らの関係先の特徴を共有している。**図10.2**が明らかにしているように、政治的選好、信仰している宗教、法実務のタイプは、［重要弁護士とその関係先とで］共通している。それゆえに、関係先には重要弁護士と親密

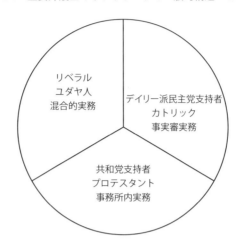

【図10.2　重要弁護士のネットワークの一般的構造　1975年】

になる基盤が多重的に存在し、そのことが、彼らの間の結びつきを疑いなく強くしている。関係先の中でより中心に位置している重要弁護士は、その関係先の特徴を最もよく示す存在である可能性が特に高い。つまり、そういった重要弁護士は、関係先の境界近くに位置している弁護士よりも、より等質性の高いタイプである可能性が高かった。

　3人のアフリカ系アメリカ人の重要弁護士──（図10.1の上部中央に位置する）ルイス（Lewis）、ロビンソン（Robinson）、タービン（Turpin）──は例外であった。彼らは、それぞれの関係先の政治的特徴と法実務の特徴を有しているにもかかわらず、「リベラル・ユダヤ人・混合的実務」セクターと「デイリー派民主党支持者・カトリック・事実審（trial）[*3]専門実務」セクターの境界に位置していた。1975年には、ロビンソンは初代デイリー市長[*4]と密接に結びついていたが、ルイスはジェシー・ジャクソン（Jesse Jackson）とオペレーション・プッシュ（People United to Save Humanity）[*5]に結びついていた。このような、1970年代のシカゴにおいて大きな政治的亀裂になった事柄にもかかわらず、彼らは空間上で互いに近くに引き寄せられており、それゆえに、両方とも境界に近くなっている。きわめて明らかに、1970年代中期において

---

*3　（訳注）trialは第一審における正式の事実審理で、典型的には陪審裁判となる。
*4　第1章注9を参照。
*5　（訳注）Jesse Louis Jackson, Sr.は、1941年生まれの市民権運動家でバプティスト派の牧師。Operation PUSHは、1971年に彼が設立したNPO。

は、シカゴの弁護士の知人サークルは、人種に大きく規定されていたので
あって、人種による結びつきの強さは、政治的あるいはプロフェッション上
の親近性を乗り越えるに十分なものであったと思われる。また、この3人の
黒人の位置が、社会的エリートが占めている場所とは正反対であることにも
注意してほしい。そのため、我々は、1995年データの分析では、人種の影響
が20年間に減少したか、それともまだ強いままであるかを判断するために、
シカゴの弁護士の間での関係において人種がどれほど重要であるかを検証し
ようとした。

1975年から1995年の間に弁護士の数が増えたことで、エリートがプロ
フェッションのどの部分とも幅広く接触しつづけることが、確実に困難に
なったであろう。人数が増えると、任意の2人を取り出したときの関係の数
は、指数関数的に増大する。ここで起こったように、人数（n）が2倍にな[*6]
ると、とりうる2人の組の数は、元の2人の組の数の4倍プラス人数（n）
になる。各個人が人数の増大に見合うだけの人的結びつきを増やそうと試み
ること自体、可能性はきわめて低い。その結果、ネットワーク構造はより拡
散するか、おそらくは、より専門化することになる。そして、重要弁護士は、
より狭く画された関係先を代表する傾向が高まるであろうし、それゆえ、[多
様な]関係先集団を架橋したり、仲介したりすることの難しさを、悪化させ
るであろう。

2．1995年のネットワーク

1994年から1995年にかけての面接調査で、回答者は、68人の重要弁護士の
リストを手渡された。そのリストには、シカゴの弁護士界の様々な面に通じ
た情報提供者との広範囲にわたる相談を経て選出された弁護士が掲載されて
いた。その際は、広範な社会的カテゴリーやプロフェッション上のカテゴ
リーを代表する重要弁護士をリストするように努力した。弁護士会のリー
ダー、民主党支持者、共和党支持者、大学教員、非常に小さい事務所や個人
事務所の弁護士、企業内弁護士、企業を顧客とする社外弁護士、刑事弁護専
門弁護士、個人被害（personal injury）に関する訴訟に従事する弁護士（原告側・

---

*6　第1章にあるように、シカゴに事務所を構える弁護士は、1975年にはおよそ15,000人
だったが、1995年には約30,000人に増えた。

被告側の双方）、労働弁護士（組合側・経営側の双方）、税金、離婚、不動産、反トラスト法、地方債を扱う弁護士、貧しい人々への法的サービスを行う弁護士（貧困者法(poverty law)）、公共の利益や非営利組織を代理する弁護士、女性、WASP、アイルランド系カトリック、南欧や東欧の出身者を祖先に持つ人々、ラテン系・アジア系・アフリカ系アメリカ人などである。個人的あるいはプロフェッショナルとしての著名性と政府機関の権力とを混同したくなかったので、リストから政府職員は除いた。また、どの法律事務所からも4人以上含めないように注意し、どのロースクールの修了者も過剰に含めないように注意した。もっとも、数校のロースクールがシカゴの著名な弁護士を輩出する傾向が高かったのであるが[*7]。

　我々は、最も著名な、成功している、あるいは影響力の大きな弁護士のリストを作ることを意図していなかった。それよりもむしろ、リストには、ある1、2の点で著名であっても、他の点では必ずしもそうではない、多様なタイプの弁護士が含まれるようにした。いずれにしても、「著名であること」(notability)を厳密に定義しようとすれば、問題が生じたであろう。どのような基準を使うべきだろうか。顔の広さ(breadth of acquaintances)はひとつの取りうる指標であって、それは、おそらく、ここで我々が関心を持っているような種類の「著名さ」と関連しているであろう。著名な(prominent)美術家や詩人は隠遁者であっても成功するかもしれないが、弁護士が、同じプロフェッションの同僚と交わることなしに高い著名性を達成しうると想像することは難しい。しかしながら、顔の広さを測定するには、──ここで行ったものと類似の──何らかの調査を行わなければならないのであって、そのような調査の前にリストを作成することが必要であった。

　面接調査では、回答者はリストをよく見て、個人的に知っている人に印を付けるよう依頼された。そして、その中から、強い結びつきのある弁護士に第2のマークを付けてもらうよう依頼された[*8]。これによって、回答者のラ

＊7　リスト中の68人の重要弁護士のうち、11人がハーヴァードから学位を取得しており、10人がノースウェスタン、9人がシカゴ大学、7人がロヨラ、5人がデポール、4人がイリノイ大学、3人がイェール、ミシガン、コロンビア、ウィスコンシンがそれぞれ2人ずつ、そしてカリフォルニア大学バークレイ校、シカゴ＝ケント、シンシナティ、ジョージタウン、インディアナ、アイオワ、ジョン・マーシャル、マイアミ、ノートルダム、ペンシルヴァニア、ヴァルパライソ、ワシントン（セント・ルイス）、ウェイン州立大学がそれぞれ1人ずつだった。

＊8　面接調査の質問項目は、次の通りである。「シカゴの弁護士界の様々なセクターやセグメ

ンダム・サンプルと選ばれたエリートのリストの間の結びつきについて、2
つの指標が得られた。

　回答について第一に記述すべきことは、ほとんどのシカゴの弁護士は、重
要弁護士のほとんどを知らなかった。弁護士に対して個人的な知り合いを示
すように単純に尋ねた最初の質問に対する回答においては、245人（31%）が、
挙げられた重要弁護士を誰も知らないと回答した。35%の回答者は1～3人
知っていると回答し、11人以上知っていると回答した弁護士は9%しかいな
かった。より強いタイプの結びつきについて尋ねた質問では、重要弁護士と
のそのような強い結びつきを持たない弁護士がほとんどであった。つまり
420人（53%）が強い結びつきを持たないと回答し、24%が1人か2人の重
要弁護士と強い結びつきを持っていると回答し、23%が3人以上の重要弁護
士と強い結びつきを持っていると回答した。2人の回答者のみが、68人の重
要弁護士のうち25人と強い結びつきがあると回答した。[*9]

　強い結びつきを多く持つ回答者は、それが少ない回答者とは、いくつかの
点でシステマティックに異なっていた。回答者が報告した収入レベルと、回
答者が結びついている重要弁護士の数（知り合いであることに関する2つの指標
において）の間には、強い相関があった。[*10] したがって、予想されるように、
金銭的に成功した回答者は、重要弁護士を含む知り合いのサークルに加わる
可能性が高かった。人は人生の過程において知己を獲得していくから、年を

　　ントの間でのコミュニケーションについて分析できるよう、私どもは、貴下に、このシカゴ
　　の弁護士のリストをご覧いただいて、どなたをご存知かご指摘いただきたいと思っておりま
　　す。その方に出会われたときにファーストネームで呼ぶほどよくご存じの方のお名前の近く
　　のA列の所に、チェックマークをつけてください。」
　　　そして、その課題の終了後、次のように尋ねた。「それでは、さらに親しい知り合いであ
　　る弁護士のお名前の近くのB列の所に、チェックマークをつけてください。それは、あなた
　　が何らかの疑問や小さな問題を抱えているときに、あなたに料金を請求せずに短時間の手助
　　けをしてくれるということを確信できるほど、よくご存知の方ということです。」
*9　1975年のデータでは、重要弁護士のリストはもっと短いものであったにもかかわらず
　　（45人）、また多様性についても少なかったにもかかわらず、重要弁護士を知っている率は
　　高かった。より強いレベルのつながりでは、1975年には、回答者のうちわずか38%が、誰
　　も知らないと回答した。37%が1人から3人知っていると回答し、25%が4人以上知っ
　　ていると回答した。10人は、半分以上の重要弁護士を知っていると主張した。それゆえ、
　　1995年には、シカゴの弁護士は、弁護士界のエリートたちと個人的に知り合いになってい
　　ることが少なくなってきていたのである。
*10　回答者の収入と、知っている重要弁護士の数との間の相関は、より弱いレベルの結びつき
　　では0.52であり、より強いレベルの結びつきでは0.53であって、双方とも0.1%水準で有意
　　であった。

第10章　弁護士界内部での人的なつながり　**295**

重ねた回答者の方が、より若い弁護士よりも重要弁護士を知っている傾向があった。[*11] 年齢を統制したところ、性別と知っている重要弁護士の数の間には、有意な連関は見られなかった。女性は男性よりも重要弁護士を知っている数が若干少ないが、女性の回答者は平均してみるとより若かったのである。また、予想に反して、大きな事務所で働いている弁護士のほうが重要弁護士とのつながりをより多く持っているわけではなかった。回答者の弁護士が働いている事務所その他の組織の規模と、重要弁護士を知り合いである可能性との間には、有意な連関はなかった。

　上記のように、最善を尽くしたとしても、重要弁護士がどれくらいの知り合いを持っているか、調査を行う前に判断することは困難である。幅広くさまざまなタイプの弁護士をリストに含めようとしたときは、特にそうである。結果として、リストに掲載された68人の重要弁護士のうち３人の弁護士は、弁護士界内部において狭い範囲の知り合いしかいないことが分かった。すなわち、この３人の弁護士は、弱いレベルでそれぞれ15人未満の結びつきを有するだけであり、強いレベルでは、それぞれ３人にすぎなかった。そのため、ある意味では、この３人は、誤った選択だった。そのため、この３人は、ネットワーク分析からは除外した。驚いたことに、この３人のうち２人は、シカゴに本社を置く大企業の副社長兼ジェネラル・カウンセル（vice president and general counsel）（すなわち社内弁護士のトップ）であった。どうやら、最大規模の企業の法務部門を管理する者の中には、弁護士界の中で幅広く知り合いを持つことは必要ではないと思う者がいるようだ。残りの１人は、非常に小さな事務所のアフリカ系アメリカ人の弁護士であった。

3．ネットワークの構造

　図10.3は、1995年における重要弁護士のネットワーク構造に関する最小空間分析である。ここで用いられた分析手法は、1975年のデータの分析に用いられたものと同じである。[*12] 図における距離の近さは、重要弁護士の２人

---

*11 年齢と知っている重要弁護士の数の間の相関は、［単に］知っているという尺度では0.44であり、より強い結びつきの尺度では0.37であって、双方とも0.1％水準で有意であった。
*12 この分析では、より弱い、［単なる］「知り合い」レベル（つまり最初の質問）のつながりのデータを用いている。このような選択をしたことの主たる理由は、強いレベルのつながり

296　第Ⅲ部　弁護士の生活

【図10.3 65人の重要なシカゴ弁護士の知人関係のパターン 1995年】

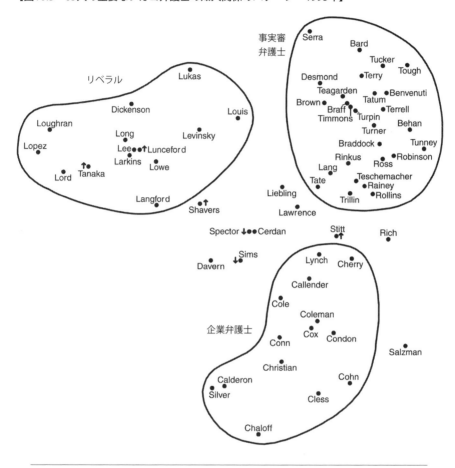

では、結びつきの数がかなり落ち込むことである。その場合、我々は、重要弁護士の何人かを分析から除くか、あるいは結果が不安定になるリスクを冒すかの、いずれかをとらなくてはならない。

ここで近接性の推定量として用いられたのはJaccardの類似性尺度であるが、これは類似率としても知られている。

Jaccard $(x, y) = a / (a + b + c)$

ここで、xとyに関する分割表において、aは同時存在の値であり、bとcは不適合値である。同時不存在（dのセル）はJaccardの尺度では用いられないことに注意してほしい。

2次元では、適合度（または、その反対の、ストレスの量）は満足できるものではない。つまり、Kruskalのストレスは0.27であり、R^2は0.67である。ここで示した3次元解では、ストレスは0.20に落ち、R^2は0.76に上がる。より次元を増やした解では、適合度は上がり続ける。4次元ではストレスは0.16で、R^2は0.81であり、5次元ではストレスは0.14で、

ずつの組み合わせにおいて、それぞれと知り合いである弁護士群が重なり合っている程度を示している。もし２人の重要弁護士に共通の知り合いがほとんどいなければ、その２人は遠く離れることになる。**図10.1**と同じく、これは３次元の解で、ここでも、第３の次元は矢印で示されている。矢印で示された６つの点は、［実際には］この頁面のかなり上あるいは下に位置している。残りの各点は、相対的に頁面近くに存在している。[*13]

　我々は、ここでもまた各弁護士に仮名を割り当てている。これは、秘密にするためではない。このネットワークにおける重要弁護士の位置を計算するために使われたデータは、シカゴの弁護士のランダム・サンプルの面接調査で得られたもので、重要弁護士本人への面接調査から得られたものではない。[*14]ここで与えた仮名の頭文字は、各重要弁護士のカテゴリーを示すものとなっている。我々は、このような工夫がネットワーク構造を分かりやすいものとし、カテゴリー同士の関係をより理解しやすいものとすることを願っている。

　ここの図示では、B（bar）で始まる名前は、会員資格が包括的な弁護士会の会長となったことのある重要弁護士を示している。つまり、シカゴ弁護士会（the Chicago Bar Association、CBA）あるいはイリノイ州弁護士会（the Illinois State Bar Association、ISBA）である。C（corporate）で始まる名前は、企業弁護士である。これには、企業内弁護士と、法律事務所に所属して仕事をしている弁護士の、両方が含まれている。D（dean）で始まる名前は、ロースクールのディーンである。３つのロースクールのディーンがDで始まる名前を有している。いろいろなタイプのリベラルな弁護士の頭文字はLとなっており、それらのサブカテゴリーとして、シカゴ弁護士協議会（the Chicago Council of Lawyers、リベラル派の組織）の会長はLaで始まる名前となっている。Rで始まる名前は、共和党支持者と、「主流派」民主党支持者（"Regular" Democrats）（リベラル性が少ない民主党支持者、特に故デイリー市長の主流派民主党組織（Regular Democratic Organization）と結びついていた者たち）。Sは特定の法

R^2は0.84である。（訳注）Kruskalのストレスについて、J・B・クラスカル＝M・ウィッシュ著（高根芳雄訳）『多次元尺度法』（朝倉書店、1980年）を参照。

＊13　矢印で示された、頁面から離れている６つのケースが、第３次元の全レンジの33％を説明した。残りの59ケースは、その次元のレンジの３分の２を占めるだけだった。

＊14　だが、これらの重要弁護士（notables）のほとんどは、有名（famous）ではない。シカゴの情報通の弁護士ですら彼らのほとんどの名前を知らないことは間違いないだろう。（注２を参照）

分野の専門家を示しており、Tは事実審（trial）専門弁護士であることを示す（企業を依頼者とする場合、彼らはしばしば訴訟専門家（litigator）と呼ばれる）。このB、D、L、La、R、Tという表記は、1975年の重要弁護士を図示した際にも用いられた。Behan, Lang, Lawrence, Liebling, Lynch, Robinson, Turpinといった名前は、1975年と1995年の両方のリストに含まれており、したがって、我々は、彼らが２つのネットワークで占める位置を比較できるし、20年の間に彼らの関係先がどう変わったのかも観察することができる。

1995年のネットワークの基本的構造は、1975年のネットワークの基本的構造に似ている。この分析では３つの基本的領域が分かれていた。つまり、事実審専門弁護士（弁護士会のリーダーや政治的大物とオーバーラップしている）は、**図10.3**の右上の方に位置している。リベラル派は（よりゆるいクラスターを形成しつつ）左上に位置し、企業弁護士（企業内弁護士と大事務所の弁護士の両方を含む）は、図の下半分の中央付近に位置している。1975年のネットワークでは、これらのカテゴリーは、各グループ内の著名弁護士の関係先で支配的な宗教的・政治的立場と対応していた。下記に、1995年はこれがどうであったかの分析を示す。20年の間に弁護士界に生じた劇的な変化、つまり、弁護士数の急速な増大、弁護士界への多数の女性の参入、「訴訟爆発」（litigation explosion）[*15]、大規模事務所のさらなる拡大と支店開設、企業セクター実務の大幅な増大、単独事務所の継続的な減少といったことがあったことを考えると、ネットワーク構造が大きな変化を見せていないことは、おそらく驚くべきことである。

図10.4は、13人の重要女性弁護士と、11人のマイノリティ集団所属の重要弁護士（アフリカ系アメリカ人、ラテン系、アジア系アメリカ人）について、構造上の地位を示したものである。1975年のデータでは、重要弁護士のうち女性は２人のみであった（これはシカゴの弁護士全体の中での女性の割合を反映して

＊15 （訳注）1990年代初期のアメリカで、自己利益を追求する事実審専門弁護士が主導して提起した製造物責任訴訟、医療過誤訴訟などの不法行為訴訟が急増したことによって、裁判所が過剰負担に陥り、特に陪審裁判による損害賠償額が高騰したことによって企業活動が不当に阻害されているという主張が、「訴訟爆発」という言葉で提起され、対策として不法行為訴訟の制限を目指す「不法行為改革」（tort reform）が提唱された。それに対して、批判されるよう不法行為訴訟の急増はなく、「訴訟爆発」や「不法行為改革」はビジネス界の利益のために提唱された政治的主張であるという反論がなされた。Walter K. Olson, *The Litigation Explosion: What Happened When America Unleashed the Lawsuit,* Truman Talley Books, 1991とRandy M. Mastro, "The Myth of the Litigation Explosion," *Fordham Law Review,* Vol. 60, Issue 1, 1991を参照。

【図10.4　ネットワークにおける女性とマイノリティの位置　1995年】

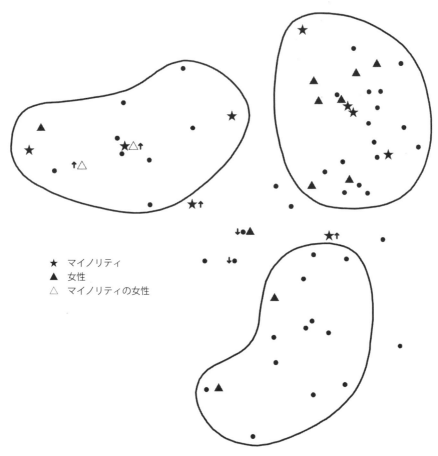

★　マイノリティ
▲　女性
△　マイノリティの女性

いた)。この女性2人は、双方とも、より保守的な企業エリアではなく、ネットワーク構造の上半分に位置していた。1995年にも、女性は圧倒的に上半分に位置していた。13人の女性のうち7人が、事実審専門弁護士のセクターに位置している。3人はリベラル派に位置し、2人は企業セクターに位置し、1人は中心近くに位置している。企業を依頼者として働いていた女性弁護士のうちの数人は、自分の主要な関係先を、ネットワークの企業領域にもっていなかった。たとえば、Luncefordは、企業法務専門事務所に雇われており、企業依頼者の仕事を担当していた。しかし彼女はアフリカ系アメリカ人であり、マイノリティ弁護士に関わる課題に積極的に取り組んでいて、こちらの

ほうが彼女のネットワーク内での位置を決しているように思われる。Tateと
Teschemacherは企業顧客のために仕事をする大規模法律事務所のパート
ナーであったが、訴訟専門弁護士であり、政治的職務の経験がある重要弁護
士（Lang, Rinkus, Ross, Rainey, Rollins）と非常に近い関係になるような政治的
なつながりをもっていた。Cerdanはモトローラ社に雇われていたが、アメ
リカ法曹協会の元事務局長であって、そのことによって彼女はより広い関係
先を有することとなった。それゆえ、企業関係の法実務を担う女性の多くは、
企業のネットワークには十分に組み込まれていなかった。女性弁護士は、弁
護士会の会務や政治活動を通じて著名となるチャンスが多かったように思わ
れる。

　マイノリティ集団に属する11人の重要弁護士は、すべて図の上半分に位置
している[*16]。2次元上の表示（**図10.3**）において垂直方向で一番下方に位置
する2人については、矢印が添えられており、彼らが頁面の相当上にいるこ
とを示している。実際、第3の次元で高く位置する4人の重要弁護士は、す
べてマイノリティであって、3人が黒人であり、1人がアジア系である。（第
3の次元で低い2つの点は、両方とも白人男性の労働弁護士である）。ゆえに、第
3の次元は、人種の要素を表現していると考えられる。マイノリティの重要
弁護士は、リベラル派の領域（5人）と事実審専門弁護士の領域（4人）に
ほとんど均等に分かれており、2人の専門家（ShaversとStitt）は、表示した
領域のどれにも入っていなかった。

　1975年のデータでは、重要弁護士68人のうちマイノリティは3人のみ（す
べてアフリカ系アメリカ人）であった。そのうちの2人（Robinson, Turpin）は
1995年のデータセットにも入っている。すでに見たように、この3人は、
1975年のデータでは、ごく近くにまとまっていた。それは注目すべきことで
あった。なぜなら、彼らの支持政党は異なるからである。1995年のデータで
は、マイノリティは全体的に上半分に広く散らばっている。このことが示す
のは、シカゴの弁護士界内部での関係において、人種の違いというのは、
1995年には、1975年ほど目立った要素ではなくなっていたということを示唆
している。だが、1995年のデータでは、マイノリティはよりバラエティに富

＊16　Calderonはスペイン系の名前を持っているが、先祖はラテンアメリカ系ではない。彼女
　　はハーヴァード・ロースクールとウェルズリーの卒業生であって、監督派教会で活動してい
　　る。

み、かつ多くなっていた。このことが、彼らがより広く散らばったことに影響しているかもしれない。重要弁護士のリスト中におけるマイノリティの増大は、シカゴの弁護士界全体でのマイノリティの増加をいくらか上回っていた。1975年のランダム・サンプルでは3％がマイノリティであったが、1995年には8％に増えていた。だが、重要弁護士リスト中のマイノリティの増加の割合は、全体での増加と大幅に異なっているとまでは言えない。おそらく間違いなく、20年の間に、より多くのマイノリティ出身弁護士が卓越した地位に上り詰めたのである。だが、おそらくより重要なことは、1995年のマイノリティ出身重要弁護士は、1975年に含まれていた３人よりも、はるかに多様性に富んだ法実務領域から選ばれていたということである。[17] したがって、重要弁護士の中の女性弁護士と同様に、アフリカ系、ラテン系、あるいはアジア系アメリカ人の弁護士は、企業専門分野の活動よりも、政治活動や弁護士会活動において――おそらく特に政治活動をとおして――目立った存在となる可能性が高かったのである（Wilkins and Gulati 1996を参照）。

　1975年と1995年の両方のデータに含まれている残りの５人（Behan, Lang, Lawrence, Liebling, Lynch）のうち、ネットワークにおける位置がほとんど同じなのはBehanのみである。Behanは、個人の被害に関する訴訟を手がける著名な弁護士であり、数十年前にCBAの会長を務めており、明確に事実審専門弁護士の領域に位置しており、過去のCBAやISBAの会長たちと近い場所に位置しているが、1975年のデータにおけるほど中心に近いところに位置していない。これはおそらく、部分的には彼の年齢によることであろう。彼は、1975年には50歳だったが、1995年には70歳になっていたのである。だが、LieblingはBehanよりもわずか３歳年下であるが、1975年では中心から外れた左上の位置にいたのが、1995年にはかなり中心の方に移動している。この点に関して、Lieblingの20年間の動きは、Lang, Lawrence, Lynchらの動きに似ている。彼らの名前の頭文字から分かるように、彼ら４人はみなリベラル派である。1975年には、彼らはみな左上のほうに位置しており、特にLawrenceとLynchは欄外近くに位置していた（**図10.1**を参照）。1995年のデータでは、彼らはみな、はるかに中心に近いところにいた。

　LawrenceとLangは、1970年代初期にCCLの会長を務めており、1975年調

　＊17　たとえば、RobinsonおよびTurpinとStitt、Shavers、Lunceford、あるいはLeeを比較してみよ。

302　第Ⅲ部　弁護士の生活

査の時点ではまだ30代半ばであった。その後の20年間で、両者はさらに著名度を増していた。Lawrenceはノースウェスタン大学ロースクールのディーンとなっており、Langはシカゴ市の直属弁護士（corporation counsel、市の主任弁護士）となっていた。そのため、2人は、より広い関係先を持つようになっていた。Langは特に市の政治エリートと近くなり、Lawrenceはノースウェスタン大学ロースクールのさまざまな修了者と関わるようになっていて、それには、同校の重要な寄付者である企業弁護士やローファームが含まれている。このデータセットに含まれているもう1人の重要弁護士であるLynchは、1972年の時点で、改革志向的な民主党代議員団の中心的弁護士の一人として著名になっていた。彼らは、同年の大統領候補選出党大会で、初代デイリー市長に率いられた主流派民主党員代議員団に挑戦し、その席を奪うことに成功したのである。[*18] 1984年には、ニューヨークの大規模法律事務所がシカゴに事務所を設立した際には主要弁護士の1人となっていたし、後にはその事務所をリードするパートナーとなっていた。それゆえ、Lynchは、1975年の政治的「一匹狼」としての著名さという位置から、企業法務分野での確立された強力な位置へと移動した。

　7人のスペシャリストたち（名前がSで始まる）は、ネットワークの中では相対的に周縁的な位置にいる。これら7人のスペシャリストの専門領域は広く異なっているが（労働法、地方債、反トラスト、個人被害事件の被告側、商業不動産、憲法）、業務の幅が狭いために、より限られた同僚弁護士としか接触していないように思われ、そのことが、彼らをネットワークのより周縁的な存在とする傾向がある。3人は、ポイントの最も外側の輪に位置しており、**図10.1**で中心に近い場所に位置する4人には、それぞれ上向きまたは下向きの矢印がついている。このことは、この4人が、第3次元において中心から隔たっていることを示している。65人の重要弁護士と知り合いであった回答者の数の中央値が40であったのに対して、7人のスペシャリストと知り合いであった回答者の数の中央値はわずか20であった。25人以上の回答者から知られていたスペシャリストは1人だけであった。専門家は、それゆえ、社会的勢力や影響力の点で、真の意味で構造的に不利益を受けている。彼らの位置と知り合いが少ないということは、スペシャリストは多数の関係先を動かしたり、ネットワークのセクター間の争いを調停したりすることはないであ

＊18　（訳注）George McGovernが大統領候補に選出された。

ろうということを、示唆している。

　空間の複数の領域と関連する特徴を有する重要弁護士は、それらのネット
ワーク領域の中間に位置することが多い。したがって、彼らは、ひとつのセ
クターから別のセクターへと情報を伝達し、おそらくはセクター間の対立や
論争の調停にも当たるような地位にあるかもしれない。たとえば、シカゴ大
学ロースクールのディーンであるDavernは、同校への重要な寄付者である
企業弁護士やローファームとつながりがあったが、同時に、アメリカ自由人
権協会（American Civil Liberties Union、ACLU）の理事であり、ブレナン判事[*19]
のロークラークであった。彼のネットワーク中の位置は、他の2人のシカゴ
大学ロースクール教員から等距離にある。企業セクターの左下方にいる
Silverと、リベラル領域の右上方境界付近にいるLouisである。転じてLouis
をみると、おそらく事実審専門弁護士の方向にひかれていた。なぜなら、彼
は、ロースクールのリーガル・クリニックの所長であり、クック・カウン
ティの公設弁護人を務めていたからである。それゆえ、重要弁護士が自己の
セクターの中心に位置するか境界付近に位置するかは、彼らの個人的あるい
は実務上の特性と、他の領域の特性との近接性の程度によって影響されてい
る。したがって、事実審専門弁護士のセクターの下方四分の一に位置する重
要弁護士——すなわちRinkusとRossより下方——のほとんどは、大規模ロー
ファームのパートナーとなっている企業訴訟専門家なのである。

　複数の関連性を有する重要弁護士は複数の関係先集団の中間に位置すると
いう原則は、中心に位置する重要弁護士の例によって最も明確に示される。
我々はすでに、LawrenceとLynchが、政治的にはリベラルなバックグラウン
ドを持っていながら、後には企業弁護士や、共和党や主流派民主党の組織と
の接触を深めるようになり、それらの関係先の中間的位置に移動したことを
見た。同様に、Lieblingは企業法務を扱う大規模事務所のパートナーであっ
たが、1995年調査の20年以上前に、彼は「公益法務」（public interest law）を
扱う組織の長に就いており、改革訴訟で活動していた。それゆえ、彼は、リ
ベラル派、事実審専門弁護士、企業弁護士という、3つの主要なセクターと
関わりを持っていた。Cerdanもまた、普通には見られない多様な実績と経
験を積んできた。1995年には彼女は大きな企業の役員であったが、かつては

＊19（訳注）William J. Brennan, Jr.。1956年から1990年まで合衆国最高裁判所の陪席裁判
　　官を務め、リベラル派として知られていた。

訴訟専門家、公務員、そしてABAの事務局長であった。結果として、彼女のさまざまな役割が、さまざまな種類の弁護士と知り合う機会を提供した。

これらの弁護士は関係先が多いので、ネットワーク中の利益集団間の調停者となる可能性を有している。だが、彼らは、利益集団内での調停者としてではなく、複数の利益集団の間の調停者として呼ばれることの方が、おそらく多いだろう。たとえば、企業セクター内部で発生した問題は、おそらく当該セクター内の誰か——たとえば、Cox、Condon、あるいはColeman——が担当することになるだろう。最も中心に位置する者は、必ずしも万能の調停者あるいはメッセージ伝達者ではないし、すべての時と場所に適しているあるわけではない。むしろ、彼らの有用性には、他の者の有用性と同様に、発生した紛争や問題の特性による限界がある。

ワシントンDCとクック・カウンティの刑事司法システムとにおける政治活動家の間の関係のネットワークに関する同じような研究では、中心的人物はいないことが分かっている（Heinz et al. 1993; Heinz and Manikas 1992）。それらの政治的ネットワークは粗い球体のような構造をしていたが、それらは、「空の核」（hollow cores）あるいは空虚な中心を有していた。それらの研究の報告書では、ネットワークが中心的調停者を持たないことに関する、考えられる理由についての若干の理論化を行っている。そのエッセンスは、その主たる活動が競争的なものである政治的ネットワークでは、ネットワークの中心は不安定である、という主張である。中心にある者は、ネットワーク内の一方から他方への情報の流れをコントロールしうるであろうし、おそらくは、その情報コントロールや、一方あるいは他方への重み付けを変えることを通じて、結果（勝者と敗者）を決定しうるであろう。誰でも中心の座に喜んで就くだろうが、他人がその座に就いていることは不愉快だろう。もし、広い範囲の紛争について、誰か一人あるいは少人数の集団が中心的地位を長く占めることが許されるようなことがあったならば、他の者はそれに従わなければならないことになるだろう。したがって、競争し合っている者たちは、他者が中心の座に就かないようにすること、あるいは中心の座を流動的にしておくことへの、インセンティブを持っている。彼らは、他者が中心の地位からもたらされる権力を握ることを望まないのである。

しかし、より協力的なシステムでは、中心にある者がまとめ役（facilitator）としてとらえられるかもしれない。それゆえ、もしシカゴの弁護士たちのネットワークが、主として、案件の紹介、専門的情報の伝達、事務所のビジ

ネスの管理、裁判所の手続の合理化、といったことを促進するのに役立っているのであれば、彼らの相互作用は競争型よりも協力型になるであろう。そして、もしそうならば、中心的な者が存在することは、恐れられるのではなく、価値あるものとなるであろう。1975年にも1995年にも、ネットワークには中心的な重要弁護士が存在したことに、注意されたい。この基本的特徴は、明らかに変化しなかった。

４．民族宗教的および政治的な分化

図10.1と図10.2で見たように、1975年には、弁護士間の関係の構造は、業務環境と顧客のタイプだけではなく、重要弁護士やその知り合いたちとの、宗教上の所属とイデオロギー的忠誠によっても構造化されていた。『シカゴの弁護士』（*Chicago Lawyers*）では、各重要弁護士の知り合いが、特定の宗教的・政治的カテゴリーから出てきている程度を分析した図を示した（Heinz and Laumann 1982, 299-302）。そのパターンは、非常に明確であった。それゆえ、たとえば、1975年の重要弁護士の知り合いの中でのカトリックの割合を示した図では、図の右側に位置した重要弁護士の関係先において［カトリックの割合が平均よりも］かなり過剰代表となっていた。そして、それらの割合は、空間の右側から左側へと移るにつれて非常にシステマティックに減少して、左端の重要弁護士たちの知り合いの中では、カトリックは明らかに過小代表となっていた（ibid., 306, fig 9.5）。

図10.5と図10.6は、同じ分析技術を、1995年のネットワークが宗教への所属によって組織化されている程度を分析することに適用したものである。これらの図では、ランダム・サンプルとは異なる割合を示している。すなわち、各著名弁護士の知己における過剰代表または過小代表の程度を示している。図10.5では、ランダム・サンプルにおけるカトリックの割合（33％）とのパーセントの違いを図中の数値で表している（最も近い整数になるように値は丸めてある）。それゆえ、空間の下端の隣の-22は、当該重要弁護士が知り合いであると報告した回答者の［33-22=］11％のみがカトリックであることを示している。

1995年の重要弁護士の関係先に占めるカトリックの割合の分析結果は、1975年の結果ほどではないにしても、明らかなパターンを再び示している。正の値がついている点のほとんどは右上に固まっている。例外は、リベラ

【図10.5 各重要弁護士と知り合いであると回答した者の特性：全体での
カトリックのパーセンテージからの差　1995年】

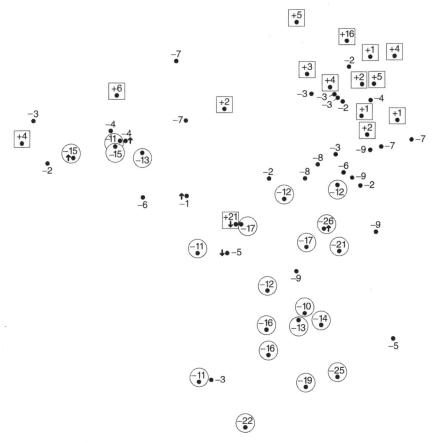

注：四角はすべてのプラスの値を示す。
　　丸は10ポイント以上マイナスの値を示す。

ル・セクターも3つの点と、図の中心近くにあって、第3次元できわめて低い位置にある点である［カトリック割合が］（+21）。注意すべきなのは、65人の重要弁護士の中で15人のみが正の値を示したということである。これは、カトリックの弁護士は重要弁護士の知り合いには少ないということを示している。一方、負の大きな値は、主として企業弁護士の間に見られるし、もう一つの小さな塊りがリベラルな領域の中心にも見られる。それゆえ、右上方

第10章　弁護士界内部での人的なつながり　307

【図10.6 各重要弁護士と知り合いであると回答した者の特性：全体での
ユダヤ人のパーセンテージからの差　1995年】

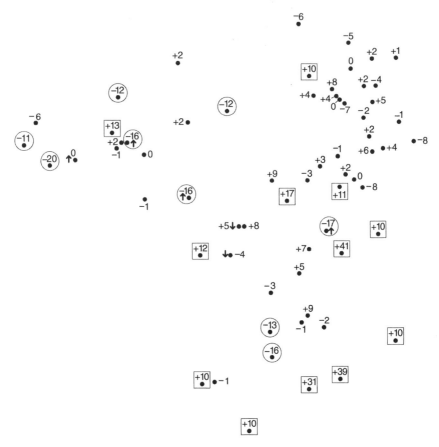

注：四角は 10 ポイント以上プラスの値を示す。
　　丸は 10 ポイント以上マイナスの値を示す。

に見られる事実審専門弁護士と弁護士会のリーダーたちは、カトリックを多数含む知り合いサークルに傾向が強いのに対して、重要な企業弁護士たちの関係先ではカトリックが過小代表になっており、それはリベラルの数人についても同様である（しかし全員ではない）。宗教が突出していることは、これが、これらの弁護士の社会的サークルや居住地域の近隣に関する分析ではなく、プロフェッショナルな知り合いに関する分析であることからして、とくに驚くべきことである。彼らのプロフェッショナルな仲間は、もちろん社交場の

友人でもありうるが、実務の文脈がこれらのパターンの重要な決定要因であ
ることは、確かである。

図10.6は、重要弁護士の知り合いにおけるユダヤ人の割合を示したもの
である。第一に言うべきことは、［カトリックに比べて］はるかに多数の点
が正の値を示していることである。このことが示すのは、ユダヤ人回答者が
重要弁護士の知り合いのサークルに含まれる可能性は、より高いということ
である。空間の中での分布パターンは、もしパターンが存在するとしても、
はるかに不明瞭である。すべてのセクターが、ユダヤ人の知り合いの過剰代
表と過小代表を含んでおり、明確な領域を形成していない。もし若干推測的
に言うとすれば、企業弁護士セクターにおいて、外縁あるいは中心／周縁効
果が見られると言えるかもしれない。セクターの外縁付近の点はユダヤ人が
相当過剰代表されていることを示すのに対して、中心に近い点ではパーセン
テージが低くなっている。だが、全体としては、ユダヤ人の回答者は、多か
れ少なかれ同程度に、すべての領域において重要弁護士と知り合いになって
いる。

回答者の党派政治的な支持団体について同種の分析をしたところ、明らか
な傾向があることが分かったが、分化は固定的なものではない。予想される
ように共和党支持者は、企業弁護士のセクターでは（特にその中心では）過剰
代表されており、リベラル・セクターにおけるほとんどの重要弁護士の知り
合いの中では、過小代表になっている。しかし、さらに驚くべきことは、共
和党支持者が、事実審専門弁護士の領域のほとんどの重要弁護士の関係先に
おいても過剰代表されていることである。これは、1975年の知見からの驚く
べき変化である。1975年のデータでは、主流派民主党支持者が事実審専門弁
護士の領域で明らかに多かった。我々は、下記においてこの変化の原因を探
求する。民主党支持者と無党派層が示すパターンはより不明確である。リベ
ラル・セクターにおける重要弁護士の多く（しかしすべてではない）において
民主党支持者の過剰代表が見られることを除いて、無党派層と民主党支持者
の両方の分布は、空間全体を通じて本質的にはランダムであるように思われ
る。

5．結論

1975年にも1995年にも、ネットワークは3つの基本的セクターを有してお

り、それらの基盤は類似していたにもかかわらず、個々の重要弁護士の位置はしばしば変化していた。両方のデータ・セットに含まれる7人の重要弁護士うち、4人は、円熟して知名度を高めるにつれて、より中心に近い位置に移って行ったが、1人はやや周辺に移動していた。このことが示唆するのは、ネットワーク内の各人の役割は時間とともに変化するが、この20年の期間において、エリート弁護士とその様々な関係先との関係の構造は安定的であったということである。

　だが、構造の大きな概要は2時点間で類似しているにもかかわらず、ネットワークのダイナミクスは重要な点で異なっている。第1に、重要弁護士を知っている回答者の数が減少した。この原因の一部は、1995年ではよりバラエティに富んだ重要弁護士のリストから候補者を選出したことに求められるかもしれない。だが、その原因は、シカゴの弁護士数が増加し、その結果どの弁護士も重要弁護士の誰かと偶然に接触する確率が減少したことにも、求めうるであろう。弁護士一人一人が、全体の中のより狭い範囲の弁護士としか結びつきを持たなくなるであろう。実際、その範囲は、弁護士の業務環境と彼らが働いている顧客層とによって、ますます規定されてくるであろう。それゆえ、宗教的所属と党派政治的立場は、1995年のネットワークを組織化する上では、［1975年に比べて］より重要性が低いように思われる。

　だが、我々は、この点を強調しすぎるべきではない。仕事は、明らかに、物語のすべてではない。すなわち、リベラルなセクターの独自の存在が明らかにしているように、それは、ネットワークの構造を生み出す唯一の変数ではない。貧困者に対する法的サービスもそれらの弁護士を結び付けた可能性があるとはいえ、市民的権利と妊娠中絶を含む政治的争点が、その関係者層を規定する主要な力であると思われる。対照的に、事実審専門弁護士セクターの底辺にある政治家の小さなクラスターは、イデオロギーよりも、主として仕事と顧客のタイプで規定されている。それらの政治家には、共和党支持者と主流派組織の民主党支持者が入り交じっている。明らかに、これらの目的［仕事と顧客］のためには、これらの2つのカテゴリー［政治的党派］の間の違いは、重要ではない。これらの重要弁護士（そしておそらく彼らの関係先）に共通しているのは、彼らが政府の顧客（主として州や地方）のために働いており、政府の部局や職員に対してより優れたアクセスを有することが重要性をもつプロジェクトに関して働いていたということである。そのようなプロジェクトには、債券発行、不動産開発、地域地区規制（zoning）、そし

て訴訟において政府が被告となった際の弁護などが含まれる。そのような重要弁護士の多くは、かつて政治的職務に就いていた者である。

　ネットワークの特性に関してより注目すべき変化のひとつは、共和党支持者が事実審専門弁護士の領域に移動していたことである。上に述べたように、1975年のデータでは、その領域は主流派民主党支持者によって占められていた。『シカゴの弁護士』では、次のように述べられていた（Heinz and Laumann 1982, 314）。

　　事実審専門弁護士／CBAの領域は、主流派民主党支持者と明らかな政治的な結びつきを有している。弁護士界におけるこの領域の影響力の主たる源泉のひとつが、市政府やカウンティ政府の資源を動員し、市当局の権力の範囲で与えうる便益を確保する能力にあるというのは、十分にありうる。

　1995年における変化は、おそらく、主流派民主党組織の命運がシカゴで低下し、州知事のポストを共和党が握るようになったことに原因がある。初代デイリー市長が1976年に死去し、1970年代後期から1980年代にかけて、［主流派民主党］組織は選挙で立て続けに敗れた。市長選では、組織が立てた候補者を挑戦者（Jane Byrne）が破った。シカゴでは最初の黒人市長（Harold Washington）が選出された。そして、黒人の政治勢力が分裂した後に、二代目デイリー市長（Richard M. Daley、故デイリー市長の息子）がリベラル派からの支持を受けて選出された。その間一貫して、共和党が州知事ポストを握り続けた。図10.3の中で「Rainey」となっている弁護士は、1977年から1991年まで知事を務めており、彼とその弟子たちは、事実審専門弁護士の領域の底辺近くに見られる。古い民主党組織の力が衰えていくにつれて、共和党は、市中心部のビジネス界の利益に関する自己の伝統的地位を再び主張したが、その利益とは、法律プロフェッションにおいて常に強い力を持ってきたものであった。

　したがって、ネットワーク構造における主要な変化は、政治的文脈における相違と、弁護士サービスの市場における変化とによって、引き起こされたように思われる。1975年のネットワークでは、黒人や女性の重要弁護士はほんの一握りであって、彼らはネットワークのきわめて限られた場所に閉じこめられており、そのことは、こういった特徴［黒人であることと女性である

こと］が特に突出していたことを示していた。1995年のデータでは、マイノリティや女性の重要弁護士が大きく増えており、いまだ上半分（企業弁護士の領域ではない）に限られていたとはいえ、双方とも空間の広い範囲に分布していた。各人のパーソナリティのような、重要弁護士の個人的に特異な特徴は、ネットワーク上の位置を決するに当たっては、所属組織、顧客の性格、あるいは州や地域の政府における自分の運をともに掛ける政治家が誰であるのか、といったことに比べれば、役割は低いように思われる。重要弁護士がどこに位置するかは、一般的な構造要因によって、きわめて説得力をもって説明可能である。

　ネットワーク構造は、弁護士界内部における政治にとって、より広範な重要性を有するかもしれない。3つの明確なセクターがあり、それ未満でもそれを超える数でもないという事実は、弁護士界の凝集性の程度に関して意味がある。すなわち、弁護士界内部でのコンセンサスの程度と、セクター間の折り合いと取引の可能性に関する意味である。もし明確に定義されるクラスターがかなり多ければ、協調的行動は、おそらくより困難であろうし、もしネットワークがより統合されていたならば、コンセンサスや共通行動は、より可能性が高いであろう。それに加えて、3つのセクターの配置も重要である。この構造は、必然的な形ではない。たとえば、3つのセクションが横1列に並んでいるのを発見することもあり得ただろう。その場合は、その列の両端の関係先集団は、互いに関わりを持つことが少なくなることが、示唆されただろう。おそらく、リベラル派と企業弁護士は互いに敵対し合っていて、リベラル派が一方の端に位置しており、企業弁護士が反対の端に位置していて、弁護士会のリーダーたちは真ん中に位置していたであろう。その場合は、彼らが調停者の位置に立ったであろう。［実際には］そうではなく、我々が見出したのは、CBAとISBAの会長が個人被害専門弁護士や刑事弁護専門弁護士という関係先集団にしっかり埋め込まれていたということである。このことが示すのは、彼らがそういった利益集団と協調しているということである。それゆえ、ネットワーク構造が示しているのは、弁護士界でのリベラル勢力は、弁護士会のリーダーの介入をまたずして、企業弁護士のセクターと折り合いをつけ、理解し合うことが可能である（そして、おそらく実際にそうしている）ということである。同様に、流動的な連携関係の中で、企業セクターは独自に事実審専門弁護士たちと駆け引きしているかもしれないし、事実審専門弁護士たちは自分から他の2つのセクターに手を伸ばしているかも

しれない。あるいは、おそらく最もありうることだが、3つのセクターの各々は、単純に我が道を行くことを選択していて、自分たちにとっての課題を追求し、他のセクターの活動にはほとんど無関心のままであるかもしれない。ほかのセクターのしていることに関心を持つことなく、単にそれぞれが我が道を行くことを選んでいるのかもしれない。したがって、ネットワーク構造は、弁護士界の統合——あるいは、より可能性が高いものとして、統合の欠如——に対する意味を含んでいるのだ。[20]

（訳：藤田正博／ふじた・まさひろ）

＊20 （訳注）原書では本章に付録があり、1995年の調査で取り上げた65人の重要弁護士のプロフィールが掲載されているが、本訳書では省略する。

■第11章 |||||||||||||||||||||||||||||||||||||||||||||||||||||||||||||||||||||||||||||||||||

満足できるプロフェッションか
（キャスリーン・E・ハルとエヴァ・A・ハーターとの共著）

　法律プロフェッションは士気低下の危機に蝕まれているという認識が、広く行き渡っている。イェール・ロースクールのディーンは、この危機を次のように特徴づけた。「それを生み出したのは、その生活を送る者に満足感を与えることができるという弁護士生活の能力に対する疑念の高まりである。弁護士が物質的に恵まれていることの陰に隠れているが、精神的な危機がプロフェッションとしての誇りの根幹を揺るがしているのである」(Kronman 1993, 2)。そういうわけで、その苦情は、弁護士の倫理、利他性、およびプロフェッショナリズムが衰退してしまったというだけのものではなく、この衰退によって弁護士が自分の業務に不満を抱くようになってしまったというものなのである。

　少なくとも過去一世紀の間、プロフェッション内部の批判者は、弁護士界の堕落を嘆いてきた (Gordon 1988)。あらゆる世代の弁護士が、彼らが弁護士になる直前に弁護士界の黄金期があった、と考えているように見える(だが、すぐわかるように、彼らは決して因果関係に関する推論を行おうとしないのだ)。1907年に年長の方のジョン・ドス・パソス (John Dos Passos、同名でより有名な作家の父で弁護士) はこう観察した。「弁護士は人々の前で威信を失い、成功の手段としてあらゆる種類のいかがわしい資質の修得にいそしむ、単なる商業的代理人——言いなりになる便利な仲介人——という魅力のない姿をさらしている」(Dos Passos 1907, 33)。ドス・パソスが言うには、プロフェッショナリズムの「アウグストゥス帝時代」は戦争——つまり南北戦争——以前のことであった (Dos Passos 1907, 31)。破滅に向かう行程は、どうやら長くゆっくりしたもののようである。

　大衆紙と専門紙はいずれも、弁護士界における燃え尽き、キャリア放棄、および一般的に広がるさまざまな絶望感に関する記事を特集してきた。ロサンジェルス・タイムズの見出しにはこうある。「弁護士の生活は悲惨だ。自

314 第Ⅲ部　弁護士の生活

分の職業を憎悪する弁護士が増えている、と調査により判明」(Dolan 1995, A
1)。その記事はこうだ。「ランド研究所が昨年出した調査結果によると、カ
リフォルニアの弁護士は法というものについて『ひどく悲観的』であり、生
まれ変わっても弁護士になることを選ぶと答えたのは半数だけであった。
1992年にカリフォルニア・ローヤー誌が実施した調査では、回答した弁護士
の10人中7人が、機会があれば転職するつもりだと述べている」。ヴァンダー
ビルト・ローレビューに掲載された刺激的な論文の中で、ある法学教授は、
アメリカの法律プロフェッションを「この世で最も不幸かつ不健康なものの
一つ」と位置づけ、「弁護士は全米で最も意気消沈した人々の中に含まれる
ようだ」と観察した(Schiltz 1999, 872-74)。こういうのもある。「フロリダの
調査では、ほぼ3分の1の弁護士が週に一度抑鬱を感じると回答しており、
ノースキャロライナで実施された大学の調査によれば、州内の弁護士の11%
が少なくとも月に一回自殺を考えている」(Muir 1995, 16)。

　たぶんシカゴの弁護士は特別なのだ。1995年調査では、回答者の84%が自
分の仕事に満足している、または非常に満足していると回答した——どちら
でもないはおよそ10%、不満であるは5%、非常に不満であるはわずか1.6%
だった——。以下では、特に性別、人種、業務環境による弁護士間の差に注
意して、その調査結果を分析する。ただし、この調査結果は、一般的な見方
とも、比較的低い回答率のサンプルに依拠した一部の研究とも矛盾するので、
シカゴの調査結果が実はほとんどの学問的文献と一致しているということを、
先に指摘しておくのが重要だと思われる。

1. 職業満足についての研究

　職業満足に関する先行研究が示しているのは、すべての職業において、地
位の違いを問わず、ほとんどの被用者が自分のキャリアに満足しているとい
うことである。グレン・ファイアボーとブライアン・ハーリーが、総合社会
調査(General Social Survey)の1972年から1991年までのデータを分析して得
た知見は、全米の労働者の7人中6人が自分の仕事に「やや」または「非常に」
満足していると回答しており、この比率は20年間にわたって一定していると
いうことであった(Firebaugh and Harley 1995, 87)。女性が家庭と仕事の板挟
みになっていることや、一般に女性の給与と職位が男性よりも低いことを考
えると、女性のほうがより多く自分の職業に不満を抱いているという結果が

第11章　満足できるプロフェッションか　**315**

予想されるかもしれない。しかし、いくつかの研究からわかったのは、自分の職業に対する女性の態度は、少なくとも男性と同じくらい、場合によっては男性以上に、好意的だということであった（Hodson 1989）[*1]。他方で、職業満足度に人種差があることが、いくつかの研究から判明している。ファイアボーとハーリーの分析によると、黒人の職業満足度が低く出ているのは[*2]、主として、黒人女性の満足度が低く、白人女性よりも有意に高い不満を回答していることに原因があった（Austin and Dodge 1992, 579も参照のこと）[*3]。

　年長の労働者は首尾一貫して、年少の労働者よりも高い職業満足度を回答している。これは、男性でも女性でも、黒人でも白人でもそうなのである（Alwin and Krosnick 1991; Felton 1987; Firebaugh and Harley 1995, 45）。ファイアボーとハーリーは平均満足度が一定であることを発見したので（Firebaugh and Harley 1995, 102）、年長の労働者の職業満足度が高いのは、コーホート効果ではなく年齢効果によるものだと思われる[*4]。より新しいコーホートの満足度がより低いのだとしたら、平均満足度の経時的な低下が見られたことであろう。

　業務環境の種類によって差があるとはいえ、先行研究が示しているのは、各々の職業は大体において、似たような問題に直面し、似たような満足を引き出すということである。弁護士もその例外ではない。オーストラリアの弁護士、医師、技師、そして教師を対象とした職業満足の研究では、この４つ

＊1　同様の知見については、Campbell, Converse, and Rogers 1976、Austin and Dodge 1992、Bokemeier and Lacy 1992、およびMottaz 1986を参照のこと。

＊2　黒人と白人の差は、標準偏差のおよそ４分の１であった。Firebaugh and Harley 1995, 99。

＊3　だが、スティーブン・タックとジャック・マーティンは、1985年の総合社会調査と1987年から1989年までの総合社会調査のデータに基づき、黒人の相対的に低い職業満足度は、たいていの場合、黒人労働者と白人労働者の職業観の違いの結果ではなく、むしろ構造的な要因の結果であることを示した。Tuch and Martin 1991, 111-13。

＊4　年齢と職業満足度との間に正の関連性が見られる理由としては、４つの可能性が挙げられる（Firebaugh and Harley 1995, 89）。第１に、年長の労働者の方が上のキャリアを積んでいるため、実際により良い仕事に就いているのかもしれない。第２に、自己選択が起こったのかもしれない。年長の労働者は、ゆっくり時間をかけて自らを快適な状況に振り分けたのである。第３に、期待が年齢とともに衰退したのかもしれない。これが示唆するのは、労働者の期待が彼らの経験と一致するよう調整され、その結果、年長の労働者の期待は「切り下げ」られてしまったということである（Hamilton and Wright 1986, 209-14）。第４に、年少の労働者と年長の労働者は世代が異なり、これらのコーホート効果や歴史効果が期待と満足水準に影響するのかもしれない。だが、これらの命題のうち最後のものは、ファイアボーとハーリーの知見と矛盾するのである。

のプロフェッションがいずれも似たような満足／不満足の傾向を見せること
がわかった（Malinowska-Tabaka 1987）[*5]。

　職業満足について論じるほとんどの文献とは正反対の結論なのだが、女性
弁護士を対象としたいくつかの研究によれば、弁護士界の中では性別が満足
度と有意に関連している。20のロースクールを1983年に卒業した男女を対象
とした調査では、キャリアに関する一般的不満感を表明した回答者の比率が、
男性は15％だけであるのに対して、女性は26％にのぼることがわかった
（Tucker, Albright, and Busk 1990）。スタンフォード・ロースクールの卒業生892
人を対象とした調査では、卒業生は男女を問わず自分の仕事に大いに満足し
ており、全体的な満足スコアに有意な差はないけれども、女性の方が過食、
悪夢、泣くこと、孤独、抑鬱といった症状を報告する傾向が強いことがわ
かった（Taber et al. 1988）[*6]。多くの調査から示唆されるのは、女性は男性が経
験する以上に、仕事上の役割と家庭内の役割との間の葛藤を経験するという
ことであり、その原因は主として、女性の方が家庭内の責任をより重く負担
していることにあるのである（Epstein 1981; Liefland 1986; Taber et al. 1988）。仕
事と家庭が現にぶつかっていたり、将来ぶつかることが予想されたりするた
めに、女性は結婚や出産を遅らせるとか、有給雇用を長期にわたって休職す
るとか、パートタイムで働くといった、男性は稀にしか利用しない様々な対
応策を採用すると言われている。女性の将来の行動と仕事へのコミットメン
トについて雇用者がどのように想定するかによっては、状況がさらに悪化す
る可能性もあるのだ（W. Bielby and D. Bielby 1989）[*7]。

＊5　分析された変数は次の7つである。所得、内面的報酬（intrinsic rewards）、時間配分の
　　指標、社会貢献、威信、キャリア、プロフェッションに対する世間のイメージ。この調査か
　　らはまた、女性弁護士は、男性弁護士の場合ほど「内面的報酬」、「キャリアの上昇」、ある
　　いは「世間の職業イメージ」にこだわっていないことがわかった。Malinowska-Tabaka
　　1987, 464。なおMenkel-Meadow 1989も参照のこと。

＊6　アメリカ法曹協会（American Bar Association）の青年法曹部会（Young Lawyers
　　Division）による後援で実施された調査によると、1984年の時点で、キャリアに関する一
　　般的不満感を回答したのは、女性弁護士が29％であるのに対して、男性弁護士は14％であっ
　　た。1990年のデータでは、男女とも不満が増大しており、女性弁護士は41％、男性弁護士
　　は28％にのぼっている（American Bar Association 1991, 53-54; Lentz and Laband
　　1995; Tucker and Niedzielko 1994）。

＊7　解説者たちによれば、弁護士のキャリアの原型は依然として、仕事に全力投球することが
　　可能であり、また望ましくもある、男性のキャリアをモデルにし続けているのである
　　（Barnett 1990）。
　　　法律プロフェッション内部の性差別とセクシュアル・ハラスメントもまた、女性の間によ

しかしながら、ジョン・ヘイガンとフィオーナ・ケイによれば、トロント
の弁護士を対象とした大規模な調査の結果は、男性弁護士と女性弁護士の間
で全体的な職業満足度に有意な差はないというものであった（Hagan and Kay
1995, 155）。1991年のサンプルでは、692人の弁護士のうち、女性の78.3％と
男性の79.4％が仕事に満足していることがわかった[*8]。ミネソタ・ロースクー
ルの1975年、1978年、1982年、1985年の修了者521人を対象に実施された
1987年の調査では、自分の職業に「不満である」または「非常に不満である」
と回答したのはわずか7％にすぎず、この点で男女間に有意な差はなかった
（Mattessich and Heilman 1990）。ミシガン大学ロースクールの卒業生を対象に
した大規模調査では、卒業生の４分の３以上が「自分のキャリアに全体的に
満足」（Lempert, Chambers, and Adams 2000, 445, table 21）しており、ここでも、
この指標に男女差がないことが判明した（Lempert, Chambers, and Adams 2000,
485-86, table 33）。ニューヨーク・ロージャーナルの後援で行われた調査の結
果も似たようなものだった（Adams 1994）。サンプルはニューヨーク州全体の
弁護士401人であったが、男女間で職業満足度に有意な差は認められなかった。
ただし、労働時間について女性は男性よりも短い時間を回答しており、女性
の方が、仕事が私生活の邪魔になると感じる傾向が強かった。女性弁護士の
ほぼ４分の３が、家庭内で家族が仕事関係のストレスに対処せざるをえない
と答えたのに対して、それが自分の家族に当てはまると答えた男性は55％で
あった。女性弁護士の多数が、キャリアの要請に逆らってでも、子どものた
めに配偶者が費やす以上の時間を充てると回答したが、同じ回答をした男性
弁護士はわずか4％であった。そのサンプルでは、男性の4％と女性の15％が、
キャリアの要請に応えるために子どもを持たないことを決めたと回答してい
る。
　ミシガン大学ロースクールの卒業生を対象とした以前の調査は、デイ

　　り大きな不満をもたらす原因であるかもしれない（MacCorquodale and Jensen 1993）。
　　中西部の州都で女性弁護士220人を対象に行われた調査でも、仕事中に経験した差別、女性
　　であるがゆえの中傷、セクシュアル・ハラスメントの経験などに関する情報が集まった
　　（Rosenberg, Perlstadt, and Philips 1993）。これらの知見には、イギリスの法律プロ
　　フェッション内部の女性の地位に関する調査結果と一致するものがあった（Spencer and
　　Podmore 1982; Spencer and Podmore 1987）。
＊8　業務環境が違っても男女差は一貫してごくわずかであった。1985年のサンプルでは、性
　　別によってはっきりと異なるパターンは何も存在しなかった。だが、トロントでの調査は、
　　集団での自由討論という状況では、女性が男性よりも大きな不満を表明する傾向が強いこと
　　も示唆した。

ヴィッド・チェンバースによるものである。この調査でもやはり、子どもの
いる女性は育児の主要な責任を担い続けることがわかった。しかし、そのよ
うな女性は、子どものいない女性や男性と比べて、自分のキャリアに対して
も、家庭生活とプロフェッショナルな生活の両立に対しても、より大きな満
足を感じていた（Chambers 1989）。この調査は、1976年から1979年の間にロー
スクールを修了した1,000人以上の者に対するものである。チェンバースの
考えでは、女性の複合的な役割が「変化と息抜きを与え、達成感を得ること
を可能にし、どの状況でも問題に取り組む視座を拡大することによって、満
足感を提供するのである」（Chambers 1989, 254）。アメリカ法曹協会の女性弁
護士委員会（The ABA Commission on Women in the Profession）も同様に、子ど
もを持つことが女性弁護士のキャリア満足感を高めることを発見した
（Tucker and Niedzielko 1994, 30-36）。それにもかかわらず、チェンバースが仕
事と家庭の両立について自由回答式で質問すると、女性弁護士は競合する要
請についてたくさんの不平を表明した（Chambers 1989, 265）。要するに、性
別と弁護士の職業満足度との関係について、研究文献では結論が出ていない。
複数の研究が矛盾する調査結果を報告している。性別は満足度と相関しない
という調査結果と、相関するという調査結果があるのだ。さらに、一部の調
査では、家庭と仕事の両立を図ることが女性の幸福に否定的な影響を有する
ことが発見されたけれども、他の調査では反対の結論が出されている。これ
からシカゴ調査のデータを分析するにあたって、我々は、性別と職業満足度
との一般的な相関を見るだけではなく、満足度に寄与する個別的な要因と、
それらの要因に性差があるか否かにも、目を向けることにしよう。

2．シカゴ調査の知見

　すでに触れたように、シカゴの弁護士の大半は自分の職業に満足している
と回答した。回答者は、彼らの総合的な職業満足を、「非常に不満である」
の1から「非常に満足している」の5に至る5段階で評価するよう求められ
た。実務弁護士の間では、4.21が回答の平均値であった。弁護士を対象とし
た過去の調査の一部とは違っているのだが、職業満足に関してこれまで行わ
れた大半の学問的調査と同様、シカゴ調査では、総合的な職業満足に統計的
に有意な性差は見られなかった。女性は5点尺度で平均値が4.13であり、男
性の平均値は4.24であった。女性の42％と男性の46％が、自分の仕事に非常

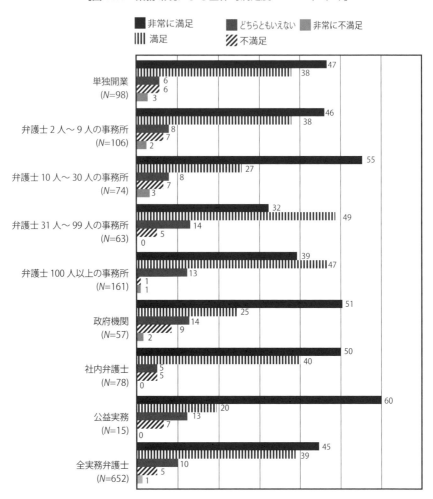

【図 11.1　業務環境による全体的満足度　1995 年（%）】

注：実務弁護士の 1.4% のみが自己の仕事に「非常に不満足」であったが、実務を行っていない者では 3% がそうであった。

に満足していると回答した。非常に不満であると回答したのは、女性がわずか 2%、男性は 1% だけであった。しかし、性別以外のカテゴリーで弁護士を分けると、いくつかの大きな差が見られた。驚くことではないのだが、たとえば、1994 年に 12 万 5000 ドル以上の所得があった弁護士はサンプル中 178 人

だったが、その中で不満足または非常に不満足であったのは2人だけであった。他方、所得が6万ドル未満の弁護士の中では、およそ13％が不満足または非常に不満足だったのである。職業満足に関して、年齢はさらに強い効果を有している（もちろん、年齢効果の一部は、年長の弁護士の方がより高所得である傾向が強いという事実に起因するのかもしれない）。55歳を超えた年齢の回答者は、誰も不満足と答えていない。きっとこれは、少なくとも部分的には、自己選択によるものだろう。56歳以上になるまで実務を続けてきた弁護士は、自分の運命に相当な幸福を感じている可能性が高いのだ。最も若い35歳以下の弁護士の中では、6％がすでに不満足だと答えている。36歳から45歳の年齢区分（パートナー昇進の決定が行われる段階）に入る弁護士は、不満足である可能性が最も高いのだが、不満足または非常に不満足であったのは11％だけであった。[*9]

　雇用状況による差も存在する。規模が大きな法律事務所のカテゴリーが2つあるが、これらのカテゴリーに属する弁護士が「非常に満足している」と回答した比率は、その他の業務環境のどのカテゴリーよりも低いのである。しかし、大規模法律事務所では、不満足だと回答した弁護士の比率も著しく低い（**図11.1**）。したがって、大規模法律事務所の職業満足度は相対的に中程度だと特徴づけられるかもしれない。「非常に不満である」という値の比率が最も高いのは単独開業弁護士であるが、その比率の実態はわずか3人の回答者なのである。政府内弁護士は不幸である可能性が最も高い。彼らの11％が不満足または非常に不満足だと回答した。しかし、公務員は給与が低いので、不満足は所得の差が反映したものなのかもしれない。女性弁護士は政府勤務である比率が比較的高い（女性回答者の18％が政府勤務であったが、男性は6％だけ）から、女性の総合的な満足度が男性と比べて有意に低くはないという調査結果は、いっそう注目に値する。もっとも、政府内弁護士の大多数が自分の仕事に満足していることに、注意してほしい。結局、スコアが相対的に低い業務環境ですら、大半の者に満足のいく仕事を提供しているように思われるのだ。

　女性の職業満足度は男性と同じかそれ以上であるという一般的な知見を説明するために、少なくとも4つの一般的な説明が、研究文献の中で提出されてきた。準拠集団の違い、（期待を重視する）相対的剥奪、（先述したチェンバー

＊9　年齢と満足度との二変量相関は .147 ($p < .001$)である。

【図 11.2　性別による平均満足度スコア　1995 年】

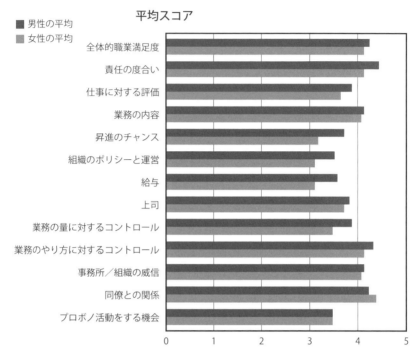

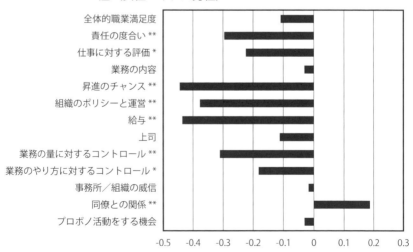

* $p < .05$（t 検定）　　** $p < .01$（t 検定）

スが仮定したような）役割副次効果、そして男性と女性は自分の仕事を評価する側面が異なるという主張である。第1の説明が示唆するのは、自分の置かれた環境を評価する際に、女性は通常自分と他の女性を比較するということである（Crosby 1982; Hodson 1989; Loscocco 1990; および Varca, Shaffer, and McCauley 1983）。だが、カーリン・ロスコッコとグレナ・スピッツェは、準拠集団の選択を決定づける組織的文脈の重要性を指摘した（Loscocco and Spitze 1991）。ブルーカラーの女性は、より男女の釣り合いがとれた業務環境に移ると、自分を同僚の女性とだけではなく同僚の男性とも比較し始めるために、女性はより低い期待を抱いたり、自分は一定の結果や労働条件に値するのだと感じたりしながら仕事にアプローチするので、満足度が高いのだと、フェイ・クロスビーは示唆した（Crosby 1982）。しかし、ランディ・ホドソンによれば、より低い期待が女性の満足度の根底にあるという主張を裏付けるものは、何も見つからなかった（Hodson 1989）。チェンバースの調査は、家庭内の役割への満足が「波及」して女性の職業満足が増大するという考えを裏付けるもので、クロスビーもこの説明を認めている（Crosby 1987, 39-40）。しかし、ホドソンとロスコッコによれば、それを支持する証拠はほとんど見つからなかった。キャリー・メンケル＝メドウは心理学の著作を引用し、「男は『垂直的に』野心的であって、ヒエラルキーの階段を登ろうとするが、女性は『水平的に』野心的であって、多様な関心——仕事、家族、友人——を同時に追求しようとする」と示唆する（Menkel-Meadow 1989, 227）。また複数の学者が、女性は仕事のさまざまな特性に対して、男性とは異なった評価を行うのだと示唆している（Bigoness 1988; Martin and Hanson 1985; Murray and Atkinson 19871; Neil and Snizek 1988）。この最後の主張について、シカゴ調査のデータの一部を使って検討しよう。

　全体的な職業満足度について尋ねた後で、シカゴ調査では、回答者の業務環境のより個別的な属性について一連の質問が行われた。回答者は、自分の業務の12の側面の各々に対する満足度を（「非常に満足している」から「非常に不満である」までの同じ5点尺度で）評価するよう求められた。すなわち、責任の度合い、仕事に対する評価（recognition）、業務の内容、昇進のチャンス、俸給、上司との関係、業務の量に対するコントロール、業務のやり方に対するコントロール、同僚との関係、プロボノ活動をする機会、所属する組織の威信、そして所属する組織のポリシーと運営である。これら12の指標中11について、女性回答者の満足スコアは男性よりも低い（**図11.2**）。12中の8つに

ついて、男性と女性の差は統計的に有意であるに十分なほど大きい。女性が男性よりも満足している唯一の有意な変数は、同僚との関係に関するものである。これらの調査結果が示すのは、満足している働く女性にまつわるパラドクスの一種である。すなわち、自分の仕事の個別的な側面のほとんどについて男性弁護士よりも満足していないにもかかわらず、全体的な職業満足度について、女性弁護士は男性弁護士と同等の満足度を報告するのである。

これらのより個別的な職業満足要素に対して、男性と女性は異なる重みを与えるのかと問われるかもしれない。もしそうならば、全体的な満足度スコアを予測するためにより詳細な変数が用いられた場合、その予測に最も大きな寄与をする要素が男女で異なることがわかることであろう。しかし、これが事実であるようには思えない。高い満足度スコアをモデル化した多変量解析において、女性の全体的満足度評価が男性の場合以上に個別的要因によって大きく影響されるという証拠は、存在しなかった（Hull 1999b）[*10]。だが、いくつかの関連した指標においては、男女間の有意な差が見いだされた。男性はプロフェッショナルな自律性を女性よりも高く評価するように見える。注24の本文を参照せよ。

すでに指摘したように、いくつかの研究が示すところでは、法の世界における女性のキャリアは、育児をはじめとした家庭の心配事によって悪影響を及ぼされる可能性が高い。仕事の要求と家族のニーズの両方を満たすのに困難を見いだす弁護士は、自分のキャリアの選択により不満を抱きがちであり、そうした葛藤は女性の方がより頻繁に認識するかもしれないというのは、確かにありうることである。そういうわけで、1995年のシカゴ調査では、個人的ないし家族的な優先事項と業務の間の潜在的な葛藤に関する一連の質問が回答者に与えられた。質問は5組の対称文で提示され、回答者はどちらの文により強く賛成するかを5点尺度で示すよう求められた。5組のうち3組に対する回答は、全体的満足度スコアと有意に相関した。これらの質問の1つは、「私のキャリアを計画する際、個人的ないし家族的な考慮事項に基づいて職業を選ぶことは、私にとって必要ではなかった」のか、それとも、「私

[*10] ほとんどの回答者が「満足している」または「非常に満足している」と回答したことで、全体的満足度の分布は大きく歪んでいる。そのため、線形回帰はこれらのデータを分析するのにふさわしい方法ではない。この問題は、ロジスティック回帰を使って総合満足度を二値変数として扱うことで解決された。回答者は、「非常に満足している」かそうでないかのいずれかとしてカテゴリー分けされた。

に開かれていたキャリアの選択や機会は、個人的ないし家族的な考慮事項と調整する必要性によって制限された」のか、というものであった。自分の経験に近いのは、キャリアと個人的な要求とが衝突しなかったという最初の選択肢だと述べた回答者は、高い職業満足度を表明する傾向が有意に強かった[11]。「依頼者に対する責任」という言葉で言い換えられた同様の質問に関しても、相関はあまり強くなかったが同じ傾向が観察される。選択肢は、「私の依頼者に対する責任を果たすため、家族や友人との個人的な関係の質を犠牲にすることが私にはときどき必要であった」のか、それとも、「私の業務と個人的な生活との競合する要求を釣り合わせることが可能であり、一方が他方に干渉することはめったにないことがわかった」のか、というものである。予想されるように、後者の選択肢はより高い満足度と関連している[12]。満足度と有意な相関が見いだされた3組目は、次の対称文である。すなわち、「重要な締め切りが迫っているとき、私は依頼者や事務所のニーズに応えるために超過勤務をいとわない」のか、それとも、「配偶者、子ども、あるいは身近な人々と一緒にいられないというのであれば、たびたび超過勤務をする気にはならない」のか、である。より進んで超過勤務を行うと答えた回答者は、より満足している傾向があった[13]。したがって、3つの質問のすべてについて、自分の職業と個人的な環境との間に葛藤を覚える傾向がより小さかった回答者は、満足を表明する傾向がより大きかった。残りの2組の対称文は、一泊旅行の回避をテーマにしたものと、結婚したり子どもを持ったりするか否かに関する決定に対するキャリアの影響をテーマにしたものであったが、いずれも全体的な職業満足度とは有意に相関していなかった。

　これら5つの質問のうち2つについては、男女の回答に統計的に有意な差があり、3つめの質問にはぎりぎりの有意性のある差がある。女性は、自分のキャリア選択や機会が個人的または家族的な優先事項によって制限されてきたと回答し[14]、また、結婚したり子どもを持ったりするか否かについての自分の決定がキャリアの考慮によって影響されてきたと答える傾向が、男性よりも強かった[15]。ぎりぎりの有意性がある変数は、超過勤務をする意欲に

---

*11　ピアソン相関= .13、$p < .001$、両側検定。

*12　$p < .02$。

*13　$p < .01$。

*14　T検定で、$p < .03$。

*15　T検定で、$p < .001$。

関わるものである、男性の方が若干、超過勤務が家族のニーズと衝突すると感じる傾向が低いように思われた。[*16]

　だが、子どものいる回答者を子どものいない回答者から区別すると、はるかに目立つパターンが見られる。子どもがいる弁護士の場合、5つの変数のうち4つについて性差が強く有意である。(そうでない唯一の変数は、「……依頼者に対する責任を果たすため……個人的な関係の質を犠牲にすることが……ときどき必要であった」か否かに関するものである)。他方、子どものいない弁護士にとっては、これらの変数のどれも有意な性差は存在しない。このことが示唆するのは、性別と子どもの有無との間の交互作用効果である。親である弁護士の間では、女性の方が男性よりもはるかに、家族に対する義務と仕事上の要求との間の葛藤を覚える傾向が強かった。しかし、子どものいない弁護士の間では、これらの葛藤を覚える傾向は両性で等しかった。

　これらの調査結果が提起するのは、存在し続ける問題の、さらにもう一つのバージョンである。つまり、性差は、それがこれらの変数について現れるときに示しているのは、女性の方が仕事上の要求と家族に関する要求との間の葛藤をより覚えやすいということであり、おそらくは、これらの競合する要求の釣り合いを取ろうと試みることで、女性の方がストレスをより経験しやすいということであるのだが、そうであるならばなぜ、女性が報告する全体的な職業満足度は男性のそれと有意に異ならないのだろうか、ということである。たぶん、全体的な職業満足度に関する質問があまりにもおおざっぱすぎて、現実の性差を捕捉することができないのである。法実務に対する男性と女性の態度の差が現れるのは、シカゴ調査がいくらか異なった質問——回答者は「たとえもう一度やり直さなければならないとしても」弁護士になることを選んだであろうか——を行ったときである。

　弁護士の84％が自分の仕事に「満足」または「非常に満足」していると答えたけれども、もう一度弁護士になることを選ぶだろうと答えた者はいくぶん少なかった (77％)。これは、トロントの弁護士を対象としたヘイガンとケイの調査結果と類似している (Hagan and Kay 1995)。彼らの調査の回答者は次のように問われた。「選択できるとしたら、あなたは同じ職業にまた就くでしょうか」。1985年の調査では、女性の78.7％と男性の77.7％がそうするだろうと答えた。1991年の調査では、女性の74.4％と男性の75.8％がそう答

---

　*16　T検定で、$p < .06$。

326　第Ⅲ部　弁護士の生活

えた（169, table 7.1）。だが我々は、ヘイガンとケイが発見したよりも大きな性差を見いだした。1995年のシカゴ調査では、男性弁護士の79%が再び弁護士になることを選ぶだろうと答えたが、そう答えた女性は71%だけだったのである。[*17] この質問に関しては、いくらかの民族宗教的な差も見つかった。再び弁護士になることを選ぶであろう回答者の比率は、北欧系の人々の間で最も高く（85%）、ユダヤ人の間で最も低い（71%）のだ。したがって、このことは、より恵まれていそうなカテゴリー——男性と北欧系——に属する弁護士は、法律プロフェッションの内部で幸福を感じる可能性が高いのに対して、差別をより経験しそうなカテゴリー——女性とユダヤ人——に属する弁護士は、自分のキャリアの選択を考え直す可能性が高い、という仮説の証拠として、解釈してよいかもしれない。だが、我々はこの不幸の程度を誇張すべきではない。より恵まれていないグループにおいても、71%の弁護士が再び同じキャリアを選ぶであろうと答えているのだ。

　もちろん、人が自分の職業に「満足」を抱いていたり、大部分で幸福に感じたりしていながら、別の職業の方がさらにやりがいがあったかもしれないと感じることは、まったくありうることである。この種の質問は、夢見ることへの招待である——むしろ哲学者や、家具職人や、ロックスターになることを選んだかもしれないのだ——。[*18]

　しかしながら、満足についての質問とキャリアの選択についての質問の両方に対する回答が、自分自身を成功者として提示したいという回答者の願望によって、尺度の正の側に偏るというのも、またありうることである。回答者は、自分が貧しい選択をしたことを、他人や自分自身に対して認めたくないのかもしれない。しかし、我々の調査は、本章の冒頭で引用した新聞記事と同様、表明された満足や不満だけを対象としている。

　1995年のシカゴ調査は、これらの表明された感情と弁護士の実務の文脈との関係に関するデータを収集した。回答者は、彼らの業務の特性に関する9組の対称文を与えられて、5点尺度で自身を位置づけるよう再び求められた。これらの質問に対する回答の分析の一部は、第5章で提示した（**図5.5**の検討）。

---

*17　$\chi^2 = 4.7$, 1 df, $p < .05$。

*18　ニューヨーク・タイムズ紙が掲載したレーンクイスト（Rehnquist）合衆国最高裁判所首席裁判官のインタビューにはこうある。「問：合衆国最高裁判所首席裁判官になっていなかったとすれば、他のどんな仕事に就きたかったでしょうか。答：建築家か交響曲の指揮者です」（D. Smith 2004）。

第11章　満足できるプロフェッションか　**327**

そこで述べられたように、対称文の1つはこうであった。「私の実務の性質上、受け持ちたくない依頼者を受け入れることがしばしば必要である」のか、それとも、「実務の過程において、私は自分がどの依頼者を代理するかを選択するかなり広い裁量を有している」のか。驚くべきことではないが、この質問に関しては、依頼者の選択についてより大きな自由度を持つと答えた弁護士の方が、高い職業満足度を表明する傾向が強かった。[19] 9つの変数のうち5つが全体的な満足度と相関している。それら5つのうち3つ（依頼者の選択に関する変数を含む）が自律性の何らかの側面に関わっている。つまり、自分の業務の環境に対する個人的なコントロールである。自律性に関するもう1つの質問は、次の2つの選択肢から選ぶよう回答者に求めた。「私が追求する戦略は、ほとんど私自身が設計し執行するものである」のか、それとも、「私は他の人々と協力して、自分の業務の戦略を設計し執行する」のか。自分自身は最初の選択肢により近いと答えた回答者の方が、自分の職業に満足する傾向が有意に高かった。[20] 3つめの自律性に関する変数はこうである。「私の実務分野の好きなところの一つは、誰かに監視されたり仕事を指示されたりせずに、私がやりたいことはほとんど何でもやれるところである」のか、それとも、「私の法実務では、私の業務の性質についてある程度緊密な指導を行うより上位の弁護士と一緒に働く」のか。より高い満足スコアを有する回答者は、やはり、より大きな自律性を示す傾向が強かった。[21] そういうわけで、自律性は、表明される満足度と関連しているように思える。

職業満足度と相関する他の2つの変数は、回答者の実務分野に関係する法の変化の速さと、彼らの仕事がどの程度弁護士の独占領域であるかに関わるものである。前者はこうである。「私の分野は、大量の法律文書を読まなければ新たな発展についていくことができない」のか、それとも「私の法分野ではものごとがあまり素早く変化しないので、私の知識と活動を絶えず修正する必要はほとんどない」のか。この変数に関しては、後れをとらないよう法律文書を読む必要があると答えた弁護士の方が、高い満足度を表明する傾向が強かった。[22] おそらく、「私の分野ではものごとがあまり素早く変化しない」と答えた弁護士は、自分の業務は退屈か繰り返しが多いと感じたのだ。

＊19　ピアソン相関 ＝ .147, p < .001, 両側検定。
＊20　ピアソン相関 ＝ .094, p < .02, 両側検定。
＊21　ピアソン相関 ＝ .143, p < .001, 両側検定。
＊22　ピアソン相関 ＝ .10, p = .008, 両側検定。

残っている有意な変数は、これである。「私の実務の種類と内容は、素人では教育がある者でも十分に書類を理解したり準備したりできないようなものである」のか、それとも、「私の法分野では、手続と文書の多くを取り扱えるようパラリーガルを訓練することができる」のか。最初の選択肢により近いと答えた回答者は、より高い満足スコアを有する傾向があった。[23] そういうわけで、自分の仕事がより純粋にプロフェッショナルである——すなわち、それが特別な技能と秘儀的な（arcane）知識を要求する——と信じている場合に、弁護士は自分の業務がより満足のいくものだと感じるのかもしれない（第4章におけるアボット（Abbott）の「プロフェッショナルの純粋性」に関する検討を参照）。

　これらの変数における性差を検討すると、自律性に関する3つの指標のすべてについて、しかもそれらについてだけ、男女の回答者に有意な差があることがわかる。[24] 3つの指標のすべてで、女性は自分の業務における自律性を男性よりも低く報告している。これらの変数は全体的な満足度と相関しており、しかも、女性は低い自律性を報告しているので、なぜ女性は男性と同程度の職業満足度を報告するのかということをめぐる疑問が、再び発生することになる。その答は、女性が自律性に置く価値が低いということかもしれない。これら9つの変数と満足度との相関を男女別に計算することによって、相関に性差があることがわかる。男性にとって自律性に関する指標は有意な変数であるが、女性にとってはそうではない。[25] したがって、女性が自身の全体的な職業満足度を評価する場合よりも、男性がそうする場合に、自律性は強い役割を演じるように見える。

　女性が報告する自律性の程度がより低いこと——そしておそらく、女性が自律性に置く価値がより低いこと——は、女性はローファームに勤めたり、

---

*23　ピアソン相関 = .09, p = .02, 両側検定。

*24　顧客選択に関する変数については、χ^2 = 12.2, 4 df, p < .05。上位者による指示や監督に関する変数については、χ^2 = 30.2, 4 df, p < .001。また、戦略設計における独立性に関する変数については、χ^2 = 21.4, 4 df, p < .001。弁護士が処理する問題がどの程度「純粋に法的な問題の範囲を超える」かに関する別の変数については、男女間の差は統計的有意性の標準的な5%基準にほんの少し及ばない。しかし、法の枠を超えた問題を処理すると答える傾向は、女性の方が若干強いようである。

*25　男性回答者の間で満足度と有意に相関した2つの変数は、依頼者の選択（p < .001）と、年長者による指令を扱う変数（p < .01）である。女性の間で有意な2変数は、担当する法分野の変化の迅速さに関する変数（p < .05）と、担当する業務でもっぱらプロフェッショナルな専門知識がどの程度要求されるかということに関する変数（p < .05）である。

単独開業弁護士として働いたりするよりもむしろ、政府、企業、その他の大きな組織の被用者として働く傾向が強いという調査結果と一致している（第3章と第5章を参照せよ）。実務弁護士全体の27％が女性である一方で、政府内弁護士の56％と、企業内弁護士として雇われている人々の47％が女性である。女性はまた、平均的に男性よりも若く、そのため自己のキャリアのより初期の段階にいるので、自律性に寄せる期待が男性よりも低いのかもしれない。しかし、女性も少なくとも男性と同じくらい、より大きな自律性を持ちたいと願っているように見える（**図11.2**の「業務の量のコントロール」と「業務のやり方のコントロール」を参照せよ）。おそらく、より年長になればより大きな自律性を得られると思っている（あるいはそう望んでいる）ために、より若い弁護士の全体的な職業満足に対して自律性の欠如が有するインパクトはより小さいのである。

　人種カテゴリー間の満足度スコアの差は、性差よりも顕著である。シカゴ調査のランダム・サンプルの中にアフリカ系アメリカ人の実務弁護士はほとんどいないけれども、黒人と白人の間の差は統計的に有意なほど大きい。白人の実務弁護士の6％が不満足または非常に不満足であると回答した。黒人でそう答えたのは18％であった。白人の84％は満足している、または非常に満足していると回答した。黒人でそう答えたのは71％であった。[26]アジア系とラテン系の弁護士を黒人に加えてより広い「マイノリティ」カテゴリー（実務弁護士の中でN = 48）を作り、このカテゴリーを白人と比較した場合、職業満足度の差は統計的に有意ではない。

　アフリカ系アメリカ人と白人の間の差の一部は、彼らの業務環境と収入によって説明されるかもしれない。政府内弁護士が平均して最も低い満足度スコアだったことを想起していただきたい。白人の実務弁護士のうち、政府機関に雇われていたのは7％だけであった。対照的に、黒人弁護士は3分の1近く（32％）がそうだったのである。したがって、一部の黒人の負の満足度スコアは、不満をもたらす政府雇用の諸特徴のせいなのかもしれない。それらの特徴の一つはたぶん、政府の仕事が相対的に低賃金であるということであろう。しかしながら、政府内弁護士の間でも、満足度に関する人種差が存在するように見える。サンプルに含まれる白人の政府内弁護士43人のうち、不満足または非常に不満足であるのは2人だけ（5％）であった。黒人の政

---

*26　$\chi^2 = 11.7, 4$ df, $p < .05$。

【図11.3　人種による平均満足度スコア　1995年】

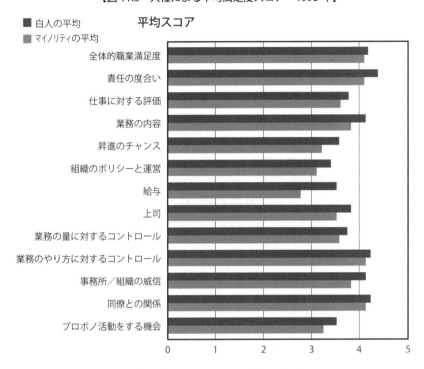

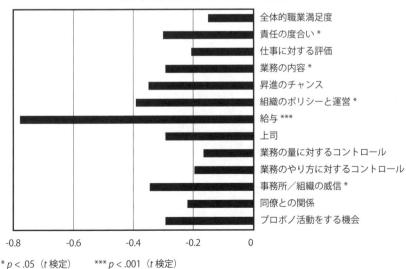

＊ $p < .05$ （t 検定）　　＊＊＊ $p < .001$ （t 検定）

第11章　満足できるプロフェッションか　**331**

府内弁護士は 9 人なのだが、そのうちの 4 人（44％）が不満足だったのである[27]。

　所得の不平等については、第 7 章でより詳細に分析されているが、満足度の差に最も関連する格差を指摘しておこう。シカゴの白人と黒人の弁護士が報告した調査前年（1993-94）の所得を比較すると、白人の36％が 7 万ドル未満の所得を報告したことがわかる。（アジア系、ラテン系、およびアフリカ系のアメリカ人を含む）「マイノリティ」カテゴリーでは、この比率が倍（72％）になる。黒人だけなら、85％が 7 万ドル未満の年間所得を報告したのである[28]。弁護士の仕事の個別の側面に対する満足度を評価する変数について、白人の弁護士とマイノリティの弁護士のスコアを調べると、最大の差が生じるのは、まちがいなく給与についての質問だということがわかる（**図11.3**）。黒人回答者にとっては、より包括的な「マイノリティ」カテゴリーにとってよりも、その差ははるかに著しい。黒人弁護士の平均的な俸給満足スコアは2.61であり、これは白人弁護士と比べてまるまる 1 ポイント近く低いのである[29]。**図11.3**に示したように、これらの変数のうちさらに 4 つについても、白人とマイノリティの間に有意な差が存在する[30]。論点にかかわりなく、白人の満足度は一貫してマイノリティよりも高い。

　男女の弁護士間の所得の差も顕著である（第 7 章を参照せよ）——調査前年に10万ドル以上稼いだ男性の割合は48％であったが、同様な女性の割合は16％であった[31]。この所得の差の一部は、サンプル中の女性が相対的に若く経験が少ないことによって説明されるかもしれないので、我々は性別と実務年数の両方を独立変数として所得を予測する回帰分析を行った[32]。性別と所

＊27　これらのカテゴリーの回答者はごく少数であるため、カイ二乗にイェーツの補正を施した場合にのみ、有意水準をわずかに超える程度の差が出る。$\chi^2 = 7.96$, 4 df, $p < .10$。

＊28　$\chi^2 = 27.7$, 5 df, $p < .001$。この所得の差の一部は、黒人の回答者が平均すると白人の回答者よりも若干若いという事実に起因している。白人の平均年齢は41.3歳であり、黒人の平均年齢は37.9歳である。T検定は.02で有意。

＊29　T検定で $p < .001$。

＊30　**図11.3**に記載された最後の2つの変数—同僚との関係とプロボノ活動の機会—についての白人とマイノリティの間の差も、5％の統計的有意水準にきわめて接近している。

＊31　$\chi^2 = 63.6$, 5 df, $p < .001$。

＊32　経験はロースクールを出てからの年数によって計算された。卒業以来の単純な年数に加えて、我々はその値の二乗を変数に含めた。経験と所得の回帰は、おそらく直線的というよりも曲線的であろうからである。予想通り、後者の変数は有意に負であった。

得の関係は有意なままであった。[33]**図11.2**は、女性の方が男性よりも、自分の俸給に対する不満を表明する傾向が有意に強いことを示していた。5点尺度で、女性の平均的な俸給満足スコアは3.14であったが、比べてみると、男性は3.58、両性のマイノリティは2.74であった。

　職業満足度と、性別、年齢、人種、所得、そして業務環境といった他の変数のいくつかとの間の関係を整理するために、我々はさらに多変量解析を行った。満足度スコアの分布は高度に歪んだものであった（すなわち、回答者のスコアが尺度の上端に集中した）ので、通常の線形回帰モデルは効果の大きさの妥当な評価を提供しないであろう。そのために、一つの分析では、満足尺度を2つのカテゴリー——非常に満足しているとそれ未満——に分割した。全回答者の45%が非常に満足していると回答したので、これによってサンプルがほぼ同規模の2集団に分割された。そうして我々は、ロジスティック回帰を用いた。それは、二値的な従属変数にふさわしい分析技法である。その結果として作られた多変量モデルでは、人種も性別も年齢も、非常に満足していることの有意な予測変数ではなかった。[34]しかし、所得と業務環境は高い満足と有意に関連していた。大規模法律事務所で実務に就いている弁護士は、他のところで実務に就いている弁護士よりも、高い満足を示す傾向が弱かった。これは、**図11.1**が報告するデータを前提とすれば、期待しうることである。しかし、**図11.1**が示すように、大規模事務所の弁護士の間では不満足の比率もまた小さいことを想起していただきたい。大規模事務所勤務の弁護士の最大多数は、ただ単に満足していると回答しているのだ。別のロジスティック回帰分析を行って、満足度尺度の下端（低い方のカテゴリーには「どちらでもない」「不満である」「非常に不満である」が含まれる）でスコアを予測してみると、業務環境は有意な予測変数ではなかった。その分析では、有意な変数は所得だけであった。そういうわけで、同時に考慮されるいくつかの変数の効果を統制した場合、人種と性別は弁護士の間の職業満足の度合いと有意に関連するようには思われない。しかし、所得は一貫して有意な要因であることがわかる。

---

*33　$p < .01$。
*34　モデルの第2バージョンでは性別と人種の交互作用を含めてみたが、有意ではなかった。

3．弁護士界のハッピーアワーか

　シカゴの弁護士界内部の職業満足度の高さに関する我々の知見は、本質的に、トロント（Hagan and Kay 1995）、ミネソタ（Mattessich and Heilman 1990）、およびニューヨーク州（Adams 1994）の弁護士を対象とした、そして、ミシガン大学ロースクールの修了者（Lempart, Chambers, and Adams 2000）を対象とした、注意深い諸研究の知見と適合するものである。根っからの皮肉屋は、どういう状況にあっても、弁護士は皆本心を明かさないのだと言うだろう。しかし、弁護士が回答した職業満足度の水準は、他の職業と比べて高くはない。弁護士は平均して、他の職種の人々とほぼ同程度の満足を主張しているのだ（Firebaugh and Harley 1995）。いったいどうして弁護士は、車を売ったり歯を治療したりする人々よりも不満を抱いていると期待されるのか、すぐにはわからない。

　シカゴの知見を分析する過程で見てきたように、つきまとう難問の一つは、女性弁護士の全体的な職業満足度は、彼女たちの好ましくない状況（業務環境、所得、仕事と家庭の衝突）にもかかわらず、なぜ男性弁護士と同程度であるのか、ということである。昇進のチャンス、俸給、責任の度合いといった、彼女たちの雇用のより個別的な側面に関する彼女たちの評価を調べると、女性はそれらの職業特性に対して一貫して男性よりも不満を抱いていることがわかる。さらに、女性は男性よりも（大きくではないが）有意に、再び弁護士になることを選ばないだろうと答える傾向があった。だから我々は、男女の職業満足度が同程度であることを誇張しないように注意すべきである。しかし、ここでもやはり、弁護士に関する知見は、より一般的な知見と酷似している。女性の職業満足度は通常、職業環境にかかわらず、男性と同等である——時には男性よりも高い——ことがわかっているのだ。

　寄与している要因としてありうるのは、自己選択である。つまり、不幸な弁護士は現場を去ってしまったのかもしれないのだ。調査の時点で免許を持っていない弁護士は、観察の対象に入らなかった。女性が男性よりも大きな比率で弁護士界を離れるとすれば、それが結果として、弁護士になった者の中から代表性を欠くサンプルの選択を行ったのかもしれない。満足していない男女の中から、女性がより高い比率で抜けた一方で、男性はより多くが

残ったのかもしれない。[*35]

　女性の方が法律プロフェッションから離れることをより容易に感じるというのは、ありそうなことである。社会はたぶん依然として、収入を最大化するよう、女性よりも男性に対してより大きな圧力をかけてくる。したがって、弁護士である母親は、父親よりも頻繁に、より短い労働時間の職に就くことや、おそらくはパートタイムの仕事を見つけることは、容認できることだと感じるかもしれない。それに対して、同様な状況にある父親は、法実務を続けざるをえないと感じるだろう。多くの女性弁護士はプロフェッショナルと結婚しており、その中には夫に家庭の所得に対するより大きな貢献をさせることをいとわない者もいるかもしれない。しかし、女性が実際に法実務から去る傾向がより強いのか否かに関する証拠は、乏しくて一貫していない。ヘイガンとケイによるトロント調査は、「女性は男性よりも離れる傾向が強い」という結論を下したが（Hagan and Kay 1995, 166）、マテシッチとハイルマンが行ったミネソタ・ロースクールの修了者の調査では、女性が男性と同じ比率でプロフェッションにとどまったことが判明した（Mattessich and Heilman 1990, 87-88）。自分のプロフェッションの実務に就かないことを選ぶことができる女性弁護士の割合は、おそらく、まったく仕事をしないことを選ぶことができると感じる女性の割合よりもはるかに大きい。だから、労働市場全体において、法律プロフェッションに属さない男女の被用者が同様な職業満足度を抱いていることは、おそらく、仕事の世界から女性が離れるということによって説明することはできないだろう。このことは、弁護士の間での自己選択に大きな効果を帰属させないよう、我々を用心深くさせるべきだ。[*36]

＊35　第1章で指摘したように、回答者が抽出された母集団には、州の免許を取得したすべての弁護士が含まれており、その中には、引退していた者、失職していた者、別の種類の仕事をしていた者すらも含まれていた。そういうわけで、弁護士がこの母集団から抜け落ちるということが起きるのは、自分の免許が無効になるのを放置した場合のみに限られるであろう。おそらく、他の仕事をしている弁護士の大半は、たとえ保険としてであっても、自分の免許を保持したいと思うだろう。実際、1995年調査の回答者は、その時点で実務を離れていた112人の弁護士を含んでいたが、ここで検討した分析の大半は、実務に就いている675人の弁護士だけを対象にしてきた。調査の設問は現在の職業満足度について尋ねるものだったから、実務に就いていない回答者の分析は、過去の法実務における彼らの満足度を明らかにするものではないだろう。

＊36　実務に就いている回答者をそうでない回答者と比較するならば、男性回答者の9.9%と女性回答者の12.7%が調査の時点で実務に就いていなかったことがわかる。この差は統計的に有意ではない。（この分析の目的のために、裁判官とロークラークと法学教授は、実務に就いているという区分と就いていないという区分の両方から除いた。残りの多様な集団の中

我々が観察してきたように、黒人と白人の間には、全体的な職業満足度について、男性と女性の間よりも大きな差が存在する。ここでも我々は、自己選択（あるいはその欠如）の効果の可能性を考えるべきである。女性弁護士の間での選択の効果を期待させるかもしれない要因の多くは、人種的および民族的なマイノリティにはあてはまらない。女性弁護士にはいくつかの可能な選択肢——他の事業を追求する、パートタイムで働く、夫に依存する——があるかもしれないが、これらの選択肢をマイノリティ集団のメンバーが利用できる可能性はより低い。弁護士になったアフリカ系アメリカ人はしばしば、彼ないし彼女の社会的地位と経済的状況の相当な上昇を達成したのである。その後で法律プロフェッションを放棄し、他の仕事を選ぶことは、しばしば、その達成による便益の多くを捨て去ることを意味するだろう。利用できる他の仕事はおそらく、地位と経済的利益を低下させるものであろう。そうだとすれば、プロフェッションの中で不満を感じている黒人弁護士は、実際的問題として、そこにとどまらざるをえないと感じるかもしれない。その結果、弁護士界の中に不満を感じている黒人弁護士がより大きな比率でとどまっているということになるだろう。したがって、低所得の効果と、より弱い自己選択効果の両方が、より大きな不満感に寄与しているのかもしれない。

　しかし、弁護士の全体的な職業満足度に対して最も強く最も一貫した効果をもたらすのは、性別でも人種でもない。それをもたらすのは弁護士の所得水準である。しかし、人種と性別が所得から独立して有意な効果を持たないと述べることは、女性とマイノリティが、低所得のもたらす悲惨さをその割合に比例した分だけ負担しているにすぎないと述べることではない。彼らは不釣り合いな負担を明らかに負っている。女性とマイノリティ（特に黒人）の弁護士は、白人男性よりも有意に収入が低い。そのため、低所得が不満足と関連する範囲で、女性とマイノリティはその効果を最も感じる傾向が強いだろう。女性と黒人はまた、平均すると白人男性よりも若く、より威信が低い業務環境で雇用されている。回帰分析の教えるところでは、女性、マイノリティ、そして白人男性の職業満足度は、彼ないし彼女が、所得、年齢、および業務環境に関して相対的に有利または不利である程度と矛盾するものではないのだ。

　で男性と女性が占める割合はまったく同じであり、男性16人と女性16人であった。したがって、女性が大幅に過剰代表になっていた。）

しかし、最も顕著な発見は、あらゆるカテゴリーの弁護士が一般的に高い満足水準を報告したことである。アフリカ系アメリカ人の間ですら、71％が満足または非常に満足だと答えたのである。これは常識に反している。弁護士は不幸だという世間の信念は、応報という観念を反映しているのかもしれない。つまり、もし我々が弁護士を卑劣漢だとみなすならば（Galanter 1994）、卑劣漢が苦痛を被る物語は、この世が公正な世界であるという広く浸透した仮説と適合するのだ（Lerner 1980）。

　シカゴ調査の知見が示すのは、弁護士の業務に対する態度は、労働力人口の大半のそれとたいして変わらないということである。良い日もあれば悪い日もある。一部の仕事は他のものよりも魅力がある。しかし、たいていの場合、我々が引きつけられるのは、自分が処理できる仕事であり、不愉快な些事は制限することができる仕事であり、そして結局のところ、自分に一定の充足感を与えるかもしれない仕事なのである。弁護士になる人々は通常、他のキャリアに進む選択肢を持っている。諸々の選択肢を考慮した上で法実務に就くことを選ぶ人々は、ほとんどの場合、その仕事にやりがいがあると感じているように思われるのだ。

（訳：佐藤憲一／さとう・けんいち）

第IV部
変容

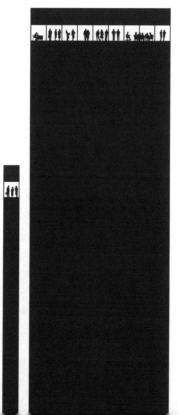

■第12章 |||||||||||||||||||||||||||||||||||||||||||||||||||||||||||||||||||||||||||||||||||||||||||||

変化のプロセス

　弁護士界、弁護士サービス市場、あるいは社会全般におけるどのようなプロセスが、シカゴの弁護士界の中に我々が見出した諸変化をもたらしたのであろうか。弁護士と彼らが働く組織は、単に需要を受け入れて実務の再構築をするのであろうか、それとも、プロフェッショナルな規範あるいは組織のポリティックスが、弁護士界の多様な部分が法実務にあたる方法に影響を及ぼすのであろうか。ローファームの成長は不可避だったのであろうか。ローファームの終局的なサイズには限界があるのであろうか、それとも、ローファームはただ急成長を続けるのみであろうか。法的サービスを提供する組織の大きさは、そのマネジメントにどのように影響するのであろうか。弁護士間の権力関係は変えられたのであろうか。ローファームはビジネス組織のように行動するのであろうか、それとも、プロフェッショナルなサービスを行う組織は、独特のスタイルあるいは文化を明示するのであろうか。異なる人種、ジェンダー、あるいは民族宗教的背景が異なる弁護士は、これらの変化によって異なった影響を受けるのであろうか。これらの問はすべて、本章において取り組まれるが、もちろん、それらに対する答は、より完全あるいは満足しうるものもあれば、そうではないものもある。

　先行する諸章は、1975年と1995年のシカゴ調査のデータをやや詳細に分析して、変化と安定性のパターンを評価しようと努めた。本章は、他の研究者による成果、センサス・データ、法律プロフェッション相手の新聞、それに、ローファームが潜在的なクライアントに自身のことを伝える広告あるいは販促媒体などに依拠しながら、それらの知見をより大きなコンテクストに位置づけようとするものである。本章はまた、将来このプロフェッションが進んでいくかも知れない方向を推測する。本章は、シカゴ調査で得られた主たる知見のいくつかを、3つの繰り返し現れたテーマのコンテクストに位置づけながら振り返ることで閉じられる。それは、自律性、統合、そして成層化で

340　第IV部　変容

ある。

　こうした３つの性質は、ある程度の緊張関係において、相互に作用する。成層化と自律性は、統合と調和しない。もし弁護士がシステマティックな階層に分割されているならば、自分たちを共通の運命と共通の目的をもった共同体として認識するとは思われないし、あるいは、そのように行動するとは思われない。そして、自己の利益や意向を自由に追求しうる弁護士は、まさにそのように行動することを選択するであろう。さらにいえば、弁護士が階層に分割されているとき、自律性は制限される。それは、階層システムが個人の選択や機会を制限するからである。とはいえ、それらの現象のそれぞれが現れる仕方や程度は、弁護士が働いているコンテクストに依存して現れるのである。

　都会の弁護士の大多数は組織で働いており、組織が課した制約に服しており、組織が授ける有利さから利益を得ている。しかし、実務を一人で行っている弁護士が、彼ら自身の運命の主人というわけではない。実際、彼らのプロフェッショナルとしての機会は、大企業によって雇用される弁護士たちのそれよりも、より狭く制限されているのである。その実績がどうであれ、単独開業弁護士や小規模事務所の弁護士は、大企業クライアントを獲得したり、それらのクライアントの役に立つ法分野（証券業務、法人税、複雑な民事訴訟など）で働いたりすることは、めったにできない。大規模ローファームと企業法務部がそのような仕事の市場を支配しているのである。

１．自律性と影響力

　弁護士はしばしば実に強力であると言われるが、彼らの力はどこに存在するのであろうか。公共部門において不均衡なシェアを占めるとはいえ、多くの弁護士は公務員でもロビイストでもなく、彼らは、民間の業務におけるほうがより大きな影響力をもつ可能性を有しているのは確かである。クライアントに対するカウンセラーとして、弁護士は共通に、人々が高い価値を置くものの分配を変える助言を与える。弁護士は、夫婦間の問題を抱える依頼者に離婚を求めるように説得するかもしれないし、そのままでいる（フェルスティナーのいう「我慢する」：Felstiner 1974, 81）ように説得するかもしれない。あるいは不動産開発業者には、ショッピングモールをＡよりもＢのロケーションで建設する方が税の優遇があると、助言するかもしれない。

しかし、弁護士が（そして他のコンサルタントが）結果に影響を与える最も共通の方法は、依頼を拒むことによってである。個人被害（personal injury）事案における潜在的な原告の大部分は、事実上、彼らの事案は弁護士の時間に値しないと告げられる。サラ・パリクが面接調査を行った原告専門弁護士は、持ち込まれた潜在的案件のうち、彼らが受け付けた事案は半分以下であると報告した。「末端」弁護士は平均的に49％を受任しているが、個人被害専門弁護士の中のエリートは、わずか24％を受任したにすぎない（Parikh 2001, 75-78, table 5）。ある大規模ローファームの会長は、我々に対して、潜在的な利益相反のために、彼の事務所はオファーを受けた仕事の3分の1以上を辞退していると語った[*1]。もちろん、依頼者と案件を断ることは、利益にならない場合により多く起きる。たとえば、問題となっている金額が小さい場合や、報酬の支払いに確信が持てない場合である。実際的には、このことが意味するのは、弁護士を失ったときに潜在的依頼者に生じるフラストレーションは、虐待されている配偶者、小物の犯罪者、騙された住宅所有者、怪我をした運転主などに比べて、大企業に影響する可能性はより少ないということである。大きな、力のある依頼者は、通常彼らのオプションについて知っている。彼らは法務サービスの洗練された消費者であり、彼らの目標を達成するように法律家を選ぶ方法を知っているのである。これに対して、弱い依頼者にはほとんどオプションがない。そのため彼らはより柔順であり、説得に従いやすい。弁護士は彼らをいいように扱う。しかし、銀行員、会計士、コンサルタント、建築業者などと依頼者との関係も、ほとんど同じである。

　大きな事案ほど重要であるに違いないと考える傾向があり、したがって、そのような事案を扱う弁護士も重要であるに違いないと考える傾向がある。もし十分な資金が関わっているのであれば、その取引は世界を変えるようなものだと想定されるのであって、弁護士はそれをもたらすのであるから重要人物なのである。しかし、実は多くの人々がそれをもたらしうる。投資銀行家、ベンチャー資本家、保険業者、取締役会、執行役員、エンジニア、建設会社、船会社、製造業者、そして、あるいは、そうした取引が依存している科学者らがそれである。弁護士は、監護権、あるいは犯罪、あるいは政治的

---

　*1　この推定は、ワシントンの著名弁護士であるロイド・カトラーによるものと実によく似ている（Cutler 1978, 1549）。

難民の事案に比べると、企業取引において独自の役割を果たす可能性は少ない。前者においておそらく、弁護士の役割は、終局的な結果に対してより大きなインパクトをもつのである。

　自己の進路を考える際に、他の弁護士より高い自律性を有している弁護士が存在する。すでに見たように、単独開業弁護士と大規模事務所の弁護士は、依頼者の選択において最大の自由度を報告している。そして、単独開業弁護士、最小規模の事務所の弁護士、社内弁護士などが、自身の仕事の性格に対する最高度のコントロールを報告することが最も多い（第5章、**図5.5**）。研究者の中には、弁護士は自己の行為の結果に道義的責任をもつということを明確にするために、特にビジネスの文脈において弁護士の権力を強調することに熱心である（Gordon and Simon 1992; Kagan and Rosen 1985; R. Rosen 1984; Simon 1998）。しかし、例外的な権力を有することは、彼らの道義的判断の前提条件ではない。たとえ依頼者または潜在的な依頼者に影響を与える弁護士の能力が、他の職業と本質的に異ならないとしても、彼らは稀少資源（富ばかりでなく、権威と服従を含む）の分配において重要な役割を有している。だが、弁護士が有する権力の程度は、彼らの独特な社会的文脈と組織的文脈によって拡張され、あるいは制限されるのである。

2．プロフェッショナル支配の後退

　1970年に、著書『プロフェッショナルの支配』（*Professional Dominance*）において、エリオット・フライドソン（Eliot Freidson）は、医療専門家がヘルスケア・システムにおいて「特別な支配的地位」を所持しており、「[医療]プロフェッションの構造的性質が、アメリカにおいて、プロフェッションの個々のメンバーの善き意図や技能、あるいは、常に改革の焦点になっている経済的および管理的な仕組みよりも、メディカルケアの性質に対して、はるかに大きな影響を及ぼす」（77）[*2]と主張した。我々は、法律プロフェッションにおいては「経済的および管理的な仕組み」がきわめて重要な役割をはたしていると主張する。

＊2　20年後に、『プロフェッショナリズムの再生』（*Professionalism Reborn*）（1994）においてフライドソンは、費用負担をする第三者、病院の管理者、管理ケア組織（managed-care organizations）が、プロフェッショナリズムという理念を再活性化する必要性を作り出したと主張した。

第12章　変化のプロセス　**343**

1970年代初期およびそれ以前の弁護士界は、プロフェッショナル支配のシステムとして性格づけることができよう。個人クライアント・セクターで実務にあたる弁護士は、当時、プロフェッショナルによる広告の禁止、地元弁護士会が制定した最低料金表、新しい弁護士がプロフェッションに参入することに対する（資格付与プロセス（Abel 1989, 269, table 17）とロースクール入学への制限によって課された）制限などによって、競争の厳しさから守られていた。企業セクターにおいては、法律サービス市場が地域的なもので、クライアントに使えるオプションが少なかったために、競争は事実上限定的であった。弁護士は、どの地方においても、そうした業務を行っている比較的少数のローファームのひとつに雇用されなければ、企業法務分野の実務で成功することはできなかった。ローファームとその企業クライアントとの関係は長期的なものとなる傾向があった。それは大体において、ローファームとクライアントの双方が、両者の関係に固有の知識の習得にかかるコストの重複を避けることを望んだからである。

　しかし、弁護士会の権力は失墜した。どの弁護士会にも所属しない弁護士の割合は1975年から1995年にかけて２倍になり、1995年のシカゴ調査の回答者のわずか３分の１が、何らかの弁護士会の会合に定期的に出席していたと回答したにすぎない。[*3] 第３章で記したように、専門分野の弁護士会は、全分野の会員から成る弁護士会を犠牲にして成長してきたが、そのことも、弁護士会の結束と、弁護士会が協調的行動を行う能力を、弱めることになった。1995年までに、実務の規制は大きく変化してきた。最低料金表は合衆国最高裁判所によって1975年に無効とされ、[*4] 1977年には同裁判所は、広告制限を緩和した。[*5] それ以前も決して完全に効果的ではなかった（Abel 1989, chap. 3等々）プロフェッションへの参入制限は緩められ、水門が開けられ、弁護士は急速に増加した。その結果、個人クライアント実務に就いている弁護士に対する競争圧力が格段に増加し、彼らの所得が損なわれた（第７章を参照; Sander and Williams 1989も参照）。競争は、企業セクターの実務においても、彼らのサービスの市場が拡大し、最終的には全国的かつ国際的なものとなった

＊3　弁護士会で活動的な弁護士は調査に応じる可能性が高いから（第１章参照）、これらの推定は、おそらく、弁護士会活動への参加割合を若干過大評価している。1975年の調査は、弁護士会の会合への出席について尋ねなかった。

＊4　*Goldfarb v. Virginia State Bar*, 421 U.S. 773（1975）。

＊5　*Bates and O'Steen v. Arizona*, 433 U.S.330（1977）。

ことによって、増大した。それらの新しい市場において効果的に競争するために、ローファームはそのサービスの範囲を広げ、人員を追加し、新しいオフィスを開き、合併し、新たなアグレッシブな市場戦略を採用した。

アーウィン・スマイゲル（Erwin Smigel）の古典的研究『ウォールストリートの弁護士』（*The Wall Street Lawyer*（1969））が検討した1950年代末のニューヨークの「大」事務所は、平均それぞれ22人のパートナーを抱えていた。しかし、1969年にスマイゲルは、「実際、ローファームは、ウォールストリートにおいて「大ローファーム」が語られるときには、100人あるいはそれ以上の弁護士を有する事務所を意味し始めるようになるほどの割合へと拡大してきた」と語ることになった（359）。1995年には、ニューヨーク州で100人以上の弁護士を有するローファームは124であった。[*6] 今では最大のローファームは1000人以上の弁護士を抱えるほどになっている。両方のシカゴ調査において、回答者は、自身の事務所の弁護士数について尋ねられた。その平均は、1975年では27人であり、1995年では141人であった。[*7] 1995年のサンプルに含まれた最大のローファームは、当時1,800人のパートナーおよびアソシエイトを雇用していた。

20世紀の最後の数十年までは、ほとんどすべての法律事務所は地方的なものだった。1950年代の末にアドレイ・スティーヴンソン（Adlai Stevenson）[*8] の新しく合併したローファームが3つの都市——シカゴ、ワシントン、そしてニューヨーク——にオフィスを持つ見込みとなったとき、弁護士界内部ではかなりの議論が巻き起こった。このローファームを指して、1961年のある本が次のように語っている。「弁護士界は最近、全国にまたがるローファームが形成されるという発表によって驚かされた。……その設立があまりに異例なものであったために、アメリカ法曹協会の事前承認を得なければならな

---

*6　この情報は、アメリカ法曹財団（American Bar Foundation）のクララ・カーソン（Clara Carson）によって、『マーティンデイル＝ハブル弁護士名鑑』（*Martindale-Hubbell Law Directory*）から得られたデータを用いて集められた。

*7　両方の調査が、事務所ではなく弁護士のランダム・サンプルを用いたので、各事務所は、事務所に所属する弁護士の数に直接比例してサンプルの中に代表されたことに、注意していただきたい。したがって、「事務所」のランダム・サンプルにおける1事務所あたりの弁護士数の平均は、ここで示した数よりも小さくなるであろう。ここで示した数は、弁護士実務が行われるコンテクストの性質の指標になるものである。

*8　（訳注）Adlai Stevenson II（1900-1965）。弁護士で政治家。イリノイ州知事を務めた後、1952年と1956年の2回、民主党の大統領候補となり、二度とも共和党のアイゼンハワーに敗れた。ケネディ政権では国連大使を務めた。

かった。そして地方の弁護士の間でかなりの論議を引き起こした」（Galanter and Palay 1991, 23; B. Levy 1961, 20）。しかし、1980年代や1990年代になると、ローファームがアメリカや外国のいくつかの主要都市にオフィスを構えることは、当たり前になっていた（Silver 2000）。リンカン・キャプラン（Lincoln Caplan）は、外国でオフィスを開設する理由をまとめた、スカデン・アープス（Skadden Arps）法律事務所のあるシニア・パートナーを引用している。いわく、「企業は多国籍であり、我々のアメリカの企業クライアントは海外で重要な機会を有しており、我々の競争相手は海外にオフィスを構えており、我々は競争相手と戦うために同じことをしなければならない。……国境を越えた業務やM&A（合併と買収）と関連分野は増加し、我々はその正当な分け前を獲得しうる地位にいるべきである」（Caplan 1993, 295）。

　1970年以前には、わずか２つのアメリカのローファームしかロンドンにオフィスを持っていなかった。1970年代の間に、15のニューヨークのローファームと８つの他のアメリカのファームがロンドンにオフィスを開設した。1999年末までに、シルヴァーによって調査された72のアメリカのローファームのうち、57がロンドンに支店を構えていた。その中には、シカゴ、ロサンジェルス、ボストン、ヒューストン、ダラス、フィラデルフィア、ワシントン、ミネアポリス、セントルイス、クリーヴランド、サンフランシスコ、シアトル、リッチモンドに本拠を置くローファームも含まれていた（Silver 2000, 1111-13）。

　法実務組織の規模の拡大は、民間事務所に限定されたものではなかった。1975年から1995年の間に、シカゴのサンプルに含まれた企業内弁護士のオフィスの規模は、平均弁護士数17人から55人へと拡大しており、政府部内の法実務オフィス（国、州、地方）は、弁護士数64人から399人へと拡大していた。クック・カウンティ州検察官（Cook County State's Attorney）（多くの場所で「地方検事」（district attorney）と呼ばれる）事務所は、1995年には850人の弁護士を雇用していた。

　法サービスを提供するローファームや他の機関の規模と業務範囲の拡大、その結果として生じたそれらの機関における弁護士業務コントロールの集中、法律業務における専門化の進行、そして全分野をカバーする弁護士会の重要性の低下は、統一体としての弁護士界の結束が衰退し、弁護士界全体の意見が耳を傾けてもらうことが少なくなる——あるいは意に介されなくなる——ということを示唆する。プロフェッショナルの支配は、すくなくともかなり

の程度、組織の支配によって取って代わられたのである。

3. 需要

　組織の規模がこれほどの規模で拡大すると、重大な帰結を招来する可能性が高いのであって、実際そのようになった。しかし、我々は、結果のみならず、何がその拡大を駆り立てたのか、また、その拡大がプロフェッションのすべての範囲にまたがって均一であったのか、ということにも留意すべきである。第2章において、我々は、企業セクターに向けられた弁護士のエフォートの割合が、1975年の53％から1995年の64％まで増加した一方で、個人クライアントと小規模企業へのエフォートは40％から29％へと低下したと推定した（**表2.1**参照）。しかし、シカゴの弁護士総数は大ざっぱに言うと倍増したので、法律サービスの両方のセクターが絶対値で拡大した（第1章参照）。それゆえ、我々の推定は、個人と小企業に割かれる弁護士の時間の量は増加したが、企業と政府に割かれる時間ほどには大きくなかった、というものである。これらの知見は、サービス産業センサスによって報告された、多くの（しかしすべてというわけではない）アメリカの主要都市のデータと、全般的に一致している（第2章参照）。

　個人と小企業に対する法律サービスの需要における相対的に緩やかな伸びは、主として人口規模の単純増加の関数である。「訴訟爆発」に関する社会的議論や、それに関連した「不法行為改革」の要求——その一部は保険会社の広告と広報活動によって刺激された（Daniels and Martin 1995; Glaberson 1999）——にも関わらず、紛争行動や訴訟利用に関するコミュニティの規範に大きな変化があったことを示す証拠はない（Galanter 1993）。しばしば多数の個人のために集団訴訟として提起される（アスベスト訴訟のような）大規模不法行為訴訟を例外として、訴訟増加の多くは、企業が他の企業に対して起こした訴訟に帰することができる（Dunworth and Rogers 1996）。シカゴ調査は、個人被害業務において原告側に割かれるエフォートのパーセンテージは6％で、1975年から1995年までの間に変化がなかったことを明らかにした（**表2.1**参照）。個人に影響を与える法の変化（たとえば区分所有形態の所有権の利用の増加など）は、人々が弁護士を使う割合を全般的には増加させなかった。たしかに、弁護士は今では住宅販売へのかかわりを減少させている。2つのシカゴ調査において、個人の不動産取引に費やされるエフォートの推定値は、

1975年の6%から1995年には3%へと落ち込んだ（**表2.1**）。いくつかの新しい法律は新奇な権利や救済を創出した（たとえば雇用差別に関して）が、最近数十年の規制立法のほとんど（たとえば職場の安全と衛生に関して）は、民事訴訟よりも政府による執行手続を引き起こしてきたのである。

　個人のためになされる法実務の性質と、彼らのためにクレームが提起される割合とが相対的に安定しているということは、そのようなサービスを供給する組織の形態と性格を変化させる刺激がほとんどないということを意味する。個人と小企業に対する法実務は、今でも通常、小規模事務所と単独開業弁護士によって行われている（**表3.2**参照）。キャロル・セロン（Carroll Seron）（1996, 87, 168）は、いくつかの小規模事務所がこの市場セグメントに対して企業的アプローチを採用したが、今なお伝統主義者の方が革新者たちよりも数ではるかに勝っているという証拠を見出した。若干の全国的あるいは広い地域で活動する事務所が、定型的な遺言、離婚、不動産売買にかかわる市場においてブランドネームを獲得するために広告を使おうと努め、そしてその名前を使用する権利を売ることによって、あるいは事務所の名前でサービスを提供する弁護士と契約することによって、［ブランドネームという］資産を活用しようとしたが（Van Hoy 1997）、それらの事務所は市場において大きなシェアを占めることに成功しなかった。いくつかの「グループ法律サービス・プラン」は、組合その他の組織のメンバーに対して、多くは契約ベースで弁護士を使ってサービスを提供したが[*9]、それらのサービスもまた、個人向け法律サービス市場の多くを獲得しなかった。

　企業セクターにおける法律事務所の規模増加の一部は既存事務所の合併の結果であるが、大部分は企業法務を行う弁護士数の全般的な増加によるもので、それは、そうしたサービスに対する需要の大幅な増大に応じたものである。この需要のいくつかは循環的である。1980年代の急速な成長の後で、1990年代初頭に経済が鈍化したときには、企業専門事務所は新規弁護士の雇用を減らし、それらの多くは、過剰な弁護士を、アソシエイトもパートナーも解雇した。シカゴに基盤をおくカークランド・アンド・エリス（Kirkland and Ellis）法律事務所は、55人のアソシエイトとノンエクイティ・パート

＊9　（訳注）労働組合などが提供した集団加入方式のプランについて、アメリカ法曹協会著・日本弁護士連合会編（宮澤節生・大坂恵里訳）『法学教育改革とプロフェッション：アメリカ法曹協会マクレイト・レポート』（三省堂、2003年）61-66頁を参照。

ナーを解雇した（K. Hall 2000）。経済が再び加速した1990年代中盤と終盤には、それらの法律事務所は拡張を再開した。したがって、企業法務への需要の多くは、単純にビジネス活動の割合に帰することができる。ビジネス取引が旺盛になれば、さらに法律サービスが必要になる。1980年代にレーガン政権は、反トラスト法に関して新たな許容的な見解を採った。その結果、企業は合併と他社の買収を追求するより大きな自由を獲得し、大ローファームはM&A部門を創設した。新たな雇用差別法、職場安全規制、税務報告要求なども、個人に対してよりもはるかに広範囲に、企業に対して新たな法的課題を創り出した。

　しかし、アメリカ企業の性格の変化は、企業法務分野に対する需要に、それ以上に大きなインパクトを与えた。アメリカ経済の最も大きな部門が農業と重工業であったときには、おそらく、それらの企業は、現在の経済に比べて生産額あたりでより少ない法律サービスしか生み出さなかった。シカゴ地域に本社を置く企業に対する調査において、ロバート・ベル（Robert Bell）（1999, 22-24）は、「金融サービスと保険を扱う企業と、運輸産の企業は、法律サービスの最も密度の高い消費者であり」、「科学に大きく依存する分野における製造業者は、他よりも広範に弁護士を使用する可能性がかなり高い」ということを見出した。

　サービス産業は、製造業あるいはアグリビジネスに比べて、より多くの人々の人的接触によって、典型的により多くの取引を生み出す。比較的に少ない取引しか生み出さないビジネスや、より少数の企業の間でより大きな集中が存在するビジネスは、紛争を生じさせるような接点を生み出すことがより少ない。さらに、製品の供給者数が少ないところでは、その製品の消費者は自己のサプライヤーとの継続的な関係に高度に依存する可能性が大きく、したがって、多くの潜在的サプライヤーから選択しうる購買者に比べて、サプライヤーに対して法的行動を起こす傾向は、より低くなる。したがって、ビジネスへの参入がより容易なところでは、訴訟はより発生しやすくなる。たとえば、コンピューター・サービスの購入者は、自動車ディーラーに比べて、サプライヤーを訴える可能性がより高いであろう（Macaulay 1963）。したがって、経済に反映されているビジネス類型の混合形態が変化することは、取引の量、そうした取引が弁護士の参加によって行われる可能性、そして取

---

*10　（訳注）パートナーの種類について、第9章注1を参照。

第12章　変化のプロセス　**349**

引が公式の紛争を引き起こす可能性を、変化させるかもしれないのである。

4. 成長の理由

　しかし、企業法務への需要が拡大すると、なぜより大きなローファームを生み出すのであろうか。ローファーム内部で特定の事案や争点を扱っている業務グループは、需要がより少なく、ローファームがより小規模だったときに比べて、より大きなわけではないかもしれない。規模の経済はどこにあるのだろうか。電子コミュニケーション技術へのアクセスは、今や効果的で効率的な法実務のために必要不可欠であるが、その種のテクノロジーはあまり高価ではなく、それを賢明な投資とするために多数の弁護士が共有しなければならないほどのものではない。コンピューター、ファクス機、コピー機など、かつての高額アイテムが、今や最も小さな法律事務所にすら存在している。1995年のシカゴ調査では、単独開業弁護士の89％と弁護士2人から4人の事務所の回答者の98％がコンピューターを使うことができ、単独開業弁護士の97％と非常に小さな事務所の弁護士の100％がファクス機を使えるということが、明らかとなった。しかし、レクシス（Lexis）やウェストロー(Westlaw)のような、コンピューター化されたリーガル・リサーチのツールは、そうした弁護士のわずか半分ほどにしか利用可能ではなかった。単独開業弁護士の52％と小規模事務所の弁護士の48％は、こうしたツールを持っていなかったのである。しかし、法律事務所は、レクシスやウェストローを購入する余裕ができて、それによって競争上の不利を解消するようになる前に、きわめて大規模になる必要はない。それに対して、受付、秘書、パラリーガル、メッセンジャー、そして24時間体制のワープロスタッフ(経理、情報技術、マーケティングなどの部門は言うに及ばず）などへの人件費は相当なものであり、そうしたスタッフのコストは、より大きな活動をすることによって、おそらくより効率的に負担することができるものである。すでに第5章において見たように、大ローファームは、弁護士1人について平均約1.5人のサポート・スタッフを雇用している（*Illinois Legal Times* 1997,20）。より小さな事務所では、対応するレベルのサービスを提供するために、弁護士に対してより高い割合のスタッフを必要とするかもしれない。人員コストにおける似たような規模の経済は、政府内の法務部門や企業内の法務部門においても発生する。

　民間のローファーム成長の説明のひとつは、「ポートフォリオ分析」によっ

350 第Ⅳ部　変容

て導かれる（Gilson and Mnookin 1985）。すなわち、より多くの法分野におい
て仕事をもたらすより多くのクライアントを持つことは、経済的リスクの拡
散に役立つということである。それは、特定のクライアントや特定の実務分
野への法律事務所の依存度を減少させる。もしある大口のクライアントが潰
れたり、その法律業務を他の事務所に移したりしても、より大きな多角化し
た法律事務所は、その穴を埋めるために別のクライアントから仕事を受ける
であろう。もし経済が下降し、そのために企業取引の量が減少する場合には、
企業の失敗に起因する仕事を扱う倒産部門を有することは、ローファーム
とって有利であろう。したがって、ローファームは、多角化するためにクラ
イアントと専門分野を追加する。

　ローファームの成長の別の理由は、ローファームが「ワンストップ・
ショッピング」へのクライアントの需要を認識していることである。多くの
ローファームは、企業クライアントが、自己の法律問題のすべて——税、証
券発行、労働・雇用問題、あるいは訴訟など——を取り扱う単一のロー
ファームを持つことが有利であると考えていると、信じている。これ［すべ
ての法律問題を単一のローファームが担当すること］は、クライアントに対
して、自分のビジネスの性格について新たな弁護士を教育する費用と、多様
な類型の業務を処理するためにいくつものローファームを見て回るという手
間を省いてくれるのであって、それは、クライアントとローファームが信頼
と信用の継続的関係を築くことを可能にする。それが、クライアントから獲
得し維持しうる業務の量を極大化することも、偶然ではない。もしあるロー
ファームが——たとえば訴訟サービスにおいて——あるクライアントを他の
弁護士に移してしまうと、そのクライアントはそのローファームの競争相手
の腕の中に送り込まれてしまい、そこにとどまることを決定するかもしれな
い。クライアントは、訴訟のみならず取引業務についても、おそらく、2つ
目のローファームの弁護士の方をより望ましいと考えるかもしれない。ある
ローファームが、自分が処理能力を持たない案件——たとえば特許法の問題
——を［別の事務所に］回す必要があると考えたときには、それを、多くの
場合、他の業務で競争相手とはならないであろう「ブティック」型専門ロー
ファームに送るであろう。したがって、ローファームは、自身の弁護士にク
ライアントの仕事を可能な限り多く担当させて、自己の傘下に広範囲の専門
能力を創出することをより望むであろう。

　マーク・ギャランター（Marc Galanter）とトーマス・パーレイ（Thomas

Palay)（1991）は、ローファームは自身の内部労働市場が必要とするものを満たすために成長しなければならないと主張する。彼らが示唆したのは、ローファームに新しいパートナーが加えられたときには常に、パートナーの業務を支え、パートナーに業務を与えるために（パートナーの資産あるいは「人的資源」を完全に利用するために）、アソシエイトが雇われるのであって、新たなアソシエイトを採用し動機づけることができるように、いずれはアソシエイトの幾人かはパートナーにしなければならない、ということである。このプロセスは成長のピラミッドを創出する。実際、ギャランターとパーレイは、それが、典型的には、ローファームあたりの弁護士数の幾何学的な成長割合を生じさせると論じる（1991,87-91）。しかし、この主張に我々は懐疑的である。大規模ローファームは、きわめて多様に異なる割合で成長しているように思われるのだ。ギャランターとパーレイの仮説によれば、ローファームにとって、アソシエイトの仕事をモニターし、また各個人の生産性に応じて給与を調節することは難しく、あるいはコストがかかるため、ローファームは、アソシエイトが最善を尽くすように動機づけるために、将来の栄誉への見込みを提供する。すなわち、一定年数の終わりに（現在、通常は、7年から10年）、ある割合のアソシエイトが（その割合は、相互了解のある、相対的に安定した範囲のものである）、当該ローファームでパートナーになるという報酬を受ける。ギャランターとパーレイは、これを、「パートナー昇格トーナメント」と呼んだ。しかし、ケヴィン・コーデイナ（Kevin Kordana）は、実際のところ、ローファームがそのようにアソシエイトをモニターすることは困難ではなく、ローファームは日常的にそれを行っていると主張する（1995,1914-17）。彼は、大規模ローファームでのパートナーへの昇進の割合は年によって大きく変動しており、それは、アソシエイトの各コーホートで一定割合を昇進させるという暗黙の契約とは一致しないと捉えている（1995, 1921-22）。1970年にローファームの成長率が突然増加したように思われるが（Galanter and Palay 1991, 78）、それはトーナメント理論によっては説明されない。その割合の変化は理論にとって致命的とはいえないが、トーナメントのロジックによっては説明できない[*11]。これは重要である。なぜなら、1970年以降の全成長の約半分は、

---

*11 しかし、リチャード・サンダー（Richard Sander）とダグラス・ウィリアムズ（Douglass Willams）（1992, 406）が指摘したように、ギャランターとパーレイによって調査されたいくつかのファームの成長割合は、1970年には伸びておらず、実のところ、そのいくつかは減少していたのである。

352 第Ⅳ部 変容

仮説とされた幾何学的な割合増加に帰することができるものではなく、その割合が突然変化したことによるものだからである（Galanter and Palay 1991, 88; Heinz 1992, 9）。実際、説明されない1970年の変化に起因する成長の量はきわめて大きく、もし1970年の上昇を考慮に入れれば、成長割合の幾何学的増加（毎年 x ％の増加）は、単純な線形的割合（毎年 x 人の弁護士の増加）に比べて、観察されたデータに有意に高い適合性を示すわけではない（Nelson 1992, 742）。幾何学的な成長は、トーナメントの仮説のひとつの必然的帰結であるから、このことは相当重要である。

　もし1970年に成長割合のトレンドに突然の変化があったとすれば、それは、企業法務サービスへの需要のレベルに変化が生じたか、あるいは、大規模ローファームのマネジメントには相互に模倣する傾向があって、いくつかの業界リーダーの成長戦略に多くのローファームが追随するということが引き起こされたことによるものに違いない（DiMaggio and Powell 1983）。後者が継続するためには、ローファームの規模拡大は、少なくとも、追加された弁護士とサポート・スタッフのコストをカバーすることをローファームに許すに足りる需要の（したがってローファームの所得の）十分な増加によって支えられる必要がある。我々は、ローファームの規模拡大の主たる説明は、企業の経済取引の量と、そうした取引が時折引き起こす訴訟の量が大きく増加して、企業法務市場にすでに存在していたローファームが、それによって引き起こされた需要を掌握するうえで大きな競争的優位を有していた、ということであると信じている。既存のローファームは企業クライアントと確立した関係を有しており（それはマーケティング上かなり有利である）、そして、おそらくより重要なことに、クライアントは、ローファームが自己のビジネスに関する詳細な知識を得ることに対して、すでに投資していた。新しいローファームがクライアントに対して以前に仕事をしたことがある弁護士を抱えていない限り、クライアントは初期費用を再び負担する必要か、あるいはローファームがそのコストを吸収する必要があるであろう。このことは、［ローファームを］変えることに対する負のインセンティブを生み出す。それにもかかわらず、自己の仕事に対する競争を刺激するために、企業が法務

＊12　一定類型の企業取引（特に合併、買収、それに証券業務全般）のペースもまた顕著に増加し、そうした案件を処理するための追加的なスタッフの必要性が急速に高まった。あるシカゴの弁護士は、我々に対して、「1975年にはひと月あるいはふた月要していたであろう業務が、今では1週間かそれ以下になった」と語った。

第12章　変化のプロセス　**353**

サービスの新たな供給者を求めることは、稀ではない。

5．ローファームの構造とマネジメントにおける変化

　企業法務への需要が最も急速に成長していたとき、いくつかのローファームでは、需要に対する供給を行うための十分な数の弁護士をリクルートすることが困難だった。大規模ローファームは当時、毎年70人以上の新人弁護士を雇用しており（Stracher 1998, 29）[*13]、人員の必要性のために、ローファームは以前よりも広い範囲のロースクールから雇用するようにになった。第3章で報告したように、1975年のシカゴ調査では、全回答者のうち45％が、4つの「ローカル」ロースクール（デポール、ケント、ロヨラ、およびマーシャル）[*14]のうちの1つの出身であったが、31人から99人の弁護士を有するローファームではわずか15％が、100人以上のファームでは7％だけが、それら4つのロースクールの出身であったにすぎない（**表3.1**参照）。1995年調査では、ほとんど同じパーセンテージがそれらのロースクールによって生み出されていたが（44％）、大規模ローファームにおける弁護士のシェアは顕著に増加しており、100人から299人までの弁護士を抱えるローファームの26％と、300人以上のローファームの17％が、それらのローカル・ロースクールの出身であった。したがって、1995年においてもまだ、大規模ローファームにおけるローカル・ロースクール出身者は過小代表ではあったが、そのようなローファームにおける彼らのプレゼンスは大きく増加していた。

　この、より広範囲なリクルートのひとつの帰結は、ローファームが、かつては多数代表されることがなかったカテゴリーの弁護士、特に女性に対してドアを開いたということであった。エイベル（Abel）（1989.91）は、「男性のロースクール学生の絶対数が1973年以来増えなくなったので、それ以後のロースクール入学者数の増加は·す·べ·て、女性の参入に帰することができる」（強調は原文のまま）。女性は企業や政府機関の法務部門では過剰代表になっているが（第6章参照; またHagan and Kay 1995も参照）、女性新人弁護士の多くはローファームによって雇用された。変化のもうひとつの分野は、大規模ロー

---

　*13　1999年に、スカデン・アープス（Skadden Arps）事務所は、143人の新人アソシエイトを雇ったと報じられた（Parsa 1999, 31）。これは、他のローファームの買収による成長を勘定に入れていない。
　*14　（訳注）本書におけるロースクールのカテゴリーについて第1章を参照。

ファームの民族構成である。1975年のシカゴ調査では、弁護士界内部におい
て、顕著な民族宗教的成層化の証拠が認められた。従来の研究で見出されて
いたように（Carlin 1962; Ladinsky 1963a, 1963b; *Yale Law Journal* 1964）、プロテス
タントは大規模ローファームにおいて見られる可能性がより高く、カトリッ
クとユダヤ人は単独開業実務や地方政府において見られる可能性が高かった
が、実務の特定分野における差も大きかった。カトリックの回答者では、検
察官である割合が、プロテスタントとユダヤ人の３倍であった。カトリック
はまた、原告側と被告側の双方において個人被害実務での割合が大きく、銀
行、証券、労働組合実務における割合は小さかった。ユダヤ人は離婚と商法
において割合がきわめて大きく、反トラスト被告側、特許、遺言、ビジネス
訴訟などにおける割合がきわめて小さかった。タイプⅠのプロテスタント派
（監督派、長老派、会衆派; 第３章参照）は伝統的に社会的エリートであり、それ
らに属する弁護士は証券実務に非常に多く、特許、銀行、税実務の割合もか
なり高いが、離婚と個人被害実務には少ない（Heinz and Laumann 1982, 446-49,
table B.5）。20世紀初頭には、弁護士会の指導者たちは、南欧・東欧からの移
民あるいはその子孫が弁護士界に参入することに強く反対したのであるが
（Abel 1989,85; Auerbach 1976）、1970年中盤においても、プロフェッションの社
会構造は、まだそれらの排他的な態度と実践の影響を示していたのである。
　しかし、1980年代の企業弁護士に対する多大な需要が、障壁を大きく打ち
壊すことになった。女性を雇用し、下位ロースクールの成績優秀者をリク
ルートすることに加えて、大規模ローファームは、多数のカトリックとユダ
ヤ人を受け入れ始めた。1995年のシカゴの知見においては、実務分野と業務
環境の全域において、民族宗教的差異は大幅に低減している。たとえば、証
券専門弁護士に占める高位プロテスタント諸派の高い割合は、1995年には姿
を消した。1975年では、証券専門弁護士の36％が高位プロテスタントであっ
たが（弁護士界全体では13％にすぎないのと比較して）、1995年では、証券専門実
務家のわずか11％がタイプⅠプロテスタントの出身であった（シカゴの弁護
士のランダム・サンプル全体での12％と比較して）（**図3.1**を参照）。しかしながら、
第３章で提示した多変量解析は、1995年では、ユダヤ人回答者が大規模ロー
ファームのパートナーになっていた可能性はまだ有意に低く、女性、アフリ
カ系アメリカ人、ヒスパニックは、いかなる規模の法律事務所のパートナー
においても、また所得が上位４分の１に入る回答者においても、過小代表で
あった。

外部の弁護士が直接に、そして頻繁に企業経営の首脳陣とコンタクトしたとき、ローファームはしばしば、企業の役員が彼らと同類の弁護士を望んだと主張した。すなわち、白人男性で、通常はアングロサクソンのプロテスタントである（Baltzell 1964, 1966, 1976）。これは、クライアントを気楽にし、身近な関係を促進すると主張された。こうした意見がはたして適切な経験的根拠を有するものであったか、あるいは単なる便利な口実であったのかということは、ここでのポイントではない。いずれの場合であれ、社内弁護士が外部のローファームを選び、ひとつの事務所から別の事務所へと仕事を移し、外部弁護士と企業幹部の関係を調整するといったことを始めたとき、また企業法務部自体がより多様化したとき、社会的同質性に関する議論はその力を大きく失った。それに、ローファームは人手を必要としたのに、十分な数のワスプは見つけられなかったのだ。

ローファームは、もちろん、そのような弁護士はクライアントを発掘し維持することに役立つであろうと期待して、特に広い付き合いを有する弁護士や、顕著に影響力のある弁護士を雇用しようと求めた。（それらの弁護士は、レインメーカーと呼ばれる）[*15]。これらの理由によって、現在では、数十年前に比べて、ローファーム間での上級弁護士の移動がより多くなっている（第6章参照）。1970年代までは、主要ローファームにおけるパートナーの地位は一般に終身職と考えられており、［ひとたびパートナーになるや］弁護士の雇用は安定していた。弁護士にとって、他のローファームにおけるパートナーの稼ぎについて（そして、一般的に、隣の芝生はより青いかどうか）信頼に足る情報を得ることは困難であった。ローファームはそうした事柄について外部者と議論することはなく、ローファーム内部においてすら、報酬に関する情報は厳しく秘せられていた。これが変化したのである。シカゴの有力ローファームのひとつの上級パートナーが我々に語ったことによれば、彼のローファームにおいては、パートナーは各々、その年に他のパートナーにいくら支払われるのか、詳細な報告書を受け取るという。法律プロフェッションの報道に特化した新聞が出現すると、給与に関する情報はより一般的に入手可能となった。*National Law Journal*誌は、年ごとの弁護士報酬調査を載せている（*National Law Journal* 1999）。いくつかの所得データは、アルトマン・アンド・ワイル（Altman and Weil）コンサルティング社が運営するネット上

＊15 （訳注）rainmaker。魔術で雨を降らせる祈祷師。

のウェブサイトにおいても手に入れることができる（www.altmanweil.com）。
自分の稼ぎを最大にしたいと欲する弁護士は、その可能性に関する情報を得るであろう。ローファームは、他のローファームからパートナーとアソシエイトを引き抜くことに積極的であり、特に彼らが特定のクライアントやクライアント集団（業界で「ビジネス名簿」(a book of business) と呼ばれる）を引き連れてくる可能性がある場合にはそうである。もし十分な仕事が手に入れられるとすれば、ローファームは「実務グループ」を丸ごとリクルートすることすらあるだろう。つまり、ある特定のクライアントのために働いている弁護士グループ、あるいは引き抜く側のローファームにとって新たなビジネスの機会と考えられる法分野に特別な専門能力を有するグループである。たとえば、フロリダに本拠を構えるグリーンバーグ・トラウリグ（Greenberg Traurig）法律事務所は、ニューヨーク、ワシントン、その他の主要都市における実務グループを獲得することで、1990年の弁護士数120人から1998年の401人へと成長した（Goldhaber 1999）。*National Law Journal*誌は以下のように報じている。

　　この事務所は、ワシントンDCにおいて、インターナショナル・パートナーであるハワード・ヴァイン（Howard Vine）と一人のアソシエイトで始まった。間もなく事務所は、ヴァージニア州のタイソンズ・コーナー（Tysons Corner）において情報技術グループを開始した。ここ数週間で、同事務所は、フライシュマン・アンド・ウォルシュ法律事務所（Fleischman and Walsh）から電子通信チームを加え、パットン・ボッグズ法律事務所（Patton Boggs L.L.P.）からジョー・リーダー（Joe Reeder）が率いる一流の訴訟グループを加えた。大ワシントン地区における同事務所の勢力は、1993年には2人の弁護士であったものが、今日では46人の弁護士とコンサルタントへと成長した。グリーンバーグ法律事務所の拡張に顕著な特徴は、忍耐と機会主義である。それは、アトランタ、フロリダ州タンパ、そしてロンドンを何年にもわたって検討したり取りやめたりしたが、高すぎる支払いや、うまく適合しない相手と妥協することは拒否した。結局、アトランタではエンタテインメント専門のブティック型事務所を獲得し、タンパとロンドンではまだ物色し続けている。フィラデルフィアは支店の場所としては不人気である。しかし、マイケル・レイア（Michael Lehr）が来たときには、グリーンバーグ法律事務所

は、すぐさまバラード・スパー・アンドリューズ・アンド・インガソル法律事務所（Ballard, Spahr, Andrews & Ingersoll L.L.P.）の 8 人の弁護士グループとともに彼を引き抜いた（1999, A 8）。

　1950年代末になされた調査に基づくウォールストリートの弁護士に関する研究において、アーウィン・スマイゲル（Erwin Smigel）（1969, 57-58）は、「ニューヨークにおける大規模ローファーム間での弁護士をめぐる競争は、二つの主要な仕方で制限されている。それは、ローファームは他の法律事務所から従業員を引き抜かないということと、相場と一般に言われている初任給に関する紳士協定を維持するということである」と述べた。そのようなものは、もはや存在しない。

　企業法務サービスへの需要が増加し、ローファームが急成長への機会を認識したとき、ローファーム間での新規クライアントと新規弁護士をめぐる競争は激化した。「成長か死か」および「大きいことはいいことだ」ということが、信仰箇条であった。いくつかのローファームは成長が緩やかあるいはまったくなくても生存することに成功したし、他のファームは急速すぎる拡張によって破綻したが（Nelson 1988, 49）、これらの事実は、大部分のローファームにはわずかの休息しか与えなかった。クライアントは解決すべき法律問題を抱えており、ローファームは、おそらくきわめて道理にかなったことだが、もし彼らが解決を提供しなかったならば、クライアントはその仕事を別のどこかに持って行ったであろうと、恐れた。同時に、多くのクライアントは、その法的な仕事をいくつかのローファームに分散させた。このことは、ローファームを、そのビジネスの一部のみを維持しようと努力するように（そしていくつかは実際にそうするように）仕向けたかもしれない。成長率が低いローファームは、しばしばきわめて威信が高い事務所であって、それらは、自己の職員の質を維持することに特に気を配っており、クライアントを維持する自己の能力を特に確信していた。ネルソン（Nelson）（1988, 49）は、サリヴァン・アンド・クロムウェル（Sullivan and Cromwell）、デューイ・バランタイン（Dewey Ballantine）、ホワイト・アンド・ケイス（White and Case）、コヴィントン・アンド・バーリング（Covington and Burling）、ホーガン・アンド・ハートソン（Hogan and Hartson）などを例としてあげている。しかし、大部分のローファームは、こうした著名な例を、例外ケースであると認識していた。

358　第Ⅳ部　変容

人材の獲得に対する競争によって、ローファームはより高額な給与の支払いを余儀なくされ、より高い報酬は、さらに高水準の収入を得る必要性を作り出した。シカゴ調査において、大規模ローファームにおけるアソシエイトの所得の中位値は、1995年恒常ドルで、1975年に70,828ドルであったものが、1995年には85,000ドルへと増加した（第7章参照）。そうしたローファームにおけるパートナーの実質所得の中位値は、同期間で198,318ドルから225,000ドルへと増加した。300人以上の弁護士を抱える最大規模のローファームでは、1995年におけるパートナーの実質所得の中位値は350,000ドルであった。しかし、小規模ローファームと単独開業弁護士においては、パターンは大幅に異なっていた。小規模ローファームのパートナーでは、所得の中位値は1975年の127,490ドルから1995年の112,500ドルへと減少し、単独開業弁護士のそれは、恒常ドルで、99,159ドルから55,000ドルへと減少した。したがって、大規模ローファームの弁護士と、小規模ローファームの弁護士および単独開業弁護士との間の所得ギャップは、著しく拡大した（第7章）。

　1990年代の終わりには、最大規模ローファームにおける弁護士の給与は、さらに劇的に増加した。株式市場は好況を極め、アメリカ企業、特にインターネット関連ビジネス（いわゆるドットコム・カンパニー）は、急速に拡大し、熟練の人材を必要とした。そうした企業における所得は、ストックオプションを取得する機会を含めて、ローファームでの給与よりも魅惑的なものとなって、ローファームは、強奪可能な人材倉庫と見なされるようになった（Skertic 2000, 1）。ニューヨーク・タイムズは、サンフランシスコに本拠を置くあるローファームにおいて、「アソシエイトの転職は、1998年の12％から、昨年［1995年］の25％へと増加し、そうした弁護士らは、イーベイ（eBay）、イートレード（E*trade）、その他一群のウェブベースの新規企業などの、法律職や役員に就任した」と報じた（Leonhardt 2000b, C14）。シリコンバレーとサンフランシスコ湾地域のローファームがこうした圧力に最初に反応したが、ニューヨークや他の主要都市のローファームもすぐに続いた。最も威信の高いローファームでは、1年目のアソシエイトの給与が95,000ドル〜105,000ドルのラインから、125,000ドル〜140,000ドルのラインへと跳ね上がり、これにボーナスが加わった（Leonhardt 2000a and 2000b; Skertic 2000）。こうしたローファームの4年目のアソシエイトは、200,000ドル以上への昇給を与えられた（Leonhardt 2000b, C14）。いくつかのローファームは、料金の一部をクライアント企業の株式あるいはストックオプションとして受け取ることも始めた。

そのようなローファームは、それによって「資産プール」（equity pools）を設立し、それにアソシエイトが投資することを許して、彼らに資産騰貴の機会を提供しようとした。シリコンバレー最大のローファームであったウィルソン・ソンシーニ（Wilson Sonsini）が1999年に保有していた株式の価値は、「パートナーひとりあたりで、パートナーひとりあたりの［弁護士業務による］平均利益よりも大きく、約700,000ドルにも達していた」（Orenstein 2000, 154）。ベンチャー・ロー・グループ（Venture Law Group）と呼ばれたあるローファームの設立者は、彼の組織を、「新設ローファーム、ベンチャーキャピタル企業、コンサルティング会社、それに投資銀行のハイブリッドである」と描写した（Orenstein 2000, 154）。

　大規模ローファーム間の激しさを増す一方の競争は、クライアントがローファームを変える可能性が増したので、ローファームを、自己のサービスをより魅力的な価格で提供し、マーケットシェアを維持あるいは拡大できるように、コスト削減へと仕向けた。しかし、それらの仕事を処理するために必要な弁護士をリクルートし、維持するためには、報酬を減らしてコストを削減することはできなかった。したがって、ローファームは、自己のプロダクション・システムの「合理化」を通して経済性を達成することを目指した。そのゴールとは、もちろん、職員ひとりあたりの、あるいは費用の他の単位ひとつあたりの、アウトプットを引き上げることである。それを行うひとつの方法は、新たに採用した人員に対する訓練に割く資源を削減することである。以前には、ローファームはアソシエイトをさまざまな部門や実務グループの間を回らせたので、新しくリクルートされた弁護士はさまざまな種類の仕事を試みて自分が最も好む仕事を決めることができたし、それによってローファームは、アソシエイトの特定の能力を評価することができた。しかし、大部分の弁護士は専門化することによってより生産的となり、生産性への圧力は、アソシエイトに対して早い段階で専門化することへの圧力となった。したがって、今日の大規模ローファームの大部分において、弁護士は、ローファーム内の特定の部門あるいは実務分野に雇用される。スマイゲルがウォールストリートの弁護士について調査を行った当時、ローファームは新人教育にコミットしていた。すなわち、自己の弁護士を社会化し「形作る」（mold）というローファームの役割は、プロフェッショナルなイデオロギーの一部として受け入れられていたものであった（Smigel 1960, 63）。今やローファームは、ロースクールが産出する「すぐに仕事ができる」（"hit the

360　第Ⅳ部　変容

ground running"[16]）（これはローファームにおいてよく好んで用いられるフレーズである）卒業生を欲しているのである。

　同時に、効率性向上のためにマネジメントの変更が導入された。より古い小規模ローファーム・モデルでは、力をもった相対的に小さなグループのシニア・パートナーが、ローファーム内の各自のヒエラルキーを主宰していた（Nelson 1988）。それらのワークグループは、一人またはそれ以上のシニアの監督下にあるアソシエイトとジュニア・パートナーで構成されており、典型的には、特定の、限定的なクライアント集団のニーズに応えるものであった。ローファームとそのようなクライアントとの関係は、シニアによってかしずかれ、育まれたものであって、そのワークグループは、しばしば、クライアントが抱える諸問題のすべてにわたって処理を行っていた。より新しい大規模ローファーム・モデルでは、専門化された部門がそれらの人的ヒエラルキーに取って代わった（第5章参照）。支配的なシニアを基盤に構築されるのではなく、諸部門の実質的な専門能力あるいは技能類型によって定義されている。たとえば、税、訴訟、不動産、合併・買収などである。典型的には、それぞれの部門における仕事の割当はその長によって管理されており、それはセカンドレベルの監督者によって補佐されている。

　大部分のローファームが単に10人あるいは20人の弁護士のパートナーシップであったころには、ローファームはインフォーマルに統治されていた。パートナーはお互いに頻繁に、あるいは毎日顔を合わせており、重要な決定は、昼食時あるいは廊下で行うことができた。しかし現在、多くの弁護士が数百人の弁護士とそれ以上の人数のサポート・スタッフを抱える複雑な組織において実務を行っており、ローファームのマネジメントは主要な関心事となった。組織の規模が大きくなるにつれて、フォーマルな議決が典型的な統治様式としてインフォーマルなコンセンサスに取って代わるようになり、個々の弁護士の行動の自由は諸規則や諸手続によって制限されるようになる。多くのローファームが専門的なマネージャーを雇用し、大部分のロー[17]

---

*16　1998年の『ノースウェスタン・ロースクール戦略プラン』(*Strategic Plan for Northwestern University School of Law*) によれば、「法律分野の雇用主は、判断力をもって実務に就き、迅速に責任を負うことができる成熟性を有する修了者を欲している。大規模ローファームにおいてすら、新人弁護士がオンザジョブでそれらの特性を発展させる時間はほとんどない。」

*17　1995年のシカゴ調査では、30人以上の弁護士を抱えるローファームの回答者のうち65％が、自分のローファームは「法律業務を行うよりも主として管理方針に責任を負って

ファームは、パートナーシップ協定（partnership agreement）において定められる詳細な諸規定に則って運営されるパートナー委員会によって統治される（第5章参照）。1950年代には、最も威信の高いローファームの多くは、成文のパートナーシップ協定を持ってさえいなかった。スマイゲル（Smigel 1969, 199）があるニューヨークの弁護士を引用している。「我々はパートナーシップ協定を持っていない。クラヴァス法律事務所のデ・ガースドーフ氏（Mr. De Gersdorff）はかつて言ったものだ。『我々は、成文の協定を必要とするような人士をパートナーには求めない』と」。

　伝統的なヒエラルキーは、相対的に非効率的なものとなる傾向がある。なぜなら、そうしたヒエラルキーの維持における人的関係の重要性が、決定権者をして、無駄に対してより寛容にするからである。したがって、シカゴのある主要なローファームのあるパートナーが語ったところでは、ローファームは以前、「順調にリタイアした」弁護士に便宜を図っていたが、今では、たとえパートナーであっても、そうした弁護士は追い出されるであろう。

　ローファームや他の法律実務組織の規模の拡大は、また、人事管理実務における別の諸変化も導いた。より古いモデルでは、民間ローファームの弁護士は、パートナーとアソシエイトに単純に分けられていた。稀なケースでは、弁護士は長期間にわたって「パーマネント・アソシエイト」として雇用されることがあったが、アソシエイトはほとんど常に、いずれパートナーになることを希望する若い弁護士であった。この古いモデルにおいて「パートナー」であるということは、ローファームの所有者の一人になるということを意味した。パートナーは利益の分け前に与っていたのである。しかし、今や、多くの大規模ローファームは、2つの階級のパートナーを有している。パートナーと呼ばれる弁護士の中には、ローファームの所有者ではない者が含まれている。したがって、彼らは肩書きこそ享受しているものの、伝統的な意味における真のパートナーではない。事務所の所有権に関する利益を有する者は、イクイティ・パートナーと呼ばれる。1995年のシカゴ調査では、弁護士30人以上のローファームにおける回答者の68％が、自分のローファームはこの3段階システムを採用していると回答した。すなわち、アソシエイト、名目上あるいは所得上のパートナー、それにイクイティ・パートナーである。

　オフカウンセル（*of counsel*）やシニアアトーニーなど、他の様々な呼び名が、

いる」管理職を抱えていると回答した。

法律事務所で非標準的な役割を担っている弁護士を指すために時折使用される。これらの用語には、法律事務所や弁護士が与えたいと意図したいかなる意味でも与えることができる。1975年には、シカゴの最大規模のローファームには、「オフカウンセル」の肩書きをもつ弁護士を、典型的には 3 人から5 人抱えていた。それらの弁護士は、多くの場合、リタイアまたはセミリタイアしたパートナー、あるいは著名な政治家で、しばしば公職に就いたことがある者であった。それらのカテゴリーは、いまでもカウンセルのなかに見受けられるが、現在は、多くの弁護士がこの曖昧な地位に就いている。2001年には、シカゴの最大規模のローファームは、30人から40人の弁護士を「オフカウンセル」としてリストにあげていた（*Chicago Lawyer* 2001）。このカテゴリーは、様々な類型を含んでいる。パートタイムで働くことを選好する(特に女性の) 弁護士、比較的早い時期に追い出された元パートナー、法学教授、コンサルタントとして働く特別な専門家、等々を挙げることができる。この地位にある弁護士数の顕著な増加は、ローファームによる早期退職の勧奨（または無理強い）の結果である。現在、いくつかのローファームは、臨時雇用あるいは「契約制の」弁護士を使っているが、これは、ローファームに、需要の命じるところに応じて人員を加えたり減らしたりすることを可能にするものである (Cherovsky 1991; Frederick 1995; Hackney 1996; Scheffey 1995)。ローファームは大きな事案を獲得すると、より長期間雇用する義務を負うことなしに、当該期間のみ弁護士のサービスを購入する。我々が聞いたところでは、いくつかのローファームでは、それらの独立契約者の数は、業務量がピークを迎えている時期の全弁護士の10％あるいは15％にも及んでいる。いくつかのローファームは、今では、業務の特定部分、特にリーガル・リサーチについては外注も行っており、一部のローファームはインドに仕事を送っている。[18] したがって、ローファームは、より企業のように活動しているのであって、伝統的な仲間的パートナーシップのように行動することは少なくなっている。

　近年、多くの大規模ローファームは有限責任パートナーシップ（LLP;

---

[18]　シカゴ・トリビューン紙によれば、あるエージェンシーは、「法律業務をムンバイ、つまり以前のボンベイにある15人のフルタイム従業員を有する子会社に下請けに出している。そのスタッフが扱う業務の多くは、調査メモの起案や様々な法域の法律に関する調査であって、さもなければ若手弁護士あるいはパラリーガルがより高いコストをかけて行うことになる任務である」という (Sachdev 2004)。

Romley and Tally 2004）として知られる組織形態を採用している。伝統的な、古い形態の（一般）パートナーシップでは、すべてのパートナーが事務所の負債に対して個人的な負担義務を負っている。したがって、もし大規模な弁護過誤訴訟が事務所を破産させることになれば、個々のパートナーの資産がリスクに晒され、負債の支払いに充てられるであろう。しかし、LLPでは、各々のパートナーは自身の失敗にのみ責任を負う。一般パートナーシップは、クライアントに対して保証を提供するものである。すなわち、すべてのパートナーが他のすべての者の仕事の背後に控えており、そのことが質の保証を可能にする。しかし、それらのローファームの規模が拡大した結果、いまや多くのパートナーは、他の部門あるいはワークグループの同僚とのコンタクトがほとんどなくなっており、特に他の都市や国で働く同僚についてはそうである。その結果、彼らは、それらの未知の者たちの能力を（あるいは人格さえも）保証することに、ますます不安を感じている。したがって、ローファームにおいて採用されたパートナーシップ形態は、弁護士間の関係を反映したものであると同時に、それを形作るものである。LLPにおいては、パートナーは、他の弁護士の業務をアシストすることに乗り気ではないであろう。もしアシストすれば、その業務に対して、そしていかなる悪い結果に対しても、個人的な責任を負うことになりうるのだ。したがって、ローファーム内における協力と協議は、何らかの犠牲の可能性を伴ってのみ行われることになる。パートナーは、相互に責任を負うよりも、もっぱら自分の仕事のみを考えるインセンティブを有している（Glater 2003a）。おそらく驚くべきことに、企業クライアントは、これらの変化に鈍感であるという（ibid.）。

６．弁護士・クライアント関係

　企業法務への需要が増加し、そうした需要に応じるためにローファームが成長するにしたがって、企業クライアントとファームの指導的なパートナーとの関係は変化し始めた。３つの要因によってそのつながりは弱化した。第１に、長期にわたる人的関係は、双方におけるプレイヤーの移動性が高まることで、より少なくなった。ローファームと企業経営の双方における転職のために、企業幹部にとって弁護士との近しい人的関係を維持することがより難しくなった。第２に、成長が一層の分業を刺激した。法実務の量が増加するにつれて、ローファームは、クライアントのビジネスを分割し、仕事の特

定部分をローファーム内の専門グループに割り当てる方が効率的であること
に気がついた。第3に、弁護士の数自体と、その結果としてのローファーム
経営の複雑化が、クライアントにとって、ローファーム内の階層構造に立ち
入ることをより困難にした。ローファームが弁護士30人から40人へ、そして
100人、さらに300人あるいは800人へと拡張すると、企業幹部は、すべての
法的諸問題についてローファームのシニアパートナーによる個人的アドバイ
スを受けるということを、もはや当てにすることはできなくなる。税に関す
ることは税部門へ行き、訴訟は訴訟部門へ行くという一方で、シニアパート
ナーはプラハに開いた新しい事務所の人事に関する決定にかかりきりかもし
れないのである。ローファームは、大きなビジネスをもたらす地位にある企
業幹部との人的関係を深め続けようとするが、ローファームが成長しクライ
アントが増加するにつれて、ローファームの指導者たちがすべてのCEOや
ジェネラルカウンセルに個人的な注意を払うことは、ますます難しくなる。
一部の者は他の者よりも電話にすぐに答えてもらえる、ということになる。

　ローファームの規模とビジネス量の大幅な増加は、特に機能の専門化を通
じて、ローファーム内での仕事組織の合理化を導いた。ローファームの部門
構成の特定の形態は、しばしば、その支配的なクライアントの性質と組織を
反映している。もしローファームが大銀行の代理人を務めているならば、そ
のローファームは銀行部門を有しているかもしれない。しかし、企業は、も
しローファームが仕事を分割できるのであれば、クライアントも同様にそれ
ができるということに気がつく。このことは、大企業は、あるひとつのロー
ファームにその仕事の全部を丸投げするよりも、異なるローファームにその
仕事を小分けするほうがより効果的、効率的、あるいは安価であろうと考え
るならば、そのようにすることが可能だということを意味する。したがって、
大ローファームはワンストップ・ショッピングを推奨しようとするが、企業
クライアントにとってはローファームを見て回ることへのインセンティブが
あるかもしれない。特定の弁護士との長期的な人間関係は、かつてはクライ
アントを特定のローファームに結びつけることに役立っていたが、そのよう
な関係が弱まると、結びつきは弱まった。

　とはいえ、ローファームと企業クライアントとの持続的な関係が今なお重
要であることについては、注意すべきである。1975年のシカゴ調査では、ロー
ファームの規模と安定したクライアントの割合との間に明らかな相関は見ら
れなかった。すなわち、より大きなローファームのほうが、3年以上にわたっ

て代理をしているクライアントについて、一貫して高い、あるいは低い割合を示しているわけではなかった。当時30人以上の弁護士を抱えていたローファームの弁護士は、そのクライアントの56％が少なくとも3年間、自分の事務所と関係をもっていたと回答した。しかし1995年では、安定的クライアント（そう定義された者）の割合は、単独開業弁護士での41％から弁護士100人〜299人のローファームでの60％まで安定的に増加したが、弁護士300人以上のローファームでは45％に下落した。このことは、弁護士100人〜299人のカテゴリーのローファームは、シカゴに本社を置く企業を代理する可能性がまだ相対的に高かったということを示しているかもしれない。クライアントの移動性は、多数の都市において活動し、全国的あるいは多国籍的企業を代理しているローファームにおいて、より高いように思われる。しかし、個別ケース、政府の調査、あるいは法的交渉は、（特に主要な企業案件では）決着までに3年以上を要することがあるので、これらの統計は、クライアントとの関係の安定性に関する理想的な指標を提供するものではない。それにもかかわらず、利用可能なデータは、多くの大企業がローファームとの関係でハイブリッドな戦略をとるという命題と一致している。すなわち、それらは、仕事の一部については長期的な関係を維持しつつ、他の部分は随時分散するのである。ベイカー（W. E. Baker 1990）は、企業が投資銀行に対して同じような戦略をとることを明らかにしている。企業は、情報コストを節約し、量によるディスカウントを得るために、ひとつのメインバンクとの関係を維持したが、他方で、自分の分野におけるイノベーションに関して別の情報を獲得し、メインバンクを競争させるために、ビジネスの一部を他の多くの銀行にも振り向けたのである。

　ローファームとそのクライアント間の結びつきが弱化した主要因のひとつは、企業の社内弁護士の役割の変化である。法的問題の拡大に対処するために、企業はより多くの弁護士を自己の内部法務スタッフとして雇い（これらのスタッフは大規模ローファームほど急速には増加しなかったものの）、それらの弁護士たちの洗練と経験の水準を高めることも求めた。著名ローファームのトップ・パートナーの中には、企業法務部を組織し直し強化するために、ローファームから休暇を取ったり、企業内で時間の一部を費やしたりすることに同意する者が現れた。[19] ローファームの観点からすると、もちろん、こ

＊19　シカゴのローファームの例には、カークランド・アンド・エリス（Kirkland and Ellis）

うしたアレンジは、企業クライアントとの関係を強化することにも役立つであろう。社内弁護士は、企業の法実務をどのように分けて配分するか、決定する。つまり、どの仕事が内部で処理されるべきで、どの仕事が外部ローファームに託されるべきか、さらにその場合、どのローファームに委ねるべきか、といった事柄である。もし社内弁護士が（その長はしばしば法務担当副社長と呼ばれる）、ある外部ファームに所属する弁護士を知っており、尊敬しており、好ましく思っているとすれば、そのローファームは、企業の法実務のいくつかを確保する上で明らかに有利であろう。もしそうした状況が存在しないならば、企業幹部に自己の特徴を知ってもらうことは難しいであろう。企業の内部と外部の弁護士の関係ネットワークは、したがって、法的な仕事の分配に関する重要な決定要因なのである（Nelson 1988, 68）。

　現在、社内弁護士は、外部弁護士と企業幹部の関係を媒介し、外部弁護士のパフォーマンスをモニターして評価し、ローファームからの請求を精査し、料金が高すぎないかどうか判断を行っている（Ruder 1986）。彼らは、開示手続（discovery）や証言録取（deposition）のような、一定目的のためにローファームが使用しうる人員の数と種類に関する外部弁護士向けの規則あるいは基準を設定する。多くの場合、社内弁護士はまた、案件処理に用いるべき戦略に関して外部弁護士と協議する。1970年代やそれ以前においては、社内弁護士は法律プロフェッションの二級市民と見なされていた。彼らの中には、主要ローファームでパートナーになりそこなった弁護士で、両者の結びつきを固めるためにローファームから企業に送り込まれた者が存在したのだ（Slovak 1980; Ruder 1986）。（ただし、黄金時代的キャリアの頻度に関する第6章の議論を参照のこと）。社内弁護士の権力が増加するにつれて、プロフェッションにおける彼らの地位も上昇したのである。

　社内弁護士の地位の変化を評価するために、彼らの所得と出身ロースクールを、1975年と1995年の双方において他の弁護士のそれと比較することができる。企業のために働いていた弁護士（すなわち、労働組合や非営利組織に所属

からジェネラル・モータース（General Motors）に移ったエルマー・ジョンソン（Elmer Johnson）、シドリー・アンド・オースティン（Sidley and Austin）からAT&Tに移ったハワード・トリーネンス（Howard Trienens）、そしてジェナー・アンド・ブロック（Jenner and Block）からテネコ（Tenneco）に移ったテッド・テッツラフ（Ted Tetzlaff）が含まれる。

する者を除く）[20]に焦点を当てると、1975年には、ランダム・サンプル全体での所得の中位値は35,000ドルであったのに対して、彼らの所得の中位値は25,000ドルに過ぎなかった。しかし1995年では、これは反転した。サンプル全体の中位値が75,000ドルであったのに対して、企業の社内弁護士の中位値は112,500ドルであった。[21]社内弁護士の相対的な所得におけるこのような改善は、社内弁護士の中で女性（給与が低く抑えられがちである：第3章と第7章を参照）の割合が増加したにもかかわらず起きたのである。[22]出身ロースクールの差は、所得の差と一致していた。1975年には、社内弁護士におけるエリート・ロースクールとプレスティージ・ロースクールの修了者の割合は、他の弁護士におけるそれよりもわずかに低かった（36％対38％）。しかし、1995年には、エリート・ロースクールとプレスティージ・ロースクールの割合は、他の弁護士でのそれよりもわずかに高かった（31％対27％）。したがって、社内弁護士の中での地位が高いロースクール出身者の割合は、弁護士界の他のメンバーに比較して6％相対的に改善した。この改善もまた、女性の社内弁護士の割合が増加したにもかかわらず発生した。1995年には、（男性の15％に対して）女性の9％のみがエリート・ロースクールの出身で、女性は、リージョナル・ロースクールとローカル・ロースクールのカテゴリーの割合がいくぶん高かったのである。

　外部弁護士の選定において、クライアントは、サービスの価格と質の両面で競争を求める。ローファームとクライアントの関係に関する以前のモデルから明らかに離れて、今や多くの企業は、仕事に関してローファームが競争入札することを要求している。以前は、ローファームは通常、彼らが必要であると考えるだけの時間をその仕事に費やし、その時間に対する料金を、多かれ少なかれ標準のレートで請求していた。ディスカウントは、可能ではあったが、相対的には一般的ではなかった。しかし、1995年のシカゴ調査では、100人以上の弁護士を抱えるローファームにおける回答者の61％が、彼らのローファームが仕事に関して競争入札を行っていると回答した。[23]（1975

---

*20　1975年には94人で、1995年には67人であった。

*21　社内弁護士の所得の幅は両年ともより小さかった。ゆえに、彼らは低い標準偏差を示した。

*22　1995年には、他の実務弁護士のわずか26％が女性であったのに比して、社内弁護士の39％が女性であった。1975年には、94人の社内弁護士のうちで3人が女性であるにすぎなかった（他の弁護士の4.0％が女性であったのに対して、社内弁護士の3.2％が女性）。両年とも、社内弁護士の年齢の中位値は他の弁護士のそれよりも3歳高かった。

*23　ローファームの規模と業務に関する競争入札の可能性との間には、明確な関係がある。

368　第Ⅳ部　変容

年では、調査の必要を感じさせないほど稀であった。）潜在的なクライアントの中には、競争しているローファームにプレゼンに来るよう招くものもあって、それらは、ときには、ドッグショーやポニーショーあるいは美人コンテストと呼ばれている。ほとんどのタイプの仕事において、企業クライアントはこの競争を一地方のローファームに限定することはなく、ゆえに、大規模ローファームの実務はその性質においてより全国的なものとなる。シカゴ調査では、弁護士30人以上のローファームにおけるシカゴ大都市圏外部のクライアントの割合は、1975年から1995年にかけて2倍に、すなわち20％から40％へと増加した。

　社内弁護士の権力の増大は、多くの都市で活動するローファームへの志向が出現したことと関連している。1970年代までは、もしあるウォールストリートのローファームが、ある中西部の取引に関連する問題をシカゴのローファームに任せることが適当であると判断した場合には、ニューヨークの弁護士は、当該案件を、自分が信頼する（そして、きわめてありうることとして、個人的な関係のある）シカゴの弁護士に送付したであろう。それが実務であった場合、シカゴのローファームがニューヨークの外にとどまることに意味があった。もしシカゴのローファームがニューヨークにオフィスを構えると、それはニューヨークのローファームの直接的な競争相手となるわけで、それによって紹介相手となる機会が減少するのである。しかし、法的な仕事の配分が外部のローファームから社内弁護士にいったん移行すると、クライアントは、シカゴの弁護士の選択を自ら行うようになる。そうすると、シカゴのローファームはもはや案件の紹介においてニューヨークのローファームの善意に依存しなくなる（逆もしかり）ので、直接的な競争を回避する理由は減少するのである。

7．組織の境界

　弁護士界における変化のプロセスの結果がどうなるかは、まだ明らかでは

1995年調査では、過去3年以内に競争入札によってクライアントを獲得したことはないと回答した割合は、単独開業弁護士で97％、弁護士2人〜9人の事務所で74％、弁護士10人〜30人のローファームで64％、弁護士31人〜99人のローファームで53％、弁護士100人〜299人のローファームで48％であったが、弁護士300人以上のローファームではわずか31％であった（$\chi^2 = 106.7; p < .001$）。

ない。大企業に法的サービスを提供する組織は、伝統的に理解されてきたように、法実務に専念し続けるであろうか、それとも、より広範囲な専門的サービスを包括するようになるであろうか。ローファームは単純に成長を続けるのであろうか。弁護士300人から500人へ、1,000人あるいは（もうすでにいくつかはそうなっているように）2,000人へ、そしてついには5,000人へと。もしそうだとすれば、この成長は、主として合併によって生じるのだろうか、それとも市場全体の規模が継続的に拡大することによって生じるのだろうか。1992年には、8つの大規模会計事務所が、会計サービスの全国売り上げの28％を稼いでいたが、同時期に8大ローファームは、法律サービスに対する支出のわずか2.4％を受けていたに過ぎなかった。50大ローファームを合計しても、わずか9％の市場シェアを占めていただけであった（U.S. Bureau of the Census 1996a）。建築や広告サービスの市場における集中度も、法律サービスにおけるそれよりは大きかった（ibid.）。

　法律に関する仕事が大規模組織により大きく集中することを妨げるようなものが、法律に関する仕事の性質に内在的に存在するわけでは、おそらくない。しかし現在、利益相反に関する諸規則が、主要ローファームが新たなクライアントを獲得することへの、大きな障害となっている。ローファームは、潜在的なクライアントの利益を大きく害する、あるいは害する可能性がある利益を有する他の者を代理している場合には、その潜在的なクライアントを引き受けてはならない（Hazard and Schneyer 2002, 602-6）。このことは、クライアントへの忠誠に関する倫理的義務と、クライアントとの通信の秘密に関する義務とに基づいている。この点において、法律事務所と会計事務所との間には差異がある。すなわち、会計プロフェッションの規則は、事務所内にスクリーンあるいは壁を立てて、あるクライアントのために働いている会計士の知識、役割、決定を、他のクライアントのために働いている会計士のそれから分離することを許容しているが、法律プロフェッションの倫理規則は、個々の弁護士の知識と忠誠を同一事務所内の全弁護士に帰属させるのであって、それは他の都市にあるオフィスで勤務する弁護士に対しても同様である。したがって、数千人とは言わないまでも数百人の弁護士が所属するローファームは、利益相反を管理しまた回避するうえで、多大の困難性を有している（Shapiro 2001）。しかし、法律プロフェッションの倫理規定は変化を受けるのであって、おそらくある程度は市場の圧力に応じるであろう。

　一部のクライアントは、おそらく、それでやり通せると知っているので、

利益相反問題でローファームと交渉する際にその力を誇示する。大企業クライアントはローファームよりも何倍も大きくかつ強力であって、自分の弁護士は自分の意志に従うであろうということを知っている。しかし、会計事務所との交渉では、企業には選択の余地は小さい。その市場における寡占の程度は、オプションが少ないことを意味する。1990年代初期には、ビッグ・シックス会計事務所（さらに現在ではビッグ・フォーに集約されている）は、フォーチュン500の産業企業の98％の監査を行っていたのである。

　1990年代に、会計事務所はローファームとますます競争するようになった。税務、ファイナンス取引の仕組み作り、あるいはビジネス訴訟の準備においてですら、競争するようになったのである。[24]もしコンサルティング企業やフィナンシャル・サービス企業がローファームの生計を脅かす程度にまで法律サービス市場に進出したとすれば、一体どのようなことが起きるであろうか。法律プロフェッションの倫理規則を最終的に制定する裁判官は、もちろん弁護士である。彼らは実務弁護士界の出身であり、一部の者はそこに戻っていくのである。もしローファームの生存が深刻に脅かされたならば、裁判官は、ローファームがより効果的に競争することを許すように規則を変更するであろうか。

　ローファームは、より財政力の強い競争相手に対しては脆弱である。たとえば、有力なフィナンシャル・サービス・ファームは、いかなるローファームよりも裕福である。ローファームは資本不足であって、年度ごとの収入で成り立っており、多年度にわたって損失に耐えることはできない。エンロ

＊24　法律サービス市場に参入したとき、会計事務所は利益相反に遭遇した。上場企業の監査人は投資家に対して問題を開示する義務を負っており、それによって投資家や潜在的な投資家はリスクを評価することができる。しかし、クライアントがビジネス、税務、ファイナンスなどに関する助言を求めて専門コンサルタントのもとに向かうときには、秘密保持を期待しているのである。証券取引委員会（SEC）は、同じクライアントにコンサルティング・サービスを行うことで監査機能の独立性を損なったと、会計事務所を批判した。そこで、SECからの圧力に部分的には応えて、いくつかの最大規模の会計事務所は、監査部門をコンサルティング・サービスから分離した。ほとんどの場合、コンサルティング実務は別会社となった（Michaels and Peel 2000; Tagliabue 2000）。こうした動きの過程で、会計事務所はまた、コンサルティング実務を拡張する資金を獲得するための資本調達の必要性にも動機づけられた（MacDonald 2000; Michaels and Peel 2000, 18）。監査人からコンサルティング部門を分離することによって、コンサルティング企業は公募や私的投資家から資本を集めることが可能になったのである。サーベインス・オクスリー法（Sarbanes-Oxley Act）はのちに、法律サービスを含めて、監査事務所がコンサルティング・サービスを売却することを禁止した。

ン・アンダーセン（Enron-Andersen）スキャンダルが会計事務所を害するまでは、会計事務所は企業法務をかなり侵食していた（Van Duch 1997）。論者の中には、エンロン社（Enron）の詐欺にアーサー・アンダーセン（Arthur Andersen）会計事務所が加担し、結果として同事務所が解散したことが、[25]ローファームに対する競争上の脅威を消し去ったと信ずる者が存在する（Schauerte and Hernandez 2002）。その後のサーベインス・オクスリー法（Sarbanes-Oxley Act）[26]と新しいSEC規制は、税に関する事項を除いて、法務サービスから会計事務所を事実上排除した（ただしGarth 2004を参照）。しかし、その崩壊の前年に、アンダーセンは、35の国々で2,734人の弁護士を雇用していた（Campo-Flores 2000）。1997年に、デロイト・アンド・トゥシュ（Deloitte and Touche）[27]は、世界中に、1,104人の税法担当弁護士と384人の税法担当以外の弁護士を抱えていた（Van Duch 1997）。1990年代の末に、ABAの税法部門の前議長であったフィリップ・L・マン（Phillip L. Mann）は、次のように語った。「どの事務所がより頭の切れる弁護士やより勤勉な弁護士を抱えているかということは、さしたる問題ではない。…我々の耳に聞こえる本当の足音は、競争の規模である。……ビッグ・シックス［会計事務所］がマーケティングで使うことができる巨額の資金と資本である。……彼らは明らかに、法律プロフェッションのライセンス付与への、法域別の視野の狭い既存のアプローチは、国際取引へのひとつの障害にすぎないものと考えられるようになるのであって、関税と同じように早晩消失するであろうと確信するに至った」（Van Duch 1997, A13）。マンのコメントが示しているように、法実務のグローバリゼーション[28]は、プロフェッション間の伝統的な区別のラインを維持することをより困難にしている要因のひとつである。コロンビア特別区を除き、アメリカのすべての法域における倫理規則は、非弁護士がローファームの所有権を持つことを禁じているが、他の多くの国々ではそうではない。コンサルティング・サービスやフィナンシャル・サービスの企業は、

＊25（訳注）エンロン社は2001年に破綻し、アーサー・アンダーセン会計事務所は2002年に解散した。
＊26（訳注）2002年に制定された。
＊27（訳注）世界最大の会計事務所。現在はDeloitte Touche Tohmatsu。
＊28 キャロル・シルヴァー（Carole Silver 2000）はアメリカのローファームの外国市場への進出を分析した。彼女は、*American Lawyers*誌のアメリカ100大ローファームのリストに載っているもののうち71が海外オフィスを有すると報告している（Silver 2000, 37）。*The Economist* 2000も参照。

外国ではローファームと連携している。アメリカの弁護士の大部分は、他とは別のプロフェッショナル・アイデンティティを保持し、自己のプロフェッションによってコントロールされている状況で働くことを望んでいるようである（New York State Bar Association 2000）。中には離反しようとしている者もある。ある弁護士が、ローファームを辞めて会計事務所に加わるという自己の決断について行ったコメントが、引用されている。「私はボートから下りる最後の一人にはなりたくなかった」ということである（Van Duch 1997, A13）。

ウォールストリートのトップ・ローファームや、他の主要都市でそれに相当するローファームにおいてなされている最も洗練された仕事は、再現することが困難なレベルの経験と専門性を要求するために、コンサルティング・ファームやフィナンシャル・サービス・ファームが近い将来に弁護士界のエリートの暮らしを脅かすことにはなりそうにないと思われる。企業は、最も複雑で重要な仕事を、そうしたローファームに依頼し続けるであろう。しかし、これは、重要ではあるかもしれないが、法律プロフェッションの相対的に小さな部分である。中位や、より下位のローファームによってなされている企業の仕事は、そしておそらく大ローファームによってなされているよりルーティンな仕事は、コンサルティング・ファーム、銀行、その他のフィナンシャル・サービス・ファームからの競争によって、奪われる可能性が高い（*The Economist* 2000,81; Gibeaut 2000,18）。クライアントは選択を行う。弁護士界の規制者よりも、市場が結果を決定づけるのである。

ローファームが国際化するにつれて、アメリカのローファームは、もし彼らが、経営コンサルタント、投資銀行、あるいは他の非弁護士職が所有権を有するものと報酬を分け合うことを禁止されたならば、彼らのオプションが制限されたと考えるであろう。そうしたものとローファームとの合併（いわゆる多業種共同実務（multidisciplinary practices）あるいはMDPsの創設）が、ここ数年、外国で起きている（Dezalay 1992）。もし弁護士の実務が（ますます現実になっているように）国境を越えるとすれば、ローカルなライセンス機関が多国籍ローファームに対する規制を執行することは、難しいであろう（Garth and Silver 2002）。

大ローファームは現在、利益相反を避けるための努力に、多大な注意を払い、相当な資源を費やしている。彼らは、倫理規定のためばかりではなく、一部のクライアントがそうすることへの選好を表明しているために、そうしているのである（Shapiro 2001）。理解しやすいことだが、ローファームは、

第12章　変化のプロセス　**373**

そのクライアントの対抗者の代理を引き受けることによって重要なクライアントを害することがないよう、用心深く行動している（Heinz and Laumann 1982、371-73）。しかし、企業が代理の排他性に対して、法律プロフェッションの公式的イデオロギーが示唆するほど大きく、あるいは頻繁に価値を置いているかどうかは、まったく不明である。クライアントは、実際のところ、利益相反に対する異議を一般的に放棄しているし、会計事務所で用いられている利益相反への異なるアプローチが、ヨーロッパにおいて、多業種共同実務への法的業務の流れを阻止しているとは思われない（Campo-Flores 2000）。ウォールストリート・ジャーナルは、「ビッグ・ファイブ［会計事務所を指す］の法的サービスを使ったヨーロッパの企業クライアントは、その効率性とコスト削減を称賛した」（M. Jacobs 2000）と報じた。なぜアメリカ企業の選好が著しく異なるべきかということは、明確ではない。実際、ヨーロッパのMDPsに送られた業務の一部は、アメリカに本拠を置く企業から来たものである。

　しかし、法務サービスのマーケットの何らかの重要部分が、クライアントが厳格な利益相反規定を望む案件を扱っているということは、ありうることである。いくつかの仕事は格別にセンシティヴなものであって、広い不動産の取得計画や株式の大きな部分の取りまとめのように、秘密保持に対するより強い保証が要求されたり、対抗者の利害関心に特に脆弱なものであったりするかもしれない。そのような案件では、クライアントは対抗者に助言を与えることができるヨーロッパのMDPよりも、アメリカのローファームに相談することを望むかもしれない。実際、合理的選択モデルは、近年ローファームが利益相反のモニタリングと回避により注意を払ってきたことが、ローファームが自己のサービスを会計事務所が提供するサービスから差別化することを可能にすると示唆するかもしれない。かくして、利益相反が特に懸念される状況において自己をコンサルタントから区別する規則と実務を採用することによって、ローファームは、侵略から相対的に安全な市場ニッチを作り出してきた。しかし問題は、このニッチがどれほど大きいかである。それは、企業専門弁護士界の大多数を雇うに十分なほど大きいであろうか。

　弁護士の中には、利益相反に関する自己のプロフェッションの現行規則が真にクライアントの利益になっているか、疑問を抱いている者がある（Fischel 2000）。利益相反を防止するように作られたシステムは、費用がかかって、遅延を引き起こし、弁護士が調停者よりも［一方当事者のための］闘士とな

ることを要求することによって、紛争を先鋭化するかもしれない（Shapiro 2001）。したがって、洗練されたクライアントは、その仕事がセンシティヴであると考える場合や、必要なスキルが他では得られない場合にのみ、自己の仕事をそのシステムに委ねるであろう。外国における例は——弁護士についても依頼者についても同様に——豊富に見られる。企業取引と企業法務実務のグローバル化が進行するとき、多業種共同実務はヨーロッパ、南アメリカ、アジアでは成功するが、アメリカでは失敗するということは、ありそうにない。アメリカの大規模ローファームは独特の形態で、外国、特にイギリスのソリシターの事務所によって模倣されてきた。その形態が永続するかどうかは、未知数である。

8．ビジネス・メソッド

企業ローファームの伸長とクライアントの拡大は、弁護士とクライアントの間の関係ばかりではなく、弁護士相互間の関係をも変えた。弁護士は、長い間、専門を組み合わせたチームで複雑な案件を処理してきたが、そのチームの性格が変わったのである（R. Rosen 2002, 641-47）。1970年には、大規模ローファームは40人かそこらの弁護士と、おそらくは3人か4人の支配的なパートナーを擁しており、シニア・パートナーのそれぞれが「実務グループ」を率いていた。カボット氏のグループは、カボットが主任社外弁護士であったクライアントに対してサービスを提供していた。したがって、グループは、特定のクライアントの定期的なニーズに応えるために、様々な専門分野から成る十分な専門性を有する弁護士を含んでいた。もしクライアントが狭く定義されていれば、弁護士は相対的に限定的な問題群を扱うことになり、彼らはおそらく、当該クライアントに特有な専門あるいは「資本」を大量に獲得していた。グループが相対的に小さなものであったために、専門を超えたある程度の移動はきわめて望ましいことであった。必要に応じて代わりを務めるために、他人の専門領域について十分に学んでおく必要があった。これとは対照的に、1990年代の大規模ローファームでは、支配的なパートナーの数が増えて、定義はより不明確になり、より一時的なものとなって、ローファーム内の部門は、クライアントによるグループというよりも、機能や専門によって定義される可能性が高まった。したがって、税法部門のパートナーは、ある週にはウォルマートの不動産取引について意見を求められるが、2週間

後にはユナイテッド航空の倒産に関して意見を求められ、彼女と税法部門の彼女のアソシエイトは、これらの案件のそれぞれにおいて他の部門の異なるチームと仕事をすることになるかもしれない。したがって、共同作業する弁護士の組み合わせの継続性が低下し、弁護士が取り組む課題は、自己の専門にますます限定される（第2章参照）。そうしたシステムにおいては、組織が業務を管理する。組織がチームを召集し、シニア弁護士が（アソシエイト、パラリーガル、その他スタッフから）どの程度のサポートを受けるかは、組織が決定する。

　ワークグループが相対的に安定的であるときには、それは「共同体」となることができる。彼らは、彼ら自身の仕事の方法、独特の人間関係、グループに特有の規範などを発展させる傾向がある（Reagan 2004）。しかし、取引ごとに異なるチームに弁護士が集められる場合には、独特な手続、人間関係、そして規範は、ほとんど形成されない。継続的なチームは、少なくとも、独立した権力基盤となる潜在的可能性がある。関係分野のポストの二人の候補者のどちらを雇うかといった特定の問題については、グループが、ローファームのリーダー層の選好を覆しうる。しかし、ワークグループのメンバー構成が一時的であるときには、組織の中央管理が強化される。

　弁護士は、もちろん、ローファームに損失を与えて自分自身の利害にしたがって行動することを選択しうる。たとえば、ローファームを離れてクライアントを引き連れて行くことや、ローファームの仕事に全力を尽くさないことによってである（Galanter and Palay 1991,94; Gilson and Mnookin 1985, 330-39）。それゆえ、ローファームは、そうした機会主義的な行動を防ごうとする。もしローファームやワークグループが小さければ、非公式な規範が、全体を害する行為を抑制するであろう。規範は、当事者間での相互作用が密接で継続的な文脈において形成され伝達される可能性が高く、当事者は、将来も同じ同僚と働くであろうことを知っている場合には、規範を破る可能性はより低いであろう。非公式のサンクションは、評判、親しみ、礼儀などが重要なときに、最も効果的である。しかし、もしワークグループが適切な非公式サンクションを提供しないならば、組織の管理者は、コントロールのためのメカニズムを作り出す必要がある。それは、おそらく、ギャランターとパーレイが仮説として提起した「パートナー昇格トーナメント」（Galanter and Palay 1991）のようなものである。中央によるコントロールは、より公式的で、管理機構による執行に依存する傾向が高い。それらはしばしば、ガイドライン

や手続のマニュアルとして編纂される。これとは対照的に、非公式の規範は、より多様であって、規範とサンクションの所在は拡散的である。したがって、非公式規範から公式ルールへの変化は、特定の構成員から組織の管理者へ権力が移ることを意味する。

　ローファームが急速に発展した1980年代から1990年代にかけて、ローファームは、以前そこで働いていた人々とは多くの点において異なる新しい弁護士を多数同化しなければならなかった。この新しい弁護士の多くは女性で、マイノリティの割合も増え（いまだ少数ではあるが）、かつては大規模ローファームが採用しなかったロースクールでトレーニングを受けた者の割合も増加し、それらのローファームでは著しく過小代表であった民族宗教的グループからかなりの数の弁護士がリクルートされた。こうした新しい弁護士には、彼らがシニアとは相当に異なると感じる理由があったし、そうした差異は、彼らの地位と将来に対する不安感を醸成した。彼らはいずれパートナーになることができるのであろうか。もしそうでないとすれば、彼らがローファームに対して大きな忠誠義務を負うことはないのである。

　実際、新人の社会化は、弁護士が働く組織にとってより一般的な問題である。マーク・ギャランターは、20世紀後半におけるこのプロフェッションの年齢構成の変化について、分析を行っている（Galanter 1999）。彼が指摘しているように、1970年代と1980年代における弁護士数の急速な増加は、年齢構成が、年長弁護士が若年弁護士よりわずかに少ないという構成から、弁護士の大多数が相対的に若いという構成に変化したことを、意味していた。経験が少なく、まだ十分に同化されておらず、人間関係のネットワークがより狭い若手弁護士が数で勝っているということは、弁護士界において、クライアントのリクルート、弁護士の採用、パートナーへの昇進、利益の分配、そして（一般的に）自己のローファームの経営において、既成のやり方に従う者の割合が低下したことを意味していた。年齢構成における変化は、それ自体、プロフェッションにおける不安定性の付加的要素であった。

　1990年代終盤には、10年前はその半分ほどしか弁護士がいなかった、おそらく400人程の弁護士を抱えるローファームは、そのローファームのやり方について毎年多数の新人の教育を試みる状況に陥った。たちまち、新人がベテランを数的に上回り、組織の文化が変化した。古い非公式の規範は、もはや全員が理解し受け入れるものではなくなった。ローファーム間の移動も増加した。アソシエイトの移動が1990年代にきわめて多くなったために、ロー

ファームは、アソシエイトの引き留めという問題に関するシンポジウムや「勉強会」を主催した。そのひとつの成果が、『キーパーをキープする』(Keeping the Keepers) と題されて、全国ロースクール就職支援部門協会 (National Association for Law Placement) よって刊行されたが、この機関は、大規模ローファームが資金を提供したものであった (NALP Foundation for Research and Education 1998)。古い規範が崩壊し、官僚制構造が同僚間の協同に取って代わったために、アソシエイトのみならずパートナーも確実性が低下した。大規模ローファームは依然として他のいかなる業務環境よりも高い引き留め率を保持していた（第6章参照）が、パートナーの地位は、もはや永久には保障されなくなっていた。パートナーも移動し、解雇された。かつては他のローファームから人材を勧誘することを控えていたローファームも、今では自由にそれを行っている。新しい司法メディア、特にスティーヴン・ブリル (Steven Brill) の*American Lawyer*誌は、ローファームの「現代化」、アグレッシブなビジネス・メソッドの導入、そして鈍感かつ非能率と看做されていた「紳士的」経営へのあからさまな軽蔑を、礼賛した (Powell 1985)。1980年代に、いくつかのコンサルティング・ファームが、ローファームに対してビジネスのやり方を助言することを専門とし始めた[29]。そうしたコンサルタントたちは、伝統的なパートナーシップから、企業モデルに立脚した小規模官僚構造への転換を促進した（第5章参照）。共通のテーマは、業務を配分しコントロールする方法の合理化であった。すでに上で記したように、古い階層構造は、卓越したシニア・パートナーによって率いられていた（たとえば「カボット氏のグループ」）が、それは、特定の専門を中心として組織された部門によって取って代わられた。古いモデルにおいては、それぞれの階層集団がローファーム内での権力センターであり、それらはしばしば、主導権をめぐって争っていた。新しいモデルでは、権力はローファームの会長 (chairman)、経営委員会、部門の長、そしてプロフェッショナルな管理職に集中し、公式の指揮系統が存在する。組織というものが、相互に競争し合う階層集団に取って代わったのである。

　古いモデルでは、リーダーシップはシニオリティに由来していた。ロー

＊29　この市場における初期の著名なプレイヤーとして、ヒルデブラント (Hildebrandt)、アルトマン・ワイル (Altman Weil)、およびプライス・ウォーターハウス (Price Waterhouse) がある。

ファームのコントロールと分け前は、ともに、通常それぞれのパートナーが所有しているパートナーシップの割合によって決定されており、それは、しばしば、それぞれが有している「ポイント」として数字で表されていた。パートナーは、ファームの決定において、取り分（あるいはポイント）にしたがって票を投じ、収入は同じ階層構造にしたがって配分された。取り分は、通常、年齢とともに増加した。[30]多くのローファームでは、若い弁護士が年長者より数的に勝ることになったので、年齢コーホートがコントロールをめぐって争うようになってきた。若い弁護士は、年配者が、彼らが値するよりも大きなパイを取っていると感じていた。シニアの弁護士は、非生産的かつ、あるいは独裁的であると性格づけられていた。それぞれのコーホートが、他のコーホートを貪欲であると描いていた。

　年齢構成の変化は、ローファームの権力バランスを変えたが、将来もう一度それが起きるかもしれない。ギャランターによると、1970年時点では、50代100人に対して30代は127人であった（Galanter 1999,1085）。当時シニア弁護士は、シニオリティによる実質的アドバンテージを超えられるほど数的に劣勢ではなかったので、年配の弁護士はゲームのルールを設定することができた。ところが、1985年には、50代100人に対して30代が284人に上った（前述）。若いコーホートの弁護士がパートナーになると、シニア弁護士は権力闘争で負けるようになった。たとえば、経営委員会のメンバーの選任や、委員会内での投票においてである。30代後半や40代前半の野心に満ちた新しいパートナーたちは、シニア・パートナーたちを追い出しにかかった（Ripley 2000;Schmeltzer 1999）。年齢構成がシフトする以前は、ジュニア・パートナーはあえてこのようなことをしようとはしなかった。

　いくつかのローファームでは、ジュニアがシニアを駆逐することに成功した。他の事務所では、シニアは反対派を抑圧してコントロールの維持に成功し、さらに別の事務所では、ひとつのグループが他を買収した（Rovella 1997）。いくつかのファームでは、定年を引き下げた。典型的には、68歳あるいは70歳から65歳あるいは63歳へと引き下げたのである（Singer 2000）。[31]

＊30　いくつかのローファーム、顕著にはニューヨークにおいて高い成功を収めたクラヴァス（Cravath）法律事務所や、ファーム、いくつかの保守的なニューヨークのファームにおいては、収入はもっぱらシニオリティによって分配されていた（いまでもそうである）。つまり、事務所への貢献が長いほど、分け前は大きい（Carter 2002; Elwin 2003）。

＊31　イングランドでは、ソリシターは、近年より早期に退職に追い込まれている。ロンドンの

このひとつの結果として、ローファームは、退職者あたりでより長期間、年金を支払うことになった（たとえば、68歳から死亡までという代わりに、63歳から死亡までというように）。しばしば、年金計画は財源のないものであって（年金はローファームの現在の収入から支払われた）、財源がある場合でも、より短い退職期間を前提とするものであった。したがって、ローファームが固定した年金額を支払うものとされた場合には、早期退職は現職弁護士に対して重い財政負担を課すのであって、そのことがまた、ジュニアとシニアの間の対立点を作り出した（Singer 2000）。場合によっては、退職給付は引き下げられた（McDonald 2000）。

　1999年に、シカゴで最古かつ最も威信の高いローファームのひとつであるシドレー（Sidley）法律事務所は、32人のパートナーを「シニアカウンセル」あるいは「カウンセル」という地位に降格させた。経営委員会の議長は、「大部分が50代半ばから60代初期の」弁護士の降格は「より若いパートナーやアソシエイトの機会を拡大するだろう」（Taylor 2002）と述べた。*American Lawyer*誌は、ローファームの執行委員会の議長の言を引用して、「我々がこのことをアソシエイトたちに告げた時、彼らは、計画全体が彼らに対して重要な機会を創出することを理解した」（Ripley 2000）と報じた。連邦雇用機会均等委員会（The U.S. Equal Employment Opportunity Commission）は、同ローファームの調査を実施して、元パートナーは連邦法における「被雇用者」にあたるかどうか、降格は年齢差別になるかどうか、決定しようとした。[*32]ニューヨークの保守的ローファームであるキャドワレイダー・ウィッカーシャム・アンド・タフト（Cadwalader, Wickersham, and Taft）における適正規模プロジェクト（Project Rightsize）として知られる1994年のプランは、ロー

　タイムズ紙によると、「今日シティ［ロンドン中心部］に位置するローファームの大部分で、55歳を超えるパートナーを見つけることは稀である。規則として、55歳強制定年を認めているローファームはわずかであるものの、55歳定年は大部分の経営パートナーによって恵みととらえられている」（Digby-Bell 1999）。あるローファーム・コンサルタントは、「ローファームの焦点が変化しており、30代後半、40代前半の若いパートナーが、ビロード革命によってであれ、かなり血なまぐさいクーデタによるものであれ、コントロールを獲得している」と語ったと報じられている（Langdon-Down 2001）。

*32　*Equal Employment Opportunity Commission v. Sidley Austin Brown & Wood*, 315 F.3d 696（7th Cir. 2002）。降格が行われた当時、事務所はシドレー・アンド・オースティン（Sidley and Austin）と呼ばれていた。約１年後には別のローファームと合併して、シドレー・オースティン・ブラウン・アンド・ウッド（Sidley Austin Brawn and Wood）となっていた。

ファームから17人のパートナーを排除することを目指すものであった。これは、*Crain's New York Business*誌において、「老若パートナー間の劇的な権力闘争」と評された。これは訴訟という結果も招いた（Rovella 1997）。より対立的ではないスタイルでは、別の著名なシカゴのローファームは、「シニアツアー」といわれるものを始めた。これは、58歳に達した弁護士に対して事務所の経営陣がインタビューして、彼または彼女の将来計画について考えることを求めるものである。少しスローダウンする時期が来たのではないか、パートタイムで働くか、旅行の楽しみにひたることなどを考えるということである。それは退職の要請ではなく、種々の可能性を検討することへの招請として提示される。

　プロフェッションの年齢構成は、再び変化しつつある。1970年代後半や1980年代に弁護士界に参入したきわめて多くの弁護士は、中年に達しつつある。ギャランターの見立てによれば、2005年には50代100人に対して30代はわずか126人であったが、2020年には、［50代］100人あたりで［30代］104人になる。そうなったとき、シニオリティという資産が再び主張され始めるのであろうか。シニアの弁護士は、たしかに有利さを有している。そのキャリアを通じて、彼らは重要なクライアントや政治家とのつながりを獲得している。シニオリティは、また、通常ローファームに固有の知識を増やし、そのシニアが無能でなければ、彼または彼女が与えた好意に対して支払い期限が到来した請求金額は、作り出した敵による差引額を上回るであろう。もし将来のローファームがMDPsその他の種類のコンサルティング・ファームからの競争の増加に直面するならば、シニア弁護士のビジネス獲得上のつながりが、その環境において、より高い価値を持ったものとなるかもしれない。そして、シニア弁護士がその資本を生かすならば、企業法務ローファームは、再び小さな階層集団によって統治されるか、おそらくは分割されるかもしれない。あるいは、これらのローファームいくつかは、おそらくMDPsによって吸収され、より官僚的になるかもしれない。

　我々は、法律サービス市場における変化が、何らかの自動的あるいは機械的なプロセスを通じて、ローファームの構造あるいはガバナンスにおいて必然的に変化をもたらすということを示唆しているのではない。そうではなく、市場の諸ファクターの影響は、様々なアクターの認識、解釈、規範、バイアスによって媒介されるのである。ローファームが合理的な選択を追求していることには疑いがないが、何が合理的かということについては議論がありう

る。年齢コーホート間の闘争で例示したように、ローファーム内の利益集団は権力を求めて競争しており、市場に関する見解が、グループによって、一方あるいは他方の立場に有利な議論を支持するために動員される。プレイヤーたちは、市場の事実を自己に有利に解釈しようとする。したがって、ニール・フリグステイン（Neil Fligstein）は、アメリカの大企業におけるトップ・マネジメント・ポジションのコントロールが、20世紀を通じて、社内の様々な構成集団の間で移行してきたことを明らかにした（1987, 1990）。1919年から39年の時期には、「（ビジネス）企業の支配的な戦略は、単一の製品グループの生産に向けられて」おり、企業は「起業家、弁護士、そして製造部門担当者」によってコントロールされる傾向にあった（Fligstein 1987, 48）。1939年以後は、製造部門担当者を犠牲にして、販売とマーケティングの幹部が力を増した。それは、製造部門担当者は「販売ないし利潤の増進をもたらし得なかった」（1987, 57）からであり、企業は当時多角化していて新しい市場に展開しようとしていたからであった（1987, 49）。1959年以後は、企業の成功が複合的な生産ラインへの資本の配分に関する決定にますます依存するようになり、また企業合併がより一般化したために、財務担当者が支配的になった（1987, 49, 55-56）。リーダーの変化は企業のビジネス戦略における変化を反映したものであるが、戦略はそれ自体、企業内の政治過程の結果である。フリグステインは、「すべての大規模組織は、組織の目標と資源にかかわる多様なアクターの主張をめぐる内部的権力闘争を抱えている」と結論づけた（Fligstein 1987, 45）。

　市場が送り出すシグナルは明確とは言えない。前兆を読み誤ることは、完全にありうることである。1990年代後半に、新しいテクノロジー企業が空高く飛躍し、その弁護士が新興企業の資金調達で多忙であったとき、いくつかのローファームは、長年のクライアントに対して、もはや彼らを代理しないと告げた。それらのローファームは、新興企業を代理して料金の全部または一部を株式で受け取ることで、より多く稼ぐことができたのである。その株式は大きな成長可能性を有すると考えられたのであった。既成企業からの安定的な収入は、それに比べてぱっとしないものであった。古い打ち切られたクライアントに責任を有していたパートナーはしばしば傷つき、収入の減少に怒りを感じていた。数年後に株式市場が下落したとき、打撃を緩和してくれる古くからのクライアントは、そこにはいなかった。いくつかの大規模ローファームは、知財関係の仕事をする能力を拡大することに大きく投資し、

特にコンピュータ・テクノロジーの開発とマーケティングに従事するクライアントに焦点をあてていた。ドットコム・バブルが2001年にはじけたとき、それらのローファームの大多数は、必要以上に多くの知財専門弁護士を雇用していたことに気づいた。いくつかのローファームは多大の損失をこうむった。ローファームは資本を蓄積するものではないため、長期間の低収入時期を持ちこたえるに必要な資源を欠いていたのである。彼らは状況の変化に即座に適応しなければならなかった。

　より著名な犠牲者のひとつは、サンフランシスコに本拠を置いていた、大規模で権威の高いブロベック・フレーガー・アンド・ハリソン（Brobeck, Phleger, and Harrison）であった。同事務所は、70年に及ぶ繁栄の後、2003年に解散した（Glater 2003c）。ブロベックの例は示唆的である。その崩壊は、経済が突然下落したことによって促進されたのであるが、事務所内の権力闘争による悪化もあった。1998年に、パートナーたちが選んだ新しい会長、タワー・スノー（Tower Snow）は、ブロベックにわずか3年前に来た人物であった（Beck 2002）。スノーは、「カリスマ的で、ハンサムで、弁舌が立ち、先見性がある」という触れ込みの証券関係訴訟の専門家で、大きな野心を持ち、事務所における主要な成長を取り仕切っていた（ibid.）。サンフランシスコ・クロニクル紙によれば、「スノーは、全国のエリート・ローファームのなかでも傑出した存在になることを切望し、ハイテク、知財、および証券取引訴訟において異常なまでのスピードで拡大することによって、それを達成しようとした。……彼は、CNN［と］ウォールストリート・ジャーナル紙に年間300万ドルの広告を打つなど、全国的な広告キャンペーンを始めた」（Holding, Chiang and Berthelsen 2003）。3年の間に、事務所が抱える弁護士は、400人（1998年）から900人以上（2001年）へと倍増した。そのピーク時において、パートナー1人当たりの利益は117万ドルであった（ibid.）。しかし、事務所は、その上昇よりも早い速度で下落することになった。2002年の最後には、パートナー1人当たりの利益は55万ドルにまで落ち込み、弁護士数も493人になっていた（ibid.）。バブルがはじけたとき、前の会長であったジョン・ラーソン（John Larson）を含む事務所内のスノーの敵対者たちは、彼を追い落とそうとした（Beck 2002）。その結果、スノーは任期満了前に会長を辞することになった（Holding, Chiang and Berthelsen 2003）。数カ月後、ロンドンからのフライトでサンフランシスコ空港に降り立ったスノーは、ロサンジェルス・オフィスから来た訴訟専門家で、事務所の新しい会長になった者

第12章　変化のプロセス　**383**

によって書かれた書簡を手渡された。*American Lawyer*誌によれば、内容は次の通りである。

> 親愛なるタワー：　貴君は、［ブロベックの］パートナーシップ協定に基づいて、ブロベック・フレーガー・アンド・ハリソンLLPにおける[33]パートナーの任を解かれている。貴君は、私によって指示された者を伴うことなしに、ブロベック・フレーガー・アンド・ハリソンLLPのオフィスに立ち入ることはできない。ローファームのコンピューターネットワークへの貴君のアクセスは遮断されており、建物とオフィスのアクセスカードはすでに無効とされている（Beck 2002）。

　あるローファーム・コンサルタントは、「究極的には、それは、二つのエゴの衝突の結果だった。ひとつはタワーのエゴで、もうひとつは（前の会長である）ジョン・ラーソンのエゴだ」と結論づけた（Holding, Chiang and Berthelsen 2003）。しかしタワー・スノーは、うまく着地した。[34]ブロベックを追放された10日後には、彼は、ロンドンに本拠を置くソリシターの事務所であるクリフォード・チャンス（Clifford Chance）の、新しい西海岸オフィスを率いていた（Beck 2002）。ブロベックは、彼ほどうまくいかなかった。再浮上しようとして9千万ドルもの借金をしたものの、スノーの離脱から1年も経たないうちに、そして傾き始めてから2年後に、それは沈没した。
　ブロベックでの戦いにおいて訴訟専門家らによって演じられたリーダーの役割と、主要なプレイヤーの個人的なスタイルは、ローファームにおけるリーダーシップのより広範な変化の様相を例示するものである。伝統的な旧形式のローファームでは、事実審弁護士はしばしば、派手で、事務所を導き代表するには特異すぎると見なされていた。［そのような］ローファームは、真面目さ、賢明さ、静かな品格といったイメージを醸成した。たとえ弁護士のすべてが確立した資産家一族（old money）の子孫ではないとしても、彼らは少なくともそのスタイルを見習うことができた。企業経営が会社をコントロールするファミリーによって支配されていた頃には、そのことが弁護士を

＊33　（訳注）Limited Liability Partnership（有限責任事業組合）の略。
＊34　（訳注）landed on his feet。猫が高い所から落下しても足から無事に着地することから生まれた表現。

384　第Ⅳ部　変容

クライアントにマッチさせていた。しかし、マーケティング担当者やMBA
たちが企業で目立つようになるにつれて、新しいスタイルの弁護士が必要と
された。タワー・スノーのように、大規模ローファームのリーダーたちはい
まや、公然と野心を示し、アグレッシブである。彼らの大部分は訴訟専門家
で、強硬手段を使うことにやぶさかではなかった。したがって、どちらの時
期でも、弁護士は、クライアントを見習う傾向にあった。スノーは、報じら
れたところによれば、「ローファームは成功した企業のように経営され得る
と信じていた」(Beck 2002)。もちろん、彼のローファームの運命は、それが
凋落企業のようにも経営され得るということを証明している。

　1933年に、カール・ルウェリン (Karl Llewellyn) は、「会社法の実務は、ビ
ジネス上の目標に向けてビジネスマンのために働くだけではなく、……仕事
のやり方に向けて……それ自体の中にビジネスの視点を発展させる」
(Llewellyn 1933) と述べた。彼がそう記したとき、それはまだ真実になっては
いなかった。まだ。20世紀中葉のローファームに関する歴史 (Dean 1957;
Swaine 1948)は、ジェネラル・モータースどころか、その初期の形態(Chandler
1962) にもほとんど似ていない事業形態を描いている。1933年にルウェリン
の論文が出版された時、ホワイト・アンド・ケイス(White and Case)、シャー
マン・アンド・スターリング (Shearman and Sterling)、クラヴァス (Cravath)[*35]
などの事務所は、すべてニューヨークの主要法律事務所で、それぞれ、14人、
15人、そして16人の弁護士を抱えていた (Martindale-Hubbell 1933)。同年に、
シドレー、ウィンストン (Winston)、カークランド (Kirkland) などのシカゴ
の大手プレイヤーは、それぞれ、11人、12人、そして19人の弁護士を雇用し
ていた (ibid)。1952年の『弁護士統計報告』(*Lawyer Statistics Report*) が数え
上げた民間実務家の中では、68％が単独で働いていた (Martindale-Hubbell
1952)。1975年においてですら、アメリカ全土でわずか３つのローファームが、
弁護士200人を有していたにすぎない (Abel 1989, 312, table 46)。スマイゲルが
1950年代後半のウォールストリートの法律事務所の文化を描いている：

　　中西部に生まれ、東部のロースクールで教育を受けた多くの弁護士が、

＊35　現在、クラヴァス・スウェイン・アンド・ムーア (Cravath, Swaine and Moore) とし
　　て知られるその事務所は、以前はクラヴァス・デガースドーフ・スウェイン・アンド・ウッ
　　ド (Cravath, de Gersdorff, Swaine and Wood) であった。

東部、上流階級、社会規範についてまだ学ぶべきことがあると気づいて、それを模倣することで急速に学んだと述べた。たとえば、ある者は、「私が初めて事務所に入ったとき、先輩のアソシエイトが着ているものに気づいて、一人が特に際立っていた。彼は典型的な成功したウォールストリート弁護士なのだろうと考えた。私は彼が服を買った場所を探し出した……」と報告した。

　あるシニアアソシエイトは、「難しく不愉快な離婚事案にかかわっているパートナーがいた。彼は事務所を去った。私は彼がそう要求されたのであろうと考えた。法においては、用心深くなる必要がある」と想起していた。(Smigel 1969, 318-19)。

　C・ライト・ミルズ (C. Wright Mills) が用いた法律工場 (law factories) という用語は、彼が用いた当時には奇抜なものであった (Mills 1956)。しかし、20世紀の最後の四半世紀には実際に、アメリカのローファームでは「仕事のやり方に向けたビジネスの視点」が発達したのであった。

　1891年にボストンで設立されたビンガム・アンド・ダナ (Bingham and Dana) は銀行の代理を専門とする保守的な企業専門ローファームとして100年もの間栄えた (Carter 2002)。しかし1990年代には、ますます多くの銀行が大規模な持株会社に合併されていくようになると、そのようなクライアントの数が減少することが明らかとなった。その結果、同ローファームは多角化する必要性に気がついた (ibid.)。そうするために、ビンガムは、3つの「副次的ビジネス」を設立した。すなわち、法的な助言や代理とは異なるサービスを提供するビジネスである (Zimmerman and Kelly 2004)。[36] 1つは州の規制機関とかかわる企業に助言するコンサルティング・ファームであり、2つ目は中小企業に対して合併やベンチャーキャピタルの利用に関して助言するものであり、3つ目は、ボルティモアのフィナンシャル・サービス企業であるレッグ・メイソン (Legg Mason) とのジョイントベンチャーで、財務管理を行う企業を設立した (Hines 2001)。ビンガムの経営パートナーは、メジャーな会計事務所の見習おうとしたと語った。会計事務所は、「彼らの2つの資

＊36　弁護士会の倫理規定は、ローファームが他のビジネスを所有する限りにおいてこのことを許容している。しかし、もし非弁護士がローファームを所有するならば、反対されうる。法律プロフェッションの倫理は、弁護士がコントロールすることを要求するのである。

産——つまり評判とクライアント層——」を活用して、「ニーズに着目し、効果的に抱き合わせ販売を行って、きわめて収益性が高まる全般的なビジネスラインを創出することで、自己のテコ入れを行った」というのである（ibid.）。

　フロリダに本拠を置くホランド・アンド・ナイト（Holland and Knight）法律事務所は、2001年現在、9つの子会社を所有していた。その中には、興信所、環境コンサルティングを提供する会社、財務管理を行う会社、不動産会社などが含まれていた（ibid.）。シカゴでは、労働法と雇用法の使用者側を専門としていたセイファス・ショー（Seyfarth Shaw）法律事務所は、企業マネージャーのトレーニング・クラスを提供する会社であるセイファス・ショー・アット・ワーク（Seyfarth Shaw At Work）や、人事管理に関するコンサルティング・ファームのルシッド・コンサルティング（Lucid Consulting）を所有していた。2001年時点で、これら2つの会社は125人の従業員を有していた（Palmer 2001）。シカゴの他のローファームも、副次的ビジネスを所有していた。たとえば、メイヤー・ブラウン（Mayer Brown）は国際取引のコンサルティング・ファームを、ベイカー・アンド・マッケンジー（Baker and McKenzie）はファイナンスと貿易に関する企業を、（個人被害事件（PI）の被告側を専門とする）ヒンショー・アンド・カルバートソン（Hinshaw and Culbertson）はテクノロジーリスク分析を提供する会社を、そしてカッテン・ムーチン（Katten Muchin）は関税と国際取引に関する仕事を行う会社を、それぞれ所有していた。ビジネスベンチャーを計画する仕事をしていた別のシカゴのローファーム、マクダーモット・ウィル（McDermott Will）の副会長は、「伝統的な法律サービスと一般的なビジネス顧問サービスの間のラインは、刻一刻と曖昧になってきている」と語った（ibid.）。

　2002年に、ビンガム・アンド・ダナはサンフランシスコのマカッチェン（McCutchen）と合併し、ビンガム・マカッチェン（Bingham McCutchen）として知られるローファームになった。当初の宣伝文書のひとつ（厚手の紙に4色で印刷され、広範囲に郵送された）では、同ローファームは次のように自身を特徴づけている。

　　貴社のビジネス目的の達成に専念します——数百件の高額な、先例となった事案の実績に裏打ちされて、我々は、貴社のビジネスに適った事柄に集中し、それにしたがって戦略を構築します。……

第12章　変化のプロセス　**387**

予測しえない問題に関しては、我々は、貴社の目的と貴社のビジネスの現実に導かれて、効果的かつ効率的な戦略を迅速に構築しうるよう、貴社を支援することができます。

　クライアントのビジネスに関する弁護士の理解が強調されていることに注意していただきたい。そのメッセージとは、弁護士はあなたの言葉で話します、弁護士は理論家ではありません、弁護士は仕事を効率的に処理します、ということである。この約束を果たすためには、弁護士は、ビジネスはどう動くのか知らなければならない（R. Rosen 2002, 657-58）。

　ビジネス世界における前職経験の価値が弁護士にとって高まっているので、シカゴのノースウェスタンを含むいくつかのロースクールでは、カレッジ卒業後1年ないし2年働いた出願者を優先していることを明らかにしている。ノースウェスタンのディーンは、彼の目的は職業経験を有する学生のみを受け入れることだと述べている（Strahler 2001）。これはビジネススクールを見習ったものであって、ビジネススクールはかなり前から、学生に対して、ビジネスまたはマネジメントの前職経験を要求してきたのである。ロースクールもカリキュラムを変えて、ビジネスプランや企業ファイナンスのコースを追加した。ロースクールの在学生や入学希望者が、おそらくはジョブ・マーケットに関する認識を反映して、これらの科目への要求を生み出した（Gest 2001）。ノースウェスタンの、ビジネスと法学の両方の学位を同時に求めて得ることができる、ビジネスと法学という大学院プログラムに出願する学生は、1995年に44人であったものが、2002年には182人に、そして2003年には209人へと、増加した。第8章で見たように、最年少の弁護士たちは、20年前や30年前に実務の世界に飛び込んだ弁護士の見方に比べて、ビジネスに対してより親和的であり、政府による規制により反対している。

　ニューヨークに本拠を置く世界最大のローファームのひとつであるシャーマン・スターリングは、「リーグ表」（league table）を編集して配布している。それは、何らかの基準でローファームをランク付けしたリストで、通常はローファームが扱っている特定タイプの取引の数あるいは価値に基づいている。それがリーグ表と呼ばれるのは、野球チームの成績を表にした細かい統計に似ているからである。シャーマン・アンド・スターリングの2000年のパンフレットの表紙には、「シャーマン・アンド・スターリングは、2000年に出版された200以上のリーグ表でトップファイブ・ローファームにランクさ

れました。これは世界のどのローファームよりも多いです。」と書かれていた。
この小冊子は、元は多様な業界誌に出版された表を取りまとめたものである。
たとえば、「株を初上場した企業に対する指導的な初上場（IPO）専門弁護
士」（*Daily Deal,* May 9, 2000から）、「取引価値で表したテレコム・プロジェク
トのファイナンス取引」（*Privatisation International,* September 1999から）、「中堅
企業のM&Aに関する1999年のトップ法律助言者：薬品、医療用品、医療機
器」（*Mergerstat,* January 2000から）、金額でランク付けた「国外ターゲットの
敵対的買収、ターゲット側の代理」（Thomson Financial Security Data, February
2000から）などである。リーグ表は、投資銀行によって、自己の卓越性と有
能性を示す方法として、長年にわたって使われてきた。ローファームは、こ
のやり方を、いくつもの新しい宣伝テクニックのひとつとして、より最近採
用した。法律マーケティング協会（The Legal Marketing Association）は1985年
に結成された。それは、2002年には1,250の会員を有していた（Carter 2002）。
ボルティモアとシカゴのローファームが合併してできたパイパー・ルード
ニック（Piper Rudnick）は、2001年に大手広告代理店であるレオ・ブルネッ
ト社（Leo Brunett Company）のトップ管理職を引き抜いたし、ホランド・ア
ンド・ナイトは、広報部門に38人の従業員を抱えていた（ibid.）。企業専門
ローファームはもはや、口コミや、ゴルフコースやユニバーシティ・クラブ
(the University Club)[*37]やゴルフ場でなされる契約にもっぱら頼るようなことは
ない。彼らが自己の商品を売るために用いる方法は、ますます彼らのクライ
アントのそれに似通ってきている。

　企業専門ローファームの拡張は、彼らのクライアント層の進化を反映した
ものであった。企業は現在、多くの場所において展開しており、多数のオ
フィスから、市場を海外に求めている。企業は買収や合併を通じて統合し、
しばしば、たとえば放送と電気設備の製造（NBCとGeneral Electric）のように、
異なる企業活動に携わる複合企業を創出する。クライアントが新しいロー
ファームと結びつくときに負う初期費用はまだ大きく、ローファームの変更
を抑制するものであるが、そうしたコストはクライアントが多様化するにし
たがって、減少していく。弁護士と企業幹部との以前の関係は、企業が新た
な経営陣とともに新たなビジネスを獲得するときには、価値を失う。いずれ

＊37　（訳注）1887年にハーヴァード、イェールなどの卒業生によってシカゴに作られた私的
　　　社交クラブ。http://www.ucco.com/を参照。

にしても、異なる弁護士がそれらの異なるビジネスラインの仕事を担当するのである。放送法の専門能力は電気設備ビジネスにおいてはほとんど使い道がない。もし企業が世界中の20の主要都市にオフィスを持つならば、企業は、それらの都市のそれぞれの地元弁護士を簡便かつ定期的に利用したいと望むであろう。クライアントの視点からみれば、法律サービスの複数の供給者を使うことに起因する費用の重複は、その仕事を求めるローファームの間の競争によって、相殺以上に減少する。より広範な(全国的および国際的)法律サービス市場の発展は、企業がより多くのローファームから選択しうるということを意味したのである。

　企業が法実務を、その対象、地域、あるいは取引によって細分化し、その仕事を複数のローファームに拡散したとき、それは、単一のローファームに対するクライアントの依存度を減少させたが、それはまた、クライアントに対するローファームの依存度も減少させた。したがって、ローファームが支店を開設し、より広範囲な市場にサービスを提供し始めると、クライアントのすべての選好に応えるというプレッシャーは緩和される。さらに、ローファームのクライアントがより多様なものとなると、あるクライアントによって好まれる特定の社会的背景特性が他のクライアントには適合しないという可能性が高まる。アドホックな関係性の中では、社会的同質性はより減退する (Laumann 1973)。もし、弁護士・クライアント関係が長きにわたるもので、ひとつのグループの弁護士たちがすべての範囲のビジネスを扱うとすれば、そうした選好がクライアントあるいはローファームのいずれに起因するかにかかわらず、クライアントの社会的特性を共有する弁護士への選好がより大きな力を持つ。その選好がクライアントから来るのかローファームから来るのかは問わない。すでに記したように、民族宗教的排他性はかつてプロフェッションのシステムの一部であった。弁護士界の社会組織はその上に形作られていた。しかし1995年までに、そのシステムの影響の一部は残ってはいるものの(第3章参照)、民族宗教的な区別は、大枠において、ジェンダーと人種に基づく成層に置き換えられてきている。企業法務サービスへの需要は1980年代にピークを迎え、1990年代後半にも再び高まったが、そのときの弁護士需要はきわめて強かったために、人種は減多に重要な考慮事項とはとらえられなかった。取引を扱う弁護士の探す際に、ビジネスはよりビジネスライクになったのである。

　個人の運命は組織の制約によって形成されている。単独開業弁護士、ある

いはその小集団ですら、マーケットが全国的あるいは国際的であるときには、容易にはクライアントに達することはできない。弁護士は、広く認められたブランドネーム（その質への評判）、シニア弁護士の仕事を支える大勢のスタッフ、それに、複数のオフィスに資金を供給したり、新たなオフィスを開設したり新たな冒険に乗り出したりするリスクを引き受けるに十分な資本を必要とする。弁護士は、組織内における彼らの地位を強化するために、クライアントとの確立した関係を頼りにすることができるし、現実にそうしており、ときには、クライアントを連れて新しい組織へと移動する。後者のようなことが起きるには、クライアントは、弁護士の新しい場所が、その弁護士に良い仕事をさせるために十分な範囲と質の支援サービスを供給するであろうということについて、説得される必要がある。かくして、ローファームが拡大し、より資本集約的なものとなり、クライアントの流動性が増大した（したがってまた、弁護士とクライアントの関係もより不安定になった）とき、弁護士はより一層、彼らが勤務する組織に依存するようになったのである。

9. 結論

法律サービスを供給する個々の組織が変化し、それらが弁護士の仕事とキャリアに押し付ける制約が強化されるにつれて、都市の弁護士界のより広範な社会構造は変容させられた。シカゴでは、1975年から1995年の間に、弁護士界の規模は2倍になり、女性のパーセンテージは4％から29％へと増加し、100人以上の弁護士を抱えるローファームで実務を行っている弁護士の割合は3倍になった（8％から25％へ）[38]。同時に、単独開業弁護士と弁護士10人未満の法律事務所は、長期間にわたる減少を経験しており、政府雇用の弁護士あるいは社内弁護士として雇用されている者のパーセンテージは相対的に一定であった。弁護士界に進出した女性は、ほとんどの場合、従属的な地位を占めるようになり、マイノリティの大多数は、さらに威信の低い職にとどまっていた。シカゴ調査の20年間において、弁護士界内部の社会成層が増大した一方で、プロフェッションの自律性と、弁護士界の統合あるいは結束

＊38 パーセンテージを計算したベースは、1995年では1975年の2倍の大きさであったから、弁護士100人以上を抱えるローファームに所属するシカゴの弁護士の数は、およそ6倍と推定してよい。ここでのパーセンテージは、実務に就いている弁護士に基づくものである。弁護士資格者全員に占めるパーセンテージも、7％から21％へと3倍になっている。

第12章 変化のプロセス **391**

は低下した。

　弁護士の自律性は、第一に、労働市場が課した制約によって制限された。第3章で見たように、ロースクールのヒエラルキーが、その修了者を、業務環境におけるヒエラルキーへと進ませた。威信の高いロースクールを出た弁護士は、威信の高い雇用を確保する可能性が非常に高かった。たとえば、4つの「ローカル」ロースクール[*39]がシカゴの全弁護士の45%を訓練していたが、弁護士300人以上のローファームで働いていた1995年の回答者のうちわずか17%がそれらのロースクールで教育を受けていたのに対して、政府の仕事に就いている者や、弁護士2人から9人の事務所に所属する者のうちでは、3分の2がそれらのロースクールの卒業生であった（**表3.1**参照）。例外的な弁護士はそのオッズを覆すことができたが、それはまさに例外的存在だったからにすぎない。シカゴの弁護士の自律性は、そのキャリアが不安定なものとなり、雇用する組織により依存するようになるにしたがって、1975年から1995年にかけて一層低下した。1995年には、民間の弁護士は、1975年におけるよりもより頻繁にその仕事を変えていた（**図6.1**、**図6.2**）が、彼らは通常、同じ実務セクターに属する雇い主の間で移動していた。実際、民間弁護士の間では、ひとつのローファームのパートナーシップから別のローファームのパートナーシップへと移る傾向が、かなり増加した（**図6.5**）。彼らの選択の範囲は、さらに限定的になったのである。

　仕事における自律性を最も多く報告する傾向があった弁護士は、減少している業務環境に属する人々であった。すなわち、単独開業実務家や最小規模の事務所で勤務する弁護士たちのみが、その5分の1以上がかつてクライアントや仕事の割り振りを拒んだことがあると答えたが、企業クライアントを代理する弁護士たちは、自分自身の仕事の戦略を描く可能性は有意に低かった（**図5.5**参照）。したがって、最も急速に成長した実務類型が、弁護士が自律性を最も享受しない類型であった。1995年には、実務の企業部門は、個人クライアント部門の2倍以上の規模となった。1975年から1995年にかけて、全弁護士が企業クライアント分野に割く時間の推定割合は53%から64%に増加し、個人と小企業のために働く分野への配分は40%から29%へと減少した（**図2.1**）[*40]。さらに、ローファームに成長するにつれてより官僚的になり、ロー

＊39　（訳注）本書におけるロースクールのカテゴリー分けについては第1章を参照。
＊40　このことは、個人と小企業に提供される法務サービスの総量が減少したことを意味するも

ファームのマネジメントに関する政策決定に参加する者の範囲は狭まった。
「企業」スタイルのマネジメントを行っているローファームでは、弁護士は、
「伝統的」あるいは「ハイブリッド」なローファームにおけるよりも、ロー
ファームのガバナンスへの参加を報告する可能性が低い（**図5.4**）。これらの
タイプの自律性は、企業関係実務のコンテクストで現れることがより少ない
ので、多様な実務領域の自律性の度合いに関するエキスパートの評定が、プ
ロフェッション内部における多様な実務分野の威信に関する実務家の評定と
負の相関を示すことは、おそらく驚くに値しない（**表4.3**）。弁護士は、自律
性とプロフェッショナルな威信との間で、重大な選択に直面しているのであ
る。

　弁護士の個人的交流や政治的見解さえ、彼らの業務コンテクストによって
特別な影響を受けているように思われる。経済問題に関する弁護士の見方は、
彼らのクライアントの性質と一致したものであった（**図8.4**）。たとえば、消
費者がより効果的に保護されるのは競争によってか連邦規制によってかと尋
ねられたとき、弁護士は明白に分かれており（**図8.2**）、その分かれ方は彼ら
のクライアントの利益を反映したものであった。「法律関係の問題を話し合
うのを最も楽しむ」相手は誰か示すように問われたとき、1975年調査の回答
者の78％が同じタイプの業務環境で働く同僚を挙げた。1995年では、これは、
88％へと増加した（第5章）。したがって、組織コンテクストが、こうした同
僚関係に多大かつ増大する影響を有しているのである。［我々が］選択して
示した、シカゴの一群の重要（notable）弁護士に対する結びつきは、政党政
治のみならず、実務分野によっても構造化されている。関係ネットワークの
ひとつのセグメントは、ほとんど企業法務の実務家に限定されており、別の
セグメントは事実審専門弁護士（地方弁護士会のリーダーの多くを含む）が優越
しており、また3つ目のセグメントは、法律扶助実務（legal services work）
とリベラルな改革に取り組む弁護士たちを含んでいた（**図10.3**参照）。

　シカゴの弁護士の自律性の減退は、弁護士の役割の分化が進行したことを
関連していた。プロフェッション内の境界がより明確に画され、それを乗り
越えることが難しくなった。弁護士界内部の異なるセクターは、さらに異な
るものになった。1975年に、弁護士100人以上のローファームが実務弁護士

のではない。弁護士界の規模が倍になり、それらのサービスは増加したが、企業関係実務は
それ以上に急速に成長したのである。

層の8％を雇用していたとき、彼らは弁護士界全体の所得の9％を稼いでいた。ところが1995年には、同規模のローファームで働く弁護士の割合は25％に増えて、彼らの所得シェアは37％に達していた（**図5.1**）。政府に雇用された弁護士は、1975年には実務弁護士層のうち11％を構成して総所得の6％をあげていた。1995年には、彼らは依然として11％を占めていたにもかかわらず、所得のわずか4％を受け取っていたにすぎなかった。単独開業弁護士は21％から15％へと減少したが、所得シェアは19％から10％へと落ち込んだ。最も裕福な弁護士と運に恵まれない者の間の溝は、顕著に広まったのである。1975年には、所得分布の底辺4分の1にいた弁護士は、平均43,231ドル（1995年ドル換算）の所得を得ていた。それが1995年には、（33,816ドルへと）1万ドル近く下落した。しかし、上位4分の1の平均所得は（ここでも同様の恒常ドル（constant dollar））で、266,733ドルから325,733ドルへと増加した。1995年には、最も高所得の25％の弁護士がすべての実務所得の61％を受け取っていた一方で、下位25％はわずか6％を受け取っていたに過ぎなかった（**図7.1**）。

　所得ヒエラルキーがその傾斜を増していくにつれて、プロフェッション内における弁護士の地位に対する人口統計学的性質の影響は、元々強かったものが、弁護士界にかなりの数の女性とマイノリティが参入することによって強化された。民族宗教的成層は、1975年のデータでは明確に見られたが、1995年には大幅に縮小していた（**図3.1**参照）。しかし、女性、アフリカ系アメリカ人、およびヒスパニックが、プロフェッションの階梯の下段に位置していた、不利益を被っていた民族宗教的集団に取って代わった。大規模ローファームにおいてパートナーの地位を得る確率（年齢をコントロール）あるいは所得の上位4分の1に入る確率（やはり年齢をコントロール）に関する分析で明らかとなったのは、弁護士界へのこれらの新参者は、そのようなタイプの成功を経験する可能性がきわめて低いということである（第3章）。1995年には、地位が高いプロテスタント宗派の出身の白人男性は、平均年齢（43歳）に到達するまでに弁護士100人以上のローファームにおいてパートナーとなる確率は26％であったが、白人女性の同じ確率はわずか6％であり、アフリカ系アメリカ人のそれはわずか3％にすぎなかった。ジェンダーと人種は民族宗教的背景よりも明白な指標であり、より容易に観察可能なので、プロフェッション内部の社会的境界をより明確かつ鮮明なものにしたのである。

　弁護士界内部の成層は、プロフェッションを越えて、市民の、ビジネス上の、宗教的な、そして政治的な組織における弁護士の役割へと拡張する（第

394　第Ⅳ部　変容

9章）。高所得で、プロテスタントで、年長の（しかし高齢ではない）弁護士は、そうした組織において最も活動しており、弁護士界のエリートと結びついていた人々は、［それらの組織において］指導的立場に立つ可能性が有意に高かった（図9.2参照）。したがって、弁護士界のメンバーであることは、［それらの組織に］参加するよう招待されることを確保し、リーダーの役割をめぐって競争するうえでの資産であり続けてきたかもしれないが、それは、社会的有利さを平等にすることには役立たなかった。むしろ、より広範囲の社会における社会的地位を決定づける属性は、コミュニティにおける弁護士の可能性を増進あるいは減少させるように作用した。

　社会成層が弁護士界を分割し、その結合を弱めている。異なる個人的属性を有する弁護士は異なる社会に生きているのであり、弁護士界とその外部において、異なった役割をはたしているのである。さらに、弁護士職の専門性の向上は、そうした役割の分化を促進する。2つ以上の分野で実務を行っている弁護士の割合に関する我々の分析は、諸分野間の結びつきが、1975年よりも1995年においてより弱くなっていることを明らかにした（図2.1-2.3参照）。弁護士実務の専門化は、両方の調査年で比較可能なデータがある27の分野の23において増加していた（図2.4）。1975年の調査で発見された両半球は、より小さな、よりばらばらなクラスターに細分化されており、クラスター間の分離はかつてないほど大きなものとなった。こうした業務分化は、プロフェッション内部の連帯を減じさせる。より多くの弁護士が大規模ローファームの機能別部門あるいは専門ローファームで働くようになるにつれて、弁護士界内部での弁護士たちの接触は狭まる。弁護士たち仲間はいまや、以前にも増して、自分と同じ種類の仕事をする者である可能性が高まり、弁護士たちが同じ種類の問題に取り組むときに生み出される弁護士界内部の結束は低下した。もちろん、すでに述べた所得の不平等性は、社会的分離を現出させる（あるいは補強する）であろう。年に35,000ドルを稼ぐ弁護士が350,000ドル以上稼ぐ弁護士と交わることは、ありそうにない。

　弁護士の所得における差異の程度は、それ自体、彼らが異なる市場に属している程度に関する測度となる。所得の不平等は、クライアントの相違を反映するものである。専門性の進行と所得の不平等性の増大は、弁護士業務の市場がより分割され、彼らの間の距離がより拡大したことを示している。そして、諸分野が分化するにつれて、それらの分野における弁護士の存在の社会的意味もより異なったものになる。我々は第4章で、諸分野の威信評定が

より極端になってきたことを見た。1975年には、75％の回答者が証券法分野をその威信が平均以上であると評定した。1995年にはそれは、85％に増加していた。それと対照的に、1975年の回答者のわずか9％が離婚業務を平均以上の威信があると考えていたが、それは、1995年回答者では、わずか4％へとさらに減少した（表4.2参照）。1975年から1995年にかけて威信評定が顕著に変化した分野の中では、1975年の威信序列の上位半分の分野は大部分が威信の上昇を享受したが、下半分の分野のほとんどは、威信を下落させた。かくして、分野間の差異が拡大した。さらに、分野の威信とその実務家の属性との間には相関関係があった。エリート・ロースクールの修了者は、威信スコアの高い分野で働く可能性が有意に高く、アフリカ系アメリカ人と女性が実務にあたっていた分野はその威信が低い傾向にあった（図4.1）。後者の知見は、おそらく、女性や黒人の存在がそれらの分野の威信に否定的な影響を与えたというよりも、プロフェッションにおいて女性と黒人に対して開かれた機会を反映したものと思われるが、前者の仮説も完全には無視できない。

　社会的および政治的な諸問題に対する弁護士たちの異なった見方は、しばしば彼らのクライアントの違いに対応していて、さらに弁護士界を分割している。たとえば、1995年には、シカゴの弁護士は、アファーマティブ・アクションについて均等に分かれていて、40％が支持し、39％が否定的見解を表明していて、22％が中立あるいは未決定となっていた（図8.3参照）。この不一致は、弁護士を集合行動に動員することを難しくしており、おそらく、弁護士会の影響力の低下に寄与している（第8章）。弁護士会がプロフェッション全体のために効果的に発言できないことは、それ自体、弁護士の多様性と結束の欠如との帰結である（3章）。

　20世紀の最後の四半世紀において、実務組織が、弁護士界の社会構造を変化させる主要なエンジンとなった。仕事を拒みクライアントを断る自由の程度を含む弁護士の自律性は、組織形態によって異なる（図5.5参照）。実務条件に対する弁護士の満足感と、移動するか同じ仕事にとどまるかという彼らのプランも、組織的なコンテクストと関連している（図11.1）。弁護士の所得は、彼らが働く組織の形態に強く関連している（図7.2と図7.3を参照）。そして、女性と有色人種の弁護士は、威信の低い業務環境に不均衡に多く割り振られている（図6.6）。マネジメント、ガバナンス、そして業務グループの構成は、組織によって異なる。したがって、弁護士が経営上の決定に参加する機会を持つかどうかは、組織の構造と政策に依存する（図5.4）、弁護士業

務の性質（階層化された分業の存在と欠如、専門化の程度、業務時間数）は、組織によって形づくられる（第5章）。法律サービスを提供する組織のニーズと規範は、弁護士の仕事とキャリアに重大な変化をもたらしてきた。

　組織が雇う。組織が仕事を割り振る。組織が弁護士とクライアントの関係を形成し、規制し、打ち切る。組織が、どの弁護士が管理者あるいはパートナーになるか、彼らがいくら所得を得るか、決定する。したがって、組織の選好が、弁護士会が成層化するかどうかを決定するのであって、もしそうであれば、組織の選好がその成層化の特性も決定するのである。組織が、法実務がチームによってなされるかどうか、誰がチームのメンバーになるか、誰がチームをリードするか、そして、特定のクライアントの希望が配慮される程度を決める。組織は、プロボノ活動、組織経営、若い弁護士へのメンターを務める役割などを含めて、市場によってはあいまいにしか支配されていない弁護士業務のいくつかのタイプについて、相対的な価値を設定する。しかし組織は、それらが望むことを無制限に行う自由を有しているわけではない。組織は、それ自身、市場、地元政治、そして強力な社会規範によって制限されている。存続する組織は、自己の戦略をそれらにしたがって調節している。

　規模の拡大が、圧倒的にポピュラーな戦略となってきた。民間実務では、大規模事務所が、弁護士の売り上げにおいてかつてないほどのシェアを獲得し、法律業務における分業を再定義し、プロフェッションの新たなイデオロギーを教え込むことなどにおいて、成功してきた。組織自体によって認識され定義された組織のニーズが、弁護士のキャリアを形作り、その業務を管理し、その成功の見込みに——財政的に、プロフェッショナルとして、そしておそらく個人の生活においてですら——影響を与えている。法律プロフェッションの未来を決定づけるプライオリティとは、組織のプライオリティである可能性が高い。

（訳：久保山力也／くぼやま・りきや）

参考文献

Abbott, Andrew. 1981. "Status and Strain in the Professions." *American Journal of Sociology* 86 (4): 819-33.

————. 1988. *The System of Professions: An Essay on the Division of Expert Labor.* Chicago: University of Chicago Press.

ABC News/Washington Post Survey 1989, cited in Galanter 1998, 808.

Abel, Richard L. 1989. *American Lawyers.* New York: Oxford University Press.

————. 1994. "Symposium: The Future of the Legal Profession: Transnational Law Practice." *Case Western Reserve Law Review* 44:737-870.

Abel, Richard L., and Philip S. C. Lewis, eds. 1988-89. *Lawyers in Society.* 3 vols. Berkeley: University of California Press.

Adams, Edward A. 1994. "Legal Career Exacts Steep Personal Price." *New York Law Journal,* February 7, 1.

Allison, Paul D. 1978. "Measures of Inequality." *American Sociological Review* 43:865-80.

Alwin, Duane F., and Jon A. Krosnick. 1991. "Aging Cohorts and the Stability of Sociopolitical Orientations over Life Span." *American Journal of Sociology* 97:169-95.

American Bar Association. 1992. *A Review of Legal Education in the United States, Fall 1991.* Chicago: American Bar Association.

American Bar Association, Young Lawyers Division. 1991. *The State of the Legal Profession 1990,* 53-54. Chicago: American Bar Association.

American Bar Association Commission on Professionalism. 1986. "... *In the Spirit of Public Service": A Blueprint for the Rekindling of Lawyer Professionalism.* Chicago: American Bar Association.

Attorney Registration and Disciplinary Commission. 1977, 1995, 1996. *Annual Report.* Chicago: Supreme Court of Illinois.

Auerbach, Jerold S. 1976. *Unequal Justice: Lawyers and Social Change in Modern America.* New York: Oxford University Press. (=ジュロード・アウオバーフ〔戒能通厚紹介〕「不平等な裁判——近代アメリカにおける法律家と社会変化」法の科学 5号〔1977年〕278-280頁)

Austin, Roy L., and Hiroko H. Dodge. 1992. "Despair, Distrust, and Dissatisfaction among Blacks and Women." *Sociology Quarterly* 33:579-98.

Baker,V. E. 1990. "Market Networks and Corporate Behavior." *American Journal of Sociology* 96:589-625.

Baltzell, E. Digby 1964. The *Protestant Establishment: Aristocracy and Caste in America.* New York: Random House.

————.1966. *Philadelphia Gentlemen: The Making of a National Upper Class.* New York: Free Press.

————.1976. "The Protestant Establishment Revisited." *American Scholar* 45:499-518.

Barnett, Martha W. 1990. "Women Practicing Law: Changes in Attitude, Changes in Platitudes." *Florida Law Review* 42:209-28.

Baron, James N., and William T. Bielby. 1980. "Bringing the Firm Back In: Stratification, Segmentation, and the Organization of Work." *American Sociological Review* 45:737-65.

Beck, Susan. 2002. "The Harder They Fall." *American Lawyer,* August, 64-70, 128-29.

Becker, Gary. 1993. *Human Capital: A Theoretical and Empirical Analysis with Special Reference to Education.* 3rd ed. Chicago: University of Chicago Press. (=ゲーリー・S・ベッカー〔佐野陽子訳〕『人的資本：教育を中心とした理論的・経験的分析』東洋経済新報社、1976年。※ただし原著第2版〔1975年〕の翻訳)

Bell, Robert. 1999. *Some Determinants of Corporate Use of Attorneys.* ABF Working Paper Series. Chicago: American Bar Foundation.

Ben-David, Joseph. 1963-64. "Professions in the Class System of Present Day Societies: A Trend Report and Bibliography." *Current Sociology* 12:247-42.

Bentley, Arthur F. 1908. *The Process of Government.* Reprint, Evanston, IL: Principia Press, 1949. (=A・F・ベントリー〔喜多靖郎・上林良一訳〕『統治過程論：社会圧力の研究』法律文化社、1994年)

Berger, Peter L., Brigitte Berger, and Hansfried Kellner. 1974. "Excursus: On the Obsolescence of the Concept of Honor." In *The Homeless Mind: Modernization and Consciousness,* 83-96. New York: Vintage. (=P.L.バーガーほか〔高山真知子ほか訳〕「補章　名誉という概念の衰退について」『故郷喪失者たち——近代化と日常意識』新曜社、1977年、95-111頁)

Beverly, Duncan. 1954. "Estimated Jewish Population of Chicago and Selected Characteristics, 1951." *The Chicago Community Inventory.* Chicago: University of Chicago.

Bielby, William T., and Denise D. Bielby. 1989. "Family Ties:Balancing Commitment to Work and Family in Dual Earner Households." *American Sociological Review* 54:776–89.

Bigoness, William J. 1988. "Sex Differences in Job Attribute Preferences." *Journal of Organizational Behavior* 9:139-47.

Blau, Peter M., and Rebecca Z. Margulies. 1974–75. "A Research Replication: The Reputation of American Professional Schools." *Change in Higher Education* 6 (Winter): 44.

Blaustein, Albert P., and Charles O. Porter. 1954. *The American Lawyer: A Summary of the Legal Profession.* Chicago: University of Chicago Press.

Bokemeier, Janet L., and William B. Lacey. 1992. "Job Values, Rewards, and Work Conditions as Factors in Job Satisfaction among Men and Women." *Sociology Quarterly* 28:189-204.

Bourdieu, Pierre. 1984. *Distinction: A Social Critique of the Judgement of Taste.* Cambridge: Harvard University Press.(=ピエール・ブルデュー〔石井洋二郎訳〕『ディスタンクシオン——社会的判断力批判 I・II』藤原書店、1990年)

Bowen, William, and Derek Bok. 1998. *The Shape of the River: Long-Term Consequences of Considering Race in College and University Admissions.* Princeton: Princeton University Press.

Brandeis, Louis D. 1905. "The Opportunity in the Law." *American Law Review* 39 (July-August): 559-61.

Bridges, William P. 1995. "Where Do Markets Go To: An Analysis of Change in Internal and External Mobility Patterns." *Research in Social Stratification and Mobility* 14:71-98.

Burger, Warren E. 1995. "The Decline of Professionalism." *Fordham Law Review* 63:949-58.

Burt, Ronald S. 1992. *Structural Holes: The Social Structure of Competition.* Cambridge: Harvard University Press, 1992. (=ロナルド・S・バート（安田雪訳）『競争の社会的構造：構造的空隙の理論』新曜社、2006年）

Cain, Glen G. 1976. "The Challenge of Segmented Labor Market Theories to Orthodox Theory: A Survey." *Journal of Economic Literature* 14 (4): 1215-57.

Campbell, Angus, Phillip E. Converse, and Willard L. Rogers. 1976. *The Quality of American Life: Perception, Evaluations, and Satisfaction.* New York: Russell Sage Foundation.

Campo-Flores Avian. 2000. "Bar Talk: King Arthur." *American Lawyer,* January, 17.

Caplan, Lincoln. 1993. *Skadden: Power, Money, and the Rise of a Legal Empire.* New York: Farrar Straus Giroux.（=リンカーン・カプラン〔村上和夫・飯山ユリ訳〕『スキャデン：巨大法律事務所の内幕』日本経済新聞社、1995年）

Cappell, Charles, L. 1979. "Organizations and Specialization of Legal Activity." Memorandum, American Bar Foundation.

Carlin, Jerome E. 1962. *Lawyers on Their Own: A Study of individual Practitioners in Chicago.* New Brunswick, NJ: Rutgers University Press.（=ジェローム・E・カーリン〔石村善助訳〕「弁護士における仕事の獲得〔原著"Getting Business"の章〕」石村善助＝六本佳平『法社会学教材』東京大学出版会、1986年、119-145頁）

――――. 1966. *Lawyers' Ethics: A Survey of the New York City Bar.* New York: Russell Sage Foundation. (=ジェローム・E・カーリン〔棚瀬考雄訳〕『弁護士倫理――ニューヨーク市弁護士界の実態調査』ぎょうせい、1986年）

Carr-Saunders, A. P., and P. A. Wilson. 1933. *The Professions.* Oxford: Oxford University Press.

Carson, Clara N. 1999. *The Lawyer Statistical Report: The U.S. Legal Profession in 1995.* Chicago: American Bar Foundation.

――――. 2004. *The Lawyer Statistical Report: The Legal Profession in 2000.* Chicago: American Bar Foundation.

Carter, Terry. 2002. "Law at the Crossroads." *ABA Journal,* January, 29-34.

Chambers, David L. 1989. "Accommodation and Satisfaction: Women and Men Lawyers and the Balance of Work and Family." *Law and Social Inquiry* 14:251-87.

Chambliss, Elizabeth. 1997. "Organizational Determinants of Law Firm Integration."

American University Law Review 46:669-744.

Chambliss, Elizabeth, and Christopher Uggen. 2000. "Men and Women of Elite Law Firms: Reevaluating Kanter's Legacy." *Law and Social Inquiry* 25:41-68.

Chandler, Alfred D. 1962. *Strategy and Structure: Chapters in the History of the American Industrial Enterprise.* Cambridge: MIT Press. (=アルフレッド・D・チャンドラー, Jr.〔有賀祐子訳〕『組織は戦略に従う』ダイヤモンド社、2004年。※『経営戦略と組織』〔実業之日本社、1969年〕の新訳・復刊)

Cherovsky, Edwin. 1991. "The Use of Temporary Lawyers Is on the Rise in Many Firms." *New York Law Journal,* March 4, 44.

Chicago Lawyer. 2001. "Chicago Lawyer 2001 Survey: The Largest Law Firms in Illinois." *Chicago Lawyer,* May, 13–33.

Chiu, Charlotte, and Kevin T. Leicht. 1999. "When Does Feminization Increase Equality? The Case of Lawyers." *Law and Society Review* 33 (3): 557-94.

Clark, Peter B., and James Q. Wilson. 1961. "Incentive Systems: A Theory of Organizations." *Administrative Science Quarterly* 6:129-66.

Clogg, C. C. 1995. "Latent Class Models." In *Handbook of Statistical Modeling for the Social and Behavioral Sciences,* edited by G. Arminger, Clifford C. Clogg, and Michael Sobel, 311-59. New York: Plenum Press, 1995.

Cohen, Jean L. 1999. "Does Voluntary Association Make Democracy Work?" In Smelser and Alexander 1999, 263.

Coleman, James. 1998. "Social Capital in the Creation of Human Capital." *American Journal of Sociology* 94 (supp.): 595-S120. (=ジェームズ・S・コールマン〔金光淳訳〕「人的資本の形成における社会関係資本」野沢慎司編・監訳『リーディングス ネットワーク論——家族・コミュニティ・社会関係資本』勁草書房、2006年)

Cook, J. Michael, Eugene M. Freedman, Ray J. Groves, Jon C. Madonna, Shaun F. O Malley, and Lawrence A. Weinbach. 1992. "The Liability Crisis in the United States: Impact on the Accounting Profession." *Journal of Accountancy* (November):18–23.

Cornwall, Richard R., and Phanindra V. Wunnava, eds. 1991. *New Approaches to Economic and Social Analyses of Discrimination.* New York: Praeger.

Coulter, Philip, B. 1989. *Measuring Inequality: A Methodological Handbook.* Boulder, CO: Westview Press.

Crosby, Faye J. 1982. *Relative Deprivation and Working Women.* Oxford: Oxford University Press.

————.1987. "Multiple Regressions and Multiple Roles: A Note for the General Reader." In *Spouse, Parent, Worker: On Gender and Multiple Roles,* edited by Faye Crosby. New Haven: Yale University Press.

Curran, Barbara A. 1986. *Supplement to the Lawyer Statistical Report.* Chicago: American Bar Foundation.

Curran, Barbara A., and Clara N. Carson. 1994. *The Lawyer Statistical Report: The U.S. Legal Profession in the 1990s.* Chicago: American Bar Foundation.

Curran, Barbara A., with Katherine J. Rosich, Clara N. Carson, and Mark C. Puccetti.

1985. *The Lawyer Statistical Report: A Statistical Profile of the U.S. Legal Profession in the 1980s.* Chicago: American Bar Foundation.

Curran, Barbara A., and Francis Spalding. 1974. *The Legal Needs of the Public.* Chicago: American Bar Association and American Bar Foundation.

Cutler, Lloyd N. 1978. "The Role of the Private Law Firm." *Business Law* 33:1549.

Daniels, Stephen, and Joanne Martin. 1995. *Civil Juries and the Politics of Reform.* Evanston, IL: Northwestern University Press.

Dau-Schmidt, Kenneth G., and Kaushik Mukhopadhaya. 1999. "The Fruits of Our Labors: An Empirical Study of the Distribution of Income and Job Satisfaction across the Legal Profession." *Journal of Legal Education* 49 (3): 342–66.

Davis, Kingsley, and Wilbert E. Moore. 1945. "Some Principles of Stratification." *American Sociological Review* 10:242-49.

Dean, Arthur H. 1957. *William Nelson Cromwell, 1854–1948: An American Pioneer in Corporation, Comparative and International Law.* New York: Ad Press.

Demerath, Nicholas J. 1965. *Social Class in American Protestantism.* Chicago: RandMcNally.

Derber, Charles. 1982. "The Proletarianization of the Professional: A Review Essay." In *Professionals as Workers: Mental Labor in Advanced Capitalism,* edited by Charles Derber, 13–34. Boston: G. K. Hall.

Derber, Charles, William A. Schwartz, and Yale Magrass. 1990. *Power in the Highest Degree: Professionals and the Rise of a New Mandarin Order.* New York: Oxford University Press.

Dewar, Helen. 2002. "Senate Panel Rejects Bush Court Nominee." *Washington Post,* September 6, A1.

Dezalay, Yves. 1992. *Marchands de droit: La restructuration de l'ordre juridique international par les multinationales du droit.* Paris: Librairie Arthème Fayard.

Dezalay, Yves, and Bryant G. Garth. 1996. *Dealing in Virtue: International Commercial Arbitration and the Construction of a Transnational Legal Order.* Chicago: University of Chicago Press.

Dieter, Richard C. 1995. *With Justice for Few: The Growing Crises in Death Penalty Representation.* Washington, DC: Death Penalty Information Center.

Digby-Bell, Christopher. 1999. "Plan to Go Out Gracefully and Usefully." *Times* (London), September 21, features sec.

DiMaggio, Paul, and Walter Powell. 1983. "The Iron Cage Revisited: Institutional Isomorphism and Collective Rationality in Organizational Fields." *American Sociological Review* 48:147-60.

Dixon, Jo, and Carroll Seron. 1995. "Stratification in the Legal Profession: Sex, Sector and Salary." *Law and Society Review* 29 (3): 381-412.

Dos Passos, John R. 1907. *The American Lawyer: As He Was, As He Is, As He Can Be.* New York: Banks Law Publishing.

Dolan, Maura. 1995. "Miserable with the Legal Life." *Los Angeles Times,* June 27, A1.

Dunworth, Terence, and Joel Rogers. 1996. "Corporations in Court: Big Business Litigation in U.S. Federal Courts, 1971-1991." *Law and Social Inquiry* 21:497-592.

Economist, The. 2000. "Lawyers Go Global: The Battle of the Atlantic." Feb, 26, 79-81.

Elwin, William. 2003. Telephone interview, April 8.

Encyclopedia of Associations. 1975. 9th ed. Edited by Margaret Fisk. Vol. 2, *Geographic and Executive Index.* Detroit: Gale Research.

―――. 1995. 29th ed. Vol. 2, *Geographic and Executive Indexes,* edited by Rebecca L. Turner and Carol A. Schwartz. Detroit: Gale Research.

Epstein, Cynthia Fuchs. 1981. *Women in Law. New York: Basic Books.*

―――.1993. *Women in Law.* 2nd ed. Urbana: University of Illinois Press.

Eulau, Heinz, and John Sprague. 1964. *Lawyers in Politics: A Study in Professional Convergence.* Indianapolis: Bobbs-Merrill.

Evans, Mariah D., and Edward O. Laumann, 1983. "Professional Commitment: Myth or Reality?" *Research in Social Stratification and Mobility* 2:3-40.

Felstiner, William. 1974. Influences of Social Organization on Dispute Processing. *Law and Society Review* 9 (1): 63-94. University of California, Los Angeles.

Felton, Barbara J. 1987. "Cohort Variation in Happiness: Some Hypotheses and Exploratory Analyses." *International Journal of Ageing and Human Development* 25:27-42.

Finke, Roger, and Rodney Stark. 1992. *The Churching of America, 1776-1990: Winners and Losers in Our Religious Economy.* New Brunswick, NJ: Rutgers University Press.

Firebaugh, Glenn, and Brian Harley. 1995. "Trends in Job Satisfaction in the United States by Race, Gender, and Type of Occupation." *Research in the Sociology of Work* 5:87–104.

Fischel, Daniel R. 2000. "Multidisciplinary Practice." *Business Lawyer* 55:951-74.

Fligstein, Neil. 1987. "The Intraorganizational Power Struggle: Rise of Finance Personnel to Top Leadership in Large Corporations, 1919-1979." *American Sociological Review* 52:44-58.

―――.1990. *The Transformation of Corporate Control.* Cambridge: Harvard University Press.

Frank, John P. 1965. "The Legal Ethics of Louis D. Brandeis." *Stanford Law Review* 17:683-98.

Frank, Robert H., and Philip J. Cook. 1995. *The Winner Take All Society: Why the Few at the Top Get So Much More Than the Rest of Us.* New York: Penguin. (=ロバート・H・フランク、フィリップ・J・クック〔香西泰監訳〕『ウイナー・テイク・オール：「ひとり勝ち」社会の到来』日本経済新聞社、1998年)

Frederick, Samuel A. 1995. "Teaming Up with Temporary Lawyers." *American Lawyer,* May, S58.

Freidson, Eliot F. 1970. *Professional Dominance: The Social Structure of Medical Care.* New York: Atherton Press. (=エリオット・フリードソン〔進藤雄三・宝月誠訳〕

『医療と専門家支配』恒星社厚生閣、1992年）

—————.1984. "Are Professions Necessary?" In *The Authority of Experts: Studies in History and Theory,* 3-27, edited by Thomas L. Haskell. Bloomington: Indiana University Press.

—————.1986. *Professional Powers: A Study in the Institutionalization of Formal Knowledge.* Chicago: University of Chicago Press.

—————.1992. "Professionalism as Model and Ideology." In Nelson, Trubek, and Solomon 1992, 215-29.

—————.1994. *Professionalism Reborn: Theory, Prophesy, and Policy.* Chicago: University of Chicago Press.

Friedkin, Noah E. 1999. "Choice Shift and Group Polarization." *American Sociological Review* 64:856-60.

Fritsch, Jane, and David Rhode. 2001. "Two-Tier Justice: Part 1, Facing Life in Prison. Part 2: High Volume Law. Part 3, The Final Stop." New *York Times,* April 8–10.

Galanter, Marc. 1974. "Why the 'Haves' Come Out Ahead: Speculations on the Limits of Legal Change." *Law and Society Review* 20 (Fall): 95-160.

—————.1993. "News from Nowhere: The Debased Debate on Civil Justice." *Denver University Law Review* 71:77–113.

—————.1994. "Predators and Parasites: Lawyer Bashing and Civil Justice." *Georgia Law Review* 28:662-69.

—————.1996. "Real World Torts: An Antidote to Anecdote." *Maryland Law Review* 55: 1093-60.

—————.1998. "The Faces of Mistrust: The Image of Lawyers in Public Opinion, Jokes and Political Discourse." *University of Cincinnati Law Review* 66:805–45.

—————.1999. "'Old and in the Way': The Coming Demographic Transformation of the Legal Profession and Its Implications for the Provision of Legal Services." *Wisconsin Law Review* 1081–17.

Galanter, Marc, and Thomas Palay. 1991. *Tournament of Lawyers: TheTransformation of the Big Law Firm.* Chicago: University of Chicago Press.

Gallup, George H., Jr. 1996. *Religion in America.* Princeton: Religion Research Center.

Garth, Bryant G. 2004. "Multidisciplinary Practice after Enron: Eliminating a Competitor But Not the Competition." *Law and Social Inquiry* 29:591-95.

Garth, Bryant G., and Carole Silver. 2002. "The MDP Challenge in the Context of Globalization." *Case Western Law Review* 52:903-42.

Gartner, Alan, and Frank Reissman. 1974. *The Service Society and Consumer Vanguard.* New York: Harper and Row.

Gawalt, Gerard W., ed. 1984. *The New High Priests: Lawyers in Post-Civil War America.* Westport, CO: Greenwood Press.

Gest, Ted. 2001. "They'd Rather Be in Business: Law Schools are Prepping Future Attorneys for the Corporate Life." In *U.S. News and World Report: America's Best Graduate Schools.*

Gibb, Frances. 2003. "New Broom Looks at Sweeping Legal Changes." *Times* (London),"Law Report," October 21.

Gibeaut, John. 2000. MDP in SEC Crosshairs. *ABA Journal,* April, 16.

Gilson, Ronald, and Robert H. Mnookin. 1985. "Sharing Among the Human Capitalists: An Economic Inquiry into the Corporate Law Firm and How Partners Split Profits." *Stanford Law Review* 37:313-92.

Glaberson, William, 1999. "When the Verdict is just a Fantasy." *New York Times,* June 6, sec. A4, 1, cols. 1-3.

Glater, Jonathan D. 2003a. "Fearing Liability, Law Firms Change Partnership Status." *New York Times,* January 10, C2.

————. 2003b. "Pressure Increases for Tighter Limits on Injury Lawsuits." *New York Times,* May 28, Al.

————. 2003c. "West Coast Law Firm Closing After Dot-Com Collapse." *New York Times,* January 31, C1.

Glendon, Mary Ann. 1994. *A Nation Under Lawyers: How the Crisis in the Legal Profession Is Transforming American Society.* New York: Farrar, Straus and Giroux.

Goldstein, Amy. 2001. "Bush Curtails ABA Role in Selecting U.S. Judges." *Washington Post,* March 23, Al.

Goldhaber, Michael D. 1999. "How Greenberg Got So Big." *National Law Journal,* April 26, Al.

Goode, William J. 1957. "Community within a Community: The Professions." *American Sociological Review* 22:194-200.

————. 1978. *The Celebration of Heroes: Prestige as a Control System.* Berkeley: University of California Press.

Gordon, Robert W. 1988. "The Independence of Lawyers." *Boston University Law Review* 68:1-83.

————. 1990. "Corporate Law Practice as a Public Calling." *Maryland Law Review* 49:255.

Gordon, Robert, and William Simon. 1992. "The Redemption of Professionalism?" In Nelson, Trubek, and Solomon 1992, 230-57.

Gorman, Elizabeth H. 1999. "Moving Away from 'Up and Out': Determinants of Permanent Employment in Law Firms." *Law and Society Review* 33 (3): 637–66.

Granfield, Robert. 1992. *Making Elite Lawyers: Visions of Law at Harvard and Beyond.* New York: Routledge.

Granovetter, Mark. 1973. "Strength of Weak Ties." *American Journal of Sociology* 78 (6): 1360-80. (=マーク・S・グラノヴェター〔大岡栄美訳〕「弱い紐帯の強さ」野沢慎司編・監訳『リーディングス　ネットワーク論——家族・コミュニティ・社会関係資本』勁草書房、2006年)

Greeley, Andrew M. 1989. *Religious Change in America.* Cambridge: Harvard University Press.

————. 1997. "The Other Civic America: Religion and Social Capital." *American Pros-*

pect, May-June, 68-73.

Geenwood, Ernest. 1957. "Attributes of a Profession." *Social Work* (July): 45.

Greenwood, Royston, C. R. Hinings, and John Brown. 1990. "P2 Form Strategic Management: Corporate Practices in Professional Services Firms." *Academy of Management Journal* 33: 725-55.

Grusky, David B., ed. 1994. *Social Stratification: Class, Race and Gender in Sociological Perspective.* Boulder, CO: Westview Press.

Guttman, Louis. 1968. "A General Nonmetric Technique for Finding the Smallest Coordinate Space for a Configuration of Points." *Psychometrika* 33:469-506.

Hackney, Melissa M. 1996. "Some Large Philadelphia Firms Embrace Contract Lawyers; Degree of Acceptance Varies from Somewhat Reluctant to Not at All." *Legal Intelligencer,* April 15, 1996, 3.

Hadfield, Gillian K. 2000. "The Price of Law: How the Market for Lawyers Distorts the Justice System." *University of Michigan Law Review* 98:953-1006.

Haeckel, Stephan H. 1999. *Adaptive Enterprise: Creating and Leading Sense-and-Respond Organizations.* Cambridge: Harvard Business School Press. (＝スティーブ・ヘッケル〔坂田哲也・八幡和彦訳〕『適応力のマネジメント：アダプティブ・エンタープライズ』ダイヤモンド社、2001年）

Hagan, John. 1990. "The Gender Stratification of Income Inequality Among Lawyers." *Social Forces* 68 (3): 835-55.

Hagan, John, and Fiona Kay. 1995. *Gender in Practice: A Study of Lawyers' Lives.* Oxford: Oxford University Press.

Hall, Karen. 2000. "That Was Then ..." *American Lawyer,* March, 24.

Hall, Richard H. 1975 [1969]. *Occupations and the Social Structure.* Englewood Cliffs: Prentice-Hall.

Hall, Richard H., Norman J. Johnson, and J. Eugene Haas. 1967. "Organizational Size, Complexity and Formalization." *American Sociological Review* 32:903–12.

Halliday, Terence C. 1987. *Beyond Monopoly: Lawyers, State Crises, and Professional Empowerment.* Chicago: University of Chicago Press.

Haltom, William, and Michael McCann. 2004. *Distorting the Law: Politics, Media, and the Litigation Crisis.* Chicago: University of Chicago Press.

Hamilton, Richard F., and James D. Wright. 1986. *The State of the Masses.* New York: Aldine.

Handler, Joel F., Ellen Jane Hollingsworth, and Howard S. Erlanger. 1978. *Lawyers and the Pursuit of Legal Rights.* New York: Russell Sage Foundation.

Haslam, S. Alexander. 2001. *Psychology in Organizations: The Social Identity Approach.* Thousand Oaks, CA: Sage Publishers.

Hauser, Robert M., and John Robert Warren. 1997. "Socioeconomic Indexes for Occupations: A Review, Update and Critique." *Sociological Methodology* 27:177–298.

Hazard, Geoffrey C., Jr., and Ted Schneyer. 2002. "Regulatory Controls on Large Law Firms: A Comparative Perspective." *Arizona Law Review* 44:593-608.

Heintz, Bruce, and Nancy Markham-Bugbee. 1986. *Two-Tier Partnerships and Other Approaches: Five Alternatives.* Chicago: American Bar Association.

Heinz, John P. 1992. "Review of Tournament of Lawyers." *Law and Politics Book Review* 2:6-10.

Heinz, John P., and Edward O. Laumann. 1982. *Chicago Lawyers: The Social Structure of the Bar.* New York: Russell Sage Foundation and American Bar Foundation.

Heinz, John P., Edward O. Laumann, Robert L. Nelson, and Robert H. Salisbury. 1993. *The Hollow Core: Private Interests in National Policy Making.* Cambridge: Harvard University Press.

Heinz, John P., and Peter M. Manikas. 1992. "Networks among Elites in a Local Criminal Justice System." *Law and Society Review* 26:831-61.

Heinz, John P., Anthony Paik, and Ann Southworth. 2003. "Lawyers For Conservative Causes : Clients, Ideology, and Social Distance." *Law and Society Review* 37:5-50.

Hengstler, Gary A. 1993. "Vox Populi: The Public Perception of Lawyers: ABA Poll." *ABA Journal,* September, 60. Accessed via ProQuest February 3, 2004.

Hines, Crystal Hix. 2001. "Competition Sprouts One-Stop Law Firms." *New York Times,* May 31.

Hodson, Randy. 1989. "Why Aren't Women More Dissatisfied?" *Sociology Quarterly* 30:385-99.

Hoffman, Paul. 1973. *Lions in the Street: The Inside Story of the Great Wall Street Firms.* New York: Saturday Review Press.

―――. 1982. *Lions of the Eighties: The Inside Story of the Powerhouse Law Firms.* Garden City, NY: Doubleday.

Holding, Reynolds, Harriet Chiang, and Christian Berthelsen. 2003. "How High Flying Firm Fell." *San Francisco Chronicle,* February 3, 2003.

Horsky, Charles A. 1952. *The Washington Lawyer: A Series of Lectures.* Delivered under the auspices of the Julius Rosenthal Foundation at Northwestern University School of Law. Boston: Little, Brown,

Hughes, Everett C. 1958. *Men and Their Work.* Glencoe, IL: Free Press.

Hull, Kathleen E. 1999a. "Cross-Examining the Myth of Lawyers' Misery." *Vanderbilt Law Review* 52:971.

―――. 1999b. "The Paradox of the Contented Female Lawyer." *Law and Society Review* 33:687-700.

Hull, Kathleen E., and Robert L. Nelson. 2000. "Assimilation, Choice or Constraint? Testing Theories of Gender Differences in the Careers of Lawyers." *Social Forces* 79(1): 229-64.

Illinois Legal Times. 1997. "100 Largest Law Firms in Illinois." July.

Jacobs, M. A. 2000. "Accounting Firms Covet Forbidden Fruit: Piece of U.S. Legal Market." *Wall Street Journal,* May 31, B1.

Johnston, David Cay. 2003. "Costly Questions Arise on Legal Opinions for Tax Shelters." *New York Times,* February 9, A15.

Kagan, Robert, and Robert Eli Rosen. 1985. "On the Social Significance of Large Firm Practice." *Stanford Law Review* 37:399.

Kahl, Joseph A. 1957. *The American Class Structure*. New York: Rinehart. (=ジョーゼフ・A・カール〔稲本国雄訳〕『アメリカの階級構造』時事新書、1958年)

Katz, Jack. 1982. *Poor People's Lawyers in Transition*. New Brunswick, NJ: Rutgers University Press.

Kay, Fiona M. 1997. "Flight from Law: A Competing Risks Model of Departures from Law Firms." *Law and Society Review* 31:301-35.

Kay, Fiona M., and John Hagan. 1998. "Raising the Bar: The Gender Stratification of Law Firm Capital." *American Sociological Review* 63:728-43.

―――. 1999. "Cultivating Clients in the Competition for Partnership: Gender and the Organizational Restructuring of Law Firms." *Law and Society Review* 33 (3): 517-56.

―――. 2003. "Building Trust: Social Capital, Distributive Justice, and Loyalty to the Firm." *Law and Social Inquiry* 28:483-519.

Kordana, Kevin A. 1995. "Law Firms and Associate Careers: Tournament Theory versus the Production-Imperative Model." *Yale Law Journal* 104:1907–34.

Kornhauser, Lewis A., and Richard L. Revesz. 1995. "Legal Education and Entry into the Legal Profession: The Role of Race, Gender, and Educational Debt." *New York University Law Review* 70:829-964.

Kronman, A. T. 1993. *The Lost Lawyer: Failing Ideals of the Legal Profession*. Cambridge: Belknap Press of Harvard University Press.

Ladd, Everett C. 1996. "The Data Just Don't Show Erosion of America's 'Social Capital.' " *Public Perspective,* June/July.

Ladinsky, Jack. 1963a. "Careers of Lawyers, Law Practice and Legal Institutions." *American Sociological Review* 28:47.

―――. 1963b. "The Impact of Social Backgrounds of Lawyers on Law Practice and the Law." *Journal of Legal Education* 16:127-44.

―――. 1964. "The Social Profile of a Metropolitan Bar: A Statistical Survey in Detroit." *Michigan State Bar Journal* 12 (February).

Landon, Donald D. 1990. *Country Lawyers: The Impact of Context on Professional Practice*. New York: Praeger.

Langdon-Down, Grania. 2001. "One Foot in the Grave?" *Times* (London), September 25, features sec.

Larson, Margali Sarfatti. 1977. *The Rise of Professionalism: A Sociological Analysis*. Berkeley: University of California Press.

Laumann, Edward O. 1973. *Bonds of Pluralism: The Form and Substance of Urban Social Networks*. New York: John Wiley and Sons.

Laumann, Edward O., and John P. Heinz. 1977. "Specialization and Prestige in the Legal Profession." *American Bar Foundation Research Journal* 2 (1): 155-216.

Laumann, Edward O., Peter V. Marsden, and Joseph Galaskiewicz. 1997. "Community

Elite Influence Structures: Extension of a Network Approach." *American Journal of Sociology* 83:598-600.

Lazega, Emmanuel. 2001. *The Collegial Phenomenon: The Social Mechanisms of Cooperation among Peers in a Corporate Law Partnership.* Oxford: Oxford University Press.

Leicht, Kevin T., and Mary L. Fennell. 1997. "The Changing Organizational Context of Professional Work." *Annual Review of Sociology* 23:215-31.

————. 2001. *Professional Work: A Sociological Approach.* Malden, MA: Blackwell Publishers.

Lemann, Nicholas. 1996. "Kicking in Groups." *Atlantic Monthly,* April.

Lempert, Richard O., David L. Chambers, and Terry K. Adams. 2000. "Michigan's Minority Graduates in Practice: The River Runs Through Law School." *Law and Social Inquiry* 25:395-505.

Lenski, Gerhard. 1994. "New Light on Old Issues: The Relevance of 'Really Existing Socialist Societies' for Stratification Theory." In Grusky 1994, 55-61.

Lentz, Bernard F., and David N. Laband. 1995. *Sex Discrimination in the Legal Profession.* Westport, CT: Quorum Books.

Leonhardt, David. 2000a. "And Let the Lawyers Sing: 'Glory to the Salary King.' " *New York Times,* February 4, C8.

————. 2000b. "Law Firms' Pay Soars to Stem Dot-Com Defections." *New York Times,* February 2, 1.

Lerner, Melvin J. 1980. *The Belief in a Just World: A Fundamental Delusion.* New York: Plenum Press.

Levy, Berryl H. 1961. *Corporation Lawyer: Saint or Sinner?* Philadelphia: Chilton.

Lewis, Neil A. 2001. "White House Ends Bar Association's Role in Screening Federal Judges." *New York Times,* March 23, A1, col. 2.

————. 2002. "Democrats Reject Bush Pick in Battle Over Court Balance." *New York Times,* September 6, A1, col. 1.

Liefland, Linda. 1986. "Career Patterns of Male and Female Lawyers." *Buffalo Law Review* 35:601-31.

Litan, R. E., and S. Salop. 1992. "More Value for the Legal Dollar: A New Look at Attorney-Client Fees and Relationships." Unpublished paper presented at American Bar Association annual meeting, San Francisco.

Llewellyn, Karl M. 1933. "The Bar Specializes 'With What Results?' " *The Annals: of the American Academy of Political and Social Sciences* 167:177-92.

Los Angeles Times. 1995. Telephone survey. June.

Loscocco, Karlyn A. 1990. "Reactions to Blue-Collar Work: A Comparison of Women and Men." *Work and Occupations* 17:152–77.

Loscocco, Karlyn A., and Glenna Spitze. 1991. "The Organizational Context of Women's and Men's Pay Satisfaction." *Social Science Quarterly* 72:3–19.

Luban, David J. 1988. *Lawyers and Justice: An Ethical Study.* Princeton: Princeton University Press.

M/A/R/C Research 1999. *Perceptions of the U.S. Justice System.* Chicago: American Bar Association. www.abanet.org/media/perception/perceptions.pdf (accessed February 9, 2004).

Macaulay, Stewart. 1963. "Non-contractual Relations in Business: A Preliminary Study." *American Sociological Review* 28:55-67.

————. 1979. "Lawyers and Consumer Protection Laws." *Law and Society Review* 14:115-71.

MacCorquodale, Patricia, and Gary Jensen. 1993. "Women in the Law: Partners or Tokens?" *Gender and Society* 7:582-93.

MacDonald, E. 2000. "Grant Thornton Set to Restructure Consulting Division." *Wall Street Journal,* February 25, C16, col. 1.

Malinowska-Tabaka, Elzbieta. 1987. "Complex Measures of Job Satisfaction/Dissatis faction among Professionals." *Social Indicators Research* 19:451-73.

Manza, Jeff, and Clem Brooks. 1999. *Social Cleavages and Political Change: Voter Alignments and U.S. Party Coalitions.* Oxford: Oxford University Press.

March, James G., and Herbert Alexander Simon, with Harold Guetzkow. 1958. *Organizations.* New York: John Wiley & Sons. (=Ｊ・Ｇ・マーチ、Ｈ・Ａ・サイモン〔土屋守章訳〕『オーガニゼーションズ』ダイヤモンド社、1977年)

Martin, Jack K., and Sandra L. Hanson. 1985. "Sex, Family Wage-Earning Status and Satisfaction with Work." *Work and Occupations* 2:91–103.

Martindale-Hubbell. Various years. *Martindale-Hubbell Law Directory.* New Providence, NJ: Martindale-Hubbell Inc.

————. 1975-76, 1995-96. *Martindale-Hubbell Law Directory.* Winter, CD-ROM edition. Reed Reference Publishing.

Mather, Lynn, Craig A. McEwen, and Richard J. Maiman. 2001. *Divorce Lawyers at Work: Varieties of Professionalism in Practice.* New York: Oxford University Press.

Mattessich, Paul W., and Cheryl W. Heilman. 1990. "The Career Paths of Minnesota Law School Graduates: Does Gender Make a Difference?" *Law and Inequality* 9:59–114.

McBrier, Debra Branch. 2003. "Gender and Career Dynamics within a Segmented Professional Labor Market: The Case of Law Academia." *Social Forces* 81 (4): 1201-66.

McCutcheon, Allan L. 1987. *Latent Class Analysis.* Newbury Park, CA: Sage Publications.

McDonald, Michael. 2000. "Older Lawyers Put Out to Pasture: Firms Pare Costs by Retiring Higher-Paid, Lower-Billing Staff." *Crain's New York Business,* December 4, 28.

Melone, Albert P. 1977. *Lawyers, Public Policy, and Interest Group Politics.* Washington, DC: University Press of America.

Melville, Herman. 1996. *Bartleby, the Scrivener: A Story of Wall Street.* In *The Piazza Tales,* edited by Harrison Hayford, Northwestern Newberry Edition. Evanston, IL: Northwestern University Press. (=ハーマン・メルヴィル〔牧野有通訳〕『書記バートルビー／漂流船』光文社古典新訳文庫、2015年)

Menkel-Meadow, Carrie. 1986. "The Comparative Sociology of Women Lawyers: The 'Feminization' of the Legal Profession." *Osgoode Hall Law Jounal* 24 (4): 897–918.

————. 1989. "Feminization of the Legal Profession: The Comparative Sociology of Women Lawyers." In Abel and Lewis 1988–89, 3:196–255.

————. 1994. "Culture Clash in the Quality of Life in the Law: Changes in the Economics, Diversification and Organization of Lawyering." *Case Western Reserve Law Review* 44:621-63.

Menkel-Meadow, Carrie, and Robert Meadow. 1983. "Resource Allocation in Legal Services," *Law and Political Quarterly* 5:237-56.

Merrion, Paul. 2000. "Auditors at Law: Attorneys Fret as CPA's Encroach on Their Turf." *Crain's Chicago Business,* January 17, 15.

Michaels, Adrian, and Michael Peel. 2000. "PwC Plans Ground-Breaking Split." *Financial Times,* February 18, companies and markets sec., 1.

Michelson, Ethan, Edward O. Laumann, and John P. Heinz, 1997. "Chicago Lawyers and their Clients 1975-1995: A Client-Based Approach to the Social Transformation of the Bar." Paper presented at the Management of Durable Relations: Theoretical and Empirical Models for Households and Organizations conference, Zeist, The Netherlands, June 26–28.

Miller, Mark. 1995. *The High Priests of American Politics: The Role of Lawyers in American Political Institutions.* Knoxville: University of Tennessee Press.

Morello, Karen. 1986. *The Invisible Bar: The Woman Lawyer in America: 1938 to the Present.* New York: Random House.

Mortimer, John. 1993. *The Best of Rumpole.* New York: Penguin.

Moscovici, Serge, and Marisa Zavalloni. 1969. "The Group as a Polarizer of Attitudes." *Journal of Personality and Social Psychology* 12:125.

Mottaz, Clifford. 1986. "Gender Differences in Work Satisfaction, Work-Related Rewards and Values, and the Determinants of Work Satisfaction." *Human Relations* 39:359, 360.

Muir, Kate. 1995. "Counsel for the Depressed and the Stressed." *Times* (London), July 13, 16.

Murray, Michael A., and Tom Atkinson. 1981. "Gender Differences in Correlates of Job Satisfaction." *Canadian Journal of Behavioral Sociology* 13:44.

NALP Foundation for Research and Education. 1998. *Keeping the Keepers: Strategies for Associate Retention in Times of Attrition.* Washington, DC: NALP (National Association for Law Placement) Foundation.

National Association for Law Placement. 2002. "Women and Attorneys of Color at Law Firms '2002'" www.nalp.org/nalpresearch/mw02sum.htm (accessed July 25, 2003).

National Center for Education Statistics. 2000a."Table 274. First-professional degrees conferred by degree-granting institutions, by racial/ethnic group and sex of student: 1976-77 to 1997–98." *Digest of Education Statistics, 2000.* United States Department of Education. http://nces.ed.gov/pubs2001/digest/dt274.asp (accessed July 25, 2003).

————. 2000b. "Table 261. First-professional degrees conferred by degree-granting institutions in dentistry, medicine, and law, by sex, and number of institutions conferring degrees: 1949-50 to 1997–98." *Digest of Education Statistics, 2000.* United States Department of Education. http://nces.ed.gov/pubs2001/digest/dt261.asp (accessed July 25, 2003).

National Law Journal. 1999. "What Lawyers Earn." June 14, B7-B10.

Neil, Cecily C., and William E. Snizek. 1988. "Gender as a Moderator of Job Satisfaction." *Work and Occupation* 15:201, 213-14.

Nelson, Robert L. 1988. *Partners with Power: The Social Transformation of the Large Law Firm.* Berkeley and Los Angeles: University of California Press.

————. 1992. "Of Tournaments and Transformations: Explaining the Growth of Large Law Firms." *Wisconsin Law Review* 733-50.

————. 1994. "The Futures of American Lawyers: A Demographic Profile of a Changing Profession in a Changing Society." *Case Western Reserve Law Review* 44 (2): 345-406.

————. 1998. "The Discovery Process as a Circle of Blame: Institutional, Professional, and Socio-economic Factors That Contribute to Unreasonable, Inefficient, and Amoral Behavior in Corporate Litigation." *Fordham Law Review* 67:773-808.

Nelson, Robert L., and Laura Beth Nielsen, 2000. "Cops, Counsel and Entrepreneurs: Constructing the Role of Inside Counsel in Large Corporations." *Law and Society Review* 34 (2): 457-94.

Nelson, Robert L., and David M. Trubek. 1992. "Arenas of Professionalism: The Professional Ideologies of Lawyers in Context." In Nelson, Trubek, and Solomon 1992, 177-214.

Nelson, Robert L., David M. Trubek, and Rayman L. Solomon, eds. 1992. *Lawyers' Ideals/ Lawyers' Practices: Transformations in the American Legal Profession.* Ithaca: Cornell University Press.

New York State Bar Association. 2000. *Preserving the Core Values of the American Legal Profession: The Place of Multidisciplinary Practice in the Law Governing Lawyers.* Report of the NYSBA Special Committee on the Law Governing Firm Structure and Operation. Albany, NY.

Olson, Daniel. 1992. "The Changing Shape of American Religion." Unpublished lecture, Indiana University (South Bend), February 5.

Orenstein, Susan. 2000. "Lawyers Need Equity, Too." *Industry Standard,* April 10, 142.

Palmer, Ann Therese. 2001. "Law Firms Take Steps Out of the Box." *Chicago Tribune,* August 12, sec. 1, 1, cols. 2-5.

Parikh, Sara. 2001. "Professionalism and Its Discontents: A Study of Social Networks in the Plaintiff's Personal Injury Bar." Ph.D. diss., University of Illinois at Chicago.

Parsa, T. Z. 1999. "The Drudge Report." *New York,* June 21, 24–31.

Parsons, Talcott. 1962. "The Law and Social Control." In *Law and Sociology: Exploratory Essays,* edited by William M. Evan, 56-72. Glencoe, IL: Free Press of Glencoe.

————.1968. "Professions." In *International Encyclopedia of the Social Sciences,* edited by David L. Sills, 12:536-47. New York: Macmillan Company and The Free Press.

————. 1969. *Politics and Social Structure.* New York: The Free Press. (=タルコット・パーソンズ〔新明正道監訳〕『政治と社会構造　上・下』誠信書房、1973年、1974年）

Paxton, Pamela. 1999. "Is Social Capital Declining in the United States? A Multiple Indicator Assessment." *American Journal of Sociology* 105:88-127.

Phillips, Damon Jeremy, 2001. "The Promotion Paradox: Organized Mortality and Employee Promotion Chances in Silicon Valley Law Firms, 1946–1996." *American Journal of Sociology* 98 (4): 829-72.

Pierce, Jennifer L. 1995. *Gender Trials: Emotional Lives in Contemporary Law Firms.* Berkeley and Los Angeles: University of California Press.

Pitkin, Hanna F. 1972. *The Concept of Representation.* Berkeley: University of California Press. (=ハンナ・ピトキン〔早川誠訳〕『代表の概念』名古屋大学出版会、2017年）

Pope, Liston. 1948. "Religion and the Class Structure." *Annals of the American Academy of Political and Social Sciences* 256:84.

Powell, Michael J. 1979. "Anatomy of a Counter-Bar Association: The Chicago Council of Lawyers." *American Bar Foundation Research Journal* 4 (3): 501-41.

————. 1985. "Developments in the Regulation of Lawyers: Competing Segments and Market, Client, and Government Controls." *Social Forces* 64:281.

————. 1986. "Professional Divestiture: The Cession of Responsibility for Lawyer Discipline." *American Bar Foundation Research Journal* 11 (1): 31-54.

————. 1988. *From Patrician to Professional Elite: The Transformation of the New York City Bar Association.* New York: Russell Sage Foundation.

Putnam, Robert. 1993. *Making Democracy Work: Civic Traditions in Modern Italy.* Princeton: Princeton University Press. (=ロバート・D・パットナム〔河田潤一訳〕『哲学する民主主義：伝統と改革の市民的構造』NTT出版、2001年）

————. 1995. "Bowling Alone: America's Declining Social Capital." *Journal of Democracy* 6:65-78.

————. 2000. *Bowling Alone: The Collapse and Revival of American Community.* New York: Simon and Schuster. (=ロバート・D・パットナム〔柴内康文訳〕『孤独なボウリング：米国コミュニティの崩壊と再生』柏書房、2006年）

Reed, Alfred Z. 1921. *Training for the Public Profession of the Law.* New York: Carnegie Foundation for the Advancement of Teaching.

Reeves, Arin Nadimpalli. 2001. "Gender Matters, Race Matters: A Qualitative Analysis of Gender and Race Dynamics in Law Firms." Ph.D. diss., Northwestern University.

Regan, Milton C., Jr. 2004. *Eat What You Kill: The Fall of a Wall Street Lawyer.* Ann Arbor: University of Michigan Press.

Rehnquist, William H. 1994. Remarks on the dedication of the North Carolina Bar Association Center, October 21 (unpublished).

————. 1997. Keynote address at the dedication of the David A. Harrison III Law Grounds, University of Virginia, November 8 (unpublished).

Reichman, Nancy J., and Joyce S. Sterling. 2002. "Recasting the Brass Ring: Deconstructing and Reconstructing Workplace Opportunities for Women Lawyers." *Capital University Law Review* 29 (1): 923-77.

Reiman, Jeffrey. 2001. *The Rich Get Richer and the Poor Get Prison.* 6th ed. Needham Heights, MA: Allyn and Bacon. (=ジェフリー・ライマン、ポール・レイトン〔宮尾茂訳〕『金持ちはますます金持ちに貧乏人は刑務所へ：アメリカ刑事司法制度失敗の実態』花伝社、2011年。※ただし原著第9版〔2010年〕の翻訳)

Reiss, Albert J., Jr., ed. 1961. *Occupations and Social Status.* New York: Free Press of Glencoe.

Reskin, Barbara F., ed. 1984. *Sex Segregation in the Workplace: Trends, Explanations, Remedies.* Washington, DC: National Academy Press.

Ridgeway, Cecilia L. 1997. "Interaction and the Conservation of Gender Inequality: Considering Employment." *American Sociological Review* 62:218-35.

Ripley, Amanda. 2000. "Seniority Complex." *American Lawyer,* June, 83.

Rogers, Jackie Krasas. 2000. *Temps: The Many Faces of the Changing Workplace.* Ithaca, NY: Cornell University Press.

Romley, John, and Eric Talley. 2004. "Uncorporated Professionals." Unpublished paper. RAND Corporation and University of Southern California Law School.

Roper Center. iPOLL (public opinion surveys), www.ropercenter.uconn.edu/ipoll.html (accessed October 4, 2004).

Rosen, Robert Eli. 1984. "Lawyers in Corporate Decision-Making." Ph.D. diss., University of California, Berkeley.

————. 1989. "The Inside Counsel Movement, Professional Judgment and Organizational Representation." *Indiana Law Journal* 64:479-553.

————. 1999. "Proletarianizing Lives: Researching Careers." *Law and Society Review* 33 (3): 703–12.

————. 2002. "Educating Law Students to Be Business Leaders." *International Journal of the Legal Profession* 9:27.

————. 2002. " 'We're all Consultants Now': How Change in Client Organizational Strategies Influences Change in the Organization of Corporate Legal Services." *Arizona Law Review* 44 (3-4): 637-83.

Rosen, Sherwin. 1992. "The Market for Lawyers." *Journal of Law and Economics* 35 (October): 215-46.

Rosenberg, Janet, Harry Perlstadt, and William R. F. Phillips. 1993. "Now That We Are Here: Discrimination, Disparagement, and Harassment at Work and the Experience of Women Lawyers." *Gender and Society* 7: 415–33.

Rosenthal, Douglas. 1974. *Lawyer and Client: Who's in Charge.* New York: Russell Sage

Foundation.

Rovella, David E. 1997. "Buying into the Buyout." *National Law Journal,* March 24, A1, col. 2.

Ruder, D. S. 1986. *The Evolving Role of Corporate Counsel.* Unpublished paper, Corporate Counsel Institute, Northwestern University School of Law.

Rueschemeyer, Dietrich. 1973. *Lawyers and Their Society: A Comparative Study of the Legal Profession in Germany and in the United States.* Cambridge: Harvard University Press.

Rufford, Nicholas. 1998. "Barristers Lose Court Monopoly in Bid to Cut Legal Costs." *Sunday Times* (London), June 21.

Rutherford, M. Louise. 1937. *The Influence of the American Bar Association on Public Opinion and Legislation.* Philadelphia: Foundation Press.

Sachdev, Ameet. 2004. "Law Firms Slow to Outsource." *Chicago Tribune,* January 19, sec. 4, 1.

Salisbury, Robert H. 1969. "An Exchange Theory of Interest Groups." *Midwest Journal of Political Science* 13 (1): 1-32.

Sandefur, Rebecca L, 2001. "Work and Honor in the Law: Prestige and the Division of Lawyers' Labor." *American Sociological Review* 66:382-403.

——. 2004. "Transformation of an Occupational Internal Labor Market: The Case of American Law." Manuscript in Preparation. Department of Sociology, Stanford University.

Sandefur, Rebecca L., and John P. Heinz. 1999. "Winner-Take-All Markets for Legal Services and Lawyers' Job Satisfaction and Occupational Commitment." ABF Working Paper Series. Chicago: American Bar Foundation.

Sandefur, Rebecca L., Edward O. Laumann, and John P. Heinz. 1999. "The Changing Value of Social Capital in an Expanding Social System: Lawyers in the Chicago Bar, 1975 and 1995." Chap. 12 in *Corporate Social Capital and Liability,* edited by Roger Th.A.J. Leenders and Shaul M. Gabbay. Norwell, MA: Kluwer Academic Publishers.

Sander, Richard H., and E. Douglass Williams. 1989. "Why Are There So Many Lawyers? Perspectives on a Turbulent Market." *Law and Social Inquiry* 14:431-79.

——. 1992. "A Little Theorizing about the Big Law Firm; Galanter, Palay, and the Economics of Growth." *Law and Social Inquiry* 17:391-414.

Sarat, Austin. 1997. "Studying American Legal Culture: An Assessment of Survey Evidence." *Law and Society Review* (Winter): 427-88.

Sarat, Austin, and William L. F. Felstiner. 1995. *Divorce Lawyers and Their Clients: Power and Meaning in the Legal Process.* New York: Oxford University Press.

Sarat, Austin, and Stuart Scheingold. 1998. *Cause Lawyering: Political Commitments and Professional Responsibilities.* New York: Oxford University Press.

——. 2001. *Cause Lawyering and the State in a Global Era.* New York: Oxford University Press.

Schaafsma, Marjorie B. 1998. "Disruptive Ambitions: Women Lawyers in Large Law Firms." Ph.D. diss., Northwestern University.

Schauerte, Mark, and Nathaniel Hernandez. 2002. "Enron Throws Fuel on Hot Debate over Multidisciplinary Practices." *Chicago Lawyer,* April, 8.

Scheffey, Thomas. 1995. "Turning Lawyers' Hourly Services into a Commodity." *Legal Times,* May 22, 529.

Schiltz, Patrick J. 1999. "On Being a Happy, Healthy, and Ethical Member of an Unhappy, Unhealthy and Unethical Profession." *Vanderbilt Review* 52:871-952.

Schleef, Debra. 2000. "That's a Good Question! Exploring Motivations for Law and Business School Choice." *Sociology of Education* 73 (3): 155-74.

Schmeltzer, John. 1999. "Sidley Shuffles Partners' Status: 30 Attorneys Wind Up at Lower Level," *Chicago Tribune,* December 8, 1.

Schneyer, Theodore J. 1983. "The Incoherence of the Unified Bar Concept: Generalizing from the Wisconsin Case." *American Bar Foundation Research Journal* 8 (1): 1-108.

————. 1989. "Professionalism as Bar Politics: The Making of the Model Rules of Professional Conduct." *Law and Social Inquiry* 14:677-737.

Schwartz, Carol A., and Rebecca L. Turner, eds. 1995. *Encyclopedia of Associations.* 29th ed. Detroit: Gale Research Inc.

Seron, Carroll. 1996. *The Business of Practicing Law: The Work Lives of Solo and Small-Firm Attorneys.* Philadelphia: Temple University Press.

Shapiro, Susan. 2001. *Tangled Loyalties.* Ann Arbor: University of Michigan Press.

Shils, Edward. 1994 (1968). "Deference." In Grusky 1994, 197–203.

Sikes, Bette H., Clara N. Carson, and Patricia Gorai. 1972. *The 1971 Lawyer Statistical Report.* Chicago: American Bar Foundation,

Silver, Carole. 2000. "Globalization and the U.S. Market in Legal Services——Shifting Identities." *Law and Policy in International Business* 31:1093-50.

Simon, William. 1998. *The Practice of Justice: A Theory of Lawyers' Ethics.* Cambridge: Harvard University Press.

Singer, Amy. 2000. "Way Out: Special Report, The Graying of the Bar." *American Lawyer,* June, 73.

Skertic, Mark. 2000. "Dot-Coms Lure Lawyers." *Chicago Sun-Times,* February 14, 1.

Slovak, Jeffrey S. 1979. "Working for Corporate Actors: Social Change and Elite Attorneys in Chicago." *American Bar Foundation Research Journal* 4 (3): 465-500.

————. 1980. "Giving and Getting Respect: Prestige and Stratification in a Legal Elite." *American Bar Foundation Research Journal* 5 (1): 31-68.

Smelser, Neil J., and Jeffrey C. Alexander, eds. 1999. *Diversity and Its Discontents: Cultural Conflict and Common Ground in Contemporary American Society.* Princeton: Princeton University Press.

Smigel, Erwin o. 1960. "The Impact of Recruitment on the Organization of the Large Law Firm." *American Sociological Review* 25:56-66.

―――. 1964. *The Wall Street Lawyer: Professional Organization Man.* Glencoe, IL: Free Press of Glencoe. (=アーウィン・O・スマイゲル〔高桑昭・高橋勲訳〕『ウォール街の弁護士――組織社会学的分析』サイマル出版会、1969年)

―――. 1969. *The Wall Street Lawyer: Professional Organization Man.* Bloomington: Indiana University Press.

Smith, David H. 1983. "Synanthrometrics: On Progress in the Developmert of a General Theory of Voluntary Action and Citizen Participation." In *International Perspectives on Voluntary Action Research,* edited by David H. Smith et al., 80-94. Washington, DC: University Press of America.

―――. 1994. "Determinants of Voluntary Association Participation and Volunteering: A Literature Review." *Nonprofit and Voluntary Sector Quarterly* 23:243-63.

Smith, Dinitia. 2004. "Rehnquist's Book on a Disputed Election (No, Not That One)." *New York Times,* March 6, A17, cols. 1-6.

Smith, Reginald Heber. 1919. *Justice and the Poor.* New York: Carnegie Foundation.

Southworth, Ann. 1993. "Taking the Lawyer Out of Progressive Lawyering." *Stanford Law Review* 46:213.

―――. 1996. "Lawyer-Client Decisionmaking in Civil Rights and Poverty Practice: An Empirical Study of Lawyers' Norms." *Georgetown Journal of Legal Ethics* 9:1.

―――, 1999. "Collective Representation for the Disadvantaged: Variations in Problems of Accountability." *Fordham Law Review* 67:2449.

Spangler, Eve. 1986. *Lawyers for Hire: Salaried Professionals at Work.* New Haven: Yale University Press.

Spencer, Anne, and David Podmore. 1982. "Women Lawyers in England: The Experience of Inequality." *Work and Occupations* 9:337-61.

―――. 1987. "Women Lawyers――Marginal Members of a Male-Dominated Profession." In *In a Man's World: Essays on Women in Male-Dominated Professions,* 113–33, edited by Anne Spencer and David Podmore. New York: Tavistock Publications.

Spilerman, Seymour. 1978. "Careers, Labor Market Structure, and Socioeconomic Achievement." *American Journal of Sociology* 83:551-93.

Spillenger, Clyde. 1996. "Elusive Advocate: Reconsidering Brandeis as People's Lawyer," *Yale Law Journal* 105:1445.

Stark, Rodney. 1987. "Correcting Church Membership Rates: 1971 and 1980." *Review of Religious Research* 29:69-77.

Stolzenberg, Ross M. 1980. "The Measurement and Decomposition of Causal Effects in Nonlinear and Nonadditive Models." *Sociological Methodology* 11:459-88.

Strahler, Steven R. 2001. "Rewriting the Rules: Reaching for the Top." *Crain's Chicago Business,* November 26, 13, 15-16.

Stracher, Cameron. 1998. *Double Billing: A Young Lawyer's Tale of Greed, Sex, Lies, and the Pursuit of a Swivel Chair.* New York: William Morrow.

Stouffer, Samuel. 1995. *Communism, Conformity and Civil Liberties.* New York: Doubleday.

Sullivan's Law Directory for the State of Illinois, (1974–75). 1975. 99th ed. Chicago: Sullivan's Law Directory.

Swaine, Robert T. 1946-48. *The Cravath Firm.* 3 vols. New York: privately published.

Szelényi, Ivan, and Bill Martin. 1989. "The Legal Profession and the Rise and Fall of the New Class." In Abel and Lewis 1989, 3:256-88.

Taber, Janet, Marguerite T. Grant, Mary T. Huser, Rise B. Norman, and James R. Sutton.1988. "Project, Gender, Legal Education, and the Legal Profession: An Empirical Study of Stanford Law Students and Graduates." *Stanford Law Review* 40:1209,1251-52.

Tagliabue, John. 2000. "Cap Gemini to Acquire Ernst & Young's Consulting Business." *New York Times,* March 1, C1, cols. 3-6.

Taylor, T. Shawn. 2002. " Partners' Put Law Firms in Labor Bind: EEOC, Chicago Firm Do Battle," *Chicago Tribune,* April 7, business sec., 1.

Tocqueville, Alexis de. 1945. *Democracy in America.* Translated by Henry Reeve, as revised by Francis Bowen and Phillips Bradley, with a foreword by Harold J. Laski. 2 vols. New York: A. A. Knopf. (=アレクシス・ド・トクヴィル〔松本礼二訳〕『アメリカのデモクラシー　第1巻上・下／第２巻上・下』岩波文庫、2005年、2008年）

Tolbert, Pamela S., and Robert N. Stern. 1991. "Organizations of Professionals: Governance Structures in Large Law Firms." *Research in the Sociology of Organizations* 8:97-117.

Toobin, Jeffrey. 2004. "Annuls of Law: A Bad Thing." *New Yorker,* March 22, 60.

Trillin, Calvin. 1978. *Alice, Let's Eat.* New York: Random House.

Trubek, David, Yves Dezalay, Ruth Buchanan, and John R. Davis. 1994. "Global Restructuring and the Law: Studies of the Internationalization of Legal Fields and the Creation of Transnational Arenas," *Case Western Reserve Law Review* 44:407-98.

Truman, David B. 1951. *The Governmental Process.* New York: Alfred Knopf.

Tuch, Steven A., and Jack K. Martin. 1991. "Race in the Workplace: Black/White Differences in the Sources of Job Satisfaction." *Sociology Quarterly* 32:103.

Tucker, Marilyn, Laurie A. Albright, and Patricia L. Busk. 1990. "Whatever Happened to the Class of 1983?" *Georgetown Law Journal* 78:153-95.

Tucker, Marilyn, and Georgia A. Niedzielko. 1994. *Options and Obstacles: A Survey of the Studies of the Careers of Women Lawyers 32* (citing Commission on the Status of Women in the Legal Profession, North Carolina Bar Association, 52). Chicago: American Bar Association; Commission on Women in the Profession.

Tumin, Melvin. 1953. "Some Principles of Stratification: A Critical Analysis." *American Sociological Review* 18:387-94.

U.S. Bureau of the Census. 1976. *1972 Census of Selected Service Industries.* Vol. 1. Washington, DC: U.S. Department of Commerce.

———. 1977. *Statistical Abstract of the U.S.* 98th ed. Washington, DC: GPO.

————. 1986. *1982 Census of Service Industries.* Washington, DC: U.S. Department of Commerce.

————. 1996a. *1992 Census of Service Industries.* Washington, DC: U.S. Department of Commerce.

————. 1996b. *Statistical Abstract of the U.S.* 116th ed. Washington, DC: GPO.

————. 2002. Table P-45, Occupation of Longest Job——Full-Time, Year-Round Workers (Both Sexes Combined) by Median and Mean Earnings: 1982 to 2001. www.census.gov/hhes/income/histinc/p45.html (accessed June 13, 2003).

U.S. Department of Justice. 2003. "Fiscal Year 2002 Performance Report and Fiscal Year 2003 Revised Final Performance Plan, Fiscal Year 2004 Performance Plan." Washington, DC: Department of Justice. www.usdoj.gov/ag/annualreports/pr2002 / TableofContents.htm (accessed June 16, 2003).

Union League Club of Chicago. 1998. "State of the Union," Annual Report.

————. 1999. "State of the Union," Annual Report.

Van Duch, Darryl. 1997. "Big Six in Hot Pursuit of Legal Biz: Major Law Firms Lose Stars, Market Share to Accountants." *National Law Review,* August 18, A1, A13.

Van Hoy, Jerry. 1997. *Franchise Law Firms and the Transformation of Personal Legal Services.* Westport, CT: Quorum Books.

Varca, Phillip E., Garnett S. Shaffer, and Cynthia D. McCauley. 1983. "Sex Differences in Job Satisfaction Revisited." *Academy of Management Journal* 26:348–53.

Veblen, Thorstein. 1994 [1899]. *The Theory of the Leisure Class: An Economic Study of Institutions.* New York: Penguin Books. (=ソースティン・ヴェブレン〔村井章子訳〕『有閑階級の理論』ちくま学芸文庫、2016年)

Wallace, Jean E. 1995. "Corporatist Control and Organizational Commitment among Professionals: The Case of Lawyers Working in Law Firms." *Social Forces* 73:811-39.

Warner, R. Stephen. 1999. "Changes in the Civic Role of Religion." In Smelser and Alexander 1999, 229.

Waters, Malcolm. 1989. "Collegiality, Bureaucratization, and Professionalization: A Weberian Analysis." *American Journal of Sociology* 94 (5): 945–72.

Weick, Karl E. 1976. "Educational Organization as Loosely Coupled Systems." *Administrative Science Quarterly* 21:1-19.

White, Ryan. 2002. "Legal Education in Chicago: How Differences in Course Curricula Shape Occupational Opportunity in the Bar." Unpublished paper, Northwestern University.

Wilkins, David B., and G. Mitu Gulati. 1996. "Why Are There So Few Black Lawyers in Corporate Law Firms? An Institutional Analysis." *California Law Review* 84:493-625.

————. 1998. "Reconceiving the Tournament of Lawyers: Tracking, Seeding, and Information Control in the Internal Labor Markets of Elite Law Firms." *Virginia Law Review* 84:1581-705.

Wilson, John, and Marc Musick. 1997. "Who Cares? Toward an Integrated Theory of Volunteer Work." *American Sociological Review* 62:694-713.

Yale Law Journal. 1964. "The Jewish Law Student and New York Jobs—Discriminatory Effects in Law Firm Hiring Practice." 73:625-60.

Yamaguchi, Kazuo. 1991. *Event History Analysis.* Newbury Park, CA: Sage Publications.

Yanas, John J. 1990. "President's Message." *New York State Bar Journal,* May.

Zimmerman, Jay S., and Matthew J. Kelly. 2004. "MDPs May be Dead after Enron/Andersen, But Subsidiary Businesses Thrive." *Law and Social Inquiry* 29:639-53.

◎事項索引

【あ】

アーサー・アンダーセン（Arthur Andersen）
会計事務所……………………… 237, 372

アイルランド系弁護士
……………………73-74, 84-85, 238, 294

アジア系アメリカ人弁護士………………
33, 77, 86, 89, 197, 221, 240, 294, 299,
301-302, 330, 332

アソシエイト………………………………
19, 21, 127, 140-142, 153-154, 160-162,
165, 168-177, 179, 182, 189, 191-194,
197, 204, 215, 219-220, 245, 258, 345,
348, 352, 354, 357, 359-362, 376-380,
386

アファーマティブ・アクション…………
163-165, 235, 237, 247-251, 256-257,
280, 396

アフリカ系アメリカ人弁護士……………
21, 33, 86, 88-93, 98-99, 147, 221, 224,
240, 246, 248, 279, 292, 294, 296, 299-
302, 330, 332, 336-337, 355, 394, 396

『アメリカ政治の高位聖職者』
（*The High Priest of American Politics*）
（Miller）……………………………… 253

アメリカ法曹協会
（American Bar Association; ABA）
10, 24, 75-76, 98, 191, 228-229, 301,
305, 317, 319, 345, 348, 372

アルトマン・アンド・ワイル
（Altman and Weil）コンサルティン
グ社……………………………… 356, 378

イクイティ・パートナー… 215, 259, 362

意思決定（法律事務所内の）… 199, 213

威信（業務分野の）

94, 99, 102-128, 138, 142, 151, 177,
189, 205, 224, 393, 395, 396

威信（所属事務所・組織の）……………
…322-323, 331, 336, 358-359, 362, 380

威信（父親の地位の）……………………93

威信（弁護士プロフェッションの）
………………………… 9, 284-285, 314

威信（ロースクールの）…………………
68, 84, 88, 98, 191, 202, 204, 217, 220-
222, 225, 392

威信スコア（業務分野の）………………
108, 112, 115-116, 122, 125-126, 396

威信に関する古典的理論……… 104-105

イデオロギー（弁護士の）………………
26, 28, 130, 166, 176, 179-180, 244-
245, 250, 252-253, 259-260, 284, 306,
310, 360, 374, 397

移動（弁護士の）………………… 377-378

移動性（依頼者の）…………… 364, 366

移動性（弁護士の）
…… 184, 187-188, 190, 201, 205, 364

依頼者紹介…… 62, 66, 72-73, 97, 288, 305

依頼者中心アプローチ……………… 166

依頼者（クライアント）の安定性… 366

依頼者の性質に着目して考察する理論
………………………………………… 117

依頼者（顧客）の類型
………… 106, 109, 118, 122-123, 210

依頼者選択の幅（自由度）
………………………… 153, 328-329, 343

依頼者（クライアント）への同調（適合）
………………………… 242-247, 250

依頼者への倫理的義務……………… 370

依頼者（クライアント）を断る

事項索引　**421**

……………… 151, 154-155, 342, 396
依頼者を断る率…………………… 154-156
イリノイ州弁護士会（Illinois State Bar Association）………………76, 298
医療へのアクセスに対する弁護士の立場
……………………………… 233, 235,
インターネット関連ビジネス……… 359
ウィスコンシン大学………… 35-36, 294
ウィルソン・ソンシーニ（Wilson Sonsini）法律事務所 ………… 360
『ウォール街の弁護士』（*The Wall Street Lawyer*）（Smigel）
……………………… 17, 66, 345
影響力（依頼者に対する弁護士の）
………………………… 341-343
えこひいき（給与の決定要因としての）
…………………………… 157-159, 179
エフォートの配分（割合）………………
52, 57-59, 62, 94, 133-134, 136, 149, 171-172, 347
エリート・ロースクール…………………
36, 75, 78-80, 81, 86-88, 90, 93, 98, 125-126, 196, 199, 220-221, 223, 246, 267, 269, 271, 274-275, 279-281, 368, 396
エリート弁護士………… 17-18, 284, 340
エンロン＝アンダーセン・スキャンダル
…………………………… 237, 372
黄金時代とその衰退（大規模法律事務所の）
………………… 19, 191-196, 367

【か】

カークランド・アンド・エリス（Kirkland and Ellis）法律事務所
……………………… 348, 366, 385

カーネギー財団（Carnegie Foundation）
………………………………… 61, 74
階級（弁護士の）…………… 43, 66, 362
会計事務所……… 11, 69-70, 370-374, 386
外注（法律事務所による）………… 363
外部労働市場（法律事務所の）… 196, 204
カウンセル：オフカウンセル
………… 215, 259, 362-363, 380
課業構造（法律事務所の）…… 170-178
課業不協和（弁護士の）……… 174-176
合併・買収（業務分野）
………………………… 140, 191, 361
カトリック教会………………………… 274
カトリック系弁護士……… 240, 247-248
株式市場………………… 359, 382
カリキュラム（ロースクールの）
…………………………62, 66, 78
『キーパーをキープする』（Keeping the Keepers）………………… 378
機会主義的行動（弁護士の）……… 376
幾何学的増加に関する理論（弁護士の）
………………………… 352-353
企業（依頼者：クライアント）セクター …
59-60, 63-64, 299-300, 304-305, 312, 344, 347, 348
企業型法律事務所…………………………
140-148, 157-169, 171-173, 175, 177, 180
規制立法………………………… 348
期待のレベル（職業満足観について）
……………………………… 323
きつく結ばれた社会システム……… 288
機能主義的概念（モデル）（プロフェッションに関する）…………… 16-17

キャドワレイダー・ウィッカーシャム・アン
ド・タフト（Cadwalader, Wickersham,
and Taft）法律事務所 ………… 380
キャリア（弁護士の）……………………
10, 21, 71, 74, 91, 93, 96-98, 126, 130,
155, 160, 170, 178-179, 182-183, 186-
196, 198-199, 201-205, 253, 259, 314-
319, 324-325, 327, 330, 337, 367, 381,
391-392, 397
キャリア（職）の安定性（弁護士の）
…………… 177, 186, 188-191, 259
給与の決定（弁護士の）……… 156-160
行政法（業務分野）……………………
46, 52-53, 55, 57, 59, 63, 71, 95, 111,
114
競争（弁護士以外の職業との）
…………… 26-27, 69-70, 371-373, 381
競争（弁護士間・法律事務所間の）
……… 64, 368-369, 378, 382, 390, 395
業務（実務）環境（弁護士の）…………
17, 32, 36, 74, 76, 78-79, 86-87, 91, 94-
97, 99, 126-127, 131-134, 136, 138,
145-147, 149-151, 153-154, 156-157,
161, 163, 167, 169, 170-171, 177, 190,
195, 211, 213, 217-220, 222-224, 238,
245-250, 268-270, 306, 310, 315-316,
318, 320-321, 323, 330, 333-334, 336,
355, 378, 392-393, 396.
業務（実務）グループ（法律事務所内の）
………63, 167, 350, 357, 360, 375, 396
業務分野；実務分野（弁護士の）………
43-45, 47-48, 50, 52, 54, 56, 64, 71, 76,
84, 96, 97, 99, 109-110, 112, 118, 121,
135-136, 138, 142, 152, 158-160, 167,

241-242, 244-245, 328, 351, 355, 360,
392
業務分野のクラスター（クラスタリング）
………… 45-51, 56-57, 59-60, 94, 395
共和党；共和党支持者（弁護士の政党支
持について）……………………………
32, 35, 69, 109, 230-232, 238, 240, 275,
292-293, 298, 304, 309, 310-311
銀行法（業務分野）……………… 94, 96
クラス・アクション；集団訴訟…69, 347
クリフォード・チャンス（Clifford
Chance）法律事務所 ………… 384
グループ法律サービス・プラン…… 348
グリーンバーグ・トラウリグ
（Greenberg Traurig）法律事務所
…………………………………… 357
グローバリゼーション……… 16, 23, 372
経営（法律事務所の）……………………
15, 19-20, 42, 120, 140, 142-143, 145-
146, 148, 160, 162, 166, 171, 176, 178,
180, 192-193, 365, 377-381, 385-386,
396, 397
経営委員会（法律事務所の）
……… 140, 142-143, 145-146, 378-380
経済的価値観（弁護士の）………………
105, 117, 232-233, 238, 241, 244-247,
249
経済的リベラリズム（弁護士の）
……… 238-239, 241, 243-246, 248-249
刑事訴追 46-50, 53-56, 59, 72, 82-84, 94-96,
110-114
刑事弁護………………………………………
46-51, 55-56, 58, 62, 74, 94, 96, 109-
115, 134-137, 154, 156, 241-242, 276,

事項索引　423

293, 312

契約書作成……………………67, 170, 172

契約弁護士……………………… 259

権限（プロフェッショナル対経営者）
…………………………………… 120

権力闘争（弁護士間の）… 379, 381-383

『権力をもつパートナー』（*Partners
with Power*）（Nelson）…………19

公益企業（業務分野）………………
　46-48, 50, 53, 55, 59, 94, 95, 111, 114,
　241

公益弁護士活動……………………24

公共奉仕（弁護士の）
　……… 114, 116, 258, 260-261, 279

広告・宣伝………………………
　21, 24, 340, 344, 347-348, 370, 383,
　387, 389

公設弁護人／法律扶助弁護士…………
　126, 135, 144-146, 148, 163-164, 166,
　168-170, 175-177, 184-187, 193, 195,
　216-217, 219, 222

構造と機会（弁護士プロフェッションが
　統合を維持する可能性に関する）
　………………………………… 97-99

行動の自由（弁護士の）
　………………114-116, 152-154, 361

公務員………………… 147, 305, 321, 341

合理化（法律事務所の）………………
　15, 130, 160-163, 168, 180, 360, 365,
　378

コーズ・ローヤー；コーズ・ローヤリング
　………………………… 9, 16, 24, 229

コーホート効果（弁護士の）… 286-287, 316

国際商事仲裁……………………………23

国勢調査………………………………88

個人（依頼者；クライアント）セクター
　………………… 59-60, 62, 64, 344

個人的で政治的な組織原理（法律事務所の）
　…………………………………… 166

個人の苦境に関わる分野のクラスター
　………………………… 51, 59-60, 95

個人被害（原告側）分野；専門弁護士 …
　46-51, 53, 55-56, 59, 62, 69, 73, 82-83,
　95-97, 111, 113-114, 134, 136-137, 156,
　214, 242, 272, 342, 347, 355

個人被害（被告側）分野；専門弁護士…
　46-50, 53, 55, 59, 62, 73, 83-84, 95,
　110-112, 114, 149, 242, 246, 303, 355,
　387

コミュニケーションと統合（弁護士の）
　……………………………… 14, 70

コミュニティ参加指標（弁護士の）… 278

コミュニティにおける役割（弁護士の）
　………………………………… 258-262

混合型法律事務所…………………………
　140-146, 148, 157-159, 161, 163-165,
　167-169, 171-173, 175, 177

コンサルタント……………………………
　69, 342, 357, 363, 371, 373-374, 378,
　380, 384

【さ】

サーベインス・オクスリー法… 371-372

最小空間分析……………… 289, 291, 296

最低報酬表……………………………21

裁判官… 12, 17, 29, 37, 106, 119, 195, 217-
　218, 240, 246, 371

採用（弁護士の）…68, 127, 144, 162-163,
　165, 172, 288, 352, 360, 377

サポート・スタッフ（法律事務所の）
　………………… 138, 350, 353, 361
ジェネラリスト（弁護士の中の）23, 72
ジェンダー（弁護士の）………………
　31, 39, 86, 93, 130, 138, 147, 166, 190,
　198, 202, 219-222, 238, 246, 248-250,
　270, 281, 340, 390, 394
シカゴ=ケント・カレッジ・オブ・ロー
　……… 36, 78, 84-85, 276, 294, 354
シカゴ大学
　……… 35-36, 78, 84-85, 275, 294, 304
『シカゴの弁護士』（*Chicago Lawyers*）
　（Heinz and Laumann）………………
　8, 42, 45, 47, 57-58, 105, 245, 306, 311
シカゴ弁護士会（Chicago Bar Association;
　CBA）………………………………
　75-76, 290-291, 298, 302, 311-312
シカゴ弁護士協議会（Chicago Council
　of Lawyers; CCL）…… 290-291, 302
士気の低下（弁護士が直面していると主
　張される）………………………… 314
自己選択効果（女性弁護士について）
　……………………………87, 93, 98
仕事のコントロール（弁護士の）………
　38, 150, 152-154, 162, 176, 322-323,
　330-331, 343
仕事を取ってくる（弁護士が）… 157-160,
資産プール（法律事務所の）……… 360
支持政党（弁護士の）…… 230-232, 301
事実審（専門）弁護士…………………
　13, 69, 71, 77, 119, 290, 297, 299-302,
　304, 308-312, 384, 393
市場の効果……………………… 178
市場の集中度（法律サービス市場の）

　……………………………… 370
市場閉鎖理論……………………25, 178
実務に就いていない弁護士
　………………203-204, 217-218, 335
シドリー・アンド・オースティン（Sidley
　and Austin）法律事務所……… 367
シニア・パートナー…………………
　63, 157, 159, 166, 275, 346, 361, 365,
　375, 378-379
シニオリティの重みの変化（法律事務所
　内の）………………………… 378-381
支配的地位（モデル）…… 271, 285, 343
司法メディア……………………… 378
市民組織；市民団体
　…261, 264, 271-272, 275, 277-278, 283
シャーマン・アンド・スターリング
　（Shearman and Sterling）法律事務所
　……………………… 166, 385, 388
社会化（弁護士の）162, 228, 287, 360, 377
社会関係資本………261-262, 280, 284-285
社会的価値観（弁護士の）
　………… 232, 235, 242, 245, 247-250
社会的親近性（弁護士にとっての）
　………………………… 70, 249-250
社会的争点に対する弁護士の立場
　………………………247-248, 256-257
社会的ヒエラルキー（弁護士プロフェッ
　ション内部の）……………………15
社会的ヒエラルキー（弁護士プロフェッ
　ションを取り巻く）24, 200, 224, 285
州弁護士会………………… 22, 76, 298
重要弁護士（notable lawyers）
　………………………280-281, 289-312
出自の社会階級（弁護士の）

事項索引　425

.... 72, 94, 124

需要（弁護士・法律業務への）...........
14, 19, 23, 26, 42, 64, 178-179, 209,
212-213, 242, 244-245, 250, 340, 347-
351, 353-355, 358, 363-364, 390

需要と供給(供給と需要)（弁護士業務の）
............................19, 178

自由市場に対する弁護士の立場
.... 237, 251, 255-256

主流派民主党（Regular Democratic
Organization）・主流派民主党支持
者（弁護士の政党支持について）
.... 290, 298, 303-304, 309, 311

準拠集団の違い（女性弁護士の職業満足
度に関する説明としての） 321-323

紹介ネットワーク（弁護士の）.........62

小規模法律事務所（ローファーム）......
8, 133, 138, 141-142, 153, 155, 161,
165, 188, 359

「勝者総取り」市場............... 196, 215

職業経験(ロースクールの入学者選抜方針)
.... 388

職業的な利己主義...................... 110

職業への満足感（弁護士の）.............
68, 130, 148, 176, 178, 260, 283, 314-
337

職歴（弁護士の）.................. 182-183

女性弁護士.................................
21, 23, 33, 86, 87, 124-125, 147, 198,
201, 213, 239, 247-248, 260, 265, 299-
302, 317-319, 321, 324, 334-336

所得（弁護士の）.......................
9, 75, 80- 82, 91-93, 97-99, 122, 130-
133, 135, 137-138, 142, 151, 156, 169-

170, 177, 196, 204, 206-225, 244-246,
249, 267-271, 274-277, 279, 281, 285,
317, 320-321, 332-334, 336, 344, 355-
356, 359, 367-368, 394-396

所得の格差（不平等）（弁護士の）
.... 206-225, 332, 395

所有権（法律事務所の）.....................
192-193, 195-196, 198, 200-201, 205,
215-224, 362, 372, 379

ジョン・マーシャル・ロースクール
.... 36, 78, 84-85, 191, 220, 294

シリコンバレー................. 40, 359-360

自律性（弁護士の） 14, 17-19, 24, 38-39,
97, 104-106, 113, 115, 117, 130, 148,
150-154, 177, 324, 328-330, 340-341,
343, 391-393, 396

「新階級」理論.........................27

信託的性質（役割）（素人に対するプロ
フェッショナルの関係の）
.... 103-104, 107, 128

診断（プロフェッショナルに共通の任務
としての） 26, 105-106, 119-121

垂直的野心（男性の）.................. 323

水平的野心（女性の）.................. 323

スカデン・アープス（Skadden Arps）
法律事務所..................... 346, 354

スキルのタイプ（弁護士の）...........49

ストウファー効果（社会的エリートのリ
ベラル性に関する）.............. 256

ストックオプション.................. 359

ストレス（最小空間分析における）
.... 294, 297-298

ストレス（女性弁護士の）...... 318, 326

正義...... 40, 68, 99, 103, 207, 224-225, 234

政治的価値観（弁護士の）…43, 230, 242

政治的選好（弁護士の）………32, 291

政治的任命（政府機関内のポストへの）

……………………………………… 147

成層化（階層化）（弁護士プロフェッション

の）

…… 18, 68, 80, 99, 340-341, 355, 397

成長（弁護士プロフェッションの）

………… 10, 14-15, 19, 24, 36, 40

成長の理由（弁護士プロフェッションの）

…………………………………… 350-353

政府機関の弁護士… 32, 47, 51, 79, 87, 95,

132, 137, 144-145, 150-151, 159, 164,

175, 184-186, 189, 193, 195, 198, 200-

202, 205, 211, 216-217, 219, 221-222,

269, 279, 294, 320, 330, 354

税務（業務分野）

……………… 43-48, 50-51, 53-57, 59

セイファス・ショー（Seyfarth Shaw）

法律事務所…………………… 387

世論；世論調査

…………102, 113, 251-252, 254-255

全国ロースクール就職支援部門協会(National

Association for Law Placement)… 378

専門化（弁護士の）………………

15, 21, 44, 52-54, 58, 63, 72, 74, 76-77,

96-97, 119-120, 127, 160-162, 167-168,

173, 293, 346, 360-361, 365, 395, 397

専門化指標（業務分野の）　52-54, 62, 73

専門能力（弁護士の）………………

104, 113, 123, 217, 283, 351, 357, 361,

390

専門分野別・技能タイプ別の弁護士会…

76-77, 98, 344

相対的剥奪（女性弁護士の職業満足度に

関する説明としての）………… 321

組織原理（法律事務所の）…… 166-168

組織内弁護士………68, 189, 193, 216, 220

組織の境界（法律事務所の）… 369-375

訴訟爆発…………………69, 299, 347

訴訟分野……………………49, 51, 82

ソリシター……………66, 375, 379, 384

【た】

大規模法律事務所（ローファーム）……

8, 13-14, 16, 19, 21, 27, 36, 80, 93-94,

97, 99, 120, 131, 133, 137-138, 140,

142, 150-155, 166, 168-169, 171, 187-

191, 194, 196-199, 201, 223, 225, 241,

244, 259, 275, 301, 303-304, 321, 333,

341-342, 352-355, 358-363, 366, 369,

375, 377-378, 382, 385, 394-395

大規模ローファームの成長の理由

…………………………………… 350-353

『代理人バートルビー：ウォール・ストリー

トの物語』（*Bartleby, the Scrivener: A*

Story of Wall Street）(Melville) …66

ダイニングクラブ…… 262, 264, 274-275

タイプⅠ（主流派；高位）プロテスタン

トの弁護士…………………………

82-83, 91-93, 98-99, 124, 240, 245-246,

248, 268, 271, 275, 355, 394

タイプⅡプロテスタントの弁護士

………………91, 240, 248, 268, 271

多業種共同実務（MDPs）

……………… 69, 373-375, 381

他の弁護士の監督と評価・点検

…………………………… 122, 171

単純作業化（弁護士業務の）… 175, 178

事項索引　427

単独開業弁護士……………………
8, 12-13, 16-17, 29-30, 37-38, 56, 75,
97, 126, 131-134, 136, 138, 149, 151-
156, 167-170, 172-174, 176-177, 183-
189, 195, 201-202, 211-213, 219-220,
222, 241, 270, 276, 320-321, 330, 341,
343, 348, 350, 355, 359, 366, 369, 390-
392, 394
父親育児休暇（弁護士の）…… 163-164
父親の職業（弁護士の）
…………………… 76, 89-91, 98, 138
知的難易度（業務分野の）
………………………… 113-116, 122
知的労働者………………………………27
中核的な経済的価値観（アメリカ社会の）
……………………… 105, 117-123
抽象的知識……………… 26, 105-106, 119
中途採用（弁護士の）………… 165-166
調査に回答した弁護士とシカゴ弁護士界
の重要弁護士とのネットワーク
…………………………… 288-313
（知人関係のパターン……290, 297；
女性とマイノリティの位置……
300；各重要弁護士と知り合いであ
ると回答した者の宗教的背景……
307, 308)
ディーン（ロースクールの）
………… 282, 296, 303-304, 314, 388
適正規模プロジェクト（Project
Rightsize）（ローファーム）… 380
テニュアトラック……………… 198, 199
デポール大学
………… 36, 78, 84-85, 276, 294, 354
伝統型法律事務所……………………

140-142, 144-147, 157-159, 161, 163-
175, 177
道義的責任（弁護士の）…………… 343
統合（弁護士プロフェッションの）……
10-12, 14-15, 38-40, 66-99, 205, 250,
286, 312-313, 340-341, 391
統治；統治の民主性；統治への参加（法
律事務所内部の）………………………
130, 143, 144, 146, 166, 179, 361-362,
381
「トーナメント」理論（弁護士キャリア
に関する）……… 198, 352-353, 376
『独占を超えて』（Beyond Monopoly）
（Halliday）…………………………22
特定の取引に基づくワークグループ（法
律事務所内の）……………… 63-64
特許法（業務分野）……………………
46-50, 53, 55, 56, 59, 71, 73, 77, 94-95,
111, 114-115, 118, 133-135, 149, 153,
241, 244, 246, 250-251, 355
取引（非訴訟）業務…………19, 173, 351
【な】
内部労働市場（法律事務所の）
………………………………… 202, 352
仲間との関係（仲間的関係）（弁護士
の）…………………………… 147, 363
『ナショナル・ロージャーナル』誌
（National Law Journal）
２半球仮説…………………… 42-46
２半球仮説の方法論上の問題…… 43-49
……………………………… 356-357
入札（法律事務所による）
………………………… 140, 142, 368-369
ニューヨーク市弁護士会（Association of

the Bar of the City of New York）
……………………………………75

ニューヨークの法律事務所（ローファーム）………………………… 8, 346, 369

妊娠中絶… 9, 236, 238, 247-251, 256-257, 285, 310

年金（ローファームの）…………… 380

年齢（弁護士の）…………………………
30, 31, 33-34, 76, 80-81, 90-92, 98, 109, 121, 125-126, 138, 186, 190, 202, 238-239, 243-250, 267-271, 274, 276, 279, 281, 285-286, 296, 302, 316, 321, 332-333, 336, 368, 377, 379-382, 394

年齢コーホート（弁護士の）… 379, 382

ノースウェスタン大学…………………
35-36, 78, 84-85, 113, 220, 294, 303, 361, 388

ノンイクイティ・パートナー… 215, 259

【は】

排他性（弁護士プロフェッション・弁護士会の）………………………9, 75, 205

ハーヴァード・ロースクール
………………… 35, 36, 220, 294, 301

パートタイム弁護士
………………… 317, 335-336, 363, 381

パートナー昇格トーナメント
………………… 19, 198, 352-353, 376

パートナーの地位の多様化（大規模法律事務所における）………… 362-364

パートナーへの昇進……… 321, 352, 377

パートナーをベースにしたグループ 167

白人の郊外脱出………………………60

母親育児休暇（弁護士の）…… 163-164

パリ国際商業会議所（Paris International

Chamber of Commerce）…………23

非営利機関（組織）；NPO ………………
54, 143, 193, 204, 210-211, 216, 264, 279, 294

ビジネス・メソッド（ローファームの）
………………………… 375, 378

ビジネス名簿（book of business）… 357

非宗教的組織………………………… 268

ヒスパニック系弁護士…33, 77, 86-93, 98-99, 197, 199, 220-221, 224, 240, 248, 279, 355, 394

ビッグ・シックス会計事務所… 371-372

ビッグ・ファイブ会計事務所……… 374

『ひとりきりで働く弁護士』（*Lawyers on Their Own*）（Carlin）…………17

非弁護士の職員（法律事務所の）
………………… 138, 174, 372, 386

非弁活動…………………………… 11, 69

ピラミッド構造（法律事務所内部の）
………………………… 191-192, 352

ビンガム・アンド・ダナ（Bingham and Dana）法律事務所 ……… 386-387

貧困者への政府支援に対する弁護士の立場………………………… 233, 235

フィットネスクラブ
………………264, 271-273, 275-276

フィーラン・ポウプ・アンド・ジョン（Phelan, Pope, and John）法律事務所 ……74

フォーチュン500 ………………… 371

フォーチュン1,000 ………………20

副次的ビジネス（ローファームの）
………………………… 386, 387

ブティック型専門法律事務所
………………………… 153, 351, 357

事項索引　429

不動産（業務分野）……………………
　43-48, 50-51, 53-57, 59, 94-96, 111,
　114, 242, 294, 303, 347-348, 361
部門化（法律事務所内部の）
　………………………… 63, 160-162
『不 平 等 な 正 義』（*Unequal Justice*）
　（Auerbach）…………………………18
不法行為改革……………………………69, 347
不愉快な比較（威信に関して）　107-108
ブランド・アイデンティティ……… 250
ブリーフ作成…………………………… 173
プレスティージ・ロースクール
　…… 80-81, 86, 88, 90, 93, 98, 222, 368
プロテスタント原理主義者………… 240
プロテスタントの弁護士…………………
　9, 30-31, 34, 75, 265, 271, 274-275,
　279, 292, 355-356, 395
プロフェッショナルな純粋性（弁護士業
　務の）………………… 106, 117-123
『プロフェッショナルの支配』（*Professional
　Dominance*）（Freidson）……… 343
プロフェッショナル支配（法律事務所
　の）………………………… 343-346
『プロフェッショナリズムの再生』
　（*Professionalism Reborn*）（Freidson）
　………………………………28, 343
『プロフェッショナリズムの勃興』（*The
　Rise of Professionalism*）（Larson）…
　………………………………………25
プロフェッションに関する理論的展開
　………………………………… 25-28
「プロフェッションの管轄権」理論…25
『プロフェッションの権力』（*Professional
　Powers*）（Freidson）………………28

「プロフェッションの権力」理論… 25, 28
『プロフェッションのシステム』（*The
　System of the Professions*）（Abbott）…
　………………………………………26
ブロベック・フレーガー・アンド・ハリソン
　（Brobeck, Phleger, and Harrison）
　法律事務所……………………… 383
プロボノ活動（ワーク）
　…49, 113, 115, 170, 258, 262, 323, 397
プロボノ活動（ワーク）の義務化に対す
　る弁護士の立場
　………………… 236, 238, 247-248, 251
プロボノ活動をする機会（所属する職場で）
　………………………… 322, 331-332
分業（法律事務所内の）
　……… 13, 15, 120-121, 179, 364, 397
文書作成…………………………………71, 173
変化の速度（業務分野の）…… 114, 116
弁護士会…10, 18, 21-22, 24, 30, 38, 64, 66,
　74-77, 97-98, 197, 207, 228, 232, 251-
　252, 263, 265, 282, 289, 293, 298-299,
　301-302, 308, 312, 344, 346, 355, 386,
　393, 397
弁護士会の会長……… 291, 298, 302, 312
弁護士・クライアント（依頼者）関係…
　13, 18, 120, 128, 130, 149, 162, 364-369
弁護士需要の増大………………… 14, 19
弁護士ジョーク………………………… 9, 103
弁護士ステーツマンという理想　282-283
弁護士に対する公衆の見方…… 102-103
『弁護士のトーナメント』（*Tournament of
　Lawyers*）（Galanter and Palay）……
　………………………………………19
弁護士のネットワーク…10-11, 20, 24, 62-

430　　事項索引

63, 66, 72-73, 97, 191, 205, 261, 285, 288, 367, 377, 393

弁護士倫理；法曹倫理；倫理規則；倫理規程；倫理的義務……………… 13, 17, 22, 66, 70, 102-104, 314, 370-371, 373, 386

『弁護士倫理』（*Lawyers' Ethics*）（Carlin）………………………17

弁護士例外論…………………………… 253

ベンチャー・ロー・グループ（Venture Law Group）…………………… 360

法学教員；法学者；ロースクール教員 ………………37, 113, 198, 293, 305

報酬に関する情報（法律事務所の）… 356

法情報調査；リーガル・リサーチ ……………… 138, 172, 175, 350, 363

法廷業務………………………… 121, 173

法分野…………………………………… 22, 45, 49, 52, 57, 62-63, 70-71, 77, 82, 94, 98, 105, 108, 111, 113-115, 117-121, 123, 134, 138-139, 149, 155, 166-168, 175, 180, 328-329, 341, 351, 357

法務サービスのマーケット………… 374

法務サービスへの支出… 14, 40, 178, 370

法務担当副社長………………………… 367

法律業務のコンテクストの多様性に関する研究文献………………… 22-23

法律サービスへの需要………… 347-349

法律事務所の規模………………… 78, 79, 95, 133, 142, 187, 211, 214, 220

法律事務所（ローファーム）の構造 …………………… 178, 354-364

法律事務所の類型………… 139-142, 161

法律マーケティング協会（Legal Marketing Association）……… 389

ポートフォリオ分析（法律事務所の成長に関する）………………… 350

保険会社…………………………… 347

保守的態度（弁護士の）……………… 230, 235, 239-241, 244-247, 255-256, 300

ホランド・アンド・ナイト（Holland and Knight）法律事務所……… 387

【ま】

マイノリティの弁護士… 21, 33, 86, 147, 279-280, 300, 332

マーケティング（法律事務所の） ………………… 350, 353, 389

ミシガン大学 ……35-36, 275, 279-280, 294, 318, 334

民事訴訟（業務分野）……………… 44, 49-51, 55, 59, 72, 95-96, 110-111, 114, 134, 136-137, 341, 347

民主党；民主党支持者（弁護士の）…… 14, 18, 32, 34-35, 109, 230-232, 239-240, 273-276, 290, 292-293, 298, 303-304, 309-311, 345

民族宗教的カテゴリー（アイデンティティ・グループ・差異・特性・背景・分化）（弁護士の）……………… 43, 72-75, 82-84, 86, 98, 198, 202-204, 240, 246, 248, 289, 306, 327, 340, 355, 377, 394

民族宗教的成層（弁護士の）… 355, 394

民族宗教的排他性（弁護士の）…… 390

無党派（弁護士の政党支持について） …………………34-35, 230-232, 309

名誉に関する理論…………… 104-107

事項索引　431

メンズクラブ……………264-265, 273-275

【や】

役割副次効果（女性弁護士の職業満足度に関する説明としての）……… 323

有限責任パートナーシップ（LLP）……………………………… 363-364

ユダヤ系（ユダヤ人・ユダヤ教徒）弁護士…10, 17, 30-31, 34, 75-77, 82-93, 98-99, 109, 124-125, 156, 197, 200-202, 204, 220-221, 224, 240, 246, 268-269, 271, 275, 292, 308-309, 327, 355

ユニオン・リーグ・クラブ…… 263, 273

ヨーロッパの企業クライアント…… 374

【ら】

リーグ表（league table）（ローファームの）……………………………… 388-389

リージョナル・ロースクール……… 80-81, 88, 93, 219-220, 222-223

リーダーシップ（コミュニティでの）… 283

利益集団……… 68, 97, 252, 305, 312, 382

利益相反…… 154, 342, 370-371, 373, 374

離婚業務・弁護士……………………8, 13, 22-23, 46-51, 53-55, 57-59, 62-64, 72, 82-84, 94-96, 111, 114, 127, 134-137, 156, 197, 241, 294, 348, 355, 386, 396

離職（弁護士の）……… 30, 31, 183, 190

理想化された規範………………… 108

離脱（プロフェッションからの；業務分野からの；業務環境からの；何らかの立場からの）………… 183, 184, 186, 190, 197, 237

リベラルな政治的価値観（弁護士の）………………………………… 230

リベラルな弁護士……………………35, 109, 230, 232, 239-242, 245-247, 256-257, 285, 290-292, 297-302, 304, 307-312, 393

臨時雇用の弁護士…………………… 363

倫理観；倫理的行動；倫理的実務（弁護士の）………………… 106, 113-116

倫理的問題（弁護士の）…………… 154

レインメーカー………………… 193, 356

レーガン政権………………………… 349

レコードアルバムに警告ラベルをつけるよう義務付けることに対する弁護士の立場… 235, 238, 247-248, 251, 256

労働組合…………………………8, 13

労働組合（業務分野）42, 50-52, 57, 63, 68

労働時間（弁護士の）………… 168-170

労働市場の層化………………… 190-191

ローカル・ロースクール……………30, 75, 78-81, 84, 86-88, 90, 93, 98, 222, 275, 354, 368

ロースクールの階層化………… 77-82

ロースクールのカテゴリー……… 35-36

ロースクールのカリキュラムの変化………………………………… 386

ローレビュー編集委員の経験（弁護士の）……………… 196, 202, 219-223

ロヨラ大学……… 36, 78, 84-85, 294, 354

ロンドン支店（アメリカのローファームの）………………………………… 346

【わ】

ワークグループ（法律事務所の）………………………… 361, 364, 376

ワンショット・プレイヤー…… 155-156

ワンストップ・ショッピング… 351, 365

◎人名索引

【ア】

アウアバック, ジェロルド（Auerbach, Jerold）……………………………18

アダムス, テリー（Adams, Terry） 279

アボット, アンドリュー（Abbott, Andrew）……………… 25, 26, 105-106, 119

ヴァン・ホイ, ジェリ（Van Hoy, Jerry）………………………………28, 161

ウィリアムズ, ダグラス（Williams, Douglass）……………………………19

ウィルキンズ, デイヴィッド（Wilkins, David）………………………………21

ウォーナー, スティーヴン（Warner, Stephen）……………… 284-285

ウッゲン, クリストファー（Uggen, Christopher）……………… 199

エイベル, リチャード（Abel, Richard）……………… 23, 14, 21, 78, 354

エプスタイン, シンシア・フックス（Epstein, Cynthia Fuchs）………20

【カ】

カーリン, ジェローム（Carlin, Jerome）……………………………………17

ガース, ブライアント（Garth, Bryant）……………………………………23

キャプラン, リンカン（Caplan, Lincoln）……………… 346

キャペル, チャールズ（Cappell, Charles）………………………………57

ギャランター, マーク（Galanter, Marc）… 19, 102-103, 155, 351-352, 376, 377, 381

ギングリッチ, ニュート（Gingrich, Newt）……………… 255

グラーティ, G・ミトゥ（Gulati, G. Mitu）……………………………………21

クロスビー, フェイ（Crosby, Faye）……………… 323

クロンマン, A. T.（Kronman, A. T.）……………… 283

ケイ, フィオーナ（Kay, Fiona）………………14, 318, 326, 335

コウルマン, ジェイムズ（Coleman, James）……………… 261

コーデイナ, ケヴィン（Kordana, Kevin）……………… 119-120, 352

【サ】

サラット, オースティン（Sarat, Austin）……………… 22, 24

サンダー, リチャード（Sander, Richard）………………………………19

シャインゴールド, ステュアート（Scheingold, Stuart）…………24

シュナイヤー, セオドア（Schneyer, Theodore）………………………22

シルヴァー, キャロル（Silver, Carole）……………… 372注28

スターン, ロバート（Stern, Robert）……………… 143,

スティーヴンソン, アドレイ（Stevenson, Adlai）……………… 345

スノー, タワー（Snow, Tower）……………… 383-384

スパングラー, イーヴ（Spangler, Eve）……………… 20, 28, 173

スピッツェ, グレナ（Spitze, Glenna）……………… 323

スマイゲル, アーウィン（Smigel, Erwin）

人名索引　**433**

················· 17, 19, 345, 358, 360, 385
スミス, D. H.（Smith, D. H.）········ 271
スロヴァク, ジェフリー（Slovak, Jeffrey）
···20
セレニー, イヴァン（Szelényi, Ivan）···27
セロン, キャロル（Seron, Carroll）
·································13, 161, 348

【タ】

ダーバー, チャールズ（Derber, Charles）
···27
チェンバース, デイヴィッド（Chambers,
David）····· 279, 318, 319, 321-322
チェンブリス, エリザベス（Chambliss,
Elizabeth）··························· 199
デイリー, リチャード・J.（Daley, Richard
J.）········ 18, 35, 231, 298, 303, 311
ドゥザレ, イヴ（Dezalay, Yves）·········23
トクヴィル, アレクシス・ド（Tocqueville,
Alexis de）·················261, 262注5
ドス・パソス, ジョン（Dos Passos, John）
·· 314
トリリン, カルヴィン（Trillin, Calvin）
·· 274
トルバート, パメラ（Tolbert, Pamela）
·· 143

【ナ】

ニールセン, ローラ・ベス（Nielsen,
Laura Beth）··························20
ネルソン, ロバート・L.（Nelson, Robert L.）
········ 19, 143, 150, 154, 160-161, 180

【ハ】

パーソンズ, タルコット（Parsons,
Talcott）··················· 16, 17, 103
ハーリー, ブライアン（Harley, Brian）

··· 315-316
パーレイ, トーマス（Palay, Thomas）
··································· 19, 352-376
ハイルマン, シェリル・W.（Heilman,
Cheryl W.）···························· 335
ハインツ, ジョン・P.（Heinz, John P.）
···18
パウエル, マイケル（Powell, Michael）
···22
パクストン, パメラ（Paxton, Pamela）
·································262注5
パトナム, ロバート（Putnam, Robert）
·································261, 261注4
パリク, サラ（Parikh, Sara）·····62, 342
ハリデイ, テレンス（Halliday, Terence）
···22
ピアス, ジェニファー（Pierce, Jennifer）
···21
ヒューズ, エヴァレット（Hughes, Everett）
······································ 16, 38
ファイアボー, グレン（Firebaugh, Glenn）
································ 315-316
フェルスティナー, ウィリアム（Felstiner,
William）·······························22
フライドソン, エリオット（Freidson,
Eliot）········ 16, 24, 28, 343, 343注2
ブランダイス, ルイス（Brandeis, Louis）
·· 229
フリグステイン, ニール（Fligstein,Neil）
·· 382
ブリル, スティーヴン（Brill, Stephen）
·· 378
ベイカー, W. E.（Baker, W. E.）····· 366

ヘイガン, ジョン（Hagan, John）
·····················14, 318, 326, 335
ヘクル, ステファン（Haeckel, Stephan）
································· 166
ベル, ロバート（Bell, Robert）····· 349
ホースキー, チャールズ（Horsky,
Charles）·····························17
ホドソン, ランディ（Hodson, Randy）
································· 323
ホワイト, ライアン（White, Ryan）···78

【マ】

マーティン, ビル（Martin, Bill）······27
マイマン, リチャード（Maiman,
Richard）····························· 22-23
マキューアン, クレイグ（McEwen,
Craig）····························· 22-23
マクブライア, デボラ・ブランチ
（McBrier, Deborah Branch）··· 199
マテシッチ, ポール・W.（Mattesich,
Paul W.）····························· 335
マン, フィリップ・L.（Mann, Phillip L.）
································· 372
ミラー, マーク（Miller, Mark）····· 251
ミルズ, C・ライト（Mills, C. Wright）
································· 386
メイザー, リン（Mather, Lynn）
····························· 22-23, 62
メルヴィル, ハーマン（Melville,
Herman）····················· 66-67
メンケル=メドウ, キャリー（Menkel-
Meadow, Carrie）·············21, 323

【ラ】

ラーソン, ジョン（Larson, John）
····························· 383, 384

ラーソン, マガーリ・サーファーティ
（Larson, Magali Sarfatti）····· 25-26
ラウマン, エドワード・O.（Laumann,
Edward O.）·····················18
ラジガ, エマニュエル（Lazega,
Emmanuel）·····················20, 143
ラディンスキー, ジャック（Ladinsky,
Jack）·····························17
ランドン, ドナルド（Landon, Donald）
································· 22
リュシュマイヤー, ディートリッヒ
（Rueschmeyer, Dietrich）·············17
ルイス, フィリップ（Lewis, Phillip）···23
ルウェリン, カール（Llewellyn, Karl）
································· 8, 385
レーンクイスト, ウィリアム（Rehnquist,
William）················· 258, 327注18
レンパート, リチャード（Lempert, Richard）
································· 279
ローゼン, ロバート（Rosen, Robert）
································· 20
ローゼンタール, ダグラス（Rosenthal,
Douglas）·····················18
ロスコッコ, カーリン（Loscocco, Karlyn）
································· 323

人名索引　**435**

◎監訳者あとがき

本訳書出版の経緯と日本の弁護士研究への「シカゴ調査」の示唆

1. 本訳書出版の経緯

　シカゴに、アメリカ法曹財団（American Bar Foundation、ABF）[1]という研究機関が存在する。アメリカ法曹協会（American Bar Association、ABA）[2]の会員に対して各種の保険を販売するアメリカ法曹基金（American Bar Endowment、ABE）[3]からの寄付を主たる財源として、1952年に設立されたもので、法制度の実証的・学際的研究を目的とする。中心的スタッフは、その多くがノースウェスタン大学、シカゴ大学などの教授を兼任している約20人の研究教授（Research Professor）で、そのほかに多数の協力研究者を擁しており、特に共同研究で多くの成果を挙げてきた。最近では、"After the JD"と題して、2000年に全米のロースクールを修了した者の中から9,000人以上を抽出して、そのキャリアパスを10年以上にわたって追跡するという壮大な縦断的調査（longitudinal study）プロジェクトを実施している[4]。また、法制度に関する学際的研究のピアレヴュー季刊誌として*Law & Social Inquiry*を発行しており[5]、雑誌としては比較的長めの論文を掲載して、ABF外部の研究者にも多くの発表機会を提供してきた。

　そのABFが、大都市で実務を行う弁護士たちの世界（"the bar"と表記されており、以下「弁護士界」と表記する）に存在する「社会構造」（social structure）と、その要因および帰結を解明するために行ったのが、シカゴの弁護士に対して1975年と1994年〜1995年の2回にわたってデータを収集した調査である（以下「シカゴ調査」と呼ぶ）。ここで「社会構造」と呼ぶのは、社会経済的・民

　＊1　http://www.americanbarfoundation.org/
　＊2　https://www.americanbar.org/about_the_aba/
　＊3　http://www.abendowment.org/
　＊4　http://www.americanbarfoundation.org/research/project/118
　＊5　http://www.americanbarfoundation.org/publications/lawsocialinquiry.html

族宗教的背景が進学できるロースクールを規定し、ロースクールの地位が業務環境と顧客類型を規定し、業務環境と顧客類型が弁護士界における威信を規定するといった形で、弁護士の属性の多くの側面がシステマティックに関連しあっている状況を意味する。対象者は「シカゴ市内」で実務を行う弁護士で、第1回調査では777人のランダム・サンプルを抽出し、第2回調査では787人のランダム・サンプルを抽出して、それぞれ平均1時間以上の面接調査を行い、いずれも82%という驚異的な回答率を得た。"After the JD"調査が基本的に同じサンプルに対してデータ収集を続ける縦断的調査であるのに対して、これは、調査時毎にランダム・サンプルを抽出する横断的調査（cross-section study）を繰り返したものである。第1回調査の成果は、John P. Heinz and Edward O. Laumann, 1982, *Chicago Lawyers: The Social Structure of the Bar,* Russel Sage Foundation and American Bar Foundation[6]とJohn P. Heinz and Edward O. Laumann, 1994, *Chicago Lawyers: The Social Structure of the Bar,* Revised Edition, Northwestern University Press and American Bar Foundationとして出版された。Heinzはノースウェスタン大学ロースクール教授とABF研究フェローを兼任しており、Laumannはシカゴ大学の社会学教授であった。第2回調査の成果は、調査の10年後に、John P. Heinz, Robert L. Nelson, Rebecca L. Sandefur, and Edward O. Laumann, 2005, *Urban Lawyers: The New Social Structure of the Bar, University* of Chicago Pressとして出版された。新たに加わった2人のうち、NelsonはABFの研究ディレクターとノースウェスタン大学の社会学教授を兼任しており、Sandefurはスタンフォード大学の社会学助教授であった。2005年の報告書は、随所で第1回調査の結果と第2回調査の結果を比較しており、読者は、第1回調査の報告書を参照しなくても2回の調査の間での弁護士界の異同を知ることができる。本訳書は、この2005年の報告書の、ほぼ全訳である。[7]

　*Chicago Lawyers*と*Urban Lawyers*に関する総合的かつ長大な書評を執筆したキャロル・セロン（Carroll Seron）[8]は、*Chicago Lawyers*（以下『シカゴの弁護士』）に関して以下のように評価した。

＊6　巻末に44頁にわたって調査票が収録されている。
＊7　省略個所は原著376頁のうち12頁ほどで、該当箇所で明記している。
＊8　Carroll Seron, 2007, "The Status of Legal Professionalism at the Close of the Twentieth Century: *Chicago Lawyers* and *Urban Lawyers,*" *Law & Social Inquiry,* Vol. 32, Issue 2, 581-607.

『シカゴの弁護士』が1982年に学界の街頭に現れたとき、それは巨大な、当然の水しぶきを引き起こした。『シカゴの弁護士』は、その時点での法律プロフェッションに関する2つの先駆的な民俗学的研究、すなわちジェローム・カーリンの『ひとりきりで働く弁護士』（1962年）[*9]とアーウィン・スマイゲルの『ウォール街の弁護士』（1960年）[*10]の知見を総合し、超越した。

　すなわち、「シカゴ調査」は、特定類型の弁護士に集中するのではなく、弁護士界全体を視野に含めた分析を行うことによって、弁護士研究を新たな高みに引き上げたということである。そして、セロンは、『シカゴの弁護士』初版の23年後に出版された*Urban Lawyers*（以下『大都市弁護士』）について、以下のように評価する。

　『大都市弁護士』は、法律業務の組織における変化に光を当てるために、20年後、同じフィールド、すなわちシカゴに、きわめて類似した道具立てて戻って行く。その間に……多くの研究が行われてきた。……しかし、『シカゴの弁護士』と同様に、『大都市弁護士』は大きな全体像に注目する。今回は、弁護士界の制度的構造はどのように変化したか、変化の構造的動因は何か、それらの構造的変化は法律プロフェッションの自律性、統合、そして社会成層にどのような帰結をもたらしたかを、問うているのである。

　つまり、アメリカの大都市の弁護士界の全体的構造に取り組んだ研究としての「シカゴ調査」の卓越した地位は、揺るぎないものとなったのである。その意味で、2005年の報告書は、弁護士研究の現代的古典としての地位を獲得したと言いうる。

＊

＊9　Jerome E. Carlin, 1962, *Lawyers on Their Own: A Study of Individual Practitioners in Chicago,* Rutgers University Press.

＊10　Erwin O. Smigel, 1964, *The Wall Street Lawyer: Professional Organization Man,* Free Press.アーウィン・O・スマイゲル（高桑昭・高橋勲訳）（1969）『ウォール街の弁護士：組織社会学的分析』サイマル出版会。

私が『大都市弁護士』の翻訳を企てたのは、2006年に原書を見て、2004年の法科大学院制度導入を背景とする弁護士増員が始まろうとしている時点において、日本の弁護士界の「社会構造」を解明し、その後の変化を追跡するためのベースラインを確認したいと考えたからである。『大都市弁護士』は、そのための方法論的・理論的基盤を提供してくれると思われた。そこで私は、『大都市弁護士』の翻訳を、日本の弁護士界の「社会構造」を解明する調査の準備作業と位置付け、「弁護士社会構造研究会」というグループを組織するために、2006年の春に全国の研究者と弁護士に呼びかけた。30人ほどの研究者・弁護士が呼びかけに応じてくださったので、『大都市弁護士』の調査方法と分析方法を応用した全国調査を実施することを計画した。

　さいわいなことに、法務研究財団が、2007年大学評価委託事業を「法科大学院評価・判定基準のあり方の研究─『法曹に要求されるマインドとスキル』とその養成方法」というテーマで実施することを決定し、「弁護士社会構造研究会」に調査の実施とデータの分析を依頼してくださった。これは、法務研究財団が、その法科大学院認証評価事業において、独自の基準として「法曹に必要な資質・能力の養成」を掲げており、その例示として「2つのマインドと7つのスキル」を示していたことを背景とする[11]。それら9項目を認証評価において参照する以上、日本の弁護士が「法科大学院段階で養成すべき弁護士の『マインドとスキル』」として、それらをどの程度に期待しているか、もし弁護士間で期待の程度が異なるとすればそれは弁護士のどのような属性と関連しているか、現状を確認する必要があると考えられたのである。

　私は、法科大学院教育に対する期待の差異を説明するために回答弁護士の属性を把握することは、同時に限定的ながら日本の弁護士の「社会構造」を検討するデータを収集する機会にもなると考えて、法務研究財団の委託を引き受け、「弁護士社会構造研究会」の約半数によって「『マインドとスキル』認証評価研究会」を組織して、調査準備にとりかかった。この調査を委託してくださった新堂幸司理事長をはじめとする当時の法務研究財団の幹部の方々と、弁護士のサンプリングにご協力くださった日本弁護士連合会（以下「日弁連」）に対して、改めて感謝したい。

　この調査は、全国から3,000人の弁護士をランダム・サンプリングして、A4判11頁の調査票を郵送する方法で行われた。ABFは、アメリカの弁護士が必

＊11　https://www.jlf.or.jp/work/dai3sha/kijun_kaisetsu_201808.pdfを参照。

要と考えているスキルに関する調査を1991年から1992年にかけて行っていたので、我々はABFから調査票の提供を受けて、調査票設計において参考にした。調査票は郵送法で、2007年12月から2008年1月にかけて実施された。調査結果のうち、「2つのマインドと7つのスキル」に関する弁護士の評価は、法務研究財団が2008年3月に開催した「法科大学院認証評価シンポジウム」の第2部で発表され、さらに青山法務研究論集に掲載された。以下では、この調査を「2008年調査」と呼ぶ。

このような経緯の中で、『大都市弁護士』の下訳分担を、本訳書「監訳者まえがき」に続いて掲載した「翻訳分担一覧」のとおり、長谷川貴陽史、大塚浩、上石圭一、畑浩人、大坂恵里、飯考行、米田憲市、菅富美枝、菅野昌史、藤田政博、佐藤憲一、久保山力也という12人の皆さんにお願いし、翻訳作業が始まった。これらの（当時の）若手研究者たちのご協力によって、2008年9月には全12章の下訳が出揃った。

しかし、そこから始まるはずの私の監訳作業は、その後10年間中断してしまった。2009年7月、2011年2月、2014年5月と、それぞれ約2カ月間の入院と手術が続いたのが大きな原因であるが、その間にも3回の国際学会を日本で開催し、毎年数回外国の学会に出かけ、若手弁護士の全国調査を2回実施し、青山学院大学、早稲田大学、カリフォルニア大学ヘイスティングス・ロースクールなどで授業を行うといった活動を続けていたので、すべては私自身の健康管理と時間管理の誤りの結果というほかない。結局、監訳作業に腰を据えて取り組める状況が生まれたのは、本年の春からであった。

下訳を担当してくださった12人の有能な研究者の方々、翻訳作業が始まったことを知って出版をお待ちくださった皆さん、そして最初の契約から10年以上も翻訳の遂行を激励し続けてくださった成澤壽信現代人文社社長に、深く頭を垂れるほかはない。また、現代人文社編集部には、複雑な図表や統計

＊12　Bryant G. Garth and Joanne Martin, 1993, "Law Schools and the Construction of Competence," *Journal of Legal Education,* Vol. 43, No. 3, 469-509.　調査対象弁護士の大多数はシカゴの弁護士であった。

＊13　宮澤節生・藤本亮・武士俣敦・神長百合子・上石圭一・石田京子・大坂恵里（2010）「法科大学院教育に期待される『法曹のマインドとスキル』に対する弁護士の意見―2008年全国弁護士調査第1報―」青山法務研究論集2：67-171。以下、参照論文はすべて、著者の姓と発行年で表記する。なお、以下で言及する青山法務研究論集の論文はすべて、青山学院大学の機関レポジトリ（https://www.agulin.aoyama.ac.jp/opac/repository/1000/?lang=0&acc_schema[]=1000&acc_cate=all）からダウンロードすることができる。

＊14　後述の「2011年調査」と「2014年調査」。

記号が多数登場する本書の編集作業を、本年9月から、驚異的なスピードで処理していいただいた。心から感謝したい。

　監訳作業においては、章間の訳語の統一という域を超えて、ほとんど新訳になってしまった個所も多い。それでもなお、章間の不一致や、不適切な訳が見られるであろう。この点についても、12人の分担者の方々にお詫びしなければならない。

　統計学関係の訳注作成において、文献探索で、飯考行、飯田高、津島昌弘、藤田政博（50音順）の皆さんにご教示を得た。参考文献の邦訳を探す作業には、中村良隆さんと菅野昌史さんのご協力を得た。記して感謝したい。

　本書の翻訳は、日本の弁護士界の「社会構造」を分析するための準備作業という位置づけで着手したものであったが、その出版は、私自身が代表を務めた2008年、2011年、2014年の調査には間に合わなかった。その意味では、私自身の当初の意図は果たされなかったことになる。しかし、アメリカの弁護士研究における現代的古典と評価されている原書を日本語で読める形で出版することには、それ自体で意義があると信じている。さらに、今後の日本の弁護士研究において生かされるべき方法論的・理論的な示唆があると考えるし、日本の弁護士の今後のあり方を考察するうえでも、示唆するところがあると考える。それらの点について、以下で簡単に検討したい。

2. 日本の弁護士研究への「シカゴ調査」の示唆

　上記の「2008年調査」以後に行われた日本の弁護士の「社会構造」に取り組んだと評価できる主要な計量分析を整理すると、以下の表のようになる。略称は以下で言及するためのものである。「2008年調査」は上記のとおり「弁護士社会構造研究会」が実施したものであるが[15]、「2011年調査」[16]と「2014

---

*15　宮澤節生・久保山力也（2011）「弁護士界内部における業務分野の『評価』―2008年全国弁護士調査から―」青山法務研究論集3：33-82；宮澤節生・武士俣敦・石田京子・上石圭一（2011）「日本における弁護士の専門分化―2008年全国弁護士調査（第2報）―」青山法務研究論集4：193-287；宮澤節生・武士俣敦・藤本亮・上石圭一（2012）「日本において特定分野への相対的集中度が高い弁護士の属性―2008年全国弁護士調査第3報―」青山法務研究論集5：119-233。

*16　宮澤節生・石田京子・久保山力也・藤本亮・武士俣敦・上石圭一（2011）「第62期弁護士第1回郵送調査の概要―記述統計の提示―」青山法務研究論集4：57-191；宮澤節生・石田京子・久保山力也・藤本亮・武士俣敦・上石圭一（2013）「第62期弁護士の教育背景、業務環境、専門分化、満足感、及び不安感―第1回郵送調査第2報―」青山法務研究論集6：35-235；宮澤節生・石田京子・藤本亮・武士俣敦・上石圭一（2016）「第62期弁護士の

年調査[17]」は、「弁護士社会構造研究会」が「弁護士キャリアパス研究会」と改称して実施したものである。「2011年調査」と「2014年調査」の調査対象は、大多数が2009年に一斉登録した、いわゆる第62期弁護士であった。2010年調査は、日弁連が1980年から10年毎に実施してきた、いわゆる「経済基盤調査」の最新版である[18]。2016年調査は、「弁護士キャリアパス研究会」の代表者が私から藤本亮教授に交代して実施したもので、大多数が2014年に一斉登録した、いわゆる第67期弁護士を調査対象としている[19]。

略称	母集団	設計標本	調査法	回収標本	回収率
2008年調査	全弁護士24,306人	3,000人	郵送	304人	10.1%
2010年調査	全弁護士26,521人	10,000人	郵送	1,795人	18.0%
2011年調査	第62期　2,121人	全数	郵送	621人	29.3%
2014年調査	第62期　2,087人	全数	郵送	406人	19.5%
2016年調査	第67期　1,737人	全数	郵送	427人	24.6%

(1) 回答率と調査法

　「シカゴ調査」で何よりも驚嘆するのは、82%という回答率である。700人台のランダム・サンプルで600人以上から回答を得るという、きわめて効率的な調査を実現している。日本における最高の回答率は「2011年調査」の29.3%であって、日弁連が業務として行った2010年調査ですら18.0%にすぎない。この大差のひとつの要因として考えられるのは、弁護士の実証研究に対する日米の弁護士の受容性の差である。もうひとつの要因として考えられ

　　面接調査―第1報―」青山法務研究論集11：61-165；宮澤節生（2016）「第62期弁護士の面接調査―第1報補遺（1）―」青山法務研究論集12：59-91。

＊17　宮澤節生・石田京子・藤本亮・武士俣敦・上石圭一（2014）「第62期弁護士第2回郵送調査第1報―調査の概要と記述統計―」青山法務研究論集9：67-137；宮澤節生・藤本亮・石田京子・武士俣敦・上石圭一（2015）「第62期弁護士第2 回郵送調査第2報―二変量解析から多変量解析へ―」青山法務研究論集10：39-175。

＊18　『自由と正義』（2011）臨時増刊号；佐藤岩夫・濱野亮編（2015）『変動期の日本の弁護士』日本評論社。

＊19　藤本亮・石田京子・武士俣敦・上石圭一（2016）「第67期弁護士第1 回郵送調査の概要―記述統計の提示―」名古屋大学法政論集268：283-348；藤本亮・石田京子・武士俣敦・上石圭一（2017）「第67期弁護士のキャリア展開：2016年第1回郵送調査データの多変量解析」名古屋大学法政論集275：45-110。なお、名古屋大学法政論集に掲載の論文はすべて、名古屋大学学術機関リポジトリ（https://nagoya.repo.nii.ac.jp/?page_id=28）からダウンロード可能である。

るのは、シカゴで業務を行っている弁護士にとってABFはきわめて著名な存在であって、そこから調査員が訪ねてきて直接インタビューするという方法であったために、回答率がきわめて高かったという可能性である。前者の要因を急に変えることは難しいが、後者の効果は、日本でも特定地域の弁護士に焦点を合わせた調査を行う場合には、当該地域で著名な研究機関が面接調査を実施することによって期待できるであろう。面接調査は郵送調査に比べてはるかに高価であるが、特定地域の調査であれば実施可能であると思われる。

(2)　特定地域の調査と全国的状況の調査

　「シカゴ調査」は、特定地域に集中することによって緻密な成果を挙げることができた。日本の調査はすべて全国的状況を分析したものであって、「シカゴ調査」に相当する調査が存在しない。しかし、「2010年調査」は、全国から回答を集めると同時に、東京だけで750人の回答者を得ている。「2010年調査」の既存の二次分析[20]では東京に集中した分析は行われていないが、全国的状況の中に位置づけながら東京の緻密な分析が改めて実施されれば、「シカゴ調査」を凌駕する成果となるであろう。日弁連は今後も経済基盤調査を継続すると思われるから、全国的状況と特定地域の状況の双方を押さえた分析を毎回行うことを期待したい。アメリカで全国調査を行うことはきわめて困難であるから[21]、そのような調査が継続されれば、国際的にもきわめて高く評価されるであろう。

(3)　業務分野のクラスター分析

　「シカゴ調査」が明らかにしたシカゴ弁護士界の「社会構造」の中核的特性は、大企業顧客に対応する大規模法律事務所の弁護士を中心とする「北半球」と、個人・小企業顧客に対応する単独開業弁護士・小規模事務所弁護士からなる「南半球」に分裂しているという状況であり、「北半球」の拡大と両半球間の分裂が継続しているという事態である。この知見は、多くの業務分野への各弁護士の関与度を測定し、2つの分野での業務が重複する度合い

---

*20　前注18の佐藤・濱野（2015）。
*21　日弁連のような全国規模の強制加入弁護士会は存在せず、母集団の確定とサンプリングが事実上不可能である。

監訳者あとがき　**443**

を計算して、業務の重複度に基づく業務分野のクラスター分析を行うという分析手法によって獲得された。日本では、「2008年調査」に基づいて武士俣敦教授がいちはやく分析手法を解説し、日本の弁護士業務の特性に応じた測定方法を工夫したうえで、全国と大規模弁護士会（東京三会と大阪）の両方について分析を行っている。[22]その結果は、大規模弁護士会でも全国でも企業顧客クラスターの形成が認められるが、それはまだきわめて小規模にとどまっているというものであった。その後、武士俣教授は、若手弁護士の調査においても同じ分析を行い、[23]「2010年調査」についても同じ手法で二次分析を行っている。[24]「2010年調査」に関する結論は、日本では、シカゴのような「2半球」構造ではなく、大企業・組織代理、個人・中小企業代理、個人代理の3つのセクターが識別可能であり、大企業・組織代理セクターがシカゴのように急速に拡大する状況には至っていないというものである。この分析が英語で出版されれば大きな国際的関心を集めると思われるし、さらに東京に集中した二次分析を行えば、「シカゴ調査」と直接に比較可能な分析となるであろう。「シカゴ調査」が開発した分析手法が、日本の弁護士に関する今後の研究で広く共有されることを期待したい。

(4) 民族宗教的背景、社会的出自、政党支持、社会的態度、弁護士界内のネットワーク、弁護士界外部での活動などに関するデータ収集

　「シカゴ調査」がデータ収集という点で日本の弁護士研究と最も異なるのは、民族宗教的背景、社会的出自、政党支持、社会的態度、弁護士界内のネットワーク、弁護士界外部での活動などに関するデータを収集していることである。民族宗教的背景と社会的出自は両半球への所属を規定する要因として検討されており、政党支持、社会的態度、弁護士界内のネットワーク、弁護士界外部での活動などは、両半球に所属しながら同時的に行う活動の多様性を示している。日本で最も詳細なデータ収集を行っているのは「2010年調査」であるが、それは、事務所組織、業務内容、取り扱いケース、報酬体系・収入・所得など、業務に密着したデータが詳細なためであって、「シカゴ調査」のように、弁護士界と外部社会を連続的にとらえたデータ収集は行っていな

---

*22　前注15の宮澤・武士俣・石田・上石（2011）の武士俣担当部分。
*23　前注16の宮澤・石田・藤本・武士俣・上石（2013）、前注17の宮澤・藤本・石田・武士俣・上石（2015）、前注19の藤本・石田・武士俣・上石（2017）の、各武士俣担当部分。
*24　前注18の佐藤・濱野（2015）の武士俣敦「弁護士業務分野の特徴と構造」。

い。

　1975年調査の時点では、「北半球」ではまだ、社会的出自が上位のWASP
が大半であって、彼らが著名ロースクールを経て「北半球」の法律事務所を
占めており、ユダヤ人、カトリック教徒、下位ロースクール出身者などは「南
半球」に集中していた。それが当時のシカゴ弁護士界の「社会構造」である
が、それは、当時までのアメリカの上流階層の特性が大企業トップに反映さ
れており、彼らの選好が「北半球」法律事務所の特性を規定したものである
と考えられる。著者らが第12章で述べているように、それは、当時のアメリ
カの社会構造が弁護士界に持ち込まれたものにほかならず、移民時代から形
成されてきたアメリカ独特の社会構造であって、アメリカの弁護士プロ
フェッションに内在するものではない。そのため、1975年以後の20年間で、
弁護士業務全体に対する需要が拡大する一方で、企業法務に対する需要がそ
れをはるかに上回るスピードで増大すると、「北半球」のポストの門戸が広
がり、もはやWASPの独占ではなくなった。1995年調査では、アフリカ系ア
メリカ人を中心とするマイノリティと女性への門戸拡大が課題とされており、
それは現時点まで、次第に改善されつつも引き続き存在する問題と言ってよ
いであろう。

　日本の弁護士研究では、出身法科大学院は把握されるようになったが、民
族宗教的背景、社会的出自、政党支持、社会的態度、弁護士界内のネットワー
ク、弁護士界外部での活動などのデータはまったく収集されていない。この
状況に対するひとつの考え方は、日本の弁護士界はまだ多民族化しておらず、
宗教の役割も小さく、弁護士界外部の団体で活動する弁護士も少ないので、
それらに関するデータを収集する必要性は乏しいという考え方であろう。他
方で、政党支持や社会的態度に関する質問は回答拒否を招く危険性が高いの
で、調査項目に含めるべきではないという判断もありうる。しかし、たとえ
ば、自民党から共産党まで、35人の国会議員が弁護士登録をしているし、[*25]
立法・政策に関して弁護士界内部で多様な見解が存在し、強制加入団体であ
る日弁連や弁護士会の行動のあり方が頻繁に議論されているから、弁護士界
内部での政治的立場や社会的態度の状況を把握することが必要な場合も存在
しうるであろう。結局は研究課題によることになるが、日本の弁護士研究は、
いま少し広い視野からのデータ収集に取り組む必要があるように思われる。

────────────────

＊25　日本弁護士連合会編著（2018）『弁護士白書2018年版』156頁。

⑸　業務分野による所得格差

　「シカゴ調査」で関心を引くひとつの知見は、両半球間で所得格差が大きく、しかもそれが拡大しつつあることであろう。単純に考えると、それは解消すべき問題と思われるかもしれないが、必ずしもそうとは言えないことに注意する必要がある。なぜなら、「北半球」所属の弁護士の所得が増大し、専門分化が進み、ローファームの巨大化が進んでいるのは、企業にとって法環境の重要さが増しているために、より高額の報酬を支払っても、より高水準の弁護士業務を、ワンストップで調達する必要が生じたからである。それがさらに進んで、企業の中には、問題ごとに法律事務所を選択する方向へと展開するものが現れており、企業法務専門ローファームの競争は、一層激しさを増している。その結果、企業法務専門ローファームのパートナーと個人顧客専門弁護士の所得格差は拡大しているのであるが、合法的企業行動の確保という観点からすれば、企業法務への需要がそれほど高まることは、むしろ歓迎すべきことであろう。日本では、2001年に最終報告書を出した司法制度改革審議会が期待したほど企業法務への需要が高まっていないことのほうが問題なのであるから、所得格差を日米間で比較検討する場合には、この点を踏まえた慎重な検討が必要であろう。

⑹　業務分野の威信と弁護士界の社会成層

　「シカゴ調査」は、両半球の業務分野間の「威信」の違いから、弁護士界の社会成層の存在を主張している。「威信」は、回答者に対して各業務分野の「威信」を5段階評価で測定したもので、その結果は、1975年でも1995年でも「証券」が最高で「離婚」が最低というものであり、「威信」評定には回答弁護士の特性間で有意差がなかった。「シカゴ調査」はさらに、ロースクール教員とABF研究員に対して、「知的難易度」「変化の速度」「公共奉仕」「倫理的行動」「行動の自由」などの観点から各業務分野の評価を求めた。その結果、「知的難易度」では「証券」が最高で、「公共奉仕」では「貧困な依頼者に対する一般家族法実務」が最高といった結果が得られたが、「威信」との関係を分析すると、「知的難易度」が高いほど「威信」が高くなり、「公共奉仕」性が高いほど「威信」が低くなるという結果になった。このような結果と、事務所規模による所得格差などに基づいて、シカゴの弁護士界における社会成層の形成と拡大が主張されるのである。

日本でこの知見の意義を参照する場合に注意を要するのは、各業務分野の「威信」が総合的評価という単一尺度で測定されており、しかも各業務分野の特性は研究者が評価しているということである。しかし、日本での業務分野においては、弁護士の日常的発言から推測すれば、異なる次元での評価が並立していて、各次元で高く評価されることで弁護士界内部でのリーダーシップを発揮しうるという可能性があるように思われる。この点について、「2008年調査」は各業務分野の「知的難易度」「社会的意義」「収益性」の3つの観点から評価させており、「知的難易度」では「医療事故の原告側」が最高、「社会的意義」では「刑事弁護」が最高、「収益性」では「遺言・相続」[*26]などが最高で、それらの評価には所属弁護士会規模、性別、年齢別で有意差がなく、主成分分析では「知的難易度」と「社会的意義」が同一主成分上で対極に位置するという結果を得た。[*27]残念ながら「2008年調査」は各分野の総合的評価を求めていないため、「シカゴ調査」のデータとは直接比較できない。しかし、日本でも弁護士界内部の階層化の可能性を指摘する見解が現れており、企業依頼者に対応する分野を上位に置いて出身大学・法科大学院との関係を指摘する研究も現れているので、[*28]日本の弁護士界内部での「威信」構造の実態について、本格的な取り組みが必要であろう。実際、シカゴ弁護士会[*29]の会長経験者の多くは個人依頼者に対応する事実審事件弁護士たちのネットワークに属しており、「威信」評価はシカゴでも多元的であるかもしれないのである。

⑺　人的ネットワークの測定

　「シカゴ調査」においては、弁護士界内部の人的ネットワークを測定するために、調査側が多数の「notable」な弁護士を抽出し、それらの弁護士との関係を回答者に尋ねるという方法を用いている。[*30]一種のソシオメトリーであるが、対象弁護士を選択したのが調査者であるため、それらの弁護士は

＊26　これは個人依頼者に対応するものであるが、2位から4位までは企業依頼者に対応するものである。

＊27　注15の宮澤・久保山（2011）。「2010年調査」もまったく同じ質問を行っており、業務分野によっては地域と年齢による差が大きいことを報告しているが（前注18の『自由と正義』（2011）194-201頁）、二次分析（前注18の佐藤・濱野（2015））では取り上げていない。

＊28　前注18の佐藤・濱野（2015）205-207頁。

＊29　任意加入団体である。

＊30　田中熊次郎（1970）『ソシオメトリー入門』明治図書新書。

「notable」ではあるが必ずしも「famous」ではないという注記がなされている。そうであるとすると、発見されたネットワークは、弁護士間で現実に存在するものとは必ずしも一致しない可能性がある。他方で、回答者の自由に委ねた場合には、挙げられる対象弁護士が分散して、ネットワークを描くことはできないかもしれない。日本で同様な調査を行う場合、弁護士間で現実に存在するネットワークを把握する方法を開発することができれば、大きな方法論的貢献となろう。

⑻　自律性と競争

　1995年調査では、企業依頼者セクターにおいて弁護士の自律性が低下し、かつ会計事務所との競争が激化していることに注目している。企業依頼者セクターで弁護士の自律性が低下するのは、依頼者の力が大きいことと、ローファームが巨大化して内部構造が官僚制化したことの影響が大きい。個人依頼者セクターで弁護士の自律性が高いのは、見方を変えれば、弁護士による依頼者操作が容易であるという問題を含むことになるが、プロフェッションに関する伝統的理念からすれば、弁護士の自律性の低下は、検討に値する事態であろう。他方、会計事務所が競争相手として対抗困難になりつつあるのは、会計事務所のほうが、財政基盤が強固であり、かつ倫理規制が緩やかであるためである。そのために、弁護士に対する倫理規制を緩和するか、会計事務所と共同するかといった、実践的課題が浮かび上がる。これらの問題は、日本ではまだ実証分析のテーマとなっていないが、弁護士の将来像を検討するうえでは重要な課題であり、実証的取り組みがなされるべきであろう。

⑼　多様化・専門化と統合

　「シカゴ調査」は、弁護士業務の多様化と専門化に伴って弁護士の視点も多様化し、統合が困難となって、ひとつのプロフェッションとして一致した行動が取りにくくなっている状況を描いている。ABA、シカゴ弁護士会、シカゴ弁護士協議会などは任意加入団体であって、統合への枠組みを十分に提供しておらず、他方で、増加する専門別弁護士会は視点の多様化を助長する。これに対して、日本では日弁連も単位弁護士会も強制加入団体であって、内部に見解の対立はあってもある程度の共同歩調が維持される制度的枠組みが存在している。しかし、すでに、強制加入団体である以上明確な政策的立場を採るべきではないという主張が現れており、日本の弁護士界も、いずれプ

ロフェッションとしての統合という課題に直面するであろう。統合を維持するために弁護士業務の多様化や専門化を制限するというのは、弁護士プロフェッションの社会的存在意義からすれば本末転倒であるから、本書における分析が、日本における検討の資料として参照されることを期待したい。

⑽　質的データの必要性

　「シカゴ調査」に対する数少ない批判あるいは要望として、計量分析のみであるために「シカゴの弁護士の顔」が見えないので、何らかの質的データや事例を追加すべきである、というものがある。[31]計量分析として圧倒的な水準に達しているので、「シカゴ調査」の意義を損なうコメントではないが、たしかに、いくつかの典型的事例に関する質的データが追加されれば、読者はよりヴィヴィッドなイメージを持つことができるであろう。日本では、「2011年調査」において20数人の面接調査を実施しており、[32]「2016年調査」でも面接調査を実施中である。理想的には、数人の異なる類型の弁護士に密着した参加観察研究を行うべきであるが、刑事弁護に関してそれに近い調査が1990年代に行われたのち、[33]弁護士の参加観察研究は行われていない。日本で計量分析と質的分析を組み合わせた総合的な弁護士研究が行われることを待望している。

＊

　以上、いささか長い「監訳者あとがき」となってしまったことをお詫びしつつ、本訳書が、アメリカと日本の弁護士に関心をもつ多くの人々に読まれることを期待して、筆を擱きたい。

　2018年12月

宮澤節生

＊31　Annette Nierobisz, 2006, Book Review, *Law & Society Review*, Vol. 40, 738-740.
＊32　前注16の宮澤・石田・藤本・武士俣・上石（2016）と宮澤（2016）。
＊33　畑浩人（1993）「刑事弁護の実像を求めて：神戸と福岡における法廷観察と面接調査から」
　　　六甲台論集40号：120-141；畑浩人（1998）「刑事弁護活動の日常と刑事弁護士論の展開：
　　　刑事専門弁護士の観察研究によって」神戸法学雑誌48巻：357-412。

◎原著者・監訳者プロフィール

原著者：

- ジョン・P・ハインツ（John P. Heinz）
  ノースウェスタン大学ロースクール名誉教授
- ロバート・L・ネルソン（Robert L. Nelson）
  アメリカ法曹財団(American Bar Foundation)名誉所長、ノースウェスタン大学ロースクール及び社会学科教授
- レベッカ・L・サンデファー（Rebecca L. Sandefur）
  イリノイ大学アーバナ・シャンペイン校社会学科及びロースクール准教授
- エドワード・O・ラウマン（Edward O. Laumann）
  シカゴ大学社会学科教授

監訳者：

宮澤節生（みやざわ・せつお）

1947年生まれ。北海道大学助教授、神戸大学・早稲田大学・大宮法科大学院大学・青山学院大学の各教授を経て、現在、神戸大学名誉教授、カリフォルニア大学ヘイスティングス・ロースクール客員教授。Ph.D.、法学博士。主な著作に、『犯罪捜査をめぐる第一線刑事の意識と行動』（成文堂、1985年）、『海外進出企業の法務組織』（学陽書房、1987年）、『Policing in Japan』（SUNY Press、1993年）、『法過程のリアリティ』（信山社、1994年）、『プロブレムブック法曹の倫理と責任』（共編著、現代人文社、2004年初版、2007年第2版）、『ブリッジブック法システム入門』（共著、信山社、2008年初版、2018年第4版）など。

アメリカの大都市弁護士──その社会構造
URBAN LAWYERS : THE NEW SOCIAL STRUCTURE OF THE BAR

2019 年 1 月 20 日　第 1 版第 1 刷発行

監　訳　者　宮澤節生
原　著　者　ジョン・P・ハインツ（John P. Heinz）
　　　　　　ロバート・L・ネルソン（Robert L. Nelson）
　　　　　　レベッカ・L・サンデファー（Rebecca L. Sandefur）
　　　　　　エドワード・O・ラウマン（Edward O. Laumann）
発　行　人　成澤壽信
発　行　所　株式会社 現代人文社
　　　　　　〒 160-0004　東京都新宿区四谷 2-10 八ッ橋ビル 7 階
　　　　　　振替　00130-3-52366
　　　　　　電話　03-5379-0307（代表）
　　　　　　FAX　03-5379-5388
　　　　　　E-Mail　henshu@genjin.jp（代表）／ hanbai@genjin.jp（販売）
　　　　　　Web　http://www.genjin.jp
発　売　所　株式会社 大学図書
印　刷　所　株式会社 ミツワ
ブックデザイン　Malp Design（加藤英一郎）

検印省略　PRINTED IN JAPAN　ISBN978-4-87798-711-4　C3032
© 2019　Miyazawa Setsuo

本書の一部あるいは全部を無断で複写・転載・転訳載などをすること、または磁気媒体等に入力すること
は、法律で認められた場合を除き、著作者および出版者の権利の侵害となりますので、これらの行為をす
る場合には、あらかじめ小社また編集者宛に承諾を求めてください。

URBAN LAWYERS: The New Social Structure of the
Bar by John P. Heinz, Robert L. Nelson, Rebecca L.
Sandefur, and Edward O. Laumann
Copyright ©2005 by The University of Chicago
All rights reserved
Japanese translation licensed by The University of
Chicago Press, Chicago, Illinoi, U.S.A. through The
English Agency (Japan) Ltd.